21世纪学前教育专业规划教材

幼儿园课程新论

李生兰  等著

图书在版编目(CIP)数据

幼儿园课程新论/李生兰等著. —北京:北京大学出版社,2018.11
(21世纪学前教育专业规划教材)
ISBN 978-7-301-29981-4

Ⅰ. ①幼… Ⅱ. ①李… Ⅲ. ①幼儿园—课程—教学研究—高等学校—教材 Ⅳ. ①G612

中国版本图书馆 CIP 数据核字(2018)第 239581 号

书　　　名	幼儿园课程新论
	YOUERYUAN KECHENG XINLUN
著作责任者	李生兰　等著
责 任 编 辑	于　娜
标 准 书 号	ISBN 978-7-301-29981-4
出 版 发 行	北京大学出版社
地　　　址	北京市海淀区成府路 205 号　100871
网　　　址	http://www.pup.cn　新浪微博 @北京大学出版社
电 子 信 箱	zyl@pup.pku.edu.cn
电　　　话	邮购部 010-62752015　发行部 010-62750672　编辑部 010-62767346
印 刷 者	三河市北燕印装有限公司
经 销 者	新华书店
	787 毫米×1092 毫米　16 开本　22.25 印张　480 千字
	2018 年 11 月第 1 版　2021 年 1 月第 2 次印刷
定　　　价	58.00 元

未经许可,不得以任何方式复制或抄袭本书之部分或全部内容。
版权所有,侵权必究
举报电话:010-62752024　电子信箱:fd@pup.pku.edu.cn
图书如有印装质量问题,请与出版部联系,电话:010-62756370

作者简介

李生兰,教育学博士,华东师范大学教育学部学前教育系教授、博士生导师。

主要从事幼儿园课程、学前教育原理、学前儿童家庭和社区教育、学前教育法规政策、比较学前教育等方面的教学和科研工作。

主持了教育部人文社会科学研究"十五"规划基金课题"幼儿园利用家庭和社区资源对儿童进行德育的研究"、上海市教育科学研究基金课题"推进新郊区新农村幼儿园家长开放日活动改革与发展的研究""中外学前儿童社会教育的比较研究"等多项省部级科研项目。

曾在澳大利亚昆士兰科技大学教育学院开展"中澳学前教育课程的比较研究",在美国匹兹堡大学教育学院进行"中美家长参与学前教育的比较研究",在美国伊利诺伊大学厄巴纳-香槟分校亚太研究中心完成"中美幼儿园与家庭、社区合作共育的比较研究"等多项国际合作科研项目。

出版了《幼儿园课程新论》《学前教育概论》《学前教育学》《幼儿家庭教育》《学前儿童家庭教育与活动指导》《学前儿童家庭与社区教育》《幼儿园与家庭、社区合作共育》《幼儿园与家庭、社区合作共育的研究》《幼儿园家长开放日活动的研究》《学前教育法规政策的理解与运用》《比较学前教育》《儿童的乐园：走进 21 世纪的美国学前教育》等 12 部著作,主编了《幼儿园英语教育》6 本系列教材,在国内外教育核心刊物上公开发表了百余篇学术论文。

先后赴美国、英国、俄罗斯、希腊、澳大利亚、新加坡、日本等国家访学、讲学,进行学前教育领域的学术交流和考察研究活动。

曾获"上海高校优秀青年教师"称号、上海市第八届教育科学研究成果奖、上海市成人高等师范"教育教学优秀奖"、华东师范大学"继续教育工作教学奖"、华东师范大学"网络教育教学优秀奖"、中国学前教育研究会"优秀科研工作者""优秀论文奖""幼儿教育优秀作品奖"以及"中国全国妇女联合会好作品奖"等多项奖励。

内 容 简 介

《幼儿园课程新论》,由华东师范大学学前教育系教授、博士生导师李生兰博士领衔主著,上海市多位特级园长、名园长、名师合作奉献。

本书共有八章:第一章指出了构建幼儿园课程框架的八种重要元素,第二章论述了指引幼儿园课程发展的九项法规政策,第三章阐述了开发幼儿园特色课程的八种注意事项,第四章呈现了幼儿园进行节气教育的四大活动方案,第五章列举了幼儿园开展研学旅行的九个活动方案,第六章陈述了对幼儿园课程进行研修的三种探索方案,第七章呈现了上海市优质幼儿园课程改革的八条经验,第八章评介了美国和英国幼儿园课程发展的多项举措。

致 谢

一谢北京大学出版社邀请我撰写《幼儿园课程新论》这本教材,使我有机会回想自己与"幼儿园课程"所结下的美好情缘。

1985年,我开始在高等师范院校讲授"学前教育学"这门专业主干课,"幼儿园课程"就是其中的重要内容。1992年,在联合国儿童基金会的资助下,我有幸去澳大利亚访学,专门研习"澳大利亚的幼儿园课程",发表了"中澳幼儿园课程比较分析"等多篇研修报告。1999年我撰写的《学前教育学》这本教材,在出版时就有多章内容关联到"幼儿园课程"。

2000年,我受到"上海普通高校'九五'重点教材"的资助,出版了《比较学前教育》这本书,对世界多国的"幼儿园课程"进行了解析。2001年、2002年、2005年、2008—2009年,在上海市教育科学研究基金、华东师范大学科研基金、美国伊利诺伊大学厄巴纳-香槟分校研究基金的资助下,我数次去美国访学和讲学,在向国外同行推介中国"幼儿园课程"改革经验的同时,也对美国的"幼儿园课程"进行了较为深入的研究,发表了多篇论文,出版了研修专著。2003年、2004年,我利用去英国、新加坡访学和讲学的机会,对这两个国家的"幼儿园课程"也进行了实地考察,发表了调研报告。2004年,我很幸运地考取了"课程与教学论"专业的博士研究生,运用大量时间研读国内外有关"幼儿园课程"的著作和论文,对"幼儿园课程"的实施途径进行了许多理性思考和实践探索,特别是对"一日活动"这条实施"幼儿园课程"的基本路径展开了纵向研究和横向比较,出版了《幼儿园家长开放日活动的研究》。

最近十年,我在给本校学前教育专业本科生、研究生开设的多门课程(如"学前儿童家庭与社区教育""家园社区合作共育的研究""学前教育法规政策的理解与运用""比较学前教育研究")中,都会从家庭及社区、法规政策、中外比较等不同视角讲解"幼儿园课程"这一重要话题。在全国各地的幼教师资培训活动中,我应邀讲授的许多专题(如幼儿园运用家庭和社区资源优化课程的路径及举措、中外幼儿园课程比较分析及其启示、国外幼儿园课程改革经验及其启示、幼儿园园本课程的开发与实施、幼儿园亲近自然的课程创生与探索)也都与"幼儿园课程"密切相关。在与学员的现场互动中,我学到了书本上、网络上无法学到的极其宝贵的知识和经验。

2016年,我开始为全校一年级本科生开设"学前教育专业入门"这门公选课,其中一个专题讲的就是"幼儿园课程",很荣幸这门课程在学生的评教活动中名列前茅。2018年,我将开始为全校高年级本科生开设"幼儿园参观郊游活动"这门公选课,其实这是对"幼儿园课程"途径从园内向园外拓展的一种深度解读和实践探索,希望能受到学生的欢迎。

二谢北京大学出版社邀请我撰写《幼儿园课程新论》这本教材,使我有机会专心拜读国内外学者有关"幼儿园课程"的多项研究成果,从中汲取成长的养分,获得写作的灵感。

期盼这本教材,不论是从框架体系上,还是从具体内容上,都能超越自己过去的习作,走上"人无我有""人有我新""人新我变"的研创之路,体现以下几个特点。

(1) **基础性**。幼儿园课程是不断发展变化的,但不论如何变革,都会有一些基本的元素保持不变,成为基石。第一章简述了构建幼儿园课程的几个重要元素,如课程的含义与种类、特点与价值、目标与内容、实施与评价。

(2) **法制性**。幼儿园课程要想站稳脚跟,健康发展,就必须遵纪守法,依法治教,依法执教。2016年以来,我国政府颁布了一系列法规政策,为幼儿园课程改革与发展指明了前行的方向。第二章不仅简介了近年颁布的多项法规政策(《幼儿园工作规程》《关于推进中小学生研学旅行的意见》《中华人民共和国公共文化服务保障法》《国家教育事业发展"十三五"规划》《关于加强和完善城乡社区治理的意见》《中小学德育工作指南》《志愿服务条例》《中小学综合实践活动课程指导纲要》《中华人民共和国公共图书馆法》),而且还阐明了它们对幼儿园课程建设的多种启示。

(3) **独特性**。幼儿园课程要想生存下去,持久发展,就必须修炼内力,彰显活力,散发魅力。在保证实施国家课程、地方课程的基础上,形成自己的办学理念,打造自己的办园特色,发掘自己的园本课程。第三章论述了创设幼儿园特色课程需要解决的几个关键问题,如园本课程的含义与特点、价值与种类、开发与实施、评价与管理。

(4) **民族性**。幼儿园课程要想具有丰富的内涵,强大的气场,就必须胸怀祖国,脚踏实地,培育幼儿。2016年11月30日,中国"二十四节气"被正式列入联合国教科文组织人类非物质文化遗产代表作名录。从小对儿童进行"二十四节气"的启蒙教育,是激发幼儿体验和热爱传统文化的需要,是助推中华优秀传统文化教育的需要,是保护传承文化遗产的需要,因此,必须在幼儿园课程改革中占有重要的地位。第四章紧密围绕四季的更替,以"四立"(立春、立夏、立秋、立冬)为龙头,以"雨水、惊蛰、春分、清明、谷雨""小满、芒种、夏至、小暑、大暑""处暑、白露、秋分、寒露、霜降""小雪、大雪、冬至、小寒、大寒"为龙尾,详细说明了"二十四节气"的综合教育活动方案,如欢庆立春系列教育活动方案,喜迎立夏系列教育活动方案,庆祝立秋系列教育活动方案,迎接立冬系列教育活动方案。

(5) **社会性**。幼儿园课程要想拥有广阔的天地,丰饶的资源,就必须打开园门,面向自然,走进社会。大自然、大社会拥有"取之不尽、用之不竭"的资源,让幼儿与大自然、大社会亲密接触,能萌发幼儿的环保意识,促进幼儿的社会化。第五章列举了幼儿园实施课程的多种研学旅行方案,如游览上海儿童博物馆、鲁迅公园的活动方案,游玩浙江省博物馆、义乌市骆宾王公园的活动方案,参观江苏省苏州博物馆及图书馆、无锡博物院及图书馆的活动方案,游逛山东省青岛市海趣园活动方案。

(6) **研究性**。幼儿园课程要想具有旺盛的生命力,强大的战斗力,就必须加强教师的职前教育和在职培训,提高教师的科研能力,使科研和教研能有机地结合起来,共同促进教师的专业成长。高校学前教育专业本科生和研究生是幼教师资队伍的后备力量,因此,增强他们对幼儿园课程的研究兴趣和探究能力就显得非常重要。与此同时,还要加大对幼教工作者科研方面的训练,使他们都能成为研究型的园长和教师。第六章具体说明了设计幼儿园课程研究方案的步骤及策略,如本科生、硕士生如何撰写毕业论文的开题报告,幼教工作者如何撰写科研项目的申请报告。

(7) **共享性**。幼儿园课程要想提升品质,打造品牌,就必须交流互动,互通有无,互学互鉴。通过加强园际的沟通与分享,"取人之长,补己之短",共促发展。第七章搭建了幼儿园课程改革经验交流与分享的平台,上海市数位特级园长和优秀园丁"素颜"登场,真情奉献出他们的办学秘诀和课改智慧,如"走进金山"园本课程的探索,"互联网+健康教育"课程模式的优化,开创"田野"科学活动课程的新篇章,推进"玩陶乐"特色课程的不断发展,幼儿体验式写生活动的实践探索,"一班一品"学习项目的实践探索,家园合作提升幼儿低结构活动的质量,保教活动质量评价的思考与实践。

(8) **世界性**。幼儿园课程要想培养全球公民,地球村人,就必须放眼世界,海纳百川,参照借鉴。最近十年,我国幼儿园课程建设已经取得了巨大的成就,但与世界幼教发达国家相比,我们还存在一些问题。"他山之石,可以攻玉",通过借鉴国外同行课改的先进经验,我们就能更好地完善课程体系。第八章呈现了美国、英国幼儿园课程改革的成功经验以及对我们的各种启示。

(9) **时代性**。幼儿园课程的"教与学",要想与时俱进,展翅高飞,就要求师生必须热爱学习,广泛阅读,不断进取。要充分利用网络时代的优势,使课堂学习、群体学习、线下学习能与课外学习、个别学习、线上学习相互促进,全面提高自己的学习能力,"遇见更好的自己"。在每章后面,不仅补充了许多课外阅读书目,而且还附上了一些网站。

(10) **创造性**。幼儿园课程的"教与学",要想教学相长,硕果累累,就必须双边互动,革故鼎新,独辟蹊径。教师不仅要综合运用形成性评价和过程性评价,强化在校生的学习兴趣,提高他们的自评能力,而且还要增强自己的教学艺术,不断变革教学内容,创新教学形式,改革考核方式。在本书后面,除了附录4套模拟试卷及参考答案、论文答辩课件样例以外,还呈现了研学旅行微型课程申请表及教学大纲。

三谢北京大学出版社《幼儿园课程新论》责任编辑丁娜女士对我的抬举、厚爱、宽容和等待。感谢她为本书的顺利出版所付出的各种辛勤劳动。

四谢多位作者朋友的积极参与和无私奉献,他们分别是上海市的名师(阮爱新)、特级园长(杭爱华)、名园长(吴晓兰、顾英姿、陈清、尹欢华、王爱萍、陆美英、骆云蕾、王欢、杨飞飞)。正是有了他们的精品呈现和精彩分享,才使《幼儿园课程新论》这本书更加光鲜和亮丽。

五谢各位读者朋友的关注、翻阅、浏览、精读、评论、建议和指教，期待拥有你们的反馈信息，不断提升《幼儿园课程新论》这本书的质量。

华东师范大学学前教育系教授、博导 李生兰博士
2018年4月16日

目 录

第一章 幼儿园课程的几个重要元素 ··················· 1
    第一节 幼儿园课程的含义与种类 ··················· 1
    第二节 幼儿园课程的特点与价值 ··················· 5
    第三节 幼儿园课程的目标与内容 ··················· 7
    第四节 幼儿园课程的实施与评价 ··················· 12

第二章 幼儿园课程的法规政策导引 ··················· 24
    第一节 《幼儿园工作规程》及思考 ··················· 24
    第二节 《关于推进中小学生研学旅行的意见》及思考 ··················· 28
    第三节 《中华人民共和国公共文化服务保障法》及思考 ··················· 32
    第四节 《国家教育事业发展"十三五"规划》及思考 ··················· 34
    第五节 《关于加强和完善城乡社区治理的意见》及思考 ··················· 41
    第六节 《中小学德育工作指南》及思考 ··················· 45
    第七节 《志愿服务条例》及思考 ··················· 51
    第八节 《中小学综合实践活动课程指导纲要》及思考 ··················· 56
    第九节 《中华人民共和国公共图书馆法》及思考 ··················· 64

第三章 幼儿园课程的特色建构实施 ··················· 73
    第一节 园本课程的含义与特点 ··················· 73
    第二节 园本课程的价值与种类 ··················· 76
    第三节 园本课程的开发与实施 ··················· 78
    第四节 园本课程的评价与管理 ··················· 82

第四章 幼儿园节气教育活动方案 ··················· 87
    第一节 欢庆立春教育活动方案 ··················· 87
    第二节 喜迎立夏教育活动方案 ··················· 95
    第三节 庆祝立秋教育活动方案 ··················· 101
    第四节 迎接立冬教育活动方案 ··················· 110

第五章 幼儿园课程的研学旅行方案 ··················· 122
    第一节 探索上海儿童博物馆活动方案 ··················· 122

  第二节 游览上海市鲁迅公园活动方案 ………………………… 135
  第三节 参观浙江省博物馆活动方案 …………………………… 149
  第四节 游玩浙江省义乌市骆宾王公园活动方案 ……………… 164
  第五节 参观江苏省苏州博物馆活动方案 ……………………… 173
  第六节 参观江苏省苏州图书馆活动方案 ……………………… 189
  第七节 参观江苏省无锡博物院活动方案 ……………………… 196
  第八节 参观江苏省无锡图书馆活动方案 ……………………… 213
  第九节 观赏山东省青岛市海趣园活动方案 …………………… 225

第六章 幼儿园课程的科学研究方案 ……………………………… 239
  第一节 本科生毕业论文开题报告 ……………………………… 239
  第二节 硕士生学位论文开题报告 ……………………………… 243
  第三节 幼教工作者课题申请报告 ……………………………… 249

第七章 幼儿园课程的经验分享交流 …………………………………… 258
  第一节 "走进金山"课程的探索 ……………………………… 258
  第二节 "互联网＋健康教育"课程模式的优化 ……………… 262
  第三节 开创"田野"科学活动课程的新篇章 ……………… 265
  第四节 推进"玩陶乐"特色课程的不断发展 ……………… 268
  第五节 幼儿体验式写生活动的实践探索 …………………… 271
  第六节 "一班一品"学习项目的实践探索 …………………… 273
  第七节 家园合作提升幼儿低结构活动的质量 ……………… 277
  第八节 保教活动质量评价的思考与实践 …………………… 280

第八章 幼儿园课程的国际展望 …………………………………… 285
  第一节 美国幼儿园亲近自然的课程及启示 ………………… 285
  第二节 英国幼儿园课程的主要特点及启示 ………………… 309

附 录 ……………………………………………………………… 320
  1．模拟试卷及参考答案 …………………………………… 320
  2．论文答辩课件制作样例 ………………………………… 324
  3．研学旅行微型课程申报表 ……………………………… 340
  4．研学旅行微型课程教学大纲 …………………………… 342

第一章　幼儿园课程的几个重要元素

本章导读

本章共有四节，第一节简述了幼儿园课程的含义与种类，第二节说明了幼儿园课程的特点与价值，第三节论述了幼儿园课程的目标与内容，第四节阐述了幼儿园课程的实施与评价。

第一节　幼儿园课程的含义与种类

图片 1-1-1　上海市嘉定区黄渡莱茵幼儿园大厅爱心亲子悦读区

一、幼儿园课程的含义

什么是幼儿园课程？不同的学者做出了不同的回答，主要有以下一些看法：(1) **五大领域**。有的学者认为，幼儿园课程就是幼儿园的五大领域，包括健康、语言、社会、科学、艺术。(2) **领域课程**。有的学者认为，幼儿园课程就是幼儿园五大领域的课程，它们共同构成了幼儿园课程的总体，主要采用集体教学形式进行。(3) **综合课程**。有的学者认为，幼儿园课程就是按照学年、学期、各季节顺序进行的综合性课程。(4) **主辅课程**。有的学者认为，幼儿园课程是以五大领域课程为主、综合性课程为辅的课程。(5) **主题教育**。有的学者认为，幼儿园课程就是围绕各个主题对儿童进行教育。(6) **教育手段**。有的学者认为，幼儿园课程就是实现幼儿园教育目的的手段。(7) **教育方案**。有的学者认为，幼儿园课程就是幼儿园的教育计划和活动方案。(8) **教育结构**。有的学者认为，幼儿园课程就是反映幼儿教育客观规律的总体结构。(9) **教学总和**。有的学者认为,幼儿园课程就是幼儿园的教学内容、教学安排、教学过程和教学活动。(10) **教育过程**。有的学者认为,幼儿园课程就是促进儿童在园身心全面发展的历程。(11) **一切活动**。有的学者认为,幼儿园课程就是儿童在园的一切活动。(12) **各种经验**。有的学者认为,幼儿园课程就是儿童在园所获得的各种经验。

这些定义,从不同的角度揭示了幼儿园课程的真谛。可见,幼儿园的课程有广义和狭义之别:广义的幼儿园课程指的是幼儿园为实现培养目标而选择的教育内容及安排的教育进程,它包括幼儿园的五大领域和各种教育活动。而狭义的幼儿园课程则指的是幼儿园的某个领域。

在上述观点启发下,笔者认为,幼儿园的课程,指的是幼儿园以特定的社会文化背景为基础,根据儿童身心发展的特点,有目的、有计划地为儿童提供学习经验、选择教学内容、组织教育活动(既包括各个领域的教育教学活动,也包括综合教育活动、主题教育活动),以促进儿童身心的和谐发展。

二、幼儿园课程的种类

幼儿园课程按不同的标准,可以分出不同的类型。

(一) 显性课程与隐性课程

按照课程的正规程度、透明程度,可把幼儿园课程分为显性课程与隐性课程。

1. 显性课程

显性课程,也称显在课程、正规课程、正式课程、公开课程、官方课程;它指的是幼儿园以直接的、外显的方式呈现的课程,是幼儿园为了实现教育目标,而正式列入教学计划的五大领域及其活动;它是根据安排好的周计划、日程表有序进行的,是教师和儿童双边互动的重要依据;它在幼儿园教育中起着十分重要的作用,是幼儿园课程结构的主体;它具有计划性、组织性、预期性等特点。

2. 隐性课程

隐性课程,也称潜在课程、非正规课程、非正式课程、隐形课程、隐蔽课程;它指的是幼儿园以间接的、内隐的方式呈现的课程,是幼儿园通过教育环境(如物质环境、心理环境),有意识或无意识地来影响儿童,使儿童自然而然地获得知识、经验、技能和能力;它具有弥散性、不确定性、非预期性等特点;它强调优化幼儿园的育童环境,重视儿童的学习过程,塑造儿童的健全人格。

3. 显性课程与隐性课程的区别

显性课程与隐性课程是大不相同的,主要区别可能在于教师的呈现方式和儿童的接受方式。

(1) **教师的呈现方式不同**。在显性课程中,教师往往都采用鲜明的、直白的方式,来呈现、传递教育教学内容。在教育过程中,教学的印迹非常明显,教师直接把教育内容传递给儿童,明确告诉儿童应该干什么,不应该干什么;教师知道自己是在教,儿童也知道自己是在学,双方都能看到教学的因素。而在隐性课程中,教师则往往采用暗含的、间接的方式,来呈现、传递教育教学内容。在教育过程中,教学的痕迹并不明显,教师不是直接地把教育内容传授给儿童,而是采用比较婉转的方式向儿童传达教育信息,让儿童自己感知、体验;儿童并不知道教师是在教育自己,甚至不知道自己是在学习;教师及儿童都难以看到教学的影子。

(2) 儿童的接受方式不同。在显性课程中,儿童是有意识地接受教师所施加的各种教育影响。儿童知道自己是在学习、是在学什么、为什么要学,目的性比较强;儿童大都会有意识地努力学习,控制自己的冲动,调节自己的情绪,完成教师交给的各项学习任务,获取各种学习经验。而在隐性课程中,儿童是无意识地受到教师所赋予的多种教育因素的影响。儿童并不知道自己是在学习、是在学什么、为什么要学,目的性不太强;儿童大都是在无意识的状态中自发学习,习得一些知识经验。

4. 显性课程与隐性课程的关联

显性课程与隐性课程是彼此相关联的,它们之间存在着递进互补、可以转换的关系。

(1) **相互补充**。显性课程与隐性课程是可以相互补充的。显性课程的顺利实施,不能"孤军奋战",它需要隐性课程的陪伴与扶持,"红花还得绿叶衬";而隐性课程的有效实施,同样也不能"单打独斗",它需要显性课程的包容与提升,"万花丛中一点绿"。

(2) **相互转化**。显性课程与隐性课程是可以相互转化的。当显性课程实施完成后,它可能还会对儿童产生一些影响,这时,它就向隐性课程转化了。当隐性课程中的负面因素需要全面清除时,它就向显性课程转化了。

(二) 预设课程与生成课程

根据课程形成的方式,可把幼儿园课程分为预设课程与生成课程。

1. 预设课程

预设是预先设置,定好调子和条条框框;课程是"跑道",是预先设计的、基本定型的。预设课程就是有计划、有准备的课程;教师根据课程的目标和儿童的兴趣爱好、知识经验,设计环境、准备材料、安排活动;教师既可以直接设计、组织儿童的活动,也可以把目标和内容融入环境之中,诱发儿童的活动。

预设课程具有以下几个特点:(1) **规范性**。幼儿园课程的教学目标,是由幼儿园保教性质决定的;幼儿园课程的教学任务,是由教育主管部门规定的;幼儿园课程的教学途径,是使用由教育决策部门认可的、推介的教材。(2) **选择性**。幼儿园课程的教学内容,是根据社会政治、经济发展的需要以及儿童生长发展的规律而加以精心选择的,彰显时代的价值观、教育观,引导着教师的教和儿童的学。(3) **系统性**。幼儿园课程的教学媒体,是由一整套视听材料组成的,包括教材、教参、挂图、教具、音像设施设备等。

预设课程在我国相当长的一段时间里占据着主导地位。随着新的课程理论的不断涌入,幼教工作者也认识到"预设"的局限性,试图用"生成"的眼光来重新审视幼儿园课程。

2. 生成课程

生成是产生、形成;课程是"奔跑的过程"。生成课程就是自发产生的、自动生长的课程;儿童根据自己的兴趣、需要和经验,在与教师、同伴、环境相互作用的过程中,自主产生的课程;教师重视为儿童创设良好的物质环境和心理氛围,激发儿童探索世界的愿望,满足儿童自主学习和自发游戏的需要。

生成课程具有以下几个特点:(1)**自发性**。幼儿园的生成课程是自发产生的、水到渠成的;它不是源于教学计划,而是源自教师和儿童的生活,特别是儿童自身的兴趣爱好。(2)**动态性**。幼儿园的生成课程是开放的、互动的;它不是提前设定的、不可更改的,处于一成不变的静态,而是灵活机动的、随时可变的,属于永不停歇的动态;它不是教师单向地向儿童传递知识技能,而是教师和儿童双边共同探索周围世界。(3)**发展性**。幼儿园的生成课程是不断成长的、完善的,它不是墨守成规,"一切既成",而是与时俱进,"一切将成";它不断建构、整合、变革,以适合儿童发展的需求。

3. 预设课程与生成课程的区别

预设课程与生成课程之间存在一些区别,主要表现在以下几个方面。

(1)**在课程的目标上:是固定还是变更**。预设课程,更强调目标,认为目标先于活动,目标在前,活动在后。教师围绕课程大纲和儿童发展水平制定教学目标,按既定的目标,循着固定的轨道,选择合适的方法,开展教学活动,实现教学目标。而生成课程,则更强调活动,认为在活动过程中形成目标,过程比结果更重要。课程目标是教师和儿童在教育情境中,通过协商而动态生成的、渐进生长的,既扎根过去,又指向未来。

(2)**在课程的内容上:是重书本还是重生活**。预设课程,更强调课程中固定的、预期的内容,注重书本知识,把教师看作是知识的拥有者和传递者,把儿童看作是知识的被动接受者。而生成课程,则更强调课程中的不确定的、广泛的内容,注重生活经验,把教师和儿童看作是知识的共同建构者,重视让儿童走进自然,走进生活。

(3)**在课程的实施上:是严控还是调适**。预设课程,更强调课程的实施要按图索骥、按部就班,教师要严格遵守教学计划,控制整个课堂,完成教学任务,实现预定的课程目标。而生成课程,则更强调课程的实施要师幼互动、共同创生,教师要从实际条件出发,根据儿童的学习状况,及时调整课程的目标和内容、教学的手段和方法。

(4)**在课程的评价上:是重结果还是重过程**。预设课程,更强调课程评价的目的性、科学性、终结性,重视发挥教师作为评价主体的作用。而生成课程,则更强调课程评价的过程性、持续性、动态性、全面性,随着评价的展开,评价的标准和内容都要不断地加以调整,以获得丰富、客观、全面的评价信息,促进儿童认知、情感、审美等方面的全面发展。

由此可见,预设课程与生成课程都是幼儿园课程的重要组成部分,它们都从不同的侧面反映了幼儿园课程的一些重要特点。

4. 预设课程与生成课程的关联

预设与生成是幼儿园课程的两个不同侧面,都有合理性和局限性。为了更好地促进儿童的发展,教师要调配好这两种课程之间的关系,使幼儿园课程能在预设中高效,在生成中精彩,使各种活动都能成为师幼积极互动、共同建构的过程。

(1)课程要有方向。 幼儿园课程要有一定的目标,大目标要明确,小目标要灵活;在预设课程的大目标时,要留下一些空白,使生成课程的小目标有成长的空间。这样,两种课程就能相互补充,共同实现国家的教育方针。

(2)课程要有底线。 幼儿园课程要有一定的标准,低标准是门槛,高标准是动向;在保证预设课程基本规范的同时,要留下足够空白,使生成课程的升级标准有发展的空间。这样,两种课程就能前赴后继,共同促进儿童的不断成长。

(3)课程要有内容。 幼儿园课程要有一定的内容,理性知识是重要的,感性知识也是必要的;在预设课程的基础知识时,要留下广阔的平台,使生成课程的探索知识有获取的空间。这样,两种课程就能相辅相成,共同推动儿童的全面发展。

第二节　幼儿园课程的特点与价值

图片 1-2-1　上海市区幼儿园走廊大(二)班图书漂流区

一、幼儿园课程的特点

幼儿园课程的特点是由其对象、目标、内容、途径、策略、资源的特点所决定的,主要表现在以下几个方面。

(一)启蒙性

这是由幼儿园课程的对象所决定的。 年幼儿童处在身心迅速发展的阶段,各方面都不成熟,但却好奇好问,求知欲强,而幼儿园的课程则能启迪儿童的智慧,满足儿童的好奇心,培养儿童的好习惯,增长儿童的见识,丰富儿童的情感,发展儿童的身心,使儿童从一个自然的人转化为社会的人,为儿童进入小学打好基础。

(二) 全面性

这是由幼儿园课程的目标所决定的。幼儿园的教育目标是促进儿童在体、智、德、美几方面都得到发展，而作为幼儿园教育工作"重头戏"的课程，毫无疑问应该担当起促进儿童体力、认知、情感、社会性、审美发展的重要使命，为儿童的终身学习打好基础。

(三) 综合性

这是由幼儿园课程的内容所决定的。幼儿园五大领域的教育内容是紧密相连、环环相扣、彼此渗透的，"你中有我，我中有你"；幼儿园各个年龄班的教育内容也是密切相关、层层递进、螺旋上升的，"芝麻开花——节节高"。

(四) 潜在性

这是由幼儿园课程的途径所决定的。"让环境说话"是幼儿园课程的一条重要途径，环境对儿童具有潜移默化的影响。幼儿园要为儿童创设丰富多彩的环境，提供亲近自然的材料，确保足够的时间和空间，鼓励儿童自由选择，大胆探索，自主成长。

(五) 活动性

这是由幼儿园课程的策略所决定的。"寓教于活动之中"是幼儿园课程实施的有效策略，通过合理安排儿童的一日生活，为幼儿创设参加游戏活动、生活活动、体育活动、学习活动等多种活动的机会，促进儿童积极主动、生动活泼地成长。

(六) 开放性

这是由幼儿园课程的资源所决定的。家庭和社区都是幼儿园课程的重要资源，幼儿园应打开大门，开发利用。一方面，要充分运用家庭和社区中的人力资源，把家长和社区人士请进来，参教、议教、助教，为幼儿园课程的发展添砖加瓦；另一方面，还要广泛运用家庭和社区中的场所资源，把儿童带出去，观察、探索、发现，使幼儿园课程的发展锦上添花。

二、幼儿园课程的价值

幼儿园课程的有效实施，能够促进儿童体、智、德、美的全面发展。

(一) 能增强儿童的体质

幼儿园课程的有效实施，能锻炼儿童的身体，增强儿童的体质。幼儿园每天为儿童安排的早晨户外运动、上午体育活动、下午游戏活动，都有助于培养儿童四肢的运动能力，提高儿童躯体的协调能力。例如，教师和幼儿一起玩"丢手绢"的体育游戏，就能激发幼儿参加体育活动的兴趣，增强幼儿奔跑追逐的能力。

(二) 能发展儿童的智能

幼儿园课程的有效实施，能丰富儿童的知识，发展儿童的智能。幼儿园为儿童安排的晨间谈话活动，有利于焕发儿童的交往兴趣、提高儿童的表达能力；为儿童提供的图书区、图书室活动，有利于萌发儿童的阅读兴趣、增强儿童的阅读能力；为儿童创设的"锅碗瓢盆"打击乐器活动，有利于增强儿童的环保意识、发展儿童的音乐能力；为儿童开辟的种植园地,有利于丰富儿童的科学知识、发展儿童的动手能力;为儿童组织的参观郊游活动,有利于儿童社会经验的积累,增强儿童的空间智能。例如,教师带领幼儿到附近的药店去参观,就能使幼儿感受到药店与幼儿园的空间距离(远近)和位置(东西南北),意识到人们的健康与药品之间的关系。

(三)能塑造儿童的品行

幼儿园课程的有效实施,能陶冶儿童的情感,塑造儿童的品行。幼儿园为儿童安排的值日生活动,有助于培养儿童的责任心和执行力;为儿童设计的游戏活动,有助于培养儿童的交往能力、合作能力;为儿童打造的自助餐活动,有助于培养儿童的自理能力和节约精神;为儿童创设的图书漂流活动,有助于培养儿童的分享能力、交流能力;为儿童组织的亲子活动,有助于密切亲子关系,培养儿童的爱心。例如,教师请家长来园,给幼儿讲讲"孩子小时候"的故事,和幼儿一起唱唱"爱我你就抱抱我"的歌曲,鼓励家长和幼儿用语言(如夸夸)、动作(如亲亲、抱抱)、表情、姿态来表达彼此的爱意。

(四)能培养儿童的美感

幼儿园课程的有效实施,能焕发儿童的审美,培养儿童的美感。幼儿园为儿童安排的音乐活动,能给儿童带来听觉上的美,增强儿童欣赏美的能力;为儿童设计的美术活动,能给儿童营造视觉上的美,提高儿童创造美的能力。例如,教师指导幼儿把拣来的落叶,加以清洗、晾干、压平,然后按照自己的喜好进行加工,制作装饰画,这样,就能提高幼儿欣赏美、创造美的能力。

第三节　幼儿园课程的目标与内容

图片 1-3-1　上海市嘉定区黄渡莱茵幼儿园户外体育游戏区

一、幼儿园课程的目标

幼儿园课程目标是幼儿园课程最终要实现的目的、达到的标准,它是根据当代社会的期望与要求、学科发展的现状与进展、儿童成长的特点与规律等多种因素综合形成的一个有机整体。其中,社会需要,从宏观上控制着幼儿园课程目标的方向,形成了社会导向的目标;学科知识,从中观上决定着幼儿园课程目标的内涵,形成了学科内容的目标;儿童特点,从微观上制约着幼儿园课程目标的核心,形成了儿童发展的目标。

幼儿园课程目标主要表现在以下几个方面:(1) 促进幼儿身体正常发育和机能的协调发展,增强体质,促进心理健康,培养良好的生活习惯、卫生习惯和参加体育活动的兴趣。(2) 发展幼儿智力,培养正确运用感官和运用语言交往的基本能力,增进对环境的认识,培养有益的兴趣和求知欲望,培养初步的动手探究能力。(3) 萌发幼儿爱祖国、爱家乡、爱集体、爱劳动、爱科学的情感,培养诚实、自信、友爱、勇敢、勤学、好问、爱护公物、克服困难、讲礼貌、守纪律等良好的品德行为和习惯,以及活泼开朗的性格。(4) 培养幼儿初步感受美和表现美的情趣和能力。①

二、幼儿园课程的内容

幼儿园课程内容,主要表现在健康、语言、社会、科学、艺术等五个领域;各个领域的内容是相互渗透的,共同促进幼儿知识、技能、能力、情感、态度等方面的发展。

(一) 健康

1. 目标

(1) 身体健康,在集体生活中情绪安定、愉快。

(2) 生活、卫生习惯良好,有基本的生活自理能力。

(3) 知道必要的安全保健常识,学习保护自己。

(4) 喜欢参加体育活动,动作协调、灵活。

2. 内容与要求

(1) 建立良好的师生、同伴关系,让幼儿在集体生活中感到温暖,心情愉快,形成安全感、信赖感。

(2) 与家长配合,根据幼儿的需要建立科学的生活常规。培养幼儿良好的饮食、睡眠、盥洗、排泄等生活习惯和生活自理能力。

(3) 教育幼儿爱清洁、讲卫生,注意保持个人和生活场所的整洁和卫生。

(4) 密切结合幼儿的生活进行安全、营养和保健教育,提高幼儿的自我保护意识和能力。

(5) 开展丰富多彩的户外游戏和体育活动,培养幼儿参加体育活动的兴趣和习惯,增强体质,提高对环境的适应能力。

(6) 用幼儿感兴趣的方式发展基本动作,提高动作的协调性、灵活性。

(7) 在体育活动中,培养幼儿坚强、勇敢、不怕困难的意志品质和主动、乐观、合作的态度。

---

① 中华人民共和国教育部. 幼儿园工作规程[EB/OL]. http://www.moe.gov.cn/srcsite/A02/s5911/moe_621/201602/t20160229_231184.html

3. 指导要点

（1）幼儿园必须把保护幼儿的生命和促进幼儿的健康放在工作的首位。树立正确的健康观念，在重视幼儿身体健康的同时，要高度重视幼儿的心理健康。

（2）既要高度重视和满足幼儿受保护、受照顾的需要，又要尊重和满足他们不断增长的独立要求，避免过度保护和包办代替，鼓励并指导幼儿自理、自立的尝试。

（3）健康领域的活动要充分尊重幼儿生长发育的规律，严禁以任何名义进行有损幼儿健康的比赛、表演或训练等。

（4）培养幼儿对体育活动的兴趣是幼儿园体育的重要目标，要根据幼儿的特点组织生动有趣、形式多样的体育活动，吸引幼儿主动参与。

（二）语言

1. 目标

（1）乐意与人交谈，讲话礼貌。

（2）注意倾听对方讲话，能理解日常用语。

（3）能清楚地说出自己想说的事。

（4）喜欢听故事、看图书。

（5）能听懂和会说普通话。

2. 内容与要求

（1）创造一个自由、宽松的语言交往环境，支持、鼓励、吸引幼儿与教师、同伴或其他人交谈，体验语言交流的乐趣，学习使用适当的、礼貌的语言交往。

（2）养成幼儿注意倾听的习惯，发展语言理解能力。

（3）鼓励幼儿大胆、清楚地表达自己的想法和感受，尝试说明、描述简单的事物或过程，发展语言表达能力和思维能力。

（4）引导幼儿接触优秀的儿童文学作品，使之感受语言的丰富和优美，并通过多种活动帮助幼儿加深对作品的体验和理解。

（5）培养幼儿对生活中常见的简单标记和文字符号的兴趣。

（6）利用图书、绘画和其他多种方式，引发幼儿对书籍、阅读和书写的兴趣，培养前阅读和前书写技能。

（7）提供普通话的语言环境，帮助幼儿熟悉、听懂并学说普通话。少数民族地区还应帮助幼儿学习本民族语言。

3. 指导要点

（1）语言能力是在运用的过程中发展起来的，发展幼儿语言的关键是创设一个能使他们想说、敢说、喜欢说、有机会说并能得到积极应答的环境。

（2）幼儿语言的发展与其情感、经验、思维、社会交往能力等其他方面的发展密切相关，因此，发展幼儿语言的重要途径是通过互相渗透的各领域的教育，在丰富多彩的活动中去扩展幼儿的经验，提供促进语言发展的条件。

（3）幼儿的语言学习具有个别化的特点，教师与幼儿的个别交流、幼儿之间的自由交谈等，对幼儿语言发展具有特殊意义。

（4）对有语言障碍的儿童要给予特别关注，要与家长和有关方面密切配合，积极地帮助他们提高语言能力。

（三）社会

1. 目标

（1）能主动地参与各项活动，有自信心。

（2）乐意与人交往，学习互助、合作和分享，有同情心。

（3）理解并遵守日常生活中基本的社会行为规则。

（4）能努力做好力所能及的事，不怕困难，有初步的责任感。

（5）爱父母长辈、老师和同伴，爱集体、爱家乡、爱祖国。

2. 内容与要求

（1）引导幼儿参加各种集体活动，体验与教师、同伴等共同生活的乐趣，帮助他们正确认识自己和他人，养成对他人、社会亲近、合作的态度，学习初步的人际交往技能。

（2）为每个幼儿提供表现自己长处和获得成功的机会，增强其自尊心和自信心。

（3）提供自由活动的机会，支持幼儿自主地选择、计划活动，鼓励他们通过多方面的努力解决问题，不轻易放弃克服困难的尝试。

（4）在共同的生活和活动中，以多种方式引导幼儿认识、体验并理解基本的社会行为规则，学习自律和尊重他人。

（5）教育幼儿爱护玩具和其他物品，爱护公物和公共环境。

（6）与家庭、社区合作，引导幼儿了解自己的亲人以及与自己生活有关的各行各业人们的劳动，培养其对劳动者的热爱和对劳动成果的尊重。

（7）充分利用社会资源，引导幼儿实际感受祖国文化的丰富与优秀，感受家乡的变化和发展，激发幼儿爱家乡、爱祖国的情感。

（8）适当向幼儿介绍我国各民族和世界其他国家、民族的文化，使其感知人类文化的多样性和差异性，培养理解、尊重、平等的态度。

3. 指导要点

（1）社会领域的教育具有潜移默化的特点。幼儿社会态度和社会情感的培养尤应渗透在多种活动和一日生活的各个环节之中，要创设一个能使幼儿感受到接纳、关爱和支持的良好环境，避免单一呆板的言语说教。

（2）幼儿与成人、同伴之间的共同生活、交往、探索、游戏等，是其社会学习的重要途径。应为幼儿提供人际间相互交往和共同活动的机会和条件，并加以指导。

（3）社会学习是一个漫长的积累过程，需要幼儿园、家庭和社会密切合作，协调一致，共同促进幼儿良好社会性品质的形成。

(四) 科学

1. 目标

(1) 对周围的事物、现象感兴趣,有好奇心和求知欲。

(2) 能运用各种感官,动手动脑,探究问题。

(3) 能用适当的方式表达、交流探索的过程和结果。

(4) 能从生活和游戏中感受事物的数量关系并体验到数学的重要和有趣。

(5) 爱护动植物,关心周围环境,亲近大自然,珍惜自然资源,有初步的环保意识。

2. 内容与要求

(1) 引导幼儿对身边常见事物和现象的特点、变化规律产生兴趣和探究的欲望。

(2) 为幼儿的探究活动创造宽松的环境,让每个幼儿都有机会参与尝试,支持、鼓励他们大胆提出问题,发表不同意见,学会尊重别人的观点和经验。

(3) 提供丰富的可操作的材料,为每个幼儿都能运用多种感官、多种方式进行探索提供活动的条件。

(4) 通过引导幼儿积极参加小组讨论、探索等方式,培养幼儿合作学习的意识和能力,学习用多种方式表现、交流、分享探索的过程和结果。

(5) 引导幼儿对周围环境中的数、量、形、时间和空间等现象产生兴趣,建构初步的数概念,并学习用简单的数学方法解决生活和游戏中某些简单的问题。

(6) 从生活或媒体中幼儿熟悉的科技成果入手,引导幼儿感受科学技术对生活的影响,培养他们对科学的兴趣和对科学家的崇敬。

(7) 在幼儿生活经验的基础上,帮助幼儿了解自然、环境与人类生活的关系。从身边的小事入手,培养初步的环保意识和行为。

3. 指导要点

(1) 幼儿的科学教育是科学启蒙教育,重在激发幼儿的认识兴趣和探究欲望。

(2) 要尽量创造条件让幼儿实际参加探究活动,使他们感受科学探究的过程和方法,体验发现的乐趣。

(3) 科学教育应密切联系幼儿的实际生活进行,利用身边的事物与现象作为科学探索的对象。

(五) 艺术

1. 目标

(1) 能初步感受并喜爱环境、生活和艺术中的美。

(2) 喜欢参加艺术活动,并能大胆地表现自己的情感和体验。

(3) 能用自己喜欢的方式进行艺术表现活动。

2. 内容与要求

(1) 引导幼儿接触周围环境和生活中美好的人、事、物,丰富他们的感性经验和审美情趣,激发他们表现美、创造美的情趣。

（2）在艺术活动中面向全体幼儿，要针对他们的不同特点和需要，让每个幼儿都得到美的熏陶和培养。对有艺术天赋的幼儿要注意发展他们的艺术潜能。

（3）提供自由表现的机会，鼓励幼儿用不同艺术形式大胆地表达自己的情感、理解和想象，尊重每个幼儿的想法和创造，肯定和接纳他们独特的审美感受和表现方式，分享他们创造的快乐。

（4）在支持、鼓励幼儿积极参加各种艺术活动并大胆表现的同时，帮助他们提高表现的技能和能力。

（5）指导幼儿利用身边的物品或废旧材料制作玩具、手工艺品等来美化自己的生活或开展其他活动。

（6）为幼儿创设展示自己作品的条件，引导幼儿相互交流、相互欣赏、共同提高。

3. 指导要点

（1）艺术是实施美育的主要途径，应充分发挥艺术的情感教育功能，促进幼儿健全人格的形成。要避免仅仅重视表现技能或艺术活动的结果，而忽视幼儿在活动过程中的情感体验和态度的倾向。

（2）幼儿的创作过程和作品是他们表达自己的认识和情感的重要方式，应支持幼儿富有个性和创造性的表达，克服过分强调技能技巧和标准化要求的偏向。

（3）幼儿艺术活动的能力是在大胆表现的过程中逐渐发展起来的，教师的作用应主要在于激发幼儿感受美、表现美的情趣，丰富他们的审美经验，使之体验自由表达和创造的快乐。在此基础上，根据幼儿的发展状况和需要，对表现方式和技能技巧给予适时、适当的指导。①

第四节　幼儿园课程的实施与评价

图片 1-4-1　上海市嘉定区黄渡莱茵幼儿园中（四）班家园联系栏

---

① 中华人民共和国教育部. 幼儿园教育指导纲要（试行）[EB/OL]. http://www.moe.gov.cn/srcsite/A06/s3327/200107/t20010702_81984.html

一、幼儿园课程的实施

（一）实施的途径

幼儿园课程实施的途径，是教师和儿童共同活动的路径，是教师有目的、有计划、有组织地传授教学内容，完成教学任务，实现教学目标的渠道；从空间上看，它有园内途径（从纵向上看，有一日活动；从横向上看，有环境布置）和园外途径（研学旅行）等。

1. 基本途径：一日活动

一日活动是实施幼儿园课程的基本途径，主要包括以下各种活动：入园晨检活动（如家长送孩子进园、儿童进园洗手、接受健康检查）、桌面游戏活动（如儿童玩积木、串珠子）、体育锻炼活动（如儿童做早操、玩体育游戏）、生活活动（如儿童如厕、洗手、吃早点）、集体教学活动（如教师给儿童讲故事、指导儿童科学探索）、区角自由活动（如儿童在图书区阅读）、生活活动（如儿童吃午饭、散步、午睡）、区角自由活动、体育游戏活动、整理离园活动（如儿童整理好自己的物品、家长接孩子离园）。

为了实现教学的最优化，促进儿童的最佳发展，幼儿园要科学、合理地安排这些活动。**首先**，要处理好动态活动与静态活动之间的关系，使儿童能劳逸结合，身心和谐发展。**其次**，要处理好室内活动与室外活动之间的关系，使儿童能有许多机会接触阳光、空气，与大自然亲密接触，锻炼身体，陶冶情操。**再次**，要处理好大组活动与小组活动、个人活动之间的关系，使儿童的社会性和个性都能得到健康发展。

2. 重要途径：环境布置

环境布置是实施幼儿园课程的重要途径，主要包括以下各个方面：园门围墙环境、大厅走廊环境、班级内外环境（如门窗环境、区域环境）、户外活动环境。

为了发挥环境的育人作用，促进儿童的适宜发展，幼儿园要精心设计、巧妙布置各种环境。**首先**，要做到安全化，使儿童能在平静、安宁的环境中健康成长。**其次**，要做到卫生化，使儿童能在干净、整洁的环境中全面成长。**再次**，要做到儿童化，使儿童能在轻松、愉悦的环境中快乐成长。**最后**，要做到教育化，使儿童能在游戏、探索的环境中不断成长。**此外**，要做到艺术化，使儿童能在绿化、美化的环境中和谐成长。

3. 独特途径：研学旅行

研学旅行是实施幼儿园课程的独特途径，主要包括以下各种活动：春游秋游活动（如每学期一次游览活动）、社会实践活动（如平时参观博物馆、到超市购物）。

为了发挥旅行的教育价值，促进儿童的充分发展，幼儿园要有目的、有计划地组织研学旅行活动。**首先**，要深刻认识研学旅行的独特作用，把旅行看作是儿童学习的一种重要方式，确保"学中有旅""旅中有学"。**其次**，要充分发挥家长在研学旅行中的重要作用，积极邀请家长参与其中，提高成人与儿童的比率，确保儿童的人身安全。**最后**，要全面运用研学旅行的各种场所资源，不仅要带领儿童走进商业场所、使用运输场所资源，而且还要组织儿童进入服务场所、享用文化场所资源，使儿童能广泛接触社会，深入了解社会。

(二) 实施的形式

幼儿园课程实施的形式,是教师与儿童相互作用的方式,是教师为了完成特定的教学任务,围绕教学内容,选择教学媒体,与儿童进行互动的样式;从规模上看,主要有集体教学活动、分组教学活动(区域学习活动)、个别教学活动等。

1. 集体教学活动

集体教学活动,长期以来在我国幼儿园一直居于主导地位;它是实施幼儿园课程的一种基本形式,是教师和全班儿童在一起进行的教与学的一种双边活动形式;它是教师根据一定的教学目标、本班儿童身心发展的主要特点,选择相应的教学内容,设计和组织的、面向全体儿童的一种教学活动组织形式;它具有很强的预设性和广泛的对象性;因为班级规模较大,所以往往以"秧田形""马蹄形"等方式表现出来。

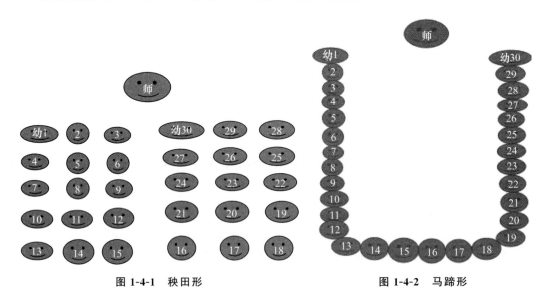

图 1-4-1 秧田形　　　　　　　　图 1-4-2 马蹄形

为了提高集体教学活动的有效性,使全班儿童都能在规定的时间内积极主动地学习,教师要注意以下几点:**(1) 教学目标的适宜性。**教师在制定教学目标时,不仅要备大纲,而且还要备儿童;要根据全班儿童身心发展的年龄特点,特别是最近发展区,来设计教学活动的目标,使每个儿童都能在原有的基础上得到更好的发展。**(2) 教学内容的生活性。**教师在选择教学内容时,不仅要备教材,而且还要备生活;要根据一年四季变化的特点,来选择教学活动的内容,使每个儿童都能在日常生活中不断成长。**(3) 教学过程的互动性。**教师在组织教学过程时,不仅要考虑教法,而且还要考虑学法;要根据儿童好奇好问好动的学习特点,来组织教学活动的每一个环节,使全班儿童都能通过与教师积极有效的互动而得到和谐发展。**(4) 教学手段的多样性。**教师在选用教学手段时,不仅要考虑传统的教具学具,而且还要考虑现代的多媒体课件;要根据当代科技迅速发展的特点,来使用现代化的教学手段,使每个儿童都能在音频视频营造出的氛围中更加快乐地成长。

2. 分组教学活动

分组教学活动,近些年来在我国幼儿园的地位不断提高;它是幼儿园课程实施的一种重要形式,是教师和一组儿童或一群儿童在一起进行教与学的多边活动形式;它是教师依据特定的教学目标、一些儿童的独特特点,进行"同课异构",选择教学内容,组织安排的、面向部分儿童的一种教学活动组织形式;它具有较强的针对性和深入的指导性;因为群体规模较小,所以往往以"半圆形""长方形"等方式表现出来。

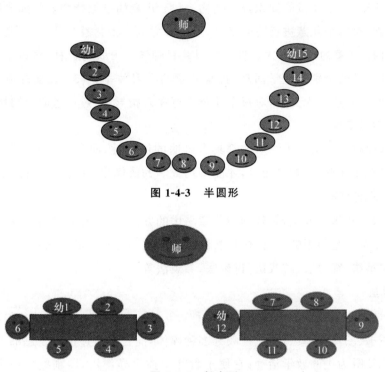

图 1-4-3　半圆形

图 1-4-4　长方形

为了提高分组教学活动的针对性,使各组儿童都能在应有的时间内健康快乐地学习,教师要注意以下几点:**(1) 分组教学的对象**。教师在对儿童进行分组教学时,要以儿童为本位。既可以根据儿童的性别特征、个性特征来分组,也可以根据儿童的发展水平来分组,使儿童都能在与教师充分互动的基础上,还能与同伴友好互动,相互学习,共同成长,彰显"三人行,必有我师"的魅力。**(2) 分组教学的场地**。教师在对儿童进行分组教学时,要以空间为平台。要给儿童提供足够的区间,合理安排和布局各个活动区域,使每个区角都能成为儿童大显身手、全面发展的舞台。**(3) 分组教学的材料**。教师在对儿童进行分组教学时,要以材料为中介。要给儿童提供多种多样的材料、废旧物品,使每个儿童都能有良机操作各种材料,手脑并用,和谐发展。

3. 个别教学活动

个别教学活动,最近几年在我国幼儿园的地位越来越高;它是幼儿园课程实施必不可少的一种形式,是教师和某个儿童在一起进行教与学的双向活动形式;它是教师根据个别儿童的特点,进行"私人订制",采取"一对一"教学的一种教学活动组织形式;它具有较强的个体性和鲜明的差异性;因为是一对一,所以往往以自由的、灵活的形式表现出来。

为了增强个别教学活动的指导性,使每个儿童都能在自由宽松的氛围中茁壮成长,教师要注意以下几点:(1)**儿童的兴趣爱好**。教师要以儿童的兴趣爱好为起点,对每个儿童加以精心呵护,通过有趣的个别化教学活动,促进儿童的个性健康发展。(2)**儿童的知识经验**。教师要以儿童的知识经验为平台,对每个儿童加以及时指导,通过生动的个别化教学活动,丰富儿童的知识经验结构。(3)**儿童的技能能力**。教师要以儿童的技能能力为基础,对每个儿童进行适时指导,通过多样的个别化教学活动,提高儿童的多元智能水平。(4)**儿童的学习方式**。教师要以儿童的学习方式为杠杆,对每个儿童进行细致指导,通过丰富的个别化教学活动,提高儿童的学习效率。(5)**儿童的学习速度**。教师要以儿童的学习速度为支点,对每个儿童进行深入指导,通过递进的个别化教学活动,加快儿童的学习步伐。

总之,每种教学活动的组织形式都具有鲜明的优越性,同时也不可避免地具有一定的局限性,只有相互补充,相互配合,才能实现教学的最优化,促进儿童的最佳发展。

(三)实施的方法

幼儿园课程实施的方法,是教师与儿童采用的办法,是教师为了实现教学目标,在教学过程中与儿童一起使用的策略,包括教师教的方法和儿童学的方法;从教法上看,主要有讲授法、演示法、练习法、游戏法、讨论法、参观法等。

1. 讲授法

讲授法是幼儿园教学中广泛使用的一种方法;它是指教师通过简明、生动的口头语言,辅助以图书、图片、教具、玩具、视频等多种媒体,向儿童传递语言信息的方法,是一种以教师讲、儿童听为主的教学活动;它便于教师发挥主导作用,控制教学进程,完成教学任务,使儿童在短时间内获得大量的、系统的文化科学知识。

为了充分发挥讲授法的作用,教师需要注意以下几点:(1)**讲授的语言,要有艺术性**。教师在对儿童进行讲述、讲解时,要讲究艺术性;不仅要准确清晰、简练适度、通俗易懂,以适应儿童的理解能力和接受水平,而且还要抑扬顿挫、生动形象、有感染力,以引发儿童的注意和兴趣。(2)**讲授的方式,要有启发性**。教师在对儿童进行讲读、讲演时,要重视启发性;不仅要调动儿童学习的主动性和积极性,给儿童提供思考的空间,以免使儿童陷入消极被动等待的困境,而且还要注意儿童的个别差异和即时反应,给儿童留下消化的时间,以克服满堂灌的注入式教学。(3)**讲授的方法,要有多样性**。教师在对儿童进行描述、说明时,要注意多样性;不仅要讲中有导,使儿童愿学、愿想,而且还要讲中有练,使儿童会学、会想。

2. 演示法

演示法是幼儿园教学中经常采用的一种方法;它是教师通过呈现教具、实物,进行示范性活动,或通过多媒体等现代化教学手段,使儿童感知物体,获取知识技能的一种教学方法;它能化静态为动态,提高直观程度和逼真程度,激发儿童的学习兴趣,丰富儿童的感性认识,发展儿童的观察能力。

为了充分发挥演示法的作用,教师需要注意以下几点:**(1)演示的目的要明确**。教师要从教学目标及内容出发,来确立具体的演示目的。**(2)演示的材料要多样**。教师要根据教学的需要和儿童的特点,来提供演示的材料,既可以是教具玩具、图画图片,也可以是实物、标本、模型,此外还可以是录音、录像、视频或实验等。**(3)演示的对象要清晰**。教师向儿童呈现的演示物品,一定要使所有儿童都能清楚地感知到。**(4)演示的时机要适当**。教师要选择恰当的时机,展现演示的物体,过早或过迟都会影响演示的效果。**(5)演示的过程要合理**。教师要边演示边讲解,引导儿童仔细观察,使儿童能耳闻目睹,加深对事物的全面认识。

3. 练习法

练习法是幼儿园教学中普遍使用的一种方法;它是教师设计一系列的实践活动,指导儿童反复练习,完成一定的动作,从而形成相应的技能、技巧或行为习惯的一种教学方法;它有助于儿童巩固知识技能,形成动力定型,顺利完成任务,成功走向社会。

为了充分发挥练习法的作用,教师需要注意以下几点:**(1)练习的目标要具体**。教师要向儿童提出明确具体的练习要求,鼓励儿童投入活动,指导儿童完成任务,增强技能,发展能力。**(2)练习的内容要全面**。教师要从儿童全面发展的角度出发,安排练习的内容,不仅使儿童有机会练习心智方面的技能(如阅读、计算技能)、动作技能(如体育技能、劳动操作技能),而且还有机会练习文明行为习惯(如卫生习惯、礼貌习惯、守时习惯)。**(3)练习的时间要科学**。教师要考虑儿童身心发展的特点,科学安排练习的分量、次数和时间,使分散练习和集中练习能有机地结合起来,逐渐增加练习的时间,延长练习的时距,以不断提高练习的效果。**(4)练习的方法要合理**。教师要根据练习的目的、儿童的特点,合理使用练习的方法,从易到难,循序渐进;从知到行,知行合一;从生到熟,熟能生巧。**(5)练习的差异要尊重**。教师要认识到儿童的个体差异,有计划、有步骤地进行针对性指导,使每个儿童的技能都能积极迁移,举一反三,触类旁通,操作能力和创造能力得到更好的发展。

4. 游戏法

游戏法是幼儿园教学中非常重要的一种方法;它是教师根据教学目标,为儿童创设游戏环境,安排游戏活动,使儿童在轻松愉快的气氛中学习和成长的一种教学方法;它有助于儿童体验学习的乐趣,增强学习的信心,提高学习的效果,身心得到和谐发展。

为了充分发挥游戏法的作用,教师需要注意以下几点:**(1)处理好教学与游戏之间的关系**。教师要认识到教学是目的,游戏是手段,游戏是为教学服务的,不是为游戏而游戏的;要围绕教学目标来设计游戏,寓教于乐,把教学要求巧妙地融入游戏之中,使枯燥乏味的学习变得生动有趣;要根据教学需要来调整游戏,强化儿童的学习兴趣,培养儿童的创新能力。**(2)处理好各类型游戏之间的关系**。教师要认识到不同的游戏具有不同的教育作用,要根据教学内容和要求来选择游戏,既可以是语言游戏、音乐游戏、体育游戏,也可以是智力游戏、结构游戏、角色游戏,使儿童能在多种多样的游戏中得到全面发展。教师还要认识到不同的儿童对游戏的喜好是不同的,要依据儿童的年龄、性别、个性等特点来安排游戏,既可以是独立游戏,也可以是合作游戏,使每个儿童都能在游戏中体验到成功的乐趣。**(3) 处理好教师与儿童之间的关系**。教师要认识到游戏是幼儿最喜欢的活动方式,也是幼儿园教育最重要的形式;在设计游戏化的教学时,要以儿童为本位,充分发挥儿童的主动性,不仅要有教师发起的游戏式的教学活动,而且还要有儿童发起的游戏式的学习活动,使游戏能真正成为儿童自己的游戏,促进儿童创新精神的发展;在游戏化教学的过程中,要让儿童成为主人,鼓励儿童自己做出决定,不仅要对儿童及时指导,而且还要给儿童提供自由发挥潜能的机会,使游戏能满足儿童学习的欲望,促进儿童身心的健康发展。

5. 讨论法

讨论法是幼儿园教学中不可忽视的一种方法;它是教师围绕教学内容,选择关键问题,指导儿童展开讨论,通过分享交流,帮助儿童获取信息、发展能力的一种教学方法;有助于更好地发挥儿童的主动性、积极性,培养儿童的思维能力、口头表达能力、交际能力。

为了充分发挥讨论法的作用,教师需要注意以下几点:**(1) 讨论的问题要有吸引力**。在讨论前,教师要向儿童提出有趣的话题和明确的要求,使儿童有参与讨论的愿望,培养儿童乐于与人交往的能力。**(2) 讨论的过程要有启发性**。在讨论中,教师要善于启发儿童思考,引导儿童自由发表自己的观点,培养儿童的发散思维能力和口语表达能力。**(3) 讨论的结尾要有总结性**。在讨论后,教师要和儿童一起进行小结,指导儿童对讨论的内容加以概括和总结,提高儿童的聚敛思维能力和社会交往能力。

6. 参观法

参观法是幼儿园教学中不可轻视的一种方法;它是教师根据教学需要,选择场所,组织和指导儿童进行实地观察、调查、研究和学习的一种教学方法;它有助于儿童获得丰富的感性知识,提高观察能力,发展认识社会的能力。

为了充分发挥参观法的作用,教师需要注意以下几点:**(1) 做好参观前的准备工作**。在参观前,教师要做好各项准备工作:制订参观活动的方案,确定参观活动的形式;联系参观活动的场所;邀请家长投入到参观活动中来。**(2) 做好参观中的指导工作**。在参观中,教师要做好各种指导工作:引导儿童注意观察主要事物;提醒儿童认真倾听讲解;鼓励儿童用图画加以记录;引导家长关注孩子的安全。**(3) 做好参观后的延伸工作**。在参观后,教师要做好各类延伸工作:和儿童一起对参观活动进行总结,在班级活动区加以展览;感谢社区人士和家长的热情帮助;反思完善参观活动的举措。

上述这些教学方法之所以经常被幼儿园采用,主要是因为它们都具有极其重要的使用价值,对提升教学质量具有独特的功效。例如,讲授法、讨论法,是通过语言形式,帮助儿童获得间接经验的教学方法;演示法、参观法,是通过直观形式,帮助儿童习得直接经验的教学方法;练习法、游戏法,是通过训练形式,帮助儿童塑造技能技巧的教学方法。然而,任何一种教学方法都不是万能的,它需要与其他教学方法相互补充,有效组合。教师要根据教学任务、教学环境、儿童身心发展的规律和学习特点等多种因素,选择教学方法,并列使用或系列使用,实现教学的最优化。

二、幼儿园课程的评价

(一)评价的作用

幼儿园课程评价是幼儿园课程建设的重要组成部分,它主要评估课程的目标、内容和实施是否已达到了教育的目的,取得了预期的效果,并据此提出完善课程的建议,以不断提升课程的质量。

对幼儿园课程进行评价,有助于充分发挥评价的反馈调节功能,改进和优化课程,提高课程的适宜性和有效性,增强教师的教育教学能力,促进儿童的学习和发展。

(二)评价的人员

园长、教师、幼儿及其家长都应是幼儿园课程的评价者,都应参与到评价工作中来,相互支持,确保评价的客观性和公正性。

1. 园长

园长要发挥课程评价的领导力,定期对幼儿园施行的课程进行分析评估,针对存在的问题,寻找破解的对策。**首先**,要通过教研组活动,引导教师反思,发现课程设置与实施中的不足,及时加以调整修正。**其次**,要通过家长委员会,广泛收集家长的建议,不断完善幼儿园的课程。**此外**,还要通过一日活动,观察教师与幼儿的成长,了解他们的需要。

2. 教师

教师要发挥课程评价的执行力,经常对班级实施的课程及其效果进行诊断评析。**首先**,要注重自我评价,运用专业知识审视各种教育教学活动,反思自己的教育观念和教学行为,发现问题,解决问题,促进自我发展。**其次**,要重视家长的评价,通过家长开放日、亲子活动、家长助教活动等,及时了解家长的看法和才能,取长补短,优化课程。**此外**,还要重视幼儿的评价,通过观察与交谈,全面深入了解幼儿的心声,推进班级的教学工作。

(三)评价的内容

幼儿园课程的评价内容主要包括对课程本身的评价、对教师成长的评价和对幼儿发展的评价等。

1. 对课程本身的评价

在对课程本身进行评价时,可重点考察以下几个方面:课程目标的方向性和教育性如何;课程方案的完整性和可行性如何;课程内容的启蒙性和全面性、地域性和特色性如何;课程知识的科学性和合理性如何;课程管理的规范性和发展性如何。

2. 对教师成长的评价

在对教师的成长进行评价时,可注重考察以下几个方面:**(1)教育教学环境的创设**:教师为幼儿创设的物质环境是否适宜(如时间是否充足、空间是否宽阔、材料是否多样);教师为幼儿创设的心理环境是否适宜(如环境的安全性、愉悦性、激励性、自主性和探索性如何)。**(2) 教育教学活动的组织**:教师在设计、组织和实施活动时,教学目标的针对性和渐进性如何;教学准备的充分性和全面性如何;教学内容的适宜性和切实性如何;教学策略的多样性和选择性如何;教学过程的启发性和探索性如何;教学效果的反馈性和提升性如何。**(3) 与幼儿的相互作用**:教师是否重视自己与幼儿的互动、幼儿与环境的互动、幼儿与同伴的互动,重点关注互动的频率和效果如何。

3. 对幼儿发展的评价

在对幼儿的发展进行评价时,可注重考量以下几个方面:幼儿的学习方式有什么特点、学习的积极性如何、学习的有效性如何;幼儿的兴趣爱好有什么变化、知识经验的丰富程度如何、情绪情感的发展倾向如何、技能能力的增强速度如何。

(四) 评价的原则

评价的原则是实施幼儿园课程评价的基本要求和行动指南,引导着课程评价的运行方向。在对幼儿园课程进行评价时,要遵循以下几条基本原则。

1. 发展性原则

发展性原则指的是在对幼儿园课程进行评价时,要用发展的眼光来看待评价对象,促进学习共同体的发展。在贯彻这条原则时,要以儿童为本位,以课程为平台,使儿童和教师能随着课程的开发与实施而不断成长;不仅要诊断教师和儿童教与学的过去和现状,而且还要预测教师和儿童教学相长的未来趋向,此外,还要促进课程的合理建构。

2. 合作性原则

合作性原则指的是在对幼儿园课程进行评价时,要促使所有参评人员的沟通交流,加强互动合作。在贯彻这条原则时,要把自评与互评有机地结合起来,既要加强园长、教师、儿童、家长的自我评价,也要重视教师与儿童之间、儿童同伴之间、家长与孩子之间、幼儿园与家庭之间的相互评价,增强评价能力,提升课程质量。

3. 多样性原则

多样性原则指的是在对幼儿园课程进行评价时,要采用多种多样的手段和方法,灵活加以运用。在贯彻这条原则时,**一方面**,要综合使用多种评价方式,在把形成性评价与终结性评价、定量评价与定性评价有机结合起来的基础上,加强形成性评价,注重定性评价,促使评价能自然地伴随着整个教育进程。**另一方面**,还要适当选用多种评价方法,通过观察法、谈话法、测验法、作品分析、成长档案袋等,获得更加完整的信息,确保评价的客观性和全面性。

4. 差异性原则

差异性原则指的是在对幼儿园课程进行评价时,要尊重评价对象的个体差异,促进评价活动的健康发展。在贯彻这条原则时,**首先**,要关注儿童的个体差异,认识到儿童在年龄、性别、性格、知识、能力、情感、认知风格、学习品质、学习习惯等方面都会有所不同,因而不能用同一把尺子来衡量所有儿童。**其次**,要注意教师的个体差异,承认教师在年龄、个性、学历、学识、教龄、教学经验、教学风格等方面也会有所不同,因而不能用同一种标准来要求所有教师。**此外**,还要考虑教学环境的差异性,意识到在不同领域、不同时间、不同空间等条件下开展的教学活动也会有所区别,因而不能用同一指标来评价所有活动。

 本章小结

本章小结如下图。

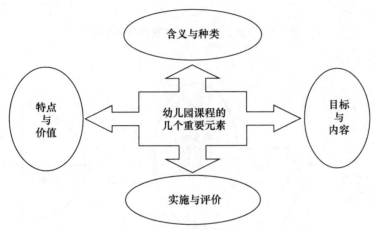

图 1-5-1　第一章幼儿园课程的几个重要元素

第一节小结如下图。

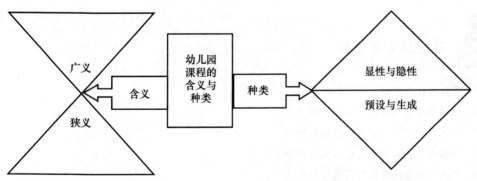

图 1-5-2　第一节幼儿园课程的含义与种类

第二节小结如下图。

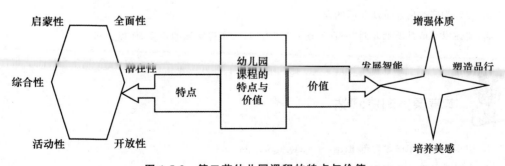

图 1-5-3　第二节幼儿园课程的特点与价值

第三节小结如下图。

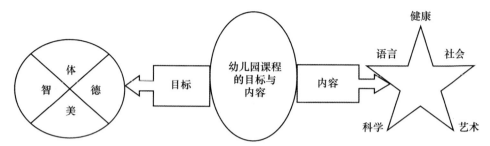

图 1-5-4　第三节幼儿园课程的目标与内容

第四节小结如下图。

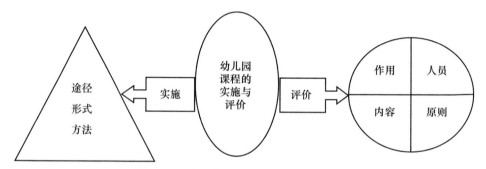

图 1-5-5　第四节幼儿园课程的实施与评价

 本章复习思考题

1. 你认为什么是幼儿园课程？
2. 你认为幼儿园课程可以分为哪几类？
3. 你认为幼儿园课程主要有哪些特点？
4. 你认为幼儿园课程有什么教育价值？
5. 你认为幼儿园课程的目标应是什么？
6. 你认为幼儿园课程应包括哪些内容？
7. 你认为应如何实施幼儿园的课程？
8. 你认为应如何评价幼儿园的课程？
9. 请你以当地某所幼儿园"一日活动安排"为例，从课程实施的角度，加以分析。

 本章课外浏览网站

1. 中华人民共和国教育部 http://www.moe.edu.cn/
2. 中国学前教育研究会 http://www.cnsece.com/

3. 北京学前教育网 http://www.bjchild.com/Index.html
4. 江苏省学前教育学会 http://www.ec.js.edu.cn/col/col4371/
5. 上海学前教育网 http://www.age06.com/age06web3
6. 浙江学前教育网 http://www.06abc.com/

 本章课外阅读书目

1. 章丽.图标:幼儿园课程实践新视角[M].南京:南京师范大学出版社,2010.
2. 上海市教育委员会教学研究室.幼儿园课程图景:课程实施方案编制指南[M].上海:华东师范大学出版社,2013.
3. 朱激文.幼儿园田园课程的理论与实践[M].北京:北京师范大学出版社,2015.
4. 赵晓卫,李丽英,袁爱玲.幼儿园民间体育游戏课程[M].福州:福建教育出版社,2015.
5. 赵海燕.学前教育民俗文化课程理论与实践[M].北京:民族出版社,2016.
6. 田波琼.幼儿园课程权力运作研究[M].北京:科学出版社,2016.
7. 田燕.德性课程管理论:基于教师专业发展的幼儿园课程管理研究[M].广州:中山大学出版社,2016.
8. 史勇萍,霍力岩.幼儿园三位一体课程的实践和探索:六要素法的运用[M].北京:北京师范大学出版社,2016.

第二章 幼儿园课程的法规政策导引

本章导读

本章共有九节,第一节阐述了《幼儿园工作规程》及思考,第二节论述了《关于推进中小学生研学旅行的意见》及思考,第三节说明了《中华人民共和国公共文化服务保障法》及思考,第四节论说了《国家教育事业发展"十三五"规划》及思考,第五节简述了《关于加强和完善城乡社区治理的意见》及思考,第六节陈述了《中小学德育工作指南》及思考,第七节简介了《志愿服务条例》及思考,第八节阐发了《中小学综合实践活动课程指导纲要》及思考,第九节阐明了《中华人民共和国公共图书馆法》及思考。

第一节 《幼儿园工作规程》及思考

图片 2-1-1 上海市青浦区大盈幼儿园小班亲子品尝食物活动

一、《幼儿园工作规程》的主要内容

为了加强幼儿园的科学管理,规范办园行为,提高保育和教育质量,促进幼儿身心健康,2016年1月5日教育部公布了《幼儿园工作规程》(以下简称《规程》),指出从2016年3月1日起施行。《规程》的主要内容如下。

（一）"第一章 总则"的有关内容

《规程》的第二条指出：幼儿园教育是基础教育的重要组成部分，是学校教育制度的基础阶段。第三条指出：幼儿园的任务是：贯彻国家的教育方针，按照保育与教育相结合的原则，遵循幼儿身心发展特点和规律，实施德、智、体、美等方面全面发展的教育，促进幼儿身心和谐发展。第五条指出：幼儿园保育和教育的主要目标是：（一）促进幼儿身体正常发育和机能的协调发展，增强体质，促进心理健康，培养良好的生活习惯、卫生习惯和参加体育活动的兴趣。（二）发展幼儿智力，培养正确运用感官和运用语言交往的基本能力，增进对环境的认识，培养有益的兴趣和求知欲望，培养初步的动手探究能力。（三）萌发幼儿爱祖国、爱家乡、爱集体、爱劳动、爱科学的情感，培养诚实、自信、友爱、勇敢、勤学、好问、爱护公物、克服困难、讲礼貌、守纪律等良好的品德行为和习惯，以及活泼开朗的性格。（四）培养幼儿初步感受美和表现美的情趣和能力。

（二）"第三章 幼儿园的安全"的有关内容

《规程》的第十五条指出：幼儿园教职工必须具有安全意识，掌握基本急救常识和防范、避险、逃生、自救的基本方法，在紧急情况下应当优先保护幼儿的人身安全。幼儿园应当把安全教育融入一日生活，并定期组织开展多种形式的安全教育和事故预防演练。

（三）"第四章 幼儿园的卫生保健"的有关内容

《规程》的第十七条指出：幼儿园必须切实做好幼儿生理和心理卫生保健工作。第十八条指出：幼儿园应当制定合理的幼儿一日生活作息制度。正餐间隔时间为3.5—4小时。在正常情况下，幼儿户外活动时间（包括户外体育活动时间）每天不得少于2小时，寄宿制幼儿园不得少于3小时。第十九条指出：幼儿园应当关注幼儿心理健康，注重满足幼儿的发展需要，保持幼儿积极的情绪状态，让幼儿感受到尊重和接纳。第二十三条指出：幼儿园应当积极开展适合幼儿的体育活动，充分利用日光、空气、水等自然因素以及本地自然环境，有计划地锻炼幼儿肌体，增强身体的适应和抵抗能力。正常情况下，每日户外体育活动不得少于1小时。幼儿园在开展体育活动时，应当对体弱或有残疾的幼儿予以特殊照顾。

（四）"第五章 幼儿园的教育"的有关内容

《规程》的第二十五条指出：幼儿园教育应当贯彻以下原则和要求：（一）德、智、体、美等方面的教育应当互相渗透，有机结合。（二）遵循幼儿身心发展规律，符合幼儿年龄特点，注重个体差异，因人施教，引导幼儿个性健康发展。（三）面向全体幼儿，热爱幼儿，坚持积极鼓励、启发引导的正面教育。（四）综合组织健康、语言、社会、科学、艺术各领域的教育内容，渗透于幼儿一日生活的各项活动中，充分发挥各种教育手段的交互作用。（五）以游戏为基本活动，寓教育于各项活动之中。（六）创设与教育相适应的良好环境，为幼儿提供活动和表现能力的机会与条件。第二十六条指出：幼儿一日活动的组织应当动静交替，注重幼儿的直接感知、实际操作和亲身体验，保证幼儿愉快的、有益的自由活动。

第二十七条指出：幼儿园日常生活组织，应当从实际出发，建立必要、合理的常规，坚持一贯性和灵活性相结合，培养幼儿的良好习惯和初步的生活自理能力。

第二十八条指出：幼儿园应当为幼儿提供丰富多样的教育活动。教育活动内容应当根据教育目标、幼儿的实际水平和兴趣确定，以循序渐进为原则，有计划地选择和组织。教育活动的组织应当灵活地运用集体、小组和个别活动等形式，为每个幼儿提供充分参与的机会，满足幼儿多方面发展的需要，促进每个幼儿在不同水平上得到发展。教育活动的过程应注重支持幼儿的主动探索、操作实践、合作交流和表达表现，不应片面追求活动结果。第二十九条指出：幼儿园应当将游戏作为对幼儿进行全面发展教育的重要形式。幼儿园应当因地制宜创设游戏条件，提供丰富、适宜的游戏材料，保证充足的游戏时间，开展多种游戏。幼儿园应当根据幼儿的年龄特点指导游戏，鼓励和支持幼儿根据自身兴趣、需要和经验水平，自主选择游戏内容、游戏材料和伙伴，使幼儿在游戏过程中获得积极的情绪情感，促进幼儿能力和个性的全面发展。第三十条指出：幼儿园应当将环境作为重要的教育资源，合理利用室内外环境，创设开放的、多样的区域活动空间，提供适合幼儿年龄特点的丰富的玩具、操作材料和幼儿读物，支持幼儿自主选择和主动学习，激发幼儿学习的兴趣与探究的愿望。幼儿园应当营造尊重、接纳和关爱的氛围，建立良好的同伴和师生关系。幼儿园应当充分利用家庭和社区的有利条件，丰富和拓展幼儿园的教育资源。第三十一条指出：幼儿园的品德教育应当以情感教育和培养良好行为习惯为主，注重潜移默化的影响，并贯穿于幼儿生活以及各项活动之中。第三十二条指出：幼儿园应当充分尊重幼儿的个体差异，根据幼儿不同的心理发展水平，研究有效的活动形式和方法，注重培养幼儿良好的个性心理品质。幼儿园应当为在园残疾儿童提供更多的帮助和指导。第三十三条指出：幼儿园和小学应当密切联系，互相配合，注意两个阶段教育的相互衔接。幼儿园不得提前教授小学教育内容，不得开展任何违背幼儿身心发展规律的活动。

（五）"第六章 幼儿园的园舍、设备"的有关内容

《规程》的第三十五条指出：幼儿园应当有与其规模相适应的户外活动场地，配备必要的游戏和体育活动设施，创造条件开辟沙地、水池、种植园地等，并根据幼儿活动的需要绿化、美化园地。

（六）"第七章 幼儿园的教职工"的有关内容

《规程》的第三十九条指出：幼儿园教职工应当贯彻国家教育方针，具有良好品德，热爱教育事业，尊重和爱护幼儿，具有专业知识和技能以及相应的文化和专业素养，为人师表，忠于职责，身心健康。第四十条指出：幼儿园园长负责幼儿园的全面工作，主要职责如下：(一)贯彻执行国家的有关法律、法规、方针、政策和地方的相关规定，负责建立并组织执行幼儿园的各项规章制度；(二)负责保育教育、卫生保健、安全保卫工作；(三)负责按照有关规定聘任、调配教职工，指导、检查和评估教师以及其他工作人员的工作，并给予奖惩；(四)负责教职工的思想工作，组织业务学习，并为他们的学习、进修、教育研

究创造必要的条件;(五)关心教职工的身心健康,维护他们的合法权益,改善他们的工作条件;(六)组织管理园舍、设备和经费;(七)组织和指导家长工作;(八)负责与社区的联系和合作。第四十一条指出:幼儿园教师对本班工作全面负责,其主要职责如下:(一)观察了解幼儿,依据国家有关规定,结合本班幼儿的发展水平和兴趣需要,制订和执行教育工作计划,合理安排幼儿一日生活;(二)创设良好的教育环境,合理组织教育内容,提供丰富的玩具和游戏材料,开展适宜的教育活动;(三)严格执行幼儿园安全、卫生保健制度,指导并配合保育员管理本班幼儿生活,做好卫生保健工作;(四)与家长保持经常联系,了解幼儿家庭的教育环境,商讨符合幼儿特点的教育措施,相互配合共同完成教育任务;(五)参加业务学习和保育教育研究活动;(六)定期总结评估保教工作实效,接受园长的指导和检查。

(七)"第九章 幼儿园、家庭和社区"的有关内容

《规程》的第五十二条指出:幼儿园应当主动与幼儿家庭沟通合作,为家长提供科学育儿宣传指导,帮助家长创设良好的家庭教育环境,共同担负教育幼儿的任务。第五十三条指出:幼儿园应当建立幼儿园与家长联系的制度。幼儿园可采取多种形式,指导家长正确了解幼儿园保育和教育的内容、方法,定期召开家长会议,并接待家长的来访和咨询。幼儿园应当认真分析、吸收家长对幼儿园教育与管理工作的意见与建议。第五十四条指出:幼儿园应当成立家长委员会。家长委员会的主要任务是:对幼儿园重要决策和事关幼儿切身利益的事项提出意见和建议;发挥家长的专业和资源优势,支持幼儿园保育教育工作;帮助家长了解幼儿工作计划和要求,协助幼儿园开展家庭教育指导和交流。第五十五条指出:幼儿园应当加强与社区的联系与合作,面向社区宣传科学育儿知识,开展灵活多样的公益性早期教育服务,争取社区对幼儿园的多方面支持。①

二、《幼儿园工作规程》引发的思考

《幼儿园工作规程》给了我们许多有益的启示,要求我们在设计和实施幼儿园课程时,注意以下几点。

(一)重视幼儿园课程的性质:基础性

在设计和实施幼儿园课程时,我们要牢记课程性质的基础性,为幼儿进入小学做好坚实的准备,为幼儿进入社会奠定良好的基础。

(二)重视幼儿园课程的内容:全面性

在设计和实施幼儿园课程时,我们要确保课程内容的全面性,对幼儿进行健康、语言、社会、科学、艺术等各个领域的教育,使幼儿在德、智、体、美各个方面都得到发展,促使幼儿身心的健康成长。

---

① 中华人民共和国教育部.幼儿园工作规程[EB/OL].[2017-08-04]. http://www.moe.edu.cn/srcsite/A02/s5911/moe_621/201602/t20160229_231184.html

(三) 重视幼儿园课程的特点：游戏性

在设计和实施幼儿园课程时，我们要捍卫课程特点的游戏性，为幼儿提供游戏的时间、空间、材料和经验，寓教于游戏之中，使幼儿在游戏中学习和成长。

(四) 重视幼儿园课程的形式：多样性

在设计和实施幼儿园课程时，我们要注意课程形式的多样性，为幼儿创造室内活动和户外活动的机会、全班教学活动和小组区角活动以及个人自由活动的机会、动口和动手以及动脑的机会，使每个幼儿的个性都能得到生动活泼的发展。

(五) 重视幼儿园课程的资源：开放性

在设计和实施幼儿园课程时，我们要考虑课程资源的开放性，使幼儿既有机会体验"请进来"与家人亲密互动的快乐，也有机会享受"走出去"与社会零距离接触的乐趣。

(六) 重视幼儿园课程的主体：引导性

在设计和实施幼儿园课程时，我们要注重课程主体的引导性，充分发挥教师这个平等者中的首席的作用，和幼儿建立学习共同体，促进幼儿不断成长和发展。

(七) 重视幼儿园课程的客体：差异性

在设计和实施幼儿园课程时，我们要关注课程客体的差异性，既要尊重每个幼儿的年龄特点、性别特点、个性特征，也要尊重每个幼儿的发展水平、家庭文化。

第二节 《关于推进中小学生研学旅行的意见》及思考

图片 2-2-1 北京天安门

一、《关于推进中小学生研学旅行的意见》的主要内容

2016 年 11 月 30 日，教育部、国家发展改革委、公安部、财政部、交通运输部、文化部、食品药品监管总局、国家旅游局、保监会、共青团中央、中国铁路总公司等 11 部门联合印发了《关于推进中小学生研学旅行的意见》(以下简称《意见》)，要求各省、自治区、直

辖市秉承"创新、协调、绿色、开放、共享"的发展理念,落实立德树人根本任务,帮助中小学生了解国情、热爱祖国、开阔眼界、增长知识,着力提高他们的社会责任感、创新精神和实践能力。

(一) 重要意义

该《意见》指出了研学旅行的重要意义:中小学生研学旅行是由教育部门和学校有计划地组织安排,通过集体旅行、集中食宿方式开展的研究性学习和旅行体验相结合的校外教育活动,是学校教育和校外教育衔接的创新形式,是教育教学的重要内容,是综合实践育人的有效途径。开展研学旅行,有利于促进学生培育和践行社会主义核心价值观,激发学生对党、对国家、对人民的热爱之情;有利于推动全面实施素质教育,创新人才培养模式,引导学生主动适应社会,促进书本知识和生活经验的深度融合;有利于加快提高人民生活质量,满足学生日益增长的旅游需求,从小培养学生文明旅游意识,养成文明旅游行为习惯。

(二) 工作目标

该《意见》指出了研学旅行的工作目标:以立德树人、培养人才为根本目的,以预防为重、确保安全为基本前提,以深化改革、完善政策为着力点,以统筹协调、整合资源为突破口,因地制宜开展研学旅行。让广大中小学生在研学旅行中感受祖国大好河山,感受中华传统美德,感受革命光荣历史,感受改革开放伟大成就,增强对坚定"四个自信"的理解与认同;同时学会动手动脑,学会生存生活,学会做人做事,促进身心健康、体魄强健、意志坚强,促进形成正确的世界观、人生观、价值观,培养他们成为德智体美全面发展的社会主义建设者和接班人。

(三) 基本原则

该《意见》指出了研学旅行的四条基本原则:**一是教育性原则**。研学旅行要结合学生身心特点、接受能力和实际需要,注重系统性、知识性、科学性和趣味性,为学生全面发展提供良好成长空间。**二是实践性原则**。研学旅行要因地制宜,呈现地域特色,引导学生走出校园,在与日常生活不同的环境中拓展视野、丰富知识、了解社会、亲近自然、参与体验。**三是安全性原则**。研学旅行要坚持安全第一,建立安全保障机制,明确安全保障责任,落实安全保障措施,确保学生安全。**四是公益性原则**。研学旅行不得开展以营利为目的的经营性创收,对贫困家庭学生要减免费用。这些原则是组织开展研学旅行的基本依据。

(四) 主要任务

该《意见》指出了研学旅行的五项主要任务:**一是纳入中小学教育教学计划**。各中小学要结合当地实际,把研学旅行纳入学校教育教学计划,与综合实践活动课程统筹考虑,促进研学旅行和学校课程有机融合,要精心设计研学旅行活动课程,做到立意高远、目的明确、活动生动、学习有效,避免"只旅不学"或"只学不旅"现象。学校根据教育教学计划灵活安排研学旅行时间,一般安排在小学四到六年级、初中一到二年级、高中一到二年级,尽量错开旅游高峰期。学校根据学段特点和地域特色,逐步建立小学阶段以乡土乡情为主、初中阶段以县情市情为主、高中阶段以省情国情为主的研学旅行活动课程体系。**二是加强研学旅行基地建设。三是规范研学旅行组织管理。**各地教育行政部门和中小学要探索制定中小学生研学旅行工作规程,做到"活动有方案,行前有备案,应急有预案"。学校组织开展研学旅行可采取自行开展或委托开展的形式,提前拟定活动计划并按管理权限报教育行政部门备案,通过家长委员会、致家长的一封信或召开家长会等形式告知家长活动意义、时间安排、出行线路、费用收支、注意事项等信息,加强学生和教师的研学旅行事前培训和事后考核。学校自行开展研学旅行,要根据需要配备一定比例的学校领导、教师和安全员,也可吸收少数家长作为志愿者,负责学生活动管理和安全保障,与家长签订协议书,明确学校、家长、学生的责任权利。学校委托开展研学旅行,要与有资质、信誉好的委托企业或机构签订协议书,明确委托企业或机构承担学生研学旅行安全责任。**四是健全经费筹措机制。**各地可采取多种形式、多种渠道筹措中小学生研学旅行经费,探索建立政府、学校、社会、家庭共同承担的多元化经费筹措机制。**五是建立安全责任体系。**学校要做好行前安全教育工作,负责确认出行师生购买意外险,必须投保校方责任险,与家长签订安全责任书,与委托开展研学旅行的企业或机构签订安全责任书,明确各方安全责任。

(五)组织保障

该《意见》指出了研学旅行的组织保障:**一是加强统筹协调。二是强化督查评价。**各地要建立健全中小学生参加研学旅行的评价机制,把中小学组织学生参加研学旅行的情况和成效作为学校综合考评体系的重要内容。学校要在充分尊重个性差异、鼓励多元发展的前提下,对学生参加研学旅行的情况和成效进行科学评价,并将评价结果逐步纳入学生学分管理体系和学生综合素质评价体系。**三是加强宣传引导。**各地要积极创新宣传内容和形式,向家长宣传研学旅行的重要意义,向学生宣传"读万卷书,行万里路"的重大作用,为研学旅行工作营造良好的社会环境和舆论氛围。①

二、《关于推进中小学生研学旅行的意见》引发的思考

《关于推进中小学生研学旅行的意见》引发我们的思考,给了我们许多有益的启示,在设计和实施幼儿园课程时,我们需要注意以下几点。

(一)要认识到研学旅行的重要价值

幼儿园要认识到教学方式是多种多样的,"旅行也是一种教学方式"。为了实现教学的最优化,幼儿园就要解放思想,放下包袱,综合利用各种教学方式,使幼儿的学习能与旅行相互结合,使教师的园内教学能与园外教学相互补充。幼儿园还要认识到研学旅行对幼儿发展的重要价值,精心设计研学旅行课程,妥善安排研学旅行活动,既要摆正"学"

---

① 中华人民共和国教育部.《关于推进中小学生研学旅行的意见》[EB/OL].[2017-08-06]. http://www.moe.gov.cn/srcsite/A06/s3325/201612/t20161219_292354.html

与"游"的位置,冲出"只学不旅"的牢笼,也要杜绝"只旅不学"的放养,避免"游"大于"学"的乱象,真正做到"学游并重,游以为学",使幼儿不仅能有机会在园内"读万卷书",而且还能在园外"行万里路",到社会这个大课堂中,开阔眼界,增长知识,学会观察和思考,懂得做人和做事,身心得到健康发展。

(二) 要把研学旅行植入幼儿园课程

幼儿园要顺利与小学衔接,就必须把研学旅行纳入教育教学计划之中;重视研学旅行的课程建设,使研学旅行和幼儿园课程能有机融合;因地制宜,整合资源,彰显地方课程和园本课程的特色;寓教于乐,寓学于游,确保研学旅行活动开展的时间。据笔者对 S 市 66 所示范性幼儿园的调查发现,只有 39% 的大班儿童、31% 的中班儿童、22% 的小班儿童能有机会外出参观游玩。[①] 因此,幼儿园要增加组织儿童外出参观游览活动的频度,使之成为常态活动,以保障儿童研学旅行的时间。

(三) 要拓宽幼儿社会实践活动场所

社会场所主要有商业场所、服务场所、运输场所、文化场所,不同的社会场所对幼儿的发展具有不同的作用。幼儿园要根据研学旅行的目的和教学目标,结合幼儿园的特点和当地的实际情况,依托自然资源和公共设施,选择适合幼儿研学旅行的各种场馆,优化健康、语言、社会、科学、艺术五大领域活动课程,促进幼儿最佳发展。据笔者对 S 市 66 所示范性幼儿园的调查发现,只有 14% 的幼儿园组织儿童参观过博物馆,更为严重的是,图书馆"无园问津",[②] 成了被遗忘的角落。因此,幼儿园要重视利用文化场所资源,丰富幼儿外出活动的内涵,加深幼儿对地方文化的认识,强化幼儿的乡土情结,提高爱家乡教育的质量。

(四) 要推动家长开展亲子游览活动

幼儿园由于受到办园条件等多种主客观因素的影响,开展研学旅行活动必然会遇到各种各样的困难,这就需要联合家长,结成统一战线,共同策划和实施幼儿的参观游览活动。幼儿园要通过幼儿园网站、家长园地、家长会议、家长微信圈等不同形式,促使家长更新儿童观和教育观,认识到研学旅行既是一种新型的旅游形式,也是一种放松的学习方式;社区也是幼儿接受教育的重要场所,幼儿园教育和家庭教育的途径都要开放,都要利用社区里独特的教育资源。一方面,幼儿园要鼓励家长利用业余时间,积极参与幼儿园组织的外出参观游览活动,提高成人与幼儿的比率,保障幼儿的人身安全,实现春游秋游的目标。另一方面,幼儿园还要指导家长从家庭的经济条件出发,根据孩子的兴趣爱好,利用双休日、节假日,多带孩子外出游玩,使孩子见多识广,成为"游学小达人"。

---

① 李生兰,等.幼儿园与家庭、社区合作共育[M].北京:北京师范大学出版社,2016:318.
② 同上书,第 323 页。

第三节 《中华人民共和国公共文化服务保障法》及思考

图片 2-3-1　深圳博物馆

一、《中华人民共和国公共文化服务保障法》的主要内容

2016年12月25日，第十二届全国人民代表大会常务委员会第二十五次会议通过了《中华人民共和国公共文化服务保障法》(以下简称《保障法》)，并指出自2017年3月1日起施行。

(一) "第一章 总则"的有关内容

《保障法》的第一条指出：为了加强公共文化服务体系建设，丰富人民群众精神文化生活，传承中华优秀传统文化，弘扬社会主义核心价值观，增强文化自信，促进中国特色社会主义文化繁荣发展，提高全民族文明素质，制定本法。

第二条指出：本法所称公共文化服务，是指由政府主导、社会力量参与，以满足公民基本文化需求为主要目的而提供的公共文化设施、文化产品、文化活动以及其他相关服务。第九条指出：各级人民政府应当根据未成年人、老年人、残疾人和流动人口等群体的特点与需求，提供相应的公共文化服务。第十条指出：国家鼓励和支持公共文化服务与学校教育相结合，充分发挥公共文化服务的社会教育功能，提高青少年思想道德和科学文化素质。

(二) "第二章 公共文化设施建设与管理"的有关内容

《保障法》的第十四条指出：本法所称公共文化设施是指用于提供公共文化服务的建筑物、场地和设备，主要包括图书馆、博物馆、文化馆(站)、美术馆、科技馆、纪念馆、体育场馆、工人文化宫、青少年宫、妇女儿童活动中心、老年人活动中心、乡镇(街道)和村(社区)基层综合性文化服务中心、农家(职工)书屋、公共阅报栏(屏)、广播电视播出传输覆盖设施、公共数字文化服务点等。第二十四条指出：国家推动公共图书馆、博物馆、文化馆等公共文化设施管理单位根据其功能定位建立健全法人治理结构，吸收有关方面代表、专业人士和公众参与管理。第二十六条指出：公众在使用公共文化设施时，应当遵守公共秩序,爱护公共设施,不得损坏公共设施设备和物品。

(三)"第三章 公共文化服务提供"的有关内容

《保障法》的第二十七条指出:各级人民政府应当充分利用公共文化设施,促进优秀公共文化产品的提供和传播,支持开展全民阅读、全民普法、全民健身、全民科普和艺术普及、优秀传统文化传承活动。第二十九条指出:公益性文化单位应当完善服务项目、丰富服务内容,创造条件向公众提供免费或者优惠的文艺演出、陈列展览、电影放映、广播电视节目收听收看、阅读服务、艺术培训等,并为公众开展文化活动提供支持和帮助。第三十条指出:基层综合性文化服务中心应当加强资源整合,建立完善公共文化服务网络,充分发挥统筹服务功能,为公众提供书报阅读、影视观赏、戏曲表演、普法教育、艺术普及、科学普及、广播播送、互联网上网和群众性文化体育活动等公共文化服务,并根据其功能特点,因地制宜提供其他公共服务。第三十一条指出:公共文化设施应当根据其功能、特点,按照国家有关规定,向公众免费或者优惠开放。第三十二条指出:国家鼓励和支持机关、学校、企业事业单位的文化体育设施向公众开放。第三十四条指出:地方各级人民政府应当采取多种方式,因地制宜提供流动文化服务。第三十五条指出:国家重点增加农村地区图书、报刊、戏曲、电影、广播电视节目、网络信息内容、节庆活动、体育健身活动等公共文化产品供给,促进城乡公共文化服务均等化。面向农村提供的图书、报刊、电影等公共文化产品应当符合农村特点和需求,提高针对性和时效性。第三十六条指出:地方各级人民政府应当根据当地实际情况,在人员流动量较大的公共场所、务工人员较为集中的区域以及留守妇女儿童较为集中的农村地区,配备必要的设施,采取多种形式,提供便利可及的公共文化服务。第三十八条指出:地方各级人民政府应当加强面向在校学生的公共文化服务,支持学校开展适合在校学生特点的文化体育活动,促进德智体美教育。第四十三条指出:国家倡导和鼓励公民、法人和其他组织参与文化志愿服务。公共文化设施管理单位应当建立文化志愿服务机制,组织开展文化志愿服务活动。[①]

二、《中华人民共和国公共文化服务保障法》引发的思考

《中华人民共和国公共文化服务保障法》给了我们很多启示,使我们在建构和实施幼儿园课程时,能够注意以下几个问题。

(一)要利用公共文化服务强化幼儿园课程的功能

公共文化服务具有社会教育功能,幼儿园要充分加以利用,形成教育合力,强化幼儿园各领域教育的作用,促进儿童体力、智力、情感、社会性和审美素养的发展。

(二)要利用公共文化设施扩展幼儿园课程的空间

全国各地现在都有越来越多的向公众免费开放的公共文化设施,这就为幼儿园课程的空间拓展提供了必要条件。教师既可以根据节日(如世界图书日、国际博物馆日、国际

---

① 《中华人民共和国公共文化服务保障法》[EB/OL].[2017-08-06]. http://news.xinhuanet.com/2016-12/26/c_129419435.htm

奥林匹克日)教育的特点,带领幼儿去参观相应的场所(如博物馆、图书馆、体育场馆),也可以依据主题(如认识周围的人)教育的需要,组织幼儿去游览多种场所(如青少年宫、妇女儿童活动中心、老年人活动中心),并注意培养幼儿遵守公共秩序、爱护公共物品的良好行为习惯。

(三)要利用公共文化产品丰富幼儿园课程的资源

图书、报刊、戏曲、电影、广播电视节目等公共文化产品都是幼儿园课程的重要资源,教师要善于发现和整合,将其融入一日活动中去,丰富儿童的生活、游戏和学习,寓教于娱乐之中,促进儿童语言能力和审美能力的发展。

(四)要利用公共文化活动提高幼儿园课程的质量

当公益性文化单位向公众提供免费或者优惠的文艺演出、陈列展览、电影放映、广播电视节目收听收看、阅读服务、艺术培训等文化体育活动时,当基层综合性文化服务中心向公众提供书报阅读、影视观赏、戏曲表演、艺术普及、科学普及、广播播送等文化体育活动时,教师都可以从提高幼儿园课程效能的实际情况出发,针对幼儿的特点和兴趣,有所选择地引领幼儿参与其中,使幼儿在全民阅读、全民普法、全民健身、全民科普和艺术普及、优秀传统文化传承活动中得到更好的发展。

第四节 《国家教育事业发展"十三五"规划》及思考

图片 2-4-1　上海市青浦区大盈幼儿园户外种植浇灌区

一、《国家教育事业发展"十三五"规划》的主要内容

2017年1月10日,国务院印发了《国家教育事业发展"十三五"规划》(以下简称《规划》),要求各省、自治区、直辖市人民政府,国务院各部委、各直属机构认真贯彻执行。

(一)以新理念引领教育现代化

1. 基本原则

推进教育改革发展,实现更高质量、更加公平、更有效率、更可持续的发展,完成国家赋予的历史使命和战略任务,必须遵循以下基本原则。

(1) 坚持立德树人。 把立德树人作为教育的根本任务,培养德智体美全面发展的社会主义建设者和接班人。要遵循教书育人规律、遵循学生成长规律,以学生为主体,以教师为主导,创新育人模式,培育和践行社会主义核心价值观,不断提高学生思想水平、政治觉悟、道德品质、文化素养,让学生成为德才兼备、全面发展的人才。

(2) 坚持促进公平。 教育的公平性是社会主义本质要求,要发展社会主义,逐步实现人民共同富裕,教育公平是基础。注重有教无类,让全体人民、每个家庭的孩子都有机会接受比较好的教育,让教育改革发展成果更好地惠及最广大人民群众。突出精准扶贫,面向中西部地区特别是边远、贫困地区,加大对家庭经济困难学生帮扶力度。

(3) 坚持改革创新。 改革创新是发展的根本动力。要不断深化教育综合改革,将顶层设计和实践探索有机结合,充分调动基层特别是广大学校、师生的积极性、主动性和创造性,创新体制机制和人才培养模式;要统筹利用国内国际教育资源,广泛借鉴吸收国际先进经验,进一步提升教育对外开放水平,通过改革创新和对外开放解决难题、激发活力、推动发展。

(4) 坚持依法治教。 法治是实现教育现代化的可靠保障。要坚持依法行政、依法办学、依法执教,更加注重运用法治思维和法治方式推动教育改革发展,更加注重教育法律法规体系和执法体制机制建设,更加注重保障广大人民群众受教育权利和广大师生权益,更加注重保障人民群众对教育改革发展的知情权、参与权和监督权,依法推进教育治理能力现代化,为教育发展创造良好的法治环境。

2. 主要目标

"十三五"时期教育改革发展的总目标是:教育现代化取得重要进展,教育总体实力和国际影响力显著增强,推动我国迈入人力资源强国和人才强国行列,为实现中国教育现代化2030远景目标奠定坚实基础。

(1) 全民终身学习机会进一步扩大。 形成更加适应全民学习、终身学习的现代教育体系,现代职业教育体系更加完善。学前教育机会显著增加,义务教育普及成果进一步巩固提升,普及高中阶段教育,高等教育发展进入普及化阶段,继续教育参与率明显提升,学习型社会建设迈上新台阶。

(2) 教育质量全面提升。 教师素质进一步提高,学校办学条件明显改善,教育信息化实现新突破,形成信息技术与教育融合创新发展的新局面,学习的便捷性和灵活性明显增强。教育教学改革取得重要进展,学生的思想道德素质、科学文化素质、身心健康素质明显提高,社会责任感、法治意识、创新精神和实践能力显著增强,学业水平和自主学习、终身学习能力全面提升。

(3) 教育发展成果更公平地惠及全民。 完成教育脱贫攻坚任务,精准扶贫、精准脱贫的效果充分显现。实现家庭经济困难学生资助全覆盖,困难群体、妇女儿童平等受教育权利得到更好保障。义务教育实现基本均衡的县(市、区)比例达到95%,城乡、区域、学校之间差距进一步缩小,建成覆盖城乡、更加均衡的基本公共教育服务体系。人民群众高质量、个性化、多样化的学习需求得到更好满足。

3. 主题主线

贯彻落实新发展理念，全面实现"十三五"时期教育改革发展目标，必须紧紧围绕全面提高教育质量这个主题，把立德树人作为根本任务，全面实施素质教育，积极培育和践行社会主义核心价值观，更新育人理念，创新育人方式，改善育人生态，提高教师素质，建立健全各级各类教育质量保障体系，全面提升育人水平。

必须把教育的结构性改革作为主线，主动适应经济社会发展和人民群众的需求。统筹利用好、布局好各类教育资源，突出保基本、补短板、促公平，公共教育资源配置向薄弱地区、薄弱学校、薄弱环节和困难人群倾斜，推动区域、城乡协调发展，着力提高基本公共教育服务的覆盖面和质量水平；优化人才供给结构，加快高中阶段教育普及进程，推动高等教育分类发展，大力发展现代职业教育和继续教育，加快培养经济社会发展急需人才；创新教育供给方式，大力发展民办教育，拓展教育新形态，以教育信息化推动教育现代化，积极促进信息技术与教育的融合创新发展，努力构建网络化、数字化、个性化、终身化的教育体系，形成人人皆学、处处能学、时时可学的学习环境；改革教育治理体系，深化简政放权、放管结合、优化服务改革，落实学校办学自主权，加快现代学校制度建设；扩大社会参与，提高教育开放水平，整体提升教育服务经济社会发展的能力。

（二）全面落实立德树人根本任务

1. 提升学生思想道德水平

把思想政治工作贯穿教育教学全过程。加强系统谋划和顶层设计，以社会主义核心价值观为引领，科学制定不同年龄阶段和各级各类教育的德育工作目标，实现全员育人、全过程育人、全方位育人。充分发挥品德课、思想政治理论课主渠道作用，深入挖掘课程教材的育人作用，系统推进课程改革和教材修订，推动中国特色社会主义理论体系进教材、进课堂、进头脑，使大中小学德育和思想政治教育由浅入深、分层递进、有机衔接。积极开展少先队和党团组织教育活动。广泛运用情境教学、现场教学、社会实践等方式，关注学生情感体验过程，引导和组织学生通过各种社会实践活动践行社会主义核心价值观，开展自我教育。加强网络环境下的德育工作，强化网络阵地建设，采取多种方式引导学生全面理解、正确对待重大理论和社会热点问题，增强是非辨别能力。充分发挥教师对学生的言传身教、行为引导作用，邀请党政领导干部到学校作形势报告，广泛聘请各行各业先进典型、优秀家长和老干部、老战士、老专家、老教师、老模范等到学校作专题报告，担任思想政治教育兼职教师，强化示范引领效应，使社会主义核心价值观内化于心、外化于行。

着力加强爱国主义教育。坚持爱国和爱党、爱社会主义相统一，创新形式，丰富载体，把爱国主义教育有机融入教育教学各环节，贯穿国民教育全过程。加强爱国主义教育基地建设，开辟爱国主义教育校外课堂，推动各级各类学校积极创造条件，开设以爱国主义为主题内容的选修课和专题讲座，发挥主题党日、团日、班会等载体作用，结合重要纪念日和传统节日开展爱国主义教育,加强国情教育、历史教育特别是党史、国史、改革开放史、社会主义发展史教育,大力推进对国旗、国歌、国徽的礼仪教育。广泛开展民族团结进步教育,强化"五个认同"和"三个离不开"思想,促进各族学生交往交流交融,筑牢各族师生中华民族共同体思想基础,引导青少年学生树立和坚持正确的国家观、民族观、宗教观、历史观、文化观,增强中华民族归属感、认同感、尊严感、荣誉感。

2. 培养学生创新创业精神与能力

从中小学做起,注重激发学生学习兴趣、科学兴趣和创新意识,加强科学方法的训练,逐步培养学生逻辑思维与辩证思维的能力。研究制定中小学生科学素质标准,充分利用各类社会科技教育资源,大力开展校内外结合的科技教育活动,加强对学生科学素质、信息素养和创新能力的培养。

3. 强化学生实践动手能力

践行知行合一,将实践教学作为深化教学改革的关键环节,丰富实践育人有效载体,广泛开展社会调查、生产劳动、志愿服务、公益活动、科技发明和勤工助学等社会实践活动,深化学生对书本知识的认识。加强劳动教育,充分发挥劳动综合育人功能。制定中小学生综合实践活动指导纲要,注重增强学生实践体验,鼓励有条件的地区开展中小学生研学旅行和各种形式的夏令营、冬令营活动。建设一批具有良好示范带动作用的研学旅游基地和目的地。构建学生志愿服务工作体系,把志愿服务纳入社会实践活动课程,组织学生开展志愿服务活动和其他社会实践主题活动,建立学生志愿服务记录档案,把志愿服务纳入学生综合素质评价内容。

4. 塑造学生强健体魄

加强和改进学校体育卫生工作。以全面增强学生体质和意志品质为目标,全面加强学校体育工作。将体质改善情况作为教育质量监测和教育评价的重要内容,开展健康学校创建工作,完善青少年体质健康监测体系,健全大中小学生健康体检制度。加强中小学校体育装备,改革体育教学、训练和竞赛体系,因地制宜强化体育课和课外锻炼,大力扶持校园足球、冰雪运动等各类体育社团发展,推动体育传统项目学校、体育特色学校建设,广泛开展各级学校体育联赛和民间传统体育比赛,着力推动高校加强大学生体育锻炼,广泛开展课外体育锻炼活动,大力培养学生运动兴趣、运动技能、运动习惯,基本实现学生熟练掌握一项以上运动技能的目标。全面加强幼儿园、中小学的卫生与健康工作,加大健康知识宣传力度,提高学生主动防病意识。推动各地采取针对性措施,降低学生近视发生率。注重各级各类学校心理教师队伍建设,进一步完善学生心理健康服务体系,在学校普遍开展心理健康教育,提高学生心理健康意识和心理保健能力,培养身心健康、体魄强健、意志坚强的一代新人。

5. 提高学生文化修养

坚持以美育人、以文化人。以提高学生艺术素养、陶冶高尚情操、培育深厚民族情感、激发创新意识为导向,构建科学的美育课程体系,改进学校美育教学,鼓励特色发展,统筹整合学校与社会美育资源,健全美育评价机制,推动开齐开足艺术课程,开展艺术类第二课堂教育活动,将艺术实践活动纳入课程管理,促进每个学生形成一两项艺术特长和爱好。积极引导学生阅读欣赏中外文学艺术经典,鼓励高雅艺术进校园、非物质文化遗产进校园、民族民间优秀文化进校园。开展校训、家训育人活动。充分利用图书馆、博物馆、文化馆等各类文化资源,广泛开展中华民族优秀传统文化、革命文化、社会主义先进文化教育,培育青少年学生文化认同和文化自信。加强多元文化教育和国际理解教育,提升跨文化沟通能力。

6. 增强学生生态文明素养

强化生态文明教育,将生态文明理念融入教育全过程,鼓励学校开发生态文明相关课程,加强资源环境方面的国情与世情教育,普及生态文明法律法规和科学知识。广泛开展可持续发展教育,深化节水、节电、节粮教育,引导学生厉行节约、反对浪费,树立尊重自然、顺应自然和保护自然的生态文明意识,形成可持续发展理念、知识和能力,践行勤俭节约、绿色低碳、文明健康的生活方式,引领社会绿色风尚。

7. 提高学生综合国防素质

将国防教育纳入国民教育体系,充分发挥国防教育的综合育人功能,丰富学校国家安全教育和国防教育内容,创新教育形式,探索开展中小学国防教育综合社会实践和示范校创建活动试点,继续推动国防教育特色学校建设,充分发挥军营开放日、军事夏令营等平台作用,提高国防教育效果。加强高等学校军事理论教学,加强高等学校和高中阶段学校学生军事技能训练,拓展学生军训综合育人功能,提升青少年国防意识和军事素养。

(三)改革创新驱动教育发展

推进基础教育课程与教学改革。加强对课程教材建设的顶层设计,修订国家基础教育课程方案和课程标准,体现学生发展核心素养要求,完善教材审查审定和使用监测制度,打造具有科学性、时代性、民族性的基础教育课程教材体系。全面开展课程实施监测和管理。……落实《幼儿园教育指导纲要》《3—6岁儿童学习与发展指南》,坚持以游戏为基本活动,培养幼儿健康体魄、良好生活与行为习惯,促进幼儿身心和谐发展。

(四)协同营造良好育人生态

1. 优化校园育人环境

加强校园文化建设。加强和改进学校管理和课堂教学管理,严格课堂纪律、考试纪律、生活纪律,树立良好校风校纪。广泛开展文明校园创建,开展形式多样、健康向上、格调高雅的校园文化活动,推进"一校一品"校园文化建设,引导各级各类学校建设特色校园文化。加强校园网络内容建设,打造若干具有广泛影响的核心价值观主题教育网站和网络互动社区。整合利用资源,探索学校和社会文化基础设施共建共享。继续推进乡村学校少年宫建设。

2. 改善社会育人环境

建立政府、学校、社会、家庭全面参与的协同育人工作机制。落实政府主导责任,坚持正确的舆论导向,壮大主流思想舆论,创新和改进网上宣传,把握网络传播规律,充分利用微博、微信等新媒体、新手段,为青少年提供内容健康向上、具有艺术魅力的精神产品,弘扬主旋律,激发正能量,加强教育公益宣传,引导社会树立正确的教育观、人才观,营造良好舆论环境。……开展校园及周边文化环境综合治理行动,严禁经营性网吧向未成年人提供服务。促进企事业单位和社区履行教育责任,充分利用各类教育资源,积极参与举办职业教育与培训及育人活动,主动为学生实习、实训和社会实践提供条件和便利。……明确家庭教育责任,强化家长教育,普及家庭教育常识,引导父母做好学生的第一任老师,促进青少年人格养成、心理健康成长。

3. 构建教育诚信环境

着力加强诚信教育,把诚信教育纳入人才培养各环节,引导学生养成诚实守信的道德品质。

4. 建立科学评价体系

充分发挥教育评价对科学育人的导向作用,把促进人的全面发展、适应经济社会发展作为评价教育质量的根本标准。全面改进各级各类教育评价体系,注重考查学生适应社会发展和终身发展的能力,防止单纯以升学率考核学校和教师、单纯以分数评价学生。探索实行利益攸关方共同参与的开放式评价,完善评价结果公开机制。

推进基础教育质量综合评价改革。面向未来,明确各学段学生发展核心素养,实施基于核心素养的教学评价,促进学生全面发展和可持续发展。构建教育质量综合评价指标体系,把学生的品德、学业、身心发展水平和兴趣特长养成等作为评价学校教育质量的主要内容。建立学业负担监测机制,切实减轻中小学生过重课业负担。

5. 建设绿色校园

加强节约型校园建设。推动在教育系统实施能效水效领跑者引领行动。开展绿色校园建设试点。修订和落实学校建设标准,强化绿色节能环保要求。提高学校节能水平,加强节能运行管理和监督评价,探索建立学校用电、用能、用水等资源利用统计和报告公示制度,制定垃圾回收管理办法。完善评价监管措施,形成有利于节约的约束和激励机制,使学校能最大限度地节约各类资源,保护环境并减少污染。鼓励引导有条件的地区和学校应用新能源、新技术。

建设美丽校园。加强校园绿化和环境美化。完善校园环境安全标准,严格对学校土壤、水源、建筑和装修材料、教学仪器设备、体育设施器材、室内空气等的环保检测与管理,为师生提供安全、绿色、健康的教学和生活环境。①

二、《国家教育事业发展"十三五"规划》引发的思考

《国家教育事业发展"十三五"规划》引发我们的许多思考,给了我们诸多有益的启

---

① 中共中央国务院. 国家教育事业发展"十三五"规划[EB/OL]. [2017-08-25]. http://www.gov.cn/zhengce/content/2017-01/19/content_5161341.htm

示,在设计和安排幼儿园课程时,我们需要注意以下几点。

(一)要重视幼儿园课程对象的全体性

在思考幼儿园课程的对象时,我们应该注意全体性,要面向每一个幼儿,使每一个幼儿都有平等的机会接受教育,进入每种专用活动室(如陶艺室、科探室、搭建室、制作室、绘画室、器乐室、健身房、舞蹈房),参与每项教学活动。

(二)要重视幼儿园课程内容的全面性

在考虑幼儿园课程的内容时,我们应该注意全面性,要对幼儿进行全面发展的教育,要培养幼儿的知识、技能、情感、态度和价值观,要增强幼儿的动手能力和创造能力;要充分发挥"教学具有教育性"的功能,促使幼儿在德、智、体、美几方面都得到发展,成为身心健康的人。

(三)要重视幼儿园课程途径的多样性

在思考幼儿园课程的途径时,我们应该注意多样性,要通过各种途径对幼儿进行教育,使幼儿在情境教学、现场教学、社会实践中得到成长,在生活活动、体育活动、艺术活动、生态活动、环保活动、节日活动中得到发展,实现"条条道路通罗马"的教育梦想。

(四)要重视幼儿园课程手段的游戏性

在设计幼儿园课程的手段时,我们应该注意游戏性,要寓教于游戏之中,做到教学游戏化,充分利用多种游戏活动对儿童进行教育,实现教学的最优化。

(五)要重视幼儿园课程媒体的多元性

在使用幼儿园课程的媒体时,我们应该注意多元性,要把传统教学媒体与现代信息技术有机结合起来,增强教与学的灵活性、便捷性、生动性和有效性。

(六)要重视幼儿园课程环境的渗透性

在创设幼儿园课程的环境时,我们应该注意渗透性,要充分发挥环境具有的潜移默化的教育作用,创设丰富多彩的校园环境、班级环境,使幼儿在绿化、美化、洁化、童化、教化的环境中,快乐学习,健康成长。

(七)要重视幼儿园课程协作的综合性

在考虑幼儿园课程的协作时,我们应该注意综合性,要充分调动家庭和社会各方面的力量,积极与广大的家长、各行各业的热心人士交流互动,争取他们的配合,形成教育合力,为幼儿打造一个时时可学、处处能学、人人皆学的学习共同体,强化对幼儿进行教育的效果,实现全程育幼、全方位育幼、全员育幼的机制。

(八)要重视幼儿园课程评价的过程性

在进行幼儿园课程的评价时,我们应该注意过程性,要从动态的视角看课程,重在评价课程的预设与生成、安排与组织、计划与实施的每一个环节;要用发展的眼光看幼儿,重在评价幼儿兴趣爱好的特点、知识获得的过程、能力增强的方法,以充分发挥评价在课程建设和幼儿发展中的导向作用。

(九)要重视幼儿园课程发展的持续性

在促进幼儿园课程的发展时,我们应该注意持续性,要不断改革创新,推动幼儿园课程的可持续发展,提升幼儿的核心素养,使幼儿能热爱学习,学会学习,善于学习。

第五节 《关于加强和完善城乡社区治理的意见》及思考

图片 2-5-1　上海市宝山区友谊公园

一、《关于加强和完善城乡社区治理的意见》的主要内容

2017 年 6 月 12 日,中共中央国务院发布了《关于加强和完善城乡社区治理的意见》,强调要全面提升城乡社区治理法治化、科学化、精细化水平和组织化程度,促进城乡社区治理体系和治理能力现代化。

(一)总体要求

1. 指导思想

全面贯彻党的十八大和十八届三中、四中、五中、六中全会精神,坚持以邓小平理论、"三个代表"重要思想、科学发展观为指导,深入贯彻习近平总书记系列重要讲话精神和治国理政新理念新思想新战略,紧紧围绕统筹推进"五位一体"总体布局和协调推进"四个全面"战略布局,坚持以基层党组织建设为关键、政府治理为主导、居民需求为导向、改革创新为动力,健全体系、整合资源、增强能力,完善城乡社区治理体制,努力把城乡社区建设成为和谐有序、绿色文明、创新包容、共建共享的幸福家园,为实现"两个一百年"奋斗目标和中华民族伟大复兴的中国梦提供可靠保证。

2. 基本原则

(1)坚持以人为本,服务居民。坚持以人民为中心的发展思想,把服务居民、造福居民作为城乡社区治理的出发点和落脚点,坚持依靠居民、依法有序组织居民群众参与社区治理,实现人人参与、人人尽力、人人共享。

(2) **坚持改革创新,依法治理。** 强化问题导向和底线思维,积极推进城乡社区治理理论创新、实践创新、制度创新。弘扬社会主义法治精神,坚持运用法治思维和法治方式推进改革,建立惩恶扬善长效机制,破解城乡社区治理难题。

(3) **坚持城乡统筹,协调发展。** 适应城乡发展一体化和基本公共服务均等化要求,促进公共资源在城乡间均衡配置。统筹谋划城乡社区治理工作,注重以城带乡、以乡促城、优势互补、共同提高,促进城乡社区治理协调发展。

(4) **坚持因地制宜,突出特色。** 推动各地立足自身资源禀赋、基础条件、人文特色等实际,确定加强和完善城乡社区治理的发展思路和推进策略,实现顶层设计和基层实践有机结合,加快形成既有共性又有特色的城乡社区治理模式。

3. 总体目标

到2020年,基本形成基层党组织领导、基层政府主导的多方参与、共同治理的城乡社区治理体系,城乡社区治理体制更加完善,城乡社区治理能力显著提升,城乡社区公共服务、公共管理、公共安全得到有效保障。

(二)健全完善城乡社区治理体系

统筹发挥社会力量协同作用。制定完善孵化培育、人才引进、资金支持等扶持政策,落实税费优惠政策,大力发展在城乡社区开展纠纷调解、健康养老、教育培训、公益慈善、防灾减灾、文体娱乐、邻里互助、居民融入及农村生产技术服务等活动的社区社会组织和其他社会组织。推进社区、社会组织、社会工作"三社联动",完善社区组织发现居民需求、统筹设计服务项目、支持社会组织承接、引导专业社会工作团队参与的工作体系。鼓励和支持建立社区老年协会,搭建老年人参与社区治理的平台。增强农村集体经济组织支持农村社区建设能力。积极引导驻社区机关企事业单位、其他社会力量和市场主体参与社区治理。

(三)不断提升城乡社区治理水平

1. 增强社区居民参与能力

提高社区居民议事协商能力,凡涉及城乡社区公共利益的重大决策事项、关乎居民群众切身利益的实际困难问题和矛盾纠纷,原则上由社区党组织、基层群众性自治组织牵头,组织居民群众协商解决。支持和帮助居民群众养成协商意识、掌握协商方法、提高协商能力,推动形成既有民主又有集中、既尊重多数人意愿又保护少数人合法权益的城乡社区协商机制。探索将居民群众参与社区治理、维护公共利益情况纳入社会信用体系。推动学校普及社区知识,参与社区治理。拓展流动人口有序参与居住地社区治理渠道,丰富流动人口社区生活,促进流动人口社区融入。

2. 提高社区服务供给能力

加快城乡社区公共服务体系建设,健全城乡社区服务机构,编制城乡社区公共服务指导目录,做好与城乡社区居民利益密切相关的劳动就业、社会保障、卫生计生、教育事业、社会服务、住房保障、文化体育、公共安全、公共法律服务、调解仲裁等公共服务事项。

3. 强化社区文化引领能力

以培育和践行社会主义核心价值观为根本,大力弘扬中华优秀传统文化,培育心口相传的城乡社区精神,增强居民群众的社区认同感、归属感、责任感和荣誉感。将社会主义核心价值观融入居民公约、村规民约,内化为居民群众的道德情感,外化为服务社会的自觉行动。重视发挥道德教化作用,建立健全社区道德评议机制,发现和宣传社区道德模范、好人好事,大力褒奖善行义举,用身边事教育身边人,引导社区居民崇德向善。组织居民群众开展文明家庭创建活动,发展社区志愿服务,倡导移风易俗,形成与邻为善、以邻为伴、守望相助的良好社区氛围。不断加强民族团结,建立各民族相互嵌入式的社会结构和社区环境,创建民族团结进步示范社区。加强城乡社区公共文化服务体系建设,提升公共文化服务水平,因地制宜设置村史陈列、非物质文化遗产等特色文化展示设施,突出乡土特色、民族特色。积极发展社区教育,建立健全城乡一体的社区教育网络,推进学习型社区建设。

4. 增强社区信息化应用能力

提高城乡社区信息基础设施和技术装备水平,加强一体化社区信息服务站、社区信息亭、社区信息服务自助终端等公益性信息服务设施建设。依托"互联网+政务服务"相关重点工程,加快城乡社区公共服务综合信息平台建设,实现一号申请、一窗受理、一网通办,强化"一门式"服务模式的社区应用。实施"互联网+社区"行动计划,加快互联网与社区治理和服务体系的深度融合,运用社区论坛、微博、微信、移动客户端等新媒体,引导社区居民密切日常交往、参与公共事务、开展协商活动、组织邻里互助,探索网络化社区治理和服务新模式。

(四)着力补齐城乡社区治理短板

1. 改善社区人居环境

完善城乡社区基础设施,建立健全农村社区基础设施和公用设施的投资、建设、运行、管护和综合利用机制。加快城镇棚户区、城中村和危房改造。加强城乡社区环境综合治理,做好城市社区绿化美化净化、垃圾分类处理、噪声污染治理、水资源再生利用等工作,着力解决农村社区垃圾收集、污水排放、秸秆焚烧以及散埋乱葬等问题,广泛发动居民群众和驻社区机关企事业单位参与环保活动,建设资源节约型、环境友好型社区。推进健康城市和健康村镇建设。强化社区风险防范预案管理,加强社区应急避难场所建设,开展社区防灾减灾科普宣传教育,有序组织开展社区应对突发事件应急演练,提高对自然灾害、事故灾难、公共卫生事件、社会安全事件的预防和处置能力。加强消防宣传和消防治理,提高火灾事故防范和处置能力,推进消防安全社区建设。

2. 优化社区资源配置

组织开展城乡社区规划编制试点,落实城市总体规划要求,加强与控制性详细规划、村庄规划衔接;发挥社区规划专业人才作用,广泛吸纳居民群众参与,科学确定社区发展项目、建设任务和资源需求。探索建立基层政府面向城乡社区的治理资源统筹机制,推动人财物和责权利对称下沉到城乡社区,增强城乡社区统筹使用人财物等资源的自主权。探索基层政府组织社区居民在社区资源配置公共政策决策和执行过程中,有序参与听证、开展民主评议的机制。建立机关企事业单位履行社区治理责任评价体系,推动机关企事业单位积极参与城乡社区服务、环境治理、社区治安综合治理等活动,面向城乡社区开放文化、教育、体育等活动设施。注重运用市场机制优化社区资源配置。[①]

二、《关于加强和完善城乡社区治理的意见》引发的思考

《关于加强和完善城乡社区治理的意见》引发了我们的一些思考,给了我们许多有益的启示,在完善和优化幼儿园课程时,我们需要注意以下几点。

(一)面向城乡社区,开放幼儿园课程

幼儿园要面向所在的社区,大胆开放自己的课程:要欢迎居民家长带领年幼孩子来到幼儿园"走马观花",观察环境布置,了解一日活动;在双休日和节假日,进入幼儿园,使用教室、活动设施和户外游戏场地,参加各种亲子活动。

(二)走进城乡社区,宣传幼儿园课程

幼儿园要走进所在的社区,主动宣传自己的课程:要向居民家长介绍幼儿园课程的特色、理念、目标、内容、途径和方法,宣讲儿童身心发展的知识和学前教育的规律,帮助他们树立正确的儿童观和科学的教育观。

(三)依托城乡社区,完善幼儿园课程

幼儿园要依托所在社区的物力资源,努力完善自己的课程:要注意使用社区的基础设施、公用设施、综合服务设施、公共文化服务设施、特色文化展示设施(如村史陈列、非物质文化遗产)来影响幼儿,培养幼儿的乡土意识、民族气节、人文精神。

(四)依靠城乡社区,优化幼儿园课程

幼儿园要依靠所在社区的文化资源,积极完善自己的课程:要重视适时把居民公约、村规民约融入课程之中,培养幼儿的社区认同感、归属感、责任感和荣誉感;要注意巧妙利用社区中的好人好事来教育幼儿,培养幼儿良好的行为习惯;要注意随时通过家庭和睦、邻里互助的良好风气来感染幼儿,培养幼儿团结友爱的精神。

(五)运用城乡社区,改革幼儿园课程

幼儿园要运用所在社区的人力资源,不断改革自己的课程:要注重发挥社区工作者、志愿者的主动性、积极性和创造性,使他们都能把自己的专业知识、工作经验、聪明才智奉献给幼儿园,为课程的改革和重构添砖加瓦。

(六)借助城乡社区,发展幼儿园课程

幼儿园要借助所在社区的信息资源,不断发展自己的课程:要重视运用社区的信息基础设施和技术装备,积极参与到一体化社区信息服务站、社区信息亭、社区信息服务自

---

① 中共中央国务院.关于加强和完善城乡社区治理的意见[EB/OL].[2017-08-04]. http://news.xinhuanet.com/politics/2017-06/12/c_1121130511.htm

助终端等公益性信息服务设施建设中去;要通过社区论坛、微博、微信等新媒体,及时发布幼儿园课程的最新进展,认真听取幼儿园课程的改进建议,适时反馈幼儿园课程的创新现状,真正实现"互联网+社区+课程"的完美结合。

第六节 《中小学德育工作指南》及思考

图片 2-6-1 上海市青浦区贝贝幼儿园走廊

一、《中小学德育工作指南》的主要内容

为了深入贯彻落实立德树人的根本任务,不断增强中小学德育工作的时代性、科学性和实效性,2017年8月17日,中华人民共和国教育部制定印发了《中小学德育工作指南》(以下简称《指南》),要求全国各地加强组织实施,纳入校长和教师培训的重要内容,作为对中小学德育工作进行督导评价的重要依据,以进一步提高中小学德育工作水平。《指南》的主要内容如下。

(一)指导思想

始终坚持育人为本、德育为先,大力培育和践行社会主义核心价值观,以培养学生良好思想品德和健全人格为根本,以促进学生形成良好行为习惯为重点,以落实《中小学生守则(2015年修订)》为抓手,坚持教育与生产劳动、社会实践相结合,坚持学校教育与家庭教育、社会教育相结合,不断完善中小学德育工作长效机制,全面提高中小学德育工作水平,为中国特色社会主义事业培养合格建设者和可靠接班人。

(二) 基本原则

1. 坚持正确方向。 加强党对中小学校的领导，全面贯彻党的教育方针，坚持社会主义办学方向，牢牢把握中小学思想政治和德育工作主导权，保证中小学校成为坚持党的领导的坚强阵地。

2. 坚持遵循规律。 符合中小学生年龄特点、认知规律和教育规律，注重学段衔接和知行统一，强化道德实践、情感培育和行为习惯养成，努力增强德育工作的吸引力、感染力和针对性、实效性。

3. 坚持协同配合。 发挥学校主导作用，引导家庭、社会增强育人责任意识，提高对学生道德发展、成长成人的重视程度和参与度，形成学校、家庭、社会协调一致的育人合力。

4. 坚持常态开展。 推进德育工作制度化常态化，创新途径和载体，将中小学德育工作要求贯穿融入学校各项日常工作中，努力形成一以贯之、久久为功的德育工作长效机制。

(三) 德育目标

1. 总体目标。 培养学生爱党爱国爱人民，增强国家意识和社会责任意识，了解中华优秀传统文化，引导学生准确理解和把握社会主义核心价值观的深刻内涵和实践要求，形成积极健康的人格和良好心理品质，促进学生核心素养提升和全面发展，为学生一生成长奠定坚实的思想基础。

2. 学段目标(小学低年级)。 教育和引导学生热爱中国共产党、热爱祖国、热爱人民，爱亲敬长、爱集体、爱家乡，初步了解生活中的自然、社会常识和有关祖国的知识，保护环境，爱惜资源，养成基本的文明行为习惯，形成自信向上、诚实勇敢、有责任心等良好品质。

(四) 德育内容

1. 社会主义核心价值观教育。 把社会主义核心价值观融入国民教育全过程，落实到中小学教育教学和管理服务各环节，深入开展爱国主义教育、诚信教育、文明礼仪教育等，引导学生牢牢把握富强、民主、文明、和谐作为国家层面的价值目标，深刻理解自由、平等、公正、法治作为社会层面的价值取向，自觉遵守爱国、敬业、诚信、友善作为公民层面的价值准则，将社会主义核心价值观内化于心、外化于行。

2. 中华优秀传统文化教育。 开展社会关爱教育和人格修养教育，传承发展中华优秀传统文化，大力弘扬中华传统美德，引导学生了解中华优秀传统文化的精神内涵，增强文化自觉和文化自信。

3. 生态文明教育。 加强节约教育和环境保护教育，开展大气、土地、水、粮食等资源的基本国情教育，帮助学生了解祖国的大好河山和地理地貌，开展节粮节水节电教育活动，推动实行垃圾分类，倡导绿色消费，引导学生树立尊重自然、顺应自然、保护自然的发展理念，养成勤俭节约、低碳环保、自觉劳动的生活习惯，形成健康文明的生活方式。

4. 心理健康教育。 开展认识自我、尊重生命、学会学习、人际交往、情绪调适等方面的教育，引导学生增强调控心理、自主自助、应对挫折、适应环境的能力，培养学生健全的人格、积极的心态和良好的个性心理品质。

（五）实施途径和要求

1. 课程育人

充分发挥课堂教学的主渠道作用，将中小学德育内容细化落实到各学科课程的教学目标之中，融入渗透到教育教学全过程。

(1) 严格落实德育课程。 按照义务教育课程方案和标准，上好道德与法治、思想政治课，落实课时，不得减少课时或挪作他用。要围绕课程目标联系学生生活实际，挖掘课程思想内涵，充分利用时政媒体资源，精心设计教学内容，优化教学方法，发展学生道德认知，注重学生的情感体验和道德实践。

(2) 发挥其他课程德育功能。 要根据不同年级和不同课程特点，充分挖掘各门课程蕴含的德育资源，将德育内容有机融入各门课程教学中。语文、历史、地理等课要利用课程中语言文字、传统文化、历史地理常识等丰富的思想道德教育因素，潜移默化地对学生进行世界观、人生观和价值观的引导。数学、科学、物理、化学、生物等课要加强对学生科学精神、科学方法、科学态度、科学探究能力和逻辑思维能力的培养，促进学生树立勇于创新、求真求实的思想品质。音乐、体育、美术、艺术等课要加强对学生审美情趣、健康体魄、意志品质、人文素养和生活方式的培养。外语课要加强对学生国际视野、国际理解和综合人文素养的培养。综合实践活动课要加强对学生生活技能、劳动习惯、动手实践和合作交流能力的培养。

(3) 用好地方和学校课程。 要结合地方自然地理特点、民族特色、传统文化以及重大历史事件、历史名人等，因地制宜地开发地方和学校德育课程，引导学生了解家乡的历史文化、自然环境、人口状况和发展成就，培养学生爱家乡、爱祖国的感情，树立维护祖国统一、加强民族团结的意识。统筹安排地方和学校课程，开展法治教育、文明礼仪教育、环境教育、心理健康教育、劳动教育、毒品预防教育、影视教育等专题教育。

2. 文化育人

要依据学校办学理念，结合文明校园创建活动，因地制宜地开展校园文化建设，使校园秩序良好、环境优美，校园文化积极向上、格调高雅，提高校园文明水平，让校园处处成为育人场所。

(1) 优化校园环境。 学校校园建筑、设施、布置、景色要安全健康、温馨舒适，使校园内一草一木、一砖一石都体现教育的引导和熏陶。学校要有升国旗的旗台和旗杆。积极建设校史陈列室、图书馆(室)、广播室、学校标志性景观。学校、教室要在明显位置张贴社会主义核心价值观24字、《中小学生守则(2015年修订)》。教室正前上方有国旗标识。要充分利用板报、橱窗、走廊、墙壁、地面等进行文化建设，可悬挂革命领袖、科学家、英雄模范等杰出人物的画像和格言，展示学生自己创作的作品或进行主题创作。

(2) **营造文化氛围**。凝练学校办学理念,加强校风教风学风建设,形成引导全校师生共同进步的精神力量。鼓励设计符合教育规律、体现学校特点和办学理念的校徽、校训、校规、校歌、校旗等并进行教育展示。创建校报、校刊进行宣传教育。可设计体现学校文化特色的校服。建设班级文化,鼓励学生自主设计班名、班训、班歌、班徽、班级口号等,增强班级凝聚力。推进书香班级、书香校园建设,向学生推荐阅读书目,调动学生阅读积极性。提倡小学生每天课外阅读至少半小时。

(3) **建设网络文化**。积极建设校园绿色网络,开发网络德育资源,搭建校园网站、论坛、信箱、博客、微信群、QQ群等网上宣传交流平台,通过网络开展主题班(队)会、冬(夏)令营、家校互动等活动,引导学生合理使用网络,避免沉溺网络游戏,远离有害信息,防止网络沉迷和伤害,提升网络素养,打造清朗的校园网络文化。

3. 活动育人

要精心设计、组织开展主题明确、内容丰富、形式多样、吸引力强的教育活动,以鲜明正确的价值导向引导学生,以积极向上的力量激励学生,促进学生形成良好的思想品德和行为习惯。

(1) **开展节日纪念日活动**。利用春节、元宵节、清明、端午、中秋、重阳等中华传统节日以及二十四节气,开展介绍节日历史渊源、精神内涵、文化习俗等校园文化活动,增强传统节日的体验感和文化感。利用植树节、劳动节、青年节、儿童节、教师节、国庆节等重大节庆日集中开展爱党爱国、民族团结、热爱劳动、尊师重教、爱护环境等主题教育活动。利用学雷锋纪念日、中国共产党建党纪念日、中国人民解放军建军纪念日、七七抗战纪念日、九三抗战胜利纪念日、九一八纪念日、烈士纪念日、国家公祭日等重要纪念日,以及地球日、环境日、健康日、国家安全教育日、禁毒日、航天日、航海日等主题日,设计开展相关主题教育活动。

(2) **开展仪式教育活动**。仪式教育活动要体现庄严神圣,发挥思想政治引领和道德价值引领作用,创新方式方法,与学校特色和学生个性展示相结合。严格中小学升挂国旗制度。除寒暑假和双休日外,应当每日升挂国旗。除假期外,每周一及重大节会活动要举行升旗仪式,奏唱国歌,开展向国旗敬礼、国旗下宣誓、国旗下讲话等活动。举办入学仪式、毕业仪式、成人仪式等有特殊意义的仪式活动。

(3) **开展校园节(会)活动**。举办丰富多彩、寓教于乐的校园节(会)活动,培养学生兴趣爱好,充实学生校园生活,磨炼学生意志品质,促进学生身心健康发展。学校每学年至少举办一次科技节、艺术节、运动会、读书会。可结合学校办学特色和学生实际,自主开发校园节(会)活动,做好活动方案和应急预案。

要结合各学科课程教学内容及办学特色,充分利用课后时间组织学生开展丰富多彩的科技、文娱、体育等社团活动,创新学生课后服务途径。

4. 实践育人

要与综合实践活动课紧密结合,广泛开展社会实践,每学年至少安排一周时间,开展有益于学生身心发展的实践活动,不断增强学生的社会责任感、创新精神和实践能力。

(1) 开展各类主题实践。利用爱国主义教育基地、公益性文化设施、公共机构、企事业单位、各类校外活动场所、专题教育社会实践基地等资源，开展不同主题的实践活动。利用历史博物馆、文物展览馆、物质和非物质文化遗产地等开展中华优秀传统文化教育。利用革命纪念地、烈士陵园（墓）等开展革命传统教育。利用法院、检察院、公安机关等开展法治教育。利用展览馆、美术馆、音乐厅等开展文化艺术教育。利用科技类馆室、科研机构、高新技术企业设施等开展科普教育。利用军事博物馆、国防设施等开展国防教育。利用环境保护和节约能源展览馆、污水处理企业等开展环境保护教育。利用交通队、消防队、地震台等开展安全教育。利用养老院、儿童福利机构、残疾人康复机构等社区机构等开展关爱老人、孤儿、残疾人教育。利用体育科研院所、心理服务机构、儿童保健机构等开展健康教育。

(2) 加强劳动实践。在学校日常运行中渗透劳动教育，积极组织学生参与校园卫生保洁、绿化美化，普及校园种植。将校外劳动纳入学校的教育教学计划，小学、初中、高中每个学段都要安排一定时间的农业生产、工业体验、商业和服务业实习等劳动实践。教育引导学生参与洗衣服、倒垃圾、做饭、洗碗、拖地、整理房间等力所能及的家务劳动。

(3) 组织研学旅行。把研学旅行纳入学校教育教学计划，促进研学旅行与学校课程、德育体验、实践锻炼有机融合，利用好研学实践基地，有针对性地开展自然类、历史类、地理类、科技类、人文类、体验类等多种类型的研学旅行活动。

要考虑小学、初中、高中不同学段学生的身心发展特点和能力，安排适合学生年龄特征的研学旅行。要规范研学旅行组织管理，制定研学旅行工作规程，做到"活动有方案，行前有备案，应急有预案"，明确学校、家长、学生的责任和权利。

(4) 开展学雷锋志愿服务。要广泛开展与学生年龄、智力相适应的志愿服务活动。做好学生志愿服务认定记录，建立学生志愿服务记录档案，加强学生志愿服务先进典型宣传。

5. 协同育人

要积极争取家庭、社会共同参与和支持学校德育工作，引导家长注重家庭、注重家教、注重家风，营造积极向上的良好社会氛围。

(1) 加强家庭教育指导。要建立健全家庭教育工作机制，统筹家长委员会、家长学校、家长会、家访、家长开放日、家长接待日等各种家校沟通渠道，丰富学校指导服务内容，及时了解、沟通和反馈学生思想状况和行为表现，认真听取家长对学校的意见和建议，促进家长了解学校办学理念、教育教学改进措施，帮助家长提高家教水平。

(2) 构建社会共育机制。要主动联系本地宣传、综治、公安、司法、民政、文化、共青团、妇联、关工委、卫计委等部门、组织，注重发挥党政机关和企事业单位领导干部、专家学者以及老干部、老战士、老专家、老教师、老模范的作用，建立多方联动机制，搭建社会育人平台,实现社会资源共享共建,净化学生成长环境,助力广大中小学生健康成长。[①]

二、《中小学德育工作指南》引发的思考

《中小学德育工作指南》给了我们许多有益的启示,要求我们在设计和实施幼儿园课程时,注意以下几点。

(一)要重视课程体系构建的针对性

我们在构建幼儿园课程的体系时,**首先**,要处理好知、情、意、行之间的关系:把德育诸要素注入幼儿的头脑和心灵之中,促进幼儿人格的健全发展,为幼儿一生的成长打下良好的基础。**其次**,要处理好园内教育与园外教育之间的关系:把德育工作的目标和内容落实到幼儿园的各项工作中去,整合到幼儿的学习和生活中去,不留下任何一个死角,全方位育人,为幼儿顺利进入小学做好衔接工作,使幼儿能扣好人生的第一粒扣子。**最后**,**要处理好国家课程与地方课程、园本课程之间的关系**:结合本地区、本园、本班的教育实际,因地制宜、因园制宜、因班制宜、因时而进、因势而新,培养幼儿的社会性,促进幼儿的社会化,为培养中国特色社会主义事业合格建设者和可靠接班人奠定坚实的基础。

(二)要重视课程设计原则的引导性

我们在设计幼儿园的课程时,**其一,要把握方向性原则**:全面贯彻党的教育方针,坚持社会主义办园方向,重视育人为本、德育为先,培育和践行社会主义核心价值观。**其二,要把握教育性原则**:遵循教育规律,对幼儿动之以情,晓之以理,导之以行,注意以德育人,以理服人,以情感人,以行导人,以章律人。**其三,要把握游戏性原则**:符合幼儿年龄特点,寓德育于游戏活动之中,注意活动的吸引力、感染力、针对性和实效性。**其四,要把握合作性原则**:重视德育工作的开放性、渗透性,注意发挥幼儿园的主导作用,提高家长的育人责任意识和参与程度,强化幼儿园和家庭、社会协调一致的教育力量,矫治"5+2=0"的弊病,形成"5+2≥7"的德育新格局。**其五,要把握常规性原则**:坚持常态教育,把德育工作贯穿到幼儿园一日生活中去,融入每个环节里面,渗透到各项活动中去,使幼儿时时处处都能受到良好的影响和熏陶。

(三)要重视课程内容选择的指向性

我们在选择幼儿园课程的内容时,**其一,要关注理想信念的启蒙教育**:关注中国特色社会主义宣传教育、中国梦主题宣传教育,引导幼儿初步了解社会主义发展史,继承革命传统,传承红色基因。**其二,要关注社会主义核心价值观的启蒙教育**:把社会主义核心价值观落实到幼儿园的教育教学中去,开展爱国主义教育、诚信教育、文明礼仪教育,引导幼儿爱国、诚信、友善。**其三,要重视中华优秀传统文化的启蒙教育**:开展关爱教育和人格修养教育,传承发展中华优秀传统文化,大力弘扬中华传统美德,引导幼儿了解中华优秀传统文化的精神内涵。**其四,要重视生态文明的启蒙教育**:加强节约教育和环境保护

[①] 中华人民共和国教育部.中小学德育工作指南[EB/OL].[2017-09-05]. http://www.moe.cn/srcsite/A06/s3325/201709/t20170904_313128.html

教育,帮助幼儿了解祖国的大好河山和地理地貌,开展节粮节水节电教育活动,推动实行垃圾分类,倡导绿色消费,引导幼儿树立尊重自然、顺应自然、保护自然的发展理念,养成勤俭节约、低碳环保、自觉劳动的生活习惯,形成健康文明的生活方式。**其五,要重视心理健康的启蒙教育**:开展认识自我、尊重生命、学会学习、人际交往、情绪调适、升学适应等方面的教育,引导幼儿增强自主自助、适应环境的能力,培养幼儿健全的人格和良好的个性心理品质。

(四)要重视课程实施途径的操作性

我们在实施幼儿园的课程时,**首先,要通过课程深化来培育幼儿**:意识到教学具有教育性,注意发挥教学在育人中的重要作用;要重视幼儿园社会领域教育的独特功能,关注其他领域的德育功能;充分发挥隐性课程的作用,促使幼儿成为"性本善"之人。**其二,要通过文化渗透来培育幼儿**:注意从优化校园环境、营造文化氛围、建设网络文化等方面加强校园文化建设,使校园处处成为育人场所,彰显隐性课程潜移默化的魅力,增强幼儿的安全感和归属感,使幼儿能与好书为伴,在书香中成长。**其三,要通过活动扩展来培育幼儿**:利用节庆纪念日、仪式教育活动、校园节(会)等活动,开展丰富多彩的教育活动,以正确的价值观引导幼儿,在活动的"催化剂"作用下,使幼儿的美好德性得以升华。**其四,要通过实践养成来培育幼儿**:开展各种主题实践、劳动实践、研学旅行、志愿服务等,使幼儿在优质的"实践场"和"育苗园"中茁壮成长,增强实践能力和创新精神。**最后,要通过协同合作来培育幼儿**:加强家庭教育指导,构建社会共育机制,争取家庭、社会共同参与和支持幼儿园德育工作,形成全员育人、全程育人、全面育人的德育工作格局,使幼儿养成良好的行为习惯。

第七节 《志愿服务条例》及思考

图片 2-7-1 上海市宝山区小鸽子幼稚园家长志愿者在整理大厅

一、《志愿服务条例》的主要内容

国务院总理李克强于 2017 年 8 月 22 日签署国务院令,公布《志愿服务条例》(以下简称《条例》),自 2017 年 12 月 1 日起施行。《条例》的主要内容如下。

(一)第一章 总则

第一条 为了保障志愿者、志愿服务组织、志愿服务对象的合法权益,鼓励和规范志愿服务,发展志愿服务事业,培育和践行社会主义核心价值观,促进社会文明进步,制定本条例。

第二条 本条例适用于在中华人民共和国境内开展的志愿服务以及与志愿服务有关的活动。本条例所称志愿服务,是指志愿者、志愿服务组织和其他组织自愿、无偿向社会或者他人提供的公益服务。

第三条 开展志愿服务,应当遵循自愿、无偿、平等、诚信、合法的原则,不得违背社会公德、损害社会公共利益和他人合法权益,不得危害国家安全。

(二)第二章 志愿者和志愿服务组织

第六条 本条例所称志愿者,是指以自己的时间、知识、技能、体力等从事志愿服务的自然人。本条例所称志愿服务组织,是指依法成立,以开展志愿服务为宗旨的非营利性组织。

第七条 志愿者可以将其身份信息、服务技能、服务时间、联系方式等个人基本信息,通过国务院民政部门指定的志愿服务信息系统自行注册,也可以通过志愿服务组织进行注册。志愿者提供的个人基本信息应当真实、准确、完整。

第八条 志愿服务组织可以采取社会团体、社会服务机构、基金会等组织形式。志愿服务组织的登记管理按照有关法律、行政法规的规定执行。

第九条 志愿服务组织可以依法成立行业组织,反映行业诉求,推动行业交流,促进志愿服务事业发展。

第十条 在志愿服务组织中,根据中国共产党章程的规定,设立中国共产党的组织,开展党的活动。志愿服务组织应当为党组织的活动提供必要条件。

(三)第三章 志愿服务活动

第十一条 志愿者可以参与志愿服务组织开展的志愿服务活动,也可以自行依法开展志愿服务活动。

第十二条 志愿服务组织可以招募志愿者开展志愿服务活动;招募时,应当说明与志愿服务有关的真实、准确、完整的信息以及在志愿服务过程中可能发生的风险。

第十三条 需要志愿服务的组织或者个人可以向志愿服务组织提出申请,并提供与志愿服务有关的真实、准确、完整的信息,说明在志愿服务过程中可能发生的风险。志愿服务组织应当对有关信息进行核实,并及时予以答复。

第十四条 志愿者、志愿服务组织、志愿服务对象可以根据需要签订协议,明确当事人的权利和义务,约定志愿服务的内容、方式、时间、地点、工作条件和安全保障措施等。

第十五条 志愿服务组织安排志愿者参与志愿服务活动,应当与志愿者的年龄、知识、技能和身体状况相适应,不得要求志愿者提供超出其能力的志愿服务。

第十六条　志愿服务组织安排志愿者参与的志愿服务活动需要专门知识、技能的，应当对志愿者开展相关培训。开展专业志愿服务活动，应当执行国家或者行业组织制定的标准和规程。法律、行政法规对开展志愿服务活动有职业资格要求的，志愿者应当依法取得相应的资格。

第十七条　志愿服务组织应当为志愿者参与志愿服务活动提供必要条件，解决志愿者在志愿服务过程中遇到的困难，维护志愿者的合法权益。志愿服务组织安排志愿者参与可能发生人身危险的志愿服务活动前，应当为志愿者购买相应的人身意外伤害保险。

第十八条　志愿服务组织开展志愿服务活动，可以使用志愿服务标志。

第十九条　志愿服务组织安排志愿者参与志愿服务活动，应当如实记录志愿者个人基本信息、志愿服务情况、培训情况、表彰奖励情况、评价情况等信息，按照统一的信息数据标准录入国务院民政部门指定的志愿服务信息系统，实现数据互联互通。志愿者需要志愿服务记录证明的，志愿服务组织应当依据志愿服务记录无偿、如实出具。记录志愿服务信息和出具志愿服务记录证明的办法，由国务院民政部门会同有关单位制定。

第二十条　志愿服务组织、志愿服务对象应当尊重志愿者的人格尊严；未经志愿者本人同意，不得公开或者泄露其有关信息。

第二十一条　志愿服务组织、志愿者应当尊重志愿服务对象人格尊严，不得侵害志愿服务对象个人隐私，不得向志愿服务对象收取或者变相收取报酬。

第二十二条　志愿者接受志愿服务组织安排参与志愿服务活动的，应当服从管理，接受必要的培训。志愿者应当按照约定提供志愿服务。志愿者因故不能按照约定提供志愿服务的，应当及时告知志愿服务组织或者志愿服务对象。

第二十三条　国家鼓励和支持国家机关、企业事业单位、人民团体、社会组织等成立志愿服务队伍开展专业志愿服务活动，鼓励和支持具备专业知识、技能的志愿者提供专业志愿服务。国家鼓励和支持公共服务机构招募志愿者提供志愿服务。

第二十五条　任何组织和个人不得强行指派志愿者、志愿服务组织提供服务，不得以志愿服务名义进行营利性活动。

第二十六条　任何组织和个人发现志愿服务组织有违法行为，可以向民政部门、其他有关部门或者志愿服务行业组织投诉、举报。民政部门、其他有关部门或者志愿服务行业组织接到投诉、举报，应当及时调查处理；对无权处理的，应当告知投诉人、举报人向有权处理的部门或者行业组织投诉、举报。

（四）第四章　促进措施

第二十八条　国家鼓励企业事业单位、基层群众性自治组织和其他组织为开展志愿服务提供场所和其他便利条件。

第二十九条　学校、家庭和社会应当培养青少年的志愿服务意识和能力。

高等学校、中等职业学校可以将学生参与志愿服务活动纳入实践学分管理。

第三十一条　自然人、法人和其他组织捐赠财产用于志愿服务的，依法享受税收优惠。

第三十二条　对在志愿服务事业发展中做出突出贡献的志愿者、志愿服务组织,由县级以上人民政府或者有关部门按照法律、法规和国家有关规定予以表彰、奖励。国家鼓励企业和其他组织在同等条件下优先招用有良好志愿服务记录的志愿者。公务员考录、事业单位招聘可以将志愿服务情况纳入考察内容。

第三十五条　广播、电视、报刊、网络等媒体应当积极开展志愿服务宣传活动,传播志愿服务文化,弘扬志愿服务精神。

(五) 第五章 法律责任

第三十六条　志愿服务组织泄露志愿者有关信息、侵害志愿服务对象个人隐私的,由民政部门予以警告,责令限期改正;逾期不改正的,责令限期停止活动并进行整改;情节严重的,吊销登记证书并予以公告。

第三十七条　志愿服务组织、志愿者向志愿服务对象收取或者变相收取报酬的,由民政部门予以警告,责令退还收取的报酬;情节严重的,对有关组织或者个人并处所收取报酬一倍以上五倍以下的罚款。

第三十八条　志愿服务组织不依法记录志愿服务信息或者出具志愿服务记录证明的,由民政部门予以警告,责令限期改正;逾期不改正的,责令限期停止活动,并可以向社会和有关单位通报。

第三十九条　对以志愿服务名义进行营利性活动的组织和个人,由民政、工商等部门依法查处。

(六) 第六章 附则

第四十一条　基层群众性自治组织、公益活动举办单位和公共服务机构开展公益活动,需要志愿者提供志愿服务的,可以与志愿服务组织合作,由志愿服务组织招募志愿者,也可以自行招募志愿者。自行招募志愿者提供志愿服务的,参照本条例关于志愿服务组织开展志愿服务活动的规定执行。

第四十二条　志愿服务组织以外的其他组织可以开展力所能及的志愿服务活动。城乡社区、单位内部经基层群众性自治组织或者本单位同意成立的团体,可以在本社区、本单位内部开展志愿服务活动。①

二、《志愿服务条例》引发的思考

《志愿服务条例》给了我们许多有益的启示,我们在设计和实施幼儿园课程时,注意以下几点。

(一) 宣传志愿服务活动

在设计和实施幼儿园课程时,我们要通过幼儿园橱窗、网站、家长会、家长报等多种形式,大力宣传《志愿服务条例》,做到家喻户晓,使广大家长和社区人士都能知道志愿者

---

① 中共中央国务院.志愿服务条例[EB/OL].[2017-09-07]. http://www.gov.cn/zhengce/content/2017-09/06/content_5223028.htm

是指以自己的时间、知识、技能、体力等从事志愿服务的自然人,志愿服务是志愿者自愿、无偿向社会或者他人提供的公益服务,志愿者可以参与志愿服务组织开展的志愿服务活动,也可以自行依法开展志愿服务活动,志愿服务组织以外的其他组织可以开展力所能及的志愿服务活动;都能了解志愿服务工作,积极参与志愿服务活动,为幼儿园的课程建设贡献自己的力量。

(二) 规范志愿服务工作

在设计和实施幼儿园课程时,我们要认真贯彻执行《志愿服务条例》,规范幼儿园志愿服务活动,保障家长志愿者、社区义工的合法权益,感谢他们志愿服务的行为,激励他们在幼儿园课程建设的过程中,做出更大的贡献。

(三) 遵循志愿服务原则

在设计和实施幼儿园课程时,我们要严格遵守志愿服务的基本原则,切实做到"自愿、无偿、平等、诚信、合法",不得违背社会公德、损害社会公共利益和他人合法权益;我们要根据需要签订相应的协议,约定志愿服务的内容和方式,使幼儿园的课程建设能在民主和谐的氛围中,不断加以完善。

(四) 发挥志愿者的作用

在设计和实施幼儿园课程时,我们要深刻认识家长志愿者和社区志愿者的价值,要充分发挥他们的作用,更好地开展园内外的各项教育活动;要利用家长园地、电子邮箱等多种形式,广泛征募家长志愿者和社区志愿者,深入地了解他们,给他们安排擅长的工作,对他们的奉献加以表彰,使幼儿园的课程建设能永久得到家长和社区志愿者的全力支持和无私帮助。

(五) 履行志愿者的义务

在设计和实施幼儿园课程时,我们要使家长志愿者和社区志愿者认识到他们应尽的义务:要服从安排和管理,接受必要的培训,认真参与志愿服务活动;要按照约定提供志愿服务,因故不能按照约定提供志愿服务时,要及时告知和说明;要尊重志愿服务对象的人格尊严,不得侵害志愿服务对象个人隐私,不得向志愿服务对象收取或者变相收取报酬,使幼儿园的课程建设能健康持久地发展下去。

(六) 保障志愿者的权益

在设计和实施幼儿园课程时,我们要合理保障家长志愿者和社区志愿者的各项权益:在招募录取时,要真实说明与志愿服务有关的真实、准确、完整的信息,以及在志愿服务过程中可能发生的风险;在安排工作时,要根据他们的年龄、知识、技能、体能、时间等方面的情况,对他们进行相应的培训,分配适宜的工作,并提供必要的条件;在记录工作时,要如实记录他们志愿服务的具体情况,无偿如实为他们出具志愿服务的记录证明;在志愿活动中,要尊重他们的人格尊严,未经他们本人同意,不得公开或者泄露其有关信息;在志愿服务时,不得强行指派他们提供任何服务,使幼儿园的课程建设能在平等友好的环境中持续发展。

第八节 《中小学综合实践活动课程指导纲要》及思考

图片 2-8-1　南京博物院

一、《中小学综合实践活动课程指导纲要》的主要内容

2017年9月25日,教育部印发了《中小学综合实践活动课程指导纲要》(以下简称《纲要》),要求各省、自治区、直辖市教育厅(教委),新疆生产建设兵团教育局认真贯彻执行;充分认识综合实践活动课程的重要意义,确保综合实践活动课程全面开设到位;组织教师认真学习纲要,切实加强对综合实践活动课程的精心组织、整体设计和综合实施,不断提升课程实施水平。

(一)课程的性质与理念

1. 课程的性质

该《纲要》指出中小学综合实践活动课程的性质:综合实践活动是从学生的真实生活和发展需要出发,从生活情境中发现问题,转化为活动主题,通过探究、服务、制作、体验等方式,培养学生综合素质的跨学科实践性课程。综合实践活动是国家义务教育和普通高中课程方案规定的必修课,与学科课程并列设置,是基础教育课程体系的重要组成部分。该课程由地方统筹管理和指导,具体内容以学校开发为主,自小学一年级至高中三年级全面实施。

2. 课程的理念

该《纲要》指出中小学综合实践活动课程的理念:**(1) 课程目标以培养学生综合素质为导向**。本课程强调学生综合运用各学科知识,认识、分析和解决现实问题,提升综合素质,着力发展核心素养,特别是社会责任感、创新精神和实践能力,以适应快速变化的社会生活、职业世界和个人自主发展的需要,迎接信息时代和知识社会的挑战。**(2) 课程开发面向学生的个体生活和社会生活**。本课程面向学生完整的生活世界,引导学生从日常学习生活、社会生活或与大自然的接触中提出具有教育意义的活动主题,使学生获得关于自我、社会、自然的真实体验,建立学习与生活的有机联系。要避免仅从学科知识体系出发进行活动设计。**(3) 课程实施注重学生主动实践和开放生成**。本课程鼓励学生从自身成长需要出发,选择活动主题,主动参与并亲身经历实践过程,体验并践行价值信念。在实施过程中,随着活动的不断展开,在教师指导下,学生可根据实际需要,对活动的目标与内容、组织与方法、过程与步骤等做出动态调整,使活动不断深化。**(4) 课程评价主张多元评价和综合考察**。本课程要求突出评价对学生的发展价值,充分肯定学生活动方式和问题解决策略的多样性,鼓励学生自我评价与同伴间的合作交流和经验分享。提倡多采用质性评价方式,避免将评价简化为分数或等级。要将学生在综合实践活动中的各种表现和活动成果作为分析考察课程实施状况与学生发展状况的重要依据,对学生的活动过程和结果进行综合评价。

(二)课程的总目标与学段目标

1. 课程的总目标

该《纲要》指出中小学综合实践活动课程的总目标:学生能从个体生活、社会生活及与大自然的接触中获得丰富的实践经验,形成并逐步提升对自然、社会和自我之内在联系的整体认识,具有价值体认、责任担当、问题解决、创意物化等方面的意识和能力。

2. 课程的学段目标

该《纲要》指出中小学综合实践活动课程在小学阶段的具体目标:**(1) 价值体认**:通过亲历、参与少先队活动、场馆活动和主题教育活动,参观爱国主义教育基地等,获得有积极意义的价值体验。理解并遵守公共空间的基本行为规范,初步形成集体思想、组织观念,培养对中国共产党的朴素感情,为自己是中国人感到自豪。**(2) 责任担当**:围绕日常生活开展服务活动,能处理生活中的基本事务,初步养成自理能力、自立精神、热爱生活的态度,具有积极参与学校和社区生活的意愿。**(3) 问题解决**:能在教师的引导下,结合学校、家庭生活中的现象,发现并提出自己感兴趣的问题。能将问题转化为研究小课题,体验课题研究的过程与方法,提出自己的想法,形成对问题的初步解释。**(4) 创意物化**:通过动手操作实践,初步掌握手工设计与制作的基本技能;学会运用信息技术,设计并制作有一定创意的数字作品。运用常见、简单的信息技术解决实际问题,服务于学习和生活。

(三)课程的内容选择与活动方式

该《纲要》指出学校和教师要根据综合实践活动课程的目标,并基于学生发展的实际需求,设计活动主题和具体内容,并选择相应的活动方式。

1. 课程的内容选择

该《纲要》指出中小学综合实践活动课程的内容选择与组织的原则:**(1) 自主性原则**。在主题开发与活动内容选择时,要重视学生自身发展需求,尊重学生的自主选择。教师要善于引导学生围绕活动主题,从特定的角度切入,选择具体的活动内容,并自定活动目标任务,提升自主规划和管理能力。同时,要善于捕捉和利用课程实施过程中生成的有价值的问题,指导学生深化活动主题,不断完善活动内容。**(2) 实践性原则**。综合实践活动课程强调学生亲身经历各项活动,在"动手做""实验""探究""设计""创作""反思"的过程中进行"体验""体悟""体认",在全身心参与的活动中,发现、分析和解决问题,体验和感受生活,发展实践创新能力。(3) **开放性原则**。综合实践活动课程面向学生的整个生活世界,具体活动内容具有开放性。教师要基于学生已有经验和兴趣专长,打破学科界限,选择综合性活动内容,鼓励学生跨领域、跨学科学习,为学生自主活动留出余地。要引导学生把自己成长的环境作为学习场所,在与家庭、学校、社区的持续互动中,不断拓展活动时空和活动内容,使自己的个性特长、实践能力、服务精神和社会责任感不断获得发展。(4) **整合性原则**。综合实践活动课程的内容组织,要结合学生发展的**年龄特点和个性特征**,以促进学生的综合素质发展为核心,均衡考虑学生与自然的关系、学生与他人和社会的关系、学生与自我的关系这三个方面的内容。对活动主题的探究和体验,要体现个人、社会、自然的内在联系,强化科技、艺术、道德等方面的内在整合。(5) **连续性原则**。综合实践活动课程的内容设计应基于学生可持续发展的要求,设计长短期相结合的主题活动,使活动内容具有递进性。要促使活动内容由简单走向复杂,使活动主题向纵深发展,不断丰富活动内容、拓展活动范围,促进学生综合素质的持续发展。要处理好学期之间、学年之间、学段之间活动内容的有机衔接与联系,构建科学合理的活动主题序列。

2. 课程的活动方式

该《纲要》指出中小学综合实践活动课程的活动方式:(1) **考察探究式**。考察探究是学生基于自身兴趣,在教师的指导下,从自然、社会和学生自身生活中选择和确定研究主题,开展研究性学习,在观察、记录和思考中,主动获取知识,分析并解决问题的过程,如野外考察、社会调查、研学旅行等,它注重运用实地观察、访谈、实验等方法,获取材料,形成理性思维、批判质疑和勇于探究的精神。考察探究的关键要素包括:发现并提出问题;提出假设,选择方法,研制工具;获取证据;提出解释或观念;交流、评价探究成果;反思和改进。(2) **社会服务式**。社会服务指学生在教师的指导下,走出教室,参与社会活动,以自己的劳动满足社会组织或他人的需要,如公益活动、志愿服务、勤工俭学等,它强调学生在满足被服务者需要的过程中,获得自身发展,促进相关知识技能的学习,提升实践能力,成为履职尽责、敢于担当的人。社会服务的关键要素包括:明确服务对象与需要;制订服务活动计划;开展服务行动;反思服务经历,分享活动经验。(3) **设计制作式**。设计制作指学生运用各种工具、工艺(包括信息技术)进行设计,并动手操作,将自己的创意、方案付诸现实,转化为物品或作品的过程,如动漫制作、编程、陶艺创作等,它注重提高学生的技术意识、工程思维、动手操作能力等。在活动过程中,鼓励学生手脑并用,灵活掌握、融会贯通各类知识和技巧,提高学生的技术操作水平、知识迁移水平,体验工匠精神等。设计制作的关键要素包括:创意设计;选择活动材料或工具;动手制作;交流展示物品或作品,反思与改进。(4) **职业体验式**。职业体验指学生在实际工作岗位上或模拟情境中见习、实习,体认职业角色的过程,如军训、学工、学农等,它注重让学生获得对职业生活的真切理解,发现自己的专长,培养职业兴趣,形成正确的劳动观念和人生志向,提升生涯规划能力。职业体验的关键要素包括：选择或设计职业情境；实际岗位演练；总结、反思和交流经历过程；概括提炼经验，行动应用。**(5) 其他方式**。综合实践活动除了以上活动方式外，还有党团队教育活动、博物馆参观等。综合实践活动方式的划分是相对的。在活动设计时可以有所侧重，以某种方式为主，兼顾其他方式；也可以整合方式实施，使不同活动要素彼此渗透、融会贯通。要充分发挥信息技术对于各类活动的支持作用，有效促进问题解决、交流协作、成果展示与分享等。

(四) 课程的规划与实施

1. 课程的规划

该《纲要》指出中小学校是综合实践活动课程规划的主体，应在地方指导下，对综合实践活动课程进行整体设计，将办学理念、办学特色、培养目标、教育内容等融入其中。要依据学生发展状况、学校特色、可利用的社区资源（如各级各类青少年校外活动场所、综合实践基地和研学旅行基地等）对综合实践活动课程进行统筹考虑，形成综合实践活动课程总体实施方案；还要基于学生的年段特征、阶段性发展要求，制订具体的"学校学年（或学期）活动计划与实施方案"，对学年、学期活动做出规划。要使总体实施方案和学年（或学期）活动计划相互配套、衔接，形成促进学生持续发展的课程实施方案。

该《纲要》要求学校在课程规划时，注意处理好以下几种关系：**(1) 综合实践活动课程的预设与生成**。学校要统筹安排各年级、各班级学生的综合实践活动课时、主题、指导教师、场地设施等，加强与校外活动场所的沟通协调，为每一个学生参与活动创造必要条件，提供发展机遇，但不得以单一、僵化、固定的模式去约束所有班级、社团的具体活动过程，剥夺学生自主选择的空间。要允许和鼓励师生从生活中选择有价值的活动主题，选择适当的活动方式创造性地开展活动。要关注学生活动的生成性目标与生成性主题并引导其发展，为学生创造性的发展开辟广阔空间。**(2) 综合实践活动课程与学科课程**。在设计与实施综合实践活动课程中，要引导学生主动运用各门学科知识分析解决实际问题，使学科知识在综合实践活动中得到延伸、综合、重组与提升。学生在综合实践活动中所发现的问题要在相关学科教学中分析解决，所获得的知识要在相关学科教学中拓展加深。防止用学科实践活动取代综合实践活动。**(3) 综合实践活动课程与专题教育**。可将有关专题教育，如优秀传统文化教育、革命传统教育、国家安全教育、心理健康教育、环境教育、法治教育、知识产权教育等，转化为学生感兴趣的综合实践活动主题，让学生通过亲历感悟、实践体验、行动反思等方式实现专题教育的目标，防止将专题教育简单等同于综合实践活动课程。要在国家宪法日、国家安全教育日、全民国防教育日等重要时间节点，组织学生开展相关主题教育活动。

2. 课程的实施

该《纲要》指出学校作为综合实践活动课程实施的主体，要明确实施机构及人员、组织方式等，加强过程指导和管理，确保课程实施到位。**(1) 课时安排**。小学1—2年级，平均每周不少于1课时。各学校要切实保证综合实践活动时间，在开足规定课时总数的前提下,根据具体活动需要,把课时的集中使用与分散使用有机结合起来。要根据学生活动主题的特点和需要,灵活安排、有效使用综合实践活动时间。学校要给予学生广阔的探究时空环境,保证学生活动的连续性和长期性。要处理好课内与课外的关系,合理安排时间并拓展学生的活动空间与学习场域。(2) **实施机构与人员**。学校要成立综合实践活动课程领导小组,结合实际情况设置专门的综合实践活动课程中心或教研组,或由教科室、教务处、学生处等职能部门,承担起学校课程实施规划、组织、协调与管理等方面的责任,负责制订并落实学校综合实践活动课程实施方案,整合校内外教育资源,统筹协调校内外相关部门的关系,联合各方面的力量,特别是加强与校外活动场所的沟通协调,保证综合实践活动课程的有效实施。要建立专兼职相结合、相对稳定的指导教师队伍。学校教职工要全员参与,分工合作。原则上每所学校至少配备1名专任教师,主要负责指导学生开展综合实践活动,组织其他学科教师开展校本教研活动。各学科教师要发挥专业优势,主动承担指导任务。积极争取家长、校外活动场所指导教师、社区人才资源等有关社会力量成为综合实践活动课程的兼职指导教师,协同指导学生综合实践活动的开展。(3) **组织方式**。综合实践活动以小组合作方式为主,也可以个人单独进行。小组合作范围可以从班级内部,逐步走向跨班级、跨年级、跨学校和跨区域等。要根据实际情况灵活运用各种组织方式。要引导学生根据兴趣、能力、特长、活动需要,明确分工,做到人尽其责,合理高效。既要让学生有独立思考的时间和空间,又要充分发挥合作学习的优势,重视培养学生的自主参与意识与合作沟通能力。鼓励学生利用信息技术手段突破时空界限,进行广泛的交流与密切合作。(4) **教师指导**。在综合实践活动实施过程中,要处理好学生自主实践与教师有效指导的关系。教师既不能"教"综合实践活动,也不能推卸指导的责任,而应当成为学生活动的组织者、参与者和促进者。教师的指导应贯穿综合实践活动实施的全过程。① 在活动准备阶段,教师要充分结合学生经验,为学生提供活动主题选择以及提出问题的机会,引导学生构思选题,鼓励学生提出感兴趣的问题,并及时捕捉活动中学生动态生成的问题,组织学生就问题展开讨论,确立活动目标内容。要让学生积极参与活动方案的制定过程,通过合理的时间安排、责任分工、实施方法和路径选择,对活动可利用的资源及活动的可行性进行评估等,增强活动的计划性,提高学生的活动规划能力。同时,引导学生对活动方案进行组内及组间讨论,吸纳合理化建议,不断优化完善方案。② 在活动实施阶段,教师要创设真实的情境,为学生提供亲身经历与现场体验的机会,让学生经历多样化的活动方式,促进学生积极参与活动过程,在现场考察、设计制作、实验探究、社会服务等活动中发现和解决问题,体验和感受学习与生活之间的联系。要加强对学生活动方式与方法的指导,帮助学生找到适合自己的学习方式和实践方式。教师指导重在激励、启迪、点拨、引导,不能对学生的活动过程包办代替。还要指导学生做好活动过程的记录和活动资料的整理。③ 在活动总结阶段,教师要指导学生选择合适的结果呈现方式,鼓励多种形式的结果呈现与交流,如绘画、摄影、戏剧与表演等,对活动过程和活动结果进行系统梳理和总结,促进学生自我反思与表达、同伴交流与对话。要指导学生学会通过撰写活动报告、反思日志、心得笔记等方式,反思成败得失,提升个体经验,促进知识建构,并根据同伴及教师提出的反馈意见和建议查漏补缺,明确进一步的探究方向,深化主题探究和体验。(5)**活动评价**。综合实践活动情况是学生综合素质评价的重要内容。各学校和教师要以促进学生综合素质持续发展为目的设计与实施综合实践活动评价。要坚持评价的方向性、指导性、客观性、公正性等原则。① **突出发展导向**。坚持学生成长导向,通过对学生成长过程的观察、记录、分析,促进学校及教师把握学生的成长规律,了解学生的个性与特长,不断激发学生的潜能,为更好地促进学生成长提供依据。评价的首要功能是让学生及时获得关于学习过程的反馈,改进后续活动。要避免评价过程中只重结果、不重过程的现象。要对学生作品进行深入分析和研究,挖掘其背后蕴藏的学生的思想、创意和体验,杜绝对学生的作品随意打分和简单排名等功利主义做法。② **做好写实记录**。教师要指导学生客观记录参与活动的具体情况,包括活动主题、持续时间、所承担的角色、任务分工及完成情况等,及时填写活动记录单,并收集相关事实材料,如活动现场照片、作品、研究报告、实践单位证明等。活动记录、事实材料要真实、有据可查,为综合实践活动评价提供必要基础。③ **建立档案袋**。在活动过程中,教师要指导学生分类整理、遴选具有代表性的重要活动记录、典型事实材料以及其他有关资料,编排、汇总、归档,形成每一个学生的综合实践活动档案袋,并纳入学生综合素质档案。档案袋是学生自我评价、同伴互评、教师评价学生的重要依据,也是招生录取中综合评价的重要参考。④ **开展科学评价**。原则上每学期末,教师要依据课程目标和档案袋,结合平时对学生活动情况的观察,对学生综合素质发展水平进行科学分析,写出有关综合实践活动情况的评语,引导学生扬长避短,明确努力方向。

(五)课程的管理与保障

1. 教师培训与教研指导

该《纲要》指出地方教育行政部门和学校要加强调研,了解综合实践活动指导教师专业发展的需求,搭建多样化的交流平台,强化培训和教研,推动教师的持续发展。(1)**建立指导教师培训制度**。要开展对综合实践活动课程专兼职教师的全员培训,明确培训目标,努力提升教师的跨学科知识整合能力,观察、研究学生的能力,指导学生规划、设计与实施活动的能力,课程资源的开发和利用能力等。要根据教师的实际需求,开发相应的培训课程,组织教师按照课程要求进行系统学习。要不断探索和改进培训方式方法,倡导参与式培训、案例培训和项目研究等,不断激发教师内在的学习动力。(2)**建立健全日常教研制度**。各学校要通过专业引领、同伴互助、合作研究,积极开展以校为本的教研活动,及时分析、解决课程实施中遇到的问题,提高课程实施的有效性。各级教研机构要配备综合实践活动专职教研员,加强对校本教研的指导,并组织开展专题教研、区域教研、网络教研等,通过协同创新、校际联动、区域推进,提高中小学综合实践活动整体实施水平。

2. 支持体系建设与保障

该《纲要》指出中小学综合实践活动课程的支持体系建设与保障:(1)**网络资源开发**。地方教育行政部门、教研机构和学校要开发优质网络资源,遴选相关影视作品等充实资源内容,为课程实施提供资源保障。要充分发挥师生在课程资源开发中的主体性与创造性,及时总结、梳理来自教学一线的典型案例和鲜活经验,动态生成分年级、分专题的综合实践活动课程资源包。各地要探索和建立优质资源的共享与利用机制,打造省、市、县、校多级联动的共建共享平台,为课程实施提供高质量、常态化的资源支撑。**(2) 硬件配套与利用**。学校要为综合实践活动的实施提供配套硬件资源与耗材,并积极争取校外活动场所支持,建立课程资源的协调与共享机制,充分发挥实验室、专用教室及各类教学设施在综合实践活动课程实施过程中的作用,提高使用效益,避免资源闲置与浪费。有条件的学校可以建设专用活动室或实践基地,如创客空间等。地方教育行政部门要加强实践基地建设,强化资源统筹管理,建立健全校内外综合实践活动课程资源的利用与相互转换机制,强化公共资源间的相互联系和硬件资源的共享,为学校利用校外图书馆、博物馆、展览馆、科技馆、实践基地等各种社会资源及丰富的自然资源提供政策支持。**(3) 经费保障**。地方和学校要确保开展综合实践活动所需经费,支持综合实践活动课程资源和实践基地建设、专题研究等。**(4) 安全保障**。地方教育行政部门要与有关部门统筹协调,建立安全管控机制,分级落实安全责任。学校要设立安全风险预警机制,建立规范化的安全管理制度及管理措施。教师要增强安全意识,加强对学生的安全教育,提升学生安全防范能力,制定安全守则,落实安全措施。

3. 考核与激励机制

该《纲要》指出中小学综合实践活动课程的考核与激励机制:**(1) 建立健全指导教师考核激励机制**。各地和学校明确综合实践活动课程教师考核要求和办法,科学合理地计算教师工作量,将指导学生综合实践活动的工作业绩作为教师职称晋升和岗位聘任的重要依据,对取得显著成效的指导教师给予表彰奖励。**(2) 加强对课程实施情况的督查**。将综合实践活动课程实施情况,包括课程开设情况及实施效果,纳入中小学课程实施监测,建立关于中小学综合实践活动课程的反馈改进机制。地方教育行政部门和教育督导部门要将综合实践活动实施情况作为检查督导的重要内容。**(3) 开展优秀成果交流评选**。依托有关专业组织、教科研机构、基础教育课程中心等,开展中小学生综合实践活动课程展示交流活动,激发广大中小学生实践创新的潜能和动力。将中小学综合实践活动课程探索成果纳入基础教育教学成果评选范围,对优秀成果予以奖励,发挥优秀成果的示范引领作用,激励广大中小学教师和专职研究人员持续性从事中小学综合实践活动课程研究和实践探索。[①]

二、《中小学综合实践活动课程指导纲要》引发的思考

《中小学综合实践活动课程指导纲要》引发我们的许多思考,给了我们很多有益的启示,在设计和实施幼儿园课程时,我们需要注意以下几点。

---

① 中华人民共和国教育部.中小学综合实践活动课程指导纲要[EB/OL].[2017-10-27]. http://www.moe.edu.cn/srcsite/A26/s8001/201710/t20171017_316616.html

(一) 重视幼儿园综合实践活动课程的建设

幼儿园教育是基础教育的重要组成部分,是学校教育制度的基础阶段。幼儿园要做好与小学的各项衔接工作,就要重视综合实践活动课程的建设,把办园理念、办园特色、教育目标、教育内容等融入综合实践活动课程的整体设计之中,形成综合实践活动课程总体实施方案,制订学年(或学期)活动计划与实施方案,培养幼儿的综合素质。

(二) 强化和扩展幼儿园的春游和秋游活动

笔者调查发现,我国幼儿园组织儿童外出参观游览活动的时间:主要是11月(占总体的28%),其次是4月(占总体的19%),再次是10月(占总体的14%)、12月(占总体的12%)、5月(占总体的8%)、6月(占总体的7%),最后是3月(占总体的4%);[①]我国幼儿园组织儿童外出参观游览活动的场所:主要是"公园"(占30%),第二是"博物馆""社区中心"(各占14%),第三是"农场"(占9%),第四是"小学"(占7%),第五是"游乐场"(占6%),第六是"商店""消防队"(各占5%),第七是"运动馆""陵园""电视台"(各占2%),第八是"部队"(占2%),第九是"公司""地铁站"(各占1%),而图书馆、书店等场所则没有涉足。[②] 因此,我们要借《中小学综合实践活动课程指导纲要》的东风,增加组织儿童外出参观游览活动的频度,从每学期一次递增到每月一次,甚至是每周一次;拓宽组织儿童外出参观游览活动的广度,带领儿童走进各种文化场所、服务场所、商业场所、运输场所,促进儿童的可持续发展。

(三) 发挥家庭和社区在课程中的独特作用

幼儿园要成立综合实践活动课程领导小组,开展综合实践活动的园本教研活动,解决有关综合实践活动课程的各种问题,制订综合实践活动课程实施方案,整合园内外教育资源,集聚各种教育力量,争取家长、社区人士的支持指导,确保综合实践活动课程的有效开展,促使儿童在幼儿园、家庭、社区的持续互动中,不断拓展活动的时间、空间、种类和内容,通过考察探究、社会服务、设计制作、职业体验等多种活动方式,个性得到生动活泼的发展。

(四) 利用节日资源深化综合实践活动课程

幼儿园要把综合实践活动课程与主题教育有机地结合起来,寓教于节日之中,处理好学年之间、学期之间活动内容的衔接与递进,构建科学合理的活动主题序列,确保儿童亲历感悟、实践体验,潜移默化地、持续地受到熏陶。例如,在4月5日清明节期间,可开展"我爱先烈"的主题教育活动,组织儿童瞻仰烈士陵园、纪念碑、纪念馆、名人故居等。在4月23日世界图书日期间,可开展"我爱读书"的主题教育活动,组织儿童观看图书馆、图书站、图书室、图书车等。在5月18日国际博物馆日期间,可开展"我爱博学"的主题教育活动,组织儿童探索博物馆、展览馆、科技馆、美术馆等。在6月23日国际奥林匹克日期间,可开展"我爱运动"的主题教育活动,组织儿童游玩体育馆、体育场、健身苑等。

[①] 李生兰,等.幼儿园与家庭、社区合作共育[M].北京:北京师范大学出版社,2016:315-316.
[②] 同上书,第323页。

在10月4日世界动物日期间,可开展"我爱动物"的主题教育活动,组织儿童游览动物园、饲养场、养殖基地等。在10月16日世界粮食日期间,可开展"我爱粮食"的主题教育活动,组织儿童参观农场、种植基地、农贸市场、超市等。在11月9日消防宣传日期间,可开展"我爱自己"的主题教育活动,组织儿童观看消防队、消防博物馆等。

第九节 《中华人民共和国公共图书馆法》及思考

图片 2-9-1　上海图书馆少儿图书外借室

一、《中华人民共和国公共图书馆法》的主要内容

2017年11月4日,第十二届全国人民代表大会常务委员会第三十次会议通过了《中华人民共和国公共图书馆法》(以下简称《公共图书馆法》),共有6章55条,对公共图书馆的设立、运行、服务等方面分别作了详细的规定,自2018年1月1日起施行。

(一)"第一章 总则"的主要内容

《公共图书馆法》在"第一章 总则"中主要说明了以下几个问题。

1. 为什么要制定此法? 在第一条中,强调指出了制定此法的目的是为了促进公共图书馆事业的发展,发挥公共图书馆的功能,保障公民的基本文化权益,提高公民的科学文化素质和社会文明程度,传承人类文明,坚定文化自信。

2. 什么是公共图书馆? 在第二条中,对这一核心概念作出了界定:它指的是向社会公众免费开放,收集、整理、保存文献信息(包括图书报刊、音像制品、缩微制品、数字资源等),并提供查询、借阅及相关服务,开展社会教育的公共文化设施。

3. 公共图书馆的任务是什么? 在第三条中,对这一关键问题进行了解说:它是社会主义公共文化服务体系的重要组成部分,应当将推动、引导、服务全民阅读作为重要任务;应当坚持社会主义先进文化前进方向,坚持以人民为中心,坚持以社会主义核心价值观为引领,传承发展中华优秀传统文化,继承革命文化,发展社会主义先进文化。

4. 公共图书馆应该如何建设? 在第四条中,对此作出了详细的规定:县级以上人民政府应当将公共图书馆事业纳入本级国民经济和社会发展规划,将公共图书馆建设纳入城乡规划和土地利用总体规划,加大对政府设立的公共图书馆的投入,将所需经费列入本级政府预算,并及时、足额拨付;国家鼓励公民、法人和其他组织自筹资金设立公共图书馆;县级以上人民政府应当积极调动社会力量参与公共图书馆建设,并按照国家有关规定给予政策扶持。

5. 公共图书馆应该如何管理? 在第五条中,对此作出了具体的规定:国务院文化主管部门负责全国公共图书馆的管理工作,国务院其他有关部门在各自职责范围内负责与公共图书馆管理有关的工作;县级以上地方人民政府文化主管部门负责本行政区域内公共图书馆的管理工作,县级以上地方人民政府其他有关部门在各自职责范围内负责本行政区域内与公共图书馆管理有关的工作。

6. 公共图书馆应该如何完善? 在第八条中,对此作出了明确的规定:国家鼓励和支持发挥科技在公共图书馆建设、管理和服务中的作用,推动运用现代信息技术和传播技术,提高公共图书馆的服务效能。

(二)"第二章 设立"的主要内容

《公共图书馆法》在"第二章 设立"中主要作出了以下几项规定。

1. 公共图书馆服务网络及设施的建设要加强。 在第十三条中指出,国家建立覆盖城乡、便捷实用的公共图书馆服务网络;公共图书馆服务网络建设坚持政府主导,鼓励社会参与;县级以上地方人民政府应当根据本行政区域内人口数量、人口分布、环境和交通条件等因素,因地制宜确定公共图书馆的数量、规模、结构和分布,加强固定馆舍和流动服务设施、自助服务设施建设。

2. 公共图书馆馆长及工作人员的资质要达标。 在第十九条中指出,政府设立的公共图书馆馆长应当具备相应的文化水平、专业知识和组织管理能力;公共图书馆应当根据其功能、馆藏规模、馆舍面积、服务范围及服务人口等因素配备相应的工作人员;公共图书馆工作人员应当具备相应的专业知识与技能,其中专业技术人员可以按照国家有关规定评定专业技术职称。

(三)"第三章 运行"的主要内容

《公共图书馆法》在"第三章 运行"中主要提出了以下几点要求。

1. 公共图书馆文献的收集要广泛系统。 在第二十四条中指出,公共图书馆应当根据办馆宗旨和服务对象的需求,广泛收集文献信息;政府设立的公共图书馆还应当系统收集地方文献信息,保存和传承地方文化;文献信息的收集应当遵守有关法律、行政法规的规定。

2. 公共图书馆收集的文献要整理分类。 在第二十七条中指出,公共图书馆应当按照国家公布的标准、规范,对馆藏文献信息进行整理,建立馆藏文献信息目录,并依法通过其网站或者其他方式向社会公开。

3. 公共图书馆的体制体系要健全完善。 在第三十一条中指出,县级人民政府应当因地制宜建立符合当地特点的以县级公共图书馆为总馆,乡镇(街道)综合文化站、村(社区)图书室等为分馆或者基层服务点的总分馆制,完善数字化、网络化服务体系和配送体系,实现通借通还,促进公共图书馆服务向城乡基层延伸;总馆应当加强对分馆和基层服务点的业务指导。

(四)"第四章 服务"的主要内容

《公共图书馆法》在"第四章 服务"中主要提出了以下几项规定。

1. 向社会公众提供服务的要求和项目。 在第三十三条中指出,公共图书馆应当按照平等、开放、共享的要求,向社会公众提供服务;公共图书馆应当免费向社会公众提供下列服务:(一)文献信息查询、借阅;(二)阅览室、自习室等公共空间设施场地开放;(三)公益性讲座、阅读推广、培训、展览;(四)国家规定的其他免费服务项目。

2. 向少年儿童提供服务的要求和活动。 在第三十四条中指出,政府设立的公共图书馆应当设置少年儿童阅览区域,根据少年儿童的特点配备相应的专业人员,开展面向少年儿童的阅读指导和社会教育活动,并为学校开展有关课外活动提供支持;有条件的地区可以单独设立少年儿童图书馆。

3. 向社会公众提供服务的活动和目标。 在第三十六条中指出,公共图书馆应当通过开展阅读指导、读书交流、演讲诵读、图书互换共享等活动,推广全民阅读。

4. 向社会公众提供服务的方式和时间。 在第三十八条中指出,公共图书馆应当通过其网站或者其他方式向社会公告本馆的服务内容、开放时间、借阅规则等;因故闭馆或者更改开放时间的,除遇不可抗力外,应当提前公告;公共图书馆在公休日应当开放,在国家法定节假日应当有开放时间。

5. 向社会公众提供服务的设施和网络。 在第三十九条中指出,政府设立的公共图书馆应当通过流动服务设施、自助服务设施等为社会公众提供便捷服务。在第四十条中指出,国家构建标准统一、互联互通的公共图书馆数字服务网络,支持数字阅读产品开发和数字资源保存技术研究,推动公共图书馆利用数字化、网络化技术向社会公众提供便捷服务;政府设立的公共图书馆应当加强数字资源建设、配备相应的设施设备,建立线上线下相结合的文献信息共享平台,为社会公众提供优质服务。

6. 听取读者的建议及保护读者的隐私。 在第四十二条中指出,公共图书馆应当改善服务条件、提高服务水平,定期公告服务开展情况,听取读者意见,建立投诉渠道,完善反馈机制,接受社会监督;在第四十三条中指出,公共图书馆应当妥善保护读者的个人信息、借阅信息以及其他可能涉及读者隐私的信息,不得出售或者以其他方式非法向他人提供。

7. 读者要遵守公共图书馆的各项规定。 在第四十四条中指出,读者应当遵守公共图书馆的相关规定,自觉维护公共图书馆秩序,爱护公共图书馆的文献信息、设施设备,合法利用文献信息;借阅文献信息的,应当按照规定时限归还;对破坏公共图书馆文献信息、设施设备,或者扰乱公共图书馆秩序的,公共图书馆工作人员有权予以劝阻、制止;经劝阻、制止无效的,公共图书馆可以停止为其提供服务。

8. 公民应为公共图书馆提供志愿服务。 在第四十六条中指出,国家鼓励公民参与公共图书馆志愿服务。县级以上人民政府文化主管部门应当对公共图书馆志愿服务给予必要的指导和支持。

9. 公共图书馆要与其他图书馆多协作。 在第四十八条中指出,国家支持公共图书馆加强与学校图书馆、科研机构图书馆以及其他类型图书馆的交流与合作,开展联合服务;国家支持学校图书馆、科研机构图书馆以及其他类型图书馆向社会公众开放。①

二、《中华人民共和国公共图书馆法》引发的思考

《中华人民共和国公共图书馆法》是公共文化领域继《中华人民共和国公共文化服务保障法》之后的又一部重要法律,是国家层面公共文化领域的第一部专门法律,对于进一步健全我国文化法律制度、促进公共图书馆事业发展、保障人民群众基本文化权益具有重要意义。在改革和完善幼儿园课程的过程中,我们要认真学习,深刻领会,不仅要意识到运用公共图书馆资源的必要性和可行性,而且还要提高运用公共图书馆资源的创造性和有效性。

(一) 要认识到公共图书馆的重要性

在构建幼儿园课程的整体框架时,我们要认识到公共图书馆的重要性。要把公共图书馆看作是教育幼儿的一个非常重要的社会场所,作为一个极其重要的棋子,摆放到幼儿园课程这个大棋盘的核心位置上去,全面加以考量,以免使幼儿园课程建设陷入"一步失误,全盘皆输"的弈棋惨境,阻碍幼儿的健康成长,何况幼儿的发展"不可能再来一局,也不能悔棋"。

(二) 要意识到公共图书馆的丰富性

在整合幼儿园课程的资源信息时,我们要意识到公共图书馆的丰富性。要把公共图书馆当作是幼儿园课程资源的一个强大的功能支撑平台,有着"取之不尽,用之不竭"的丰富宝藏,充分利用公共图书馆的服务网络、服务设施、文献信息、服务体系和配送体系,获取幼儿园课程发展所需要的各种资源。

(三) 要感受到公共图书馆的公益性

在制订幼儿园课程的计划方案时,我们要感受到公共图书馆的公益性。要把与公共图书馆的互动合作列入幼儿园课程的学年计划、学期计划、月计划、周计划、日计划中去,使教师和幼儿能有许多机会打通"最后一公里",经常光顾"无障碍、零门槛"的公共图书馆,成为公共图书馆的"常客",尽享免费开放带来的各种"红利"。

首先,我们要在每学年、每学期的教育计划中,彰显公共图书馆的重要信息。例如,在每学期的秋游或春游的计划中,安排幼儿游览公共图书馆。**其次**,我们要在每月、每周的教学计划中,列出参观公共图书馆的时间。例如,在美国访学期间,笔者看到一些幼儿园(FUMC 幼儿园、NN 幼儿园等)的老师,在"每周活动计划""每周特别安排"上写道:星

---

① 中华人民共和国公共图书馆法[EB/OL].[2017-11-08]. http://www.gov.cn/xinwen/2017/11/05/content_5237326.htm

期四上午带领幼儿参观图书馆,在馆里,听馆员讲故事。① **再次**,我们要在一日活动的教学安排中,植入公共图书馆的基本知识。例如,教师可以在语言领域教育中,为幼儿设计绘本《图书馆狮子》教学活动方案;②在区域活动环境中,为幼儿创设玩"图书馆"的角色游戏、表演游戏的机会。**最后**,我们要把世界读书日、儿童读书日、世界图书馆日等重大节日的庆祝活动,融入相应的主题教育活动计划中去。

(四)要多利用公共图书馆的便捷性

在组织幼儿园课程的参观活动时,我们要多利用公共图书馆的便捷性。要把公共图书馆植入幼儿园的参观游览活动中去,用好用足"园门口"的教育资源,常带幼儿走过去看看逛逛,邻里多串门多走动,"踏破"公共图书馆的门槛,打破"老死不相往来"的困局,走出"舍近求远"的误区,彰显"远亲不如近邻"的优势,既省时省力、安全便利,又能使幼儿更好地了解图书馆、热爱图书馆。例如,在美国访学期间,笔者看到一些幼儿园(FUMC幼儿园、HSC幼儿园、HSU幼儿园等)的老师,每周四上午都把幼儿带到社区图书馆里去,看图书,玩玩具,听馆员讲故事,使幼儿度过不一样的快乐的半天。③

(五)要善利用公共图书馆的服务性

在拓展幼儿园课程的实施途径时,我们要善利用公共图书馆的服务性。要把公共图书馆当作实施幼儿园课程的独特的重要途径,多与图书馆亲密接触,深入互动,不仅要把馆长和馆员请进来,给儿童讲解公共图书馆的藏书"秘密",把馆里的图书借进来,培养幼儿的阅读兴趣,扩大幼儿的阅读面;而且还要带领幼儿走出去,充分享受儿童的福利,在儿童阅览区里广泛阅读绘本,参与儿童阅读指导和社会教育活动,培养幼儿爱护图书的行为习惯,使幼儿成为遵守社会规则的文明小读者。例如,在美国访学期间,笔者发现一些幼儿园(UIUCPS幼儿园、N幼儿园等)的老师喜欢把社区图书馆的绘本(如《饥饿的毛毛虫》)借到班级来,先给幼儿讲解,然后再放到书架上,供感兴趣的幼儿继续阅读。

(六)要巧利用公共图书馆的开放性

在密切幼儿园课程的伙伴关系时,我们要巧利用公共图书馆的开放性。要把公共图书馆当作增强幼儿园与家庭伙伴关系的独特的重要桥梁,向家长介绍公共图书馆的开放时间,宣传公共图书馆的开放活动,鼓励家长利用公休日、法定节假日等时机,常带领孩子走过去逛逛,坐下来看看、听听,使孩子受到潜移默化的影响,身上充满书香之气,成为热爱阅读、享受阅读的"小书虫"。例如,在美国访学期间,笔者发现许多幼儿园(IE幼儿园、LHH幼儿园、M幼儿园等)的老师,都喜欢把社区图书馆的"每月儿童活动安排表"张贴在班级的"家长园地"里,使家长能及时了解图书馆的活动动态,从中加以选择,带领孩子参加感兴趣的活动。④

---

① 李生兰,等.幼儿园与家庭、社区合作共育[M].北京:北京师范大学出版社,2016:289.
② 同上书,第136页。
③ 同上书,第289页。
④ 同上书,第291页。

 本章小结

本章小结如下图。

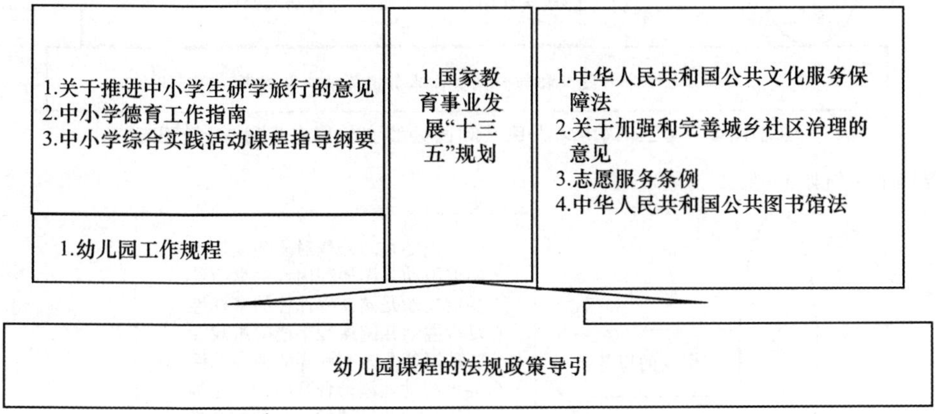

图 2-10-1 第二章幼儿园课程的法规政策导引

第一节小结如下图。

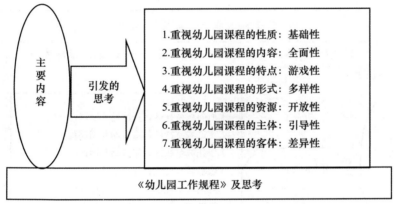

图 2-10-2 第一节《幼儿园工作规程》及思考

第二节小结如下图。

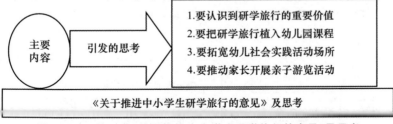

图 2-10-3 第二节《关于推进中小学生研学旅行的意见》及思考

第三节小结如下图。

图 2-10-4　第三节《中华人民共和国公共文化服务保障法》及思考

第四节小结如下图。

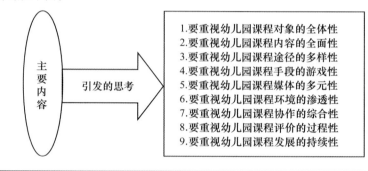

图 2-10-5　第四节《国家教育事业发展"十三五"规划》及思考

第五节小结如下图。

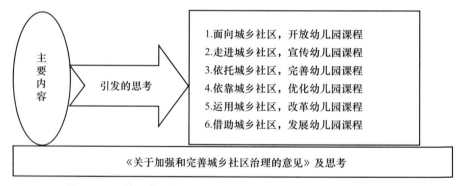

图 2-10-6　第五节《关于加强和完善城乡社区治理的意见》及思考

第六节小结如下图。

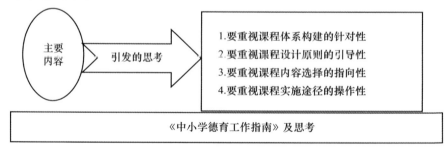

图 2-10-7　第六节《中小学德育工作指南》及思考

第七节小结如下图。

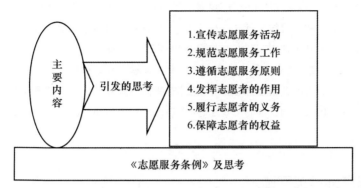

图 2-10-8 第七节《志愿服务条例》及思考

第八节小结如下图。

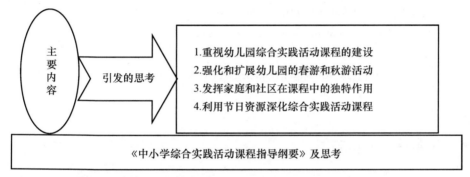

图 2-10-9 第八节《中小学综合实践活动课程指导纲要》及思考

第九节小结如下图。

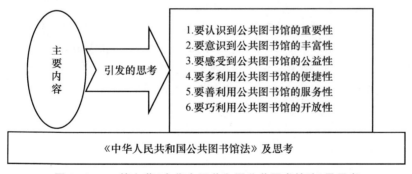

图 2-10-10 第九节《中华人民共和国公共图书馆法》及思考

 本章复习思考题

1. 你认为《幼儿园工作规程》对我们建构和实施幼儿园课程有什么作用？
2. 你认为《关于推进中小学生研学旅行的意见》对我们建构和实施幼儿园课程有什么作用？

3. 你认为《中华人民共和国公共文化服务保障法》对我们建构和实施幼儿园课程有什么作用?
4. 你认为《国家教育事业发展"十三五"规划》对我们建构和实施幼儿园课程有什么作用?
5. 你认为《关于加强和完善城乡社区治理的意见》对我们建构和实施幼儿园课程有什么作用?
6. 你认为《中小学德育工作指南》对我们建构和实施幼儿园课程有什么作用?
7. 你认为《志愿服务条例》对我们建构和实施幼儿园课程有什么作用?
8. 你认为《中小学综合实践活动课程指导纲要》对我们建构和实施幼儿园课程有什么作用?
9. 你认为《中华人民共和国公共图书馆法》对我们建构和实施幼儿园课程有什么作用?

本章课外浏览网站

1. 中华人民共和国教育部 http://www.moe.edu.cn/
2. 中华人民共和国中央人民政府 http://www.gov.cn/
3. 中华人民共和国文化部 http://www.mcprc.gov.cn/
4. 中华人民共和国民政部 http://www.mca.gov.cn/
5. 中华人民共和国财政部 http://www.mof.gov.cn/index.htm

本章课外阅读书目

1. 邓旭.教育政策执行研究[M].北京:教育科学出版社,2010.
2. 杨志成.新中国基础教育政策价值取向演变——政策生态学视角[M].北京:教育科学出版社,2015.
3. 王宁.教育政策:主体性价值分析理论与应用[M].北京:中国社会科学出版社,2015.
4. 劳凯声,蒋建华.教育政策与法律概论[M].北京:北京师范大学出版社,2015.
5. 范国睿,等.教育政策与教育改革(上卷):本土探索[M].北京:教育科学出版社,2016.
6. 苏艳霞.教育政策与法规[M].北京:北京师范大学出版社,2016.

第三章 幼儿园课程的特色建构实施

**本章导读**

本章共有四节,第一节简述了园本课程的含义与特点,第二节说明了园本课程的价值与种类,第三节论述了园本课程的开发与实施,第四节阐述了园本课程的评价与管理。

第一节 园本课程的含义与特点

图片 3-1-1　上海市嘉定区清河路幼儿园陶艺馆

一、园本课程的含义

从课程开发的主体来讲,可以把课程分为国家课程、地方课程和园本课程等三类。

(一)国家课程的含义

国家课程是国家规定的课程,是国家实现培养目标的重要途径,是由国家教育部门根据全国幼儿教育的发展现状,负责编制、实施和评价的课程;是一种自上而下的课程,具有权威性;它面向全国各地,对各级各类幼儿园都起着规范和导向的作用。例如,全国各地的幼儿园都在进行健康、语言、社会、科学、艺术这五大领域的教育。

（二）地方课程的含义

地方课程是地方统一的课程，它主要是由地方教育部门依据国家的教育法规和课程政策，根据当地幼儿教育发展的需要和本地的课程资源而研发和实施的课程，具有针对性；它对当地的幼儿园起着引领和示范的作用，是联结国家课程与园本课程的桥梁。例如，在上海市，幼儿园的课程都包括生活、运动、游戏、学习这四大板块。

（三）园本课程的含义

园本课程有广义和狭义之分（见图 3-1-1 和图 3-1-2）。广义的园本课程，具有宽泛性；它指的是幼儿园实施的全部课程，既包括国家课程和地方统一的课程，也包括幼儿园自己开发的课程。而狭义的园本课程，则具有独特性；它指的是幼儿园自行研发和实施的课程，它是幼儿园依据国家课程和地方课程，从本园的实际情况出发，利用本园的优势资源，借助课程专家、家长及幼儿、社区人士的力量而建构、实施及评价的课程。例如，上海市金山区朱行幼儿园吴培红园长率领保教团队，经过多年探索积累，构建了创造分享的园本课程；在区科研室阮爱新老师的指导下，不断完善园本课程的框架体系，强化了办园特色，促进了幼儿创造力的发展。

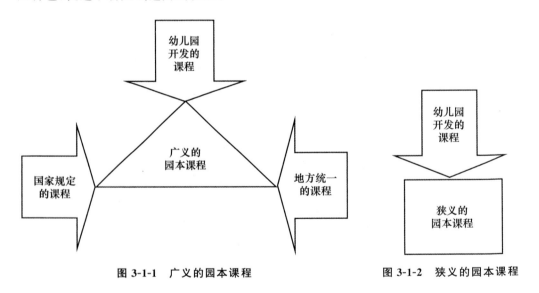

图 3-1-1　广义的园本课程　　　　图 3-1-2　狭义的园本课程

（四）三类课程的关联

国家课程与地方课程、园本课程虽然是不同的课程形式，但它们之间却是相互联系、互为补充的。在认真执行国家课程的同时，应该鼓励研发一些地方课程，支持开发一定比例的园本课程；在实施地方课程、试行园本课程的时候，也不应该排斥国家课程。

二、园本课程的特点

园本课程是立足于幼儿园、教师和幼儿的课程，它主要具有以下几个特点。

（一）关联性

园本课程是与国家课程、地方课程密切相关的，与它们相互对应、相辅相成，组建成课程的"三驾马车",共同拉动幼儿园的发展,满足幼儿成长的多元需要。例如,有的幼儿园针对国家的健康领域教育、当地的运动板块,开发了以幼儿玩球为特色的园本课程。

(二) 独特性

园本课程是幼儿园自主开发的,它承载了幼儿园的办园理念、办园特色、校园文化、教育经验,反映了幼儿园的办园宗旨、师资水平、儿童现状、家庭条件、社区资源,说明了幼儿园的教育重点、发展方向。例如,有的幼儿园以区域活动为特色,而有的幼儿园则以主题活动或科技活动、音乐活动、双语教学活动为特色。

(三) 适宜性

园本课程是因地制宜的,是以幼儿园为基地而量身打造的,适合幼儿园的办园条件和发展的可能性;也是因人而异的,是本园保教人员为幼儿"私人订制"的,适合幼儿的接受能力和发展需要。例如,有的幼儿园根据一些教师具有音乐教育专业的背景,开发了本园幼儿音乐教育的特色课程。

(四) 多样性

园本课程是丰富多彩的,首先从幼儿园来看,不同的幼儿园,园本课程的结构会有所不同,有多少所幼儿园,就可能有多少种园本课程;其次从年级来看,在同一所幼儿园里的不同的年级,园本课程的内容也会有所不同,即大班、中班、小班的教育内容与要求会有所不同;再次,从班级来看,同一年级中的不同班级,园本课程的组织与实施也会有所不同,即不同的带班教师,对教学活动形式的喜好可能会有所不同;最后,从幼儿来看,同一班级的不同幼儿,园本课程的参与程度会有所不同,例如有的幼儿可能更喜欢进入科技活动室,而另外的幼儿则可能更喜欢进入艺体室。

(五) 选择性

园本课程是有自主选择权的,是以幼儿园为课程开发的场所,以儿童为课程开发的本位,以教师为课程开发的主体,儿童和教师都有很大的自主权,都能根据自己的兴趣爱好和特点需要进行选择。例如,幼儿园有不同的区角活动,幼儿可以自由选择,进入自己喜欢的区角进行活动。

(六) 实效性

园本课程是注重实际效果的,是从幼儿园的实际情况出发,针对办园条件存在的各种不足,通过多条路径(如邀请家长参与),来解决问题,达到预期的目标(如保证幼儿离入园时的安全);也是从教师的实际情况出发的,针对师资水平存在的各种问题(如新手教师经验不足),寻找多种办法(如年级组教研活动、同课异构活动),来促进教师的专业成长,取得预期的效果(如有效组织幼儿的集体教学活动);此外,还是从幼儿的实际情况出发的,针对幼儿发展存在的不同问题(如新入园的幼儿情绪不稳定),采用多种策略(如开展"大带小"活动,请中大班的哥哥姐姐和小班的弟弟妹妹结对,和他们一起玩),来解决疑难杂症,实现预期的目标(如顺利适应幼儿园的生活)。

(七) 发展性

园本课程是不断成熟发展的,随着办园条件的改善、办园水平的提高、办园经验的积累,而不断得到提升和完善。园本课程基于幼儿园过去的历史,立足幼儿园现在的状况,为了幼儿园未来的发展;也基于教师的资质资历,立足教师的强项特长,为了教师的专业发展;此外,还基于幼儿的成长特点,立足幼儿的各种差异,为了幼儿的最佳发展。

第二节 园本课程的价值与种类

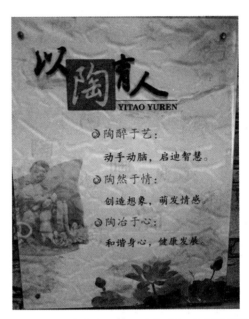

图片 3-2-1 上海市嘉定区清河路幼儿园陶艺课程的价值

一、园本课程的价值

园本课程是以办园的特色为平台、以教师的自主为杠杆、以幼儿的需要为中心而设计的课程,它的价值主要体现在以下几个方面。

(一)有利于打造幼儿园的特色亮点

幼儿园在开发和设计园本课程的过程中,能充分考虑办园条件、师资力量、儿童特点、家庭文化、地方资源等因素,不断发挥自己的优势,形成自己的特色,强化自己的亮点。

(二)有利于丰富幼儿园课程的建构模式

幼儿园在创建和编制园本课程的过程中,不仅能改变自上而下的、周期很长的原有的课程开发模式,使现在的课程更接地气,更有灵气,而且还能建立一种以幼儿为本位、以教师为主体的师幼直接互动的课程开发决策机制,使课程模式多元化,受到教师的欢迎、幼儿的喜爱。

(三)有利于促进教师的专业成长

教师在组织和实施园本课程的过程中,能充分发挥自己的主动性、积极性、创造性,有更多的机会去表达自己的教育理念,展现自己的教育智慧,增强自己的研究能力,促进自己的专业发展;不仅能丰富开发园本课程的知识,而且还能提高开发园本课程的能力;不仅是课程的实践者、消费者,会"教"书,而且还是课程的思考者、研究者,会"编"书。

(四)有助于促使幼儿的个性发展

在园本课程建设和完善的过程中,教师通过创建班本化课程,使园级课程、年级课程更加适合于本班幼儿的需要,就能促使全体幼儿参与其中,发展自己的兴趣爱好,使其个性得到健康快乐的成长。

(五)有助于增强家长的教育能力

在园本课程增强和改进的过程中,教师通过邀请家长参与助教活动、支教活动、开放日活动、亲子活动、郊游活动等,能丰富家长的教育知识,增强家长的教育技能,提高家长的教育能力。

(六)有助于提升幼儿园在当地的知名度

在园本课程开放和提高的过程中,教师通过把社区有识之士请进幼儿园,办表演,展技能,献知识,能增加与社区人士的沟通互动,使他们能更好地理解幼儿园的办园理念;通过带领幼儿走出幼儿园,到社区里去送温暖、送爱心,到社会场所去参观、去郊游,能使更多的社会人士了解幼儿园及其教育活动,提高幼儿园的信誉和声誉(见图 3-2-1)。

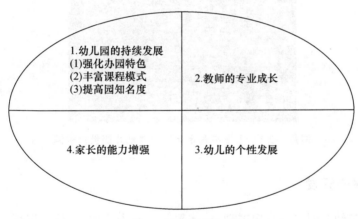

图 3-2-1 园本课程的价值

二、园本课程的种类

园本课程的价值已被许多幼儿园所认识,园本课程的创生已成为许多幼儿园的自觉行动。园本课程的种类有多种,大致可以分为以下两种。

(一)精心改造的课程

精心改造的课程是幼儿园努力使国家课程和地方课程园本化、个性化。园长和教师从自己的儿童观和教育观出发,对国家课程和地方课程进行选择、改编、整合、加工、补充、拓展,使之更符合本园的实际情况及儿童发展的需求。

（二）自主创造的课程

自主创造的课程是幼儿园自己研究、开发、设计、创生的独特新颖的课程。园长和教师在对幼儿的兴趣爱好以及家长的合理需要进行科学评估的基础上，再根据办园条件和当地资源，以保教工作者为主体，创建和实施能促进每个幼儿最佳发展的多样化的课程。

第三节 园本课程的开发与实施

图片 3-3-1 上海市嘉定区清河路幼儿园世外陶园

一、园本课程的开发

园本课程是幼儿园自主决定的课程，主要是针对国家课程、地方课程而开发的；开发的基地是幼儿园，开发的目标是促进幼儿发展，开发的主体是园长和教师，开发的伙伴是家长和社区。幼儿园在开发园本课程的时候，需要注意以下几点。

（一）要考虑幼儿园的办园特色

特色是园本课程的重要支柱。幼儿园在开发园本课程的时候，要考虑办园理念、办园宗旨、办园特色，要把幼儿园的近期发展目标与中长期发展目标有机地结合起来。

（二）要发挥专家的课程指导力

专家是园本课程的重要指导者，其指导力水平直接影响到园本课程理论的建构运用。由于园本课程的创生是艰难困苦的，所以，幼儿园在开发园本课程的过程中，要借力，要发挥专家的指导作用，请他们帮助把脉定调，汲取他们的独到见解，提高保教人员的理论水平,完善园本课程方案。又因园本课程是为本园服务的,所以,幼儿园在开发园本课程的过程中,要发挥主人翁的精神,尊重专家的建议,与专家平等交流对话,合作创编教材教案,而不是单请专家编写教材教案,自己照搬套用。

(三)要发挥园长的课程领导力

园长是园本课程的最先引领者,其领导力水平直接影响到园本课程目标的合理制定。幼儿园在开发园本课程的时候,要积极发挥园长的课程领导力,营造良好的课程开发氛围,制订科学的课程开发计划,绘制循环的课程网络蓝图(如图3-3-1所示),组建多样的课程创生团队,指导互动的课程编制教研,倡导平等的课程研讨方式,引导动态的课程实施评价。

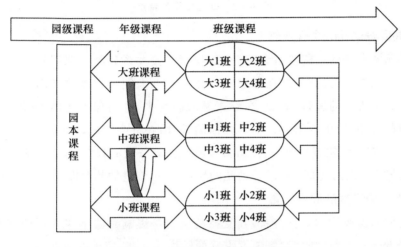

图 3-3-1　园本课程循环网络蓝图

(四)要发挥教师的课程执行力

教师是园本课程的最终执行者,其执行力水平直接关系到园本课程目标的有效实现。幼儿园在开发园本课程的时候,要充分发挥教师的课程执行力:通过园本教研活动,增强教师对课程的理解能力、判断能力;通过案例研究活动,提高教师对课程的设计能力、实施能力;通过互听互评活动,提高教师的评价能力、反思能力。

(五)要关注幼儿的发展需求

幼儿是园本课程的施教对象,其被重视程度直接制约着园本课程运行的整个过程。幼儿园在开发园本课程的时候,要关注不同年龄(如大班、中班、小班)、不同性别(如男、女)、不同个性(如内向、外向)、不同发展水平(如高、中、低)的幼儿的特点(如图3-3-2所示),及时对幼儿的成长需要作出准确的评估,设计合理的教学目标,选择恰当的教学内容,确定适宜的教学方式,有效开展分班教学活动、分组教学活动、个人自学活动。

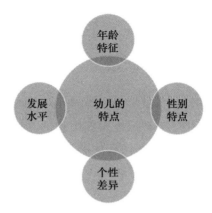

图 3-3-2 幼儿发展的特点

(六) 要促进幼儿的个性发展

幼儿是园本课程的最终受益者,其获益程度直接关系到园本课程效果的充分体现。幼儿园在开发园本课程的时候,在考虑对幼儿进行五大领域教育的基础上,还要注意突出某个领域某个方面的教育(例如,在健康领域教育中,突出球类或棋类等方面的教育;在语言领域教育中,突出双语或绘本等方面的教育;在社会领域教育中,突出主题或节日等方面的教育;在科学领域教育中,突出科技或环保等方面的教育;在艺术领域教育中,突出绘画或陶艺等方面的教育),以培养幼儿的兴趣爱好,促进幼儿个性生动活泼的发展。

(七) 要利用家庭的教育力量

家庭是园本课程的重要支持者,其支持程度直接影响到园本课程资源的开发利用。幼儿园在开发园本课程的时候,要考虑家庭的结构与功能、家长的职业与素养、家长的育儿观念与行为、家长的保教知识与能力,充分利用家庭的人力、物力、财力、信息等方面的教育资源(如图 3-3-3 所示),丰富园本课程的内容和形式,完善园本课程的目标和途径。

图 3-3-3 利用家庭教育资源开发园本课程

(八) 要运用社区的教育资源

社区是园本课程的重要平台,其基础雄厚程度直接关系到园本课程资源的拥有利用。幼儿园在开发园本课程的时候,不仅要广泛运用社区中的商业场所资源(如商店、超市、药店)、服务场所资源(如医院、邮政局、消防站),而且还要充分运用社区中的文化场所资源(如动物园、公园、图书馆、博物馆)、运输场所资源(如公交车站、地铁站、加油站),以不断提高园本课程的含金量(如图 3-3-4 所示)。

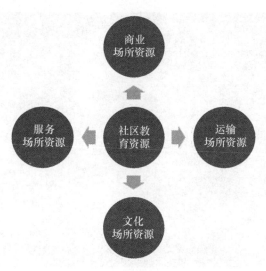

图 3-3-4　运用社区教育资源开发园本课程

二、园本课程的实施

园本课程的开发是为了实施,幼儿园在实施园本课程的过程中,需要注意以下几个问题。

(一)制订实施园本课程的各种计划

园本课程的实施,需要制订一系列的教学计划。幼儿园要依据园本课程的框架和体系,制订学年计划、学期计划、月计划、周计划、日计划,使之前赴后继,相互联结,环环相扣,循序渐进地实现园本课程的目标。

(二)开展实施园本课程的教研活动

园本课程的实施,需要开展一系列的教研活动。幼儿园要积极开展园本教研活动,鼓励大教研组长带领全体教师,开展大教研活动,根据园本课程的总体目标与课程结构,制订各年级组的园本课程实施方案;激励小教研组长组织本年级教师,开展小教研活动,进一步讨论和完善本年级组的园本课程实施方案,使园本课程实施方案大班化、中班化、小班化;启发各班教师,根据年级组确立实施园本课程的分目标与课程结构,制订本班的园本课程实施方案,使园本课程实施方案班级化。

(三)组织实施园本课程的多种活动

园本课程的实施,需要组织一系列的教学活动。一方面,教师要根据园本课程的日常教学计划,合理组织幼儿的一日生活,寓教于生活活动、体育活动、区域活动、教学活动、游戏活动之中;另一方面,教师还要依据园本课程班本化的实施方案,科学组织幼儿的主题活动、节日活动、亲子活动、参观活动、郊游活动。

第四节 园本课程的评价与管理

图片 3-4-1 上海市嘉定区清河路幼儿园陶艺作品展

一、园本课程的评价

对园本课程进行评价,要用发展的眼光全面加以考量,既包括对人的纵向评定,看其是否得到成长发展,也包括对物的横向评估,看其是否得以螺旋上升。幼儿园在评价园本课程的时候,需要注意以下几个问题。

(一)纵向评价园本课程中的主客体

对园本课程中的人进行纵向评价,既包括园长对教师的专业发展程度、对儿童的身心发展水平、对家长的参与效率所给予的评价;也包括教师对自己的专业成长、对儿童的发展进步、对家长的参与成效所给予的评价。对这些主客体进行动态评价,能不断发现新的问题,寻找新的解决途径,促进教师与幼儿、家长更好地互动,在学习共同体中一起成长。

(二)横向评价园本课程里的各环节

对园本课程中的物进行横向评价,既包括园长对园本课程的总目标、框架体系、环境设备、资源途径、实施策略等多方面作出的评价,也包括教师对班本课程的分目标、选择内容、组织形式、实施效果等多方面作出的评价。对课程各环节进行科学评价,能知道目标实现的程度,分析得失利弊,调整完善对策,实现教学的最优化。

二、园本课程的管理

园本课程的管理包括对课程的体系、执行者、环境等方面的管理,使幼儿园不仅拥有园本课程之"名",更有园本课程之"实"。幼儿园在管理园本课程的时候,需要注意以下几个问题。

(一)调配优化课程的比例

为了丰富完善园本课程的体系,幼儿园在对园本课程进行管理时,就要制定"自上而下"和"自下而上"相结合的课程管理政策,不断探索国家规定的课程、地方统一的课程、幼儿园自发的课程之间的关系,寻找三者之间的科学比例(如它们各自究竟应占总体的百分之多少,如图3-4-1所示),实现动态平衡,确保教学的最优化。

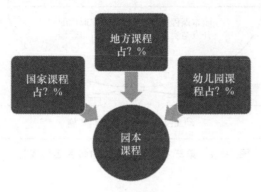

图 3-4-1　各类课程应占比例

(二)保障提高教师的权利

为了积极发挥教师的主导作用,幼儿园在对园本课程进行管理时,就要完善"管"与"放"有机结合的师资队伍建设制度,认真探寻新手型教师、经验型教师、专家型教师专业自主权的分量和范围(如新任教师有多少自主权、有哪些自主权),并不断提高自主选择的比例(如经验型教师自主选择的权利大于新手型教师);合理规定大教研组长(或幼儿园保教主任)、小教研组长(年级组长或学科组长、领域组长、课题组长)、班级组长(班主任)的工作权限和责任(如班主任有多少自主权、有哪些自主权),促使"师""徒"之间能有平等互动、"保""教"人员之间能友好互助,推进每位教师的持续发展(如图3-4-2所示)。

图 3-4-2　教师的专业自主权

(三)营造强化创新的氛围

为了全面彰显园本课程的成效,幼儿园在对园本课程进行管理时,就要营造"崇尚创新,追求卓越"的校园文化,引导保教人员时时更新自己的知识结构,处处变换自己的教学花样,彻底扭转"园园同课程,班班同计划,师师同方案,幼幼同活动"的陈旧僵化的局面,永远处在"人无我有,人有我新,人新我变,人变我精"的前沿阵地。

 本章小结

本章小结如下图。

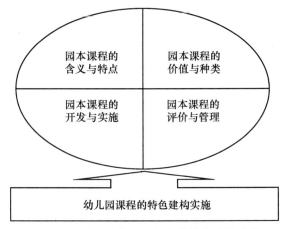

图 3-5-1 第三章幼儿园课程的特色建构实施

第一节小结如下图。

图 3-5-2 第一节园本课程的含义与特点

第二节小结如下图。

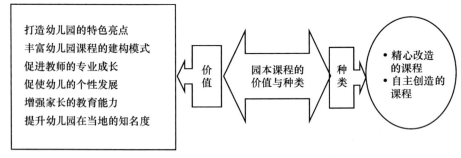

图 3-5-3 第二节园本课程的价值与种类

第三节小结如下图。

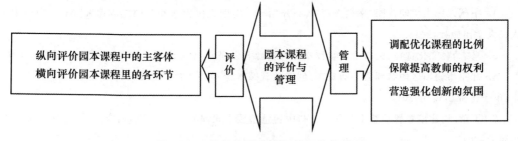

图 3-5-4　第三节园本课程的开发与实施

第四节小结如下图。

图 3-5-5　第四节园本课程的评价与管理

本章复习思考题

1. 你认为什么是园本课程？园本课程具有哪些特点？
2. 你认为园本课程的价值有哪些？园本课程应该如何分类？
3. 你认为应该如何开发园本课程？如何实施园本课程？
4. 你认为应该如何评价园本课程？如何管理园本课程？
5. 请以当地一所幼儿园的园本课程为例，加以分析。

本章课外浏览网站

1. 中华人民共和国教育部 http://www.moe.edu.cn/
2. 中国学前教育研究会 http://www.cnsece.com/
3. 北京学前教育网 http://www.bjchild.com/Index.html
4. 山东学前教育网 http://www.sdchild.com/
5. 江苏省学前教育学会 http://www.ec.js.edu.cn/col/col4371/

6. 上海学前教育网 http://www.age06.com/age06web3
7. 浙江学前教育网 http://www.06abc.com/
8. 福建学前教育网 http://www.fjchild.com/portal.php

 本章课外阅读书目

1. 李子建.校本课程发展、教师发展与伙伴协作[M].北京:教育科学出版社,2010.
2. 滕星.乡土知识与文化传承:中国乡土知识传承与校本课程开发研讨会论文集[M].北京:民族出版社,2013.
3. 柳茹.幼儿自主发展课程:北京市北海幼儿园园本课程的实践研究[M].北京:北京师范大学出版社,2014.
4. 中国人民大学幼儿园.幸福教育 从心开始——中国人民大学幼儿园园本课程[M].北京:中国人民大学出版社,2015.
5. 马志颖.文化选择:民族中小学校本课程资源开发研究[M].南京:南京师范大学出版社,2016.
6. 北京市朝阳区团结湖第一幼儿园.创造教育园本课程——教学活动设计与实施(大班)[M].北京:电子工业出版社,2017.
7. 丁蓓.构建培育智师慧生课程——初中智慧型校本课程的开发与实践研究[M].上海:同济大学出版社,2017.
8. 江铭初,邹一斌.知·用——中小学校本课程彰显中华优秀传统文化实践研究[M].上海:华东师范大学出版社,2017.

第四章　幼儿园节气教育活动方案

 **本章导读**

本章共有四节,第一节是欢庆立春教育活动方案,第二节是喜迎立夏教育活动方案,第三节是庆祝立秋教育活动方案,第四节是迎接立冬教育活动方案。

第一节　欢庆立春教育活动方案

图片 4-1-1　黄牛

一、活动目标

1. 使幼儿知道立春是二十四节气中的第一个节气,立春是春季的开始。
2. 使幼儿习得有关立春的一些良好风俗习惯,懂得要珍惜春天的时光。
3. 使幼儿喜欢春天的一些景致,感受人与天气、动物、植物之间的关系。

二、活动准备

1. 准备与立春有关的各种食品、纸质资料(如书法、年画、剪纸、挂历、台历、图片、图案、卡片)、实物资料(如工具、器具、用品)、多媒体资料、废旧物品。
2. 布置与立春有关的幼儿园大门环境(在悬挂着的大红色条幅上,粘贴上"欢庆立春"的绿色大字)、大厅环境(在今日食谱陈列台上,用春卷拼摆出"立春")、班级环境(在班门口墙壁上,用牛头图案粘贴出"立春")。

三、活动过程

(一)健康领域活动

1. 吃春饼。在餐点活动中,为每位幼儿提供吃一块春饼(用萝卜或豆芽、豆子做馅)的机会,使幼儿感受"咬春"的习俗。

2. 吃萝卜。在餐点活动中,为每位幼儿提供吃几片生萝卜的机会,使幼儿体会到"咬春"的乐趣。

3. 吃春盘。在餐点活动中,为每桌幼儿提供一个蔬菜瓜果饼糖拼盘,盘里摆上蔬菜(豆芽、萝卜、韭菜、菠菜、生菜、豆子、鸡蛋、土豆丝)、果品、糖果、饼干等,大家围坐在一起品尝,享受迎春的快乐。

4. 做春卷。在烹饪活动中,教师邀请家长来园进班,教幼儿学做春卷(例如,和面做春卷皮;调好料拌好馅;把春卷皮摊开,往上面放入适当的馅;将两头折起,卷成长卷;涂一点水,封口包好;轻轻按压一下,整齐摆放在盘子里),送到厨房去油炸,然后大家一起咀嚼春天的味道,体验制作时令佳品的乐趣。

(二)语言领域活动

1. 知道立春的大意。教师边给幼儿呈现花草树木的图片,边给幼儿讲解:"立"就是"开始"的意思,立春就是春季、春天开始了;春表示温暖,鸟语花香,也表示生长,耕耘播种;立春后,气温就开始回升了;立春一般在每年2月3日—4日,是二十四节气中的第一个节气。

2. 了解立春的别称。教师边给幼儿呈现春天的图片,边给幼儿讲解:立春也叫打春、立春节。

3. 了解立春的英文名。教师边给幼儿呈现立春的中英文卡片,边给幼儿讲解:立春的英文名字是 Beginning of Spring,提醒幼儿跟读学说。

4. 了解"倒春寒"的意思。教师边给幼儿呈现冷与暖的卡片,边给幼儿讲解:在立春之后的一段时间里,天气有时暖有时冷,这就是"倒春寒"。

5. 学猜立春的谜语。教师说出谜面"一卷不成春"(打一食品),鼓励幼儿大胆想象,猜出谜底"春卷";教师说出谜面"一个庄稼汉,事事讲实干,拉车又耕田,从来没怨言"(打一动物),鼓励幼儿积极思考,猜出谜底"牛"。

6. 学说立春的谚语。教师边给幼儿呈现一年四季的图片,边给幼儿讲解一些有趣的谚语(例如,"一年之计在于春,一生之计在于勤。""春争日,夏争时,一年大事不宜迟。"),使幼儿知道这几句话的意思就是:催促大人,要抓紧时间干活,做事,不能耽误春天的大好时光;提醒我们小朋友,要好好学习,天天向上,珍惜春光。

7. 欣赏立春的古诗。教师边给幼儿播放唐代诗人杜甫的《立春》(春日春盘细生菜,忽忆两京梅发时)视频,边启发幼儿回忆吃春盘的情景,再给幼儿讲解这首古诗的大意(又到了立春日吃春饼生菜的时候了,忽然想起在长安、洛阳梅花开过立春日的场景)。

（三）社会领域活动

1. 玩"报春"游戏。 教师和幼儿一起玩游戏：教师扮演"春官"，穿上绿色衣服，走进班级，喊道："春来了！""春来了！"；幼儿扮演"春民"，站在班级门口，排好队伍，欢迎"春官"；"春官"给每位"春民"送上一幅"春牛图案"，"春民"接过图案，致谢"春官"，并喊道："春来了！""春来了！"

2. 玩"探春"游戏。 教师和幼儿一起玩游戏：教师戴上"公鸡"头饰，把自己打扮成公鸡的样子，走在队伍的最前面，边走边叫；幼儿可以戴上"牧童"头饰，手拿"春牛"图案，表现"牧童牵牛"的情形，也可以戴上"大头娃娃"头饰，手拿"春桃"图案，表演"大头娃娃送春桃"的情景。

3. 玩"游春"游戏。 教师和幼儿一起玩游戏：教师引导幼儿相互帮助戴上"春"字花环，走出教室，在幼儿园里、社区公园里踏青赏花，寻找春天的征兆。

4. 玩"打春"游戏。 教师先给幼儿播放宋代诗人杨万里《观小儿戏打春牛》（小儿著鞭鞭土牛，学翁打春先打头。黄牛黄蹄白双角，牧童缘蓑笠青箬）的视频，后给幼儿讲解这首诗词的大意，再和幼儿一起玩游戏：指导幼儿把旧报纸叠成牧童帽、卷成牛鞭子，把旧纸盒做成春牛头饰、犁耙头饰；鼓励幼儿自由结伴，三人一组，分别戴上牧童帽、春牛头饰、犁耙头饰，轮流扮演牧童、春牛、犁耙，玩游戏（牧童扬起牛鞭后，春牛就拉着犁耙开始耕田）。

（四）科学领域活动

1. 认识黄牛。 教师边给幼儿呈现牛的图片（如黄公牛图片），边给幼儿讲解牛的组成部分（如牛有头、角、嘴巴、鼻子、眼睛、耳朵、颈、腹、脚、蹄、尾巴）以及牛的作用（如拉犁耕地），使幼儿知道牛是家畜，体型粗壮，是农家宝贝，要爱护耕牛，勤耕勤种。

图片4-1-2 黄公牛

2. 认识犁耙。 教师边给幼儿播放犁耙的图片或视频，边给幼儿讲解：犁是一种耕地的农具，可以把它系在牲畜上、机动车上、人身上，来碎土松土翻土，耕出槽沟，为播种做好准备；用于耕地的犁多种多样，牛拉的犁大多是木制犁。

（五）艺术领域活动

1. 制作小春牛。 教师和幼儿一起先用树枝、线绳扎好牛的躯干、四肢、尾巴和头角，后用报纸粘糊牛的全身,再用彩笔画出牛的眼睛、鼻子、嘴巴,摆在班级里展览。

2. 制作春娃娃。 教师和幼儿一起把泥巴或游戏泥捏成春娃娃,或用旧衣服、旧围巾缝制春娃娃,摆放在娃娃家里观赏。

3. 绘画春牛图。 教师指导幼儿学画春牛图,学写"春""牛"字,张贴在班级的墙壁上。

4. 剪贴春天图。 教师教幼儿学剪各种象征春天已经来到的动物、植物图案(如春鸡、春燕、春花、春柳),张贴在班级的门窗上。

5. 迎送春帖子。 教师和幼儿在班级敲锣打鼓,唱着迎春的赞词;第一组幼儿到第二组去报春,给他们送上一张春帖子(在大红纸上,印着人牵牛耕地的图案);第二组幼儿迎春后,再到第三组去送春;第三组幼儿迎春后,再到第四组去送春。

四、活动延伸

(一)立春教育活动延伸

1. 邀请家庭共同组织参观活动。 教师邀请家长合作参与,共同组织幼儿去参观中国农业博物馆(北京市朝阳区东三环北路16号),或鼓励家长和孩子一起在网上打开中国农业博物馆官网(http://www.zgnybwg.com.cn);指导幼儿观看《中国传统农具》陈列,以帮助幼儿了解犁、耙、踏犁等耕作器具,拔车、担桶等灌溉器具,牛车、推车等田间运输器具,稻桶、吊筛、石滚等收获器具;引导幼儿观看《室外展园》里的雕塑和园艺,以帮助幼儿了解农耕场面和农耕文化等。

2. 邀请家庭开展迎春送春活动。 教师可鼓励家长在家里开展迎春送春的活动:可和孩子一起画春天,或用废旧材料制作春牛、春娃,摆在家里"迎春";还可以带着孩子去给亲朋好友家"送春"。这样,不仅能强化孩子有关立春的知识经验,而且还能提高孩子的社会交往能力。

3. 引导家庭举办外出踏青活动。 教师可指导家长利用空闲时间,带领孩子走出家门,到附近的绿地、公园、植物园去,看看花草树木的变化,寻找春天的踪迹。

4. 鼓励家庭进行欣赏古诗活动。 教师可启发家长给孩子观看柳树的图片,和孩子一起在网上观看唐代诗人贺知章的《咏柳》(碧玉妆成一树高,万条垂下绿丝绦。不知细叶谁裁出,二月春风似剪刀)视频,帮助孩子理解古诗的大意(高高的柳树长满了翠绿的新叶,轻柔的柳枝垂了下来,就像万条轻轻飘动的绿色丝带。这细细的嫩叶是谁的巧手裁剪出来的?原来是二月里温暖的春风,它就像一把灵巧的剪刀)。

5. 指导家庭开展名画欣赏活动。 教师鼓励家长利用节假日,带领孩子到北京故宫博物院或当地的博物馆、美术馆、展览馆、图书馆、书店去,观看唐代韩滉《五牛图》名画或《五牛图》牌匾、雕刻画、装饰画,指导孩子学会欣赏画在这张窄而长的桑皮纸上的传世作品:(1)启发孩子数数一共有几头牛(五头),看看这些牛是如何排列的(五头牛列为一行,一字排开)、身上有哪些颜色(赭、黄、青、白等色彩)、它们在干什么(一头牛在缓步前行,其他牛在回首舐舌、荆棵蹭痒、翘首前仰、俯首吃草);(2)告诉孩子中国卷轴画是按

图片 4-1-3　柳树

从右到左的习惯展开观赏的,指导孩子描述每头牛的状态(右边的第一头牛,咬了一口路旁的小草,津津有味地咀嚼,侧头得意观看,却不知自己已在队尾;第二头牛,昂首挺胸,向前瞻望,加快脚步,要追上同伴;第三头牛,立正站立在画卷中央,面向看客,张口哞叫,呼唤前面的同伴慢点走、后面的同伴快点跟上;第四头牛,正向前走着,突然听到第三头牛的叫声,赶紧停下脚步,回首张望,面露惊奇;第五头牛,带着璎珞,穿上鼻环,神情严肃,缓缓向前走去);(3)促使孩子通过观察五牛生动的姿态、浓淡的毛色、逼肖的身形、绒毛的口鼻、有神的眼睛,感受到牛的温顺而又倔强的个性和不同的性情(活泼的、沉静的、调皮的、胆怯的、乖僻的),体会到大画家淳朴的画风和精湛的艺术技巧,享受到神妙绝品带来的美感,认识到牛在农耕时代的重要地位。

图片 4-1-4　《五牛图》

(二)开展雨水教育活动

1. 知道雨水节气。教师指导幼儿布置班级的气象角,告诉幼儿:每年 2 月 18 日—20 日是雨水,这是二十四节气之中的第二个节气;雨水,表示气温回升、冰雪融化,降水开始、雨量增多。

2. 拜访外公外婆。教师鼓励家长利用这个节气,带着孩子去探望外公外婆,送上一些小礼物,表示"出嫁的女儿"的一点孝心,为孩子树立知恩感恩的好榜样。

3. 了解雨水习俗。教师指导幼儿布置班级的"娃娃家",告诉幼儿:冬去春来,寒气开始下退,天气逐渐变暖,但还是乍寒乍暖,需要"春捂",多穿点衣服,以防止伤风感冒。

4. 了解雨水谚语。教师指导幼儿布置班级的"厨房""科学区",告诉幼儿:"春雨贵如油",说的就是春天的细雨,像油一样可贵,形容春雨非常宝贵难得;这时适宜的降水对作物的生长特别重要,就像我们经常要给植物浇水一样重要。

5. 学习雨水古诗。教师和幼儿一起观赏唐代大诗人杜甫《春夜喜雨》的视频(好雨知时节,当春乃发生。随风潜入夜,润物细无声),给幼儿讲解这首古诗的大意(好雨似乎很会挑选时间,降临在万物萌发生长的春天。它伴随着春风在夜里悄悄地下起来,静静地滋润着大地万物)。

(三) 开展惊蛰教育活动

1. 了解惊蛰的特点。教师呈现打雷的视频,告诉幼儿:惊蛰,又叫"启蛰",是二十四节气中的第三个节气,在3月5日—6日之间;这个时候,天气转暖了,会打春雷;"蛰"就是动物入冬藏伏土中,不饮不食,"惊蛰"就是天上打雷了,钻到泥土里越冬的小动物们都被雷声惊醒了,出来活动了。

2. 了解惊蛰的谚语。教师呈现各种植物生长的图片,告诉幼儿:"春雷响,万物长",这句谚语的意思就是说惊蛰时节,艳阳高照,气温回升,春雷来到,雨水增多,万物复苏,生长茂盛。

3. 参与除害活动。教师引导家长在惊蛰时节,重视打扫家庭卫生,可和孩子一起手持艾草,熏家中四角,以香味驱赶蛇、虫、蚊、鼠和霉味,防止各种小害虫出来觅食,危害孩子健康。

4. 吟唱民间歌谣。教师邀请家长来园教孩子学习《九九歌》,给孩子讲讲这首节令民间歌谣的大意(一九二九不太寒冷,只有三九四九时才很冷,所以有"三九寒天"的说法;五九已近立春,天将转暖,但寒气未消;六九已近雨水,柳树抽出嫩枝,预示着春天就要来到;七九八九时,接近春暖花开,迁徙到南方过冬的鸟类已经飞回来了;九九已过惊蛰,开始赶着耕牛下田,进行春耕生产),和孩子一起吟唱这首民谣(一九二九,不出手;三九四九,冰上走;五九六九,沿河看柳;七九河开,八九雁来;九九加一九,耕牛遍地走)。

(四) 开展春分教育活动

1. 玩立蛋游戏。教师提前告诉家长,为孩子买一个光滑匀称、刚生下四五天的新鲜鸡蛋,在春分这一天早上,带到幼儿园里来,让孩子玩立蛋的游戏;在晨间活动时,教师指导幼儿做"竖蛋"试验:把自己带来的那个新鲜鸡蛋,轻轻地放在桌子上,把它竖起来,以培养幼儿的细心和耐心,帮助幼儿理解"春分到,蛋儿俏"的意思。

2. 了解春分特点。教师向幼儿呈现地球仪,告诉幼儿:春分,是春季90天的中分点,是二十四节气之一,在每年的3月20日—21日期间;在春分这一天,太阳直射地球赤道,南北半球季节相反,北半球是春分,南半球则是秋分。

3. 制作放飞风筝。教师鼓励家长和孩子一起制作风筝;教孩子在风筝上写祝福的话语;在春分当天,带领孩子到户外去放风筝,边跑边放,相互比赛,看看哪个风筝飞得最高。

图片 4-1-5　蝴蝶风筝

(五) 开展清明教育活动

1. 品尝冷食活动。 在早点活动时,教师为每位幼儿提供一点冷食(如一个青团:把雀麦草汁和糯米一起舂合融合,包上豆沙、枣泥等馅料,放到芦叶上面去蒸熟),使幼儿在品尝时令冷食(如色泽鲜绿、香气扑鼻的青团)时,感受到清明的独特饮食习俗。

2. 荡推秋千活动。 在上午的室外游戏活动时,教师给幼儿提供充足的时间,保证每个幼儿都能有机会去荡秋千;通过荡不同高度、不同形状(如圆形、长条形)、不同材质(如木质、胶质、铁质秋千)、不同玩法(如单人坐、多人坐,一人推)的秋千,培养幼儿的勇敢精神、协作能力,扩展幼儿对清明节气活动的认识。

3. 踢踢足球活动。 在下午的室外体育活动时,教师给幼儿提供时机用脚去踢、踢足球,培养幼儿的团队协作精神,帮助幼儿了解古人的蹴鞠运动,使幼儿知道现在玩的足球就是由蹴鞠变化而来的。

4. 种植树苗活动。 在语言活动中,教师告诉幼儿:清明时节,种植树苗,成活率很高,生长很快,所以,清明节也叫作"植树节";在户外活动时,教师和幼儿一起在园地里、道路旁、绿化带,种植树苗,绿化校园,以加深幼儿对"植树造林,莫过清明"这一风俗习惯的认识。

5. 祭扫陵园活动。 教师和幼儿一起制作小白花,指导幼儿戴上小白花,组织幼儿去烈士陵园(如纪念馆、陈列馆、烈士纪念堂、烈士纪念塔、人民英雄纪念碑、烈士阁、烈士公墓、将军墓)扫墓,向英烈们鞠躬、献花,表达缅怀和敬意;通过红色圣地之旅,接受爱国主义教育,加清对清明习俗的理解。

6. 家庭扫墓活动。 教师引导家长,可让孩子参与家庭的祭祖和扫墓活动,使孩子在祭拜已故亲人的过程中,深入了解拜祭的礼节风俗。

7. 学习古诗活动。 教师和幼儿一起学习欣赏唐代文学家杜牧的诗作《清明》(清明时节雨纷纷,路上行人欲断魂。借问酒家何处有?牧童遥指杏花村),给幼儿讲解古诗的大意(清明节的时候,阴雨连绵,飘洒不停;走在路上的人失魂落魄,情绪低落。请问哪里有酒店,可以买酒,喝酒浇愁?牧童用手指向了远处的杏花村)。

图片 4-1-6　河北省西柏坡纪念馆广场

8. 观赏名画活动。教师鼓励家长创造条件,带领孩子去北京故宫博物院,观看北宋著名画家张择端的风俗画《清明上河图》;指导孩子在 5 米多长的画卷里,寻找各种人物、多种牲畜、车、轿、船、房屋、桥梁、城楼等,帮助孩子了解当时的民间风俗;给孩子讲解这幅名画的鸟瞰式全景构图法、散点透视画面组织法,使孩子感受到这幅传世名画的艺术特色。

(六)开展谷雨教育活动

1. 了解谷雨特点。教师给幼儿呈现雨水和稻谷生长的图片,告诉幼儿:谷雨是二十四节气中的第六个节气,也是春季的最后一个节气,一般在每年 4 月 19 日—21 日;"雨生百谷"讲的就是谷雨节气来了,寒冷天气结束了,气温回升加快,雨水变多了,有利于谷类农作物生长。

2. 观赏牡丹花开。教师指导幼儿观赏园地里班级里的牡丹花,告诉幼儿:谷雨时节正是牡丹花盛开的时候,所以,牡丹花又叫"谷雨花";教师鼓励家长利用业余时间,带领孩子到公园里去游玩,观赏举办的牡丹花会,加深幼儿对谚语"谷雨过三天,园里看牡丹"的理解。

3. 了解饮茶习俗。教师在班级区角里为幼儿创设"茶坊"环境,鼓励幼儿玩采制谷雨春茶、推介茶坊菜单、选择喜欢的茶、泡茶品茶的游戏,体会饮茶的习俗,了解喝茶的好处,知道"谷雨"这一天也是"全民饮茶日"。

图片 4-1-7　上海市金山区漕泾幼儿园大班茶坊区

（七）吟唱春季节气歌谣

教师教幼儿学说春季节气歌谣（春雨惊春清谷天），使幼儿知道它代表着6个节气（立春、雨水、惊蛰、春分、清明、谷雨），并能用自己喜欢的方式如画图、拼图等，来表示春天的6个节气。

第二节　喜迎立夏教育活动方案

图片4-2-1　上海立夏街景

一、活动目标

1. 使幼儿知道立夏是夏天的开始。
2. 使幼儿了解与立夏有关的风俗食物、风俗习惯、风俗活动。
3. 使幼儿喜欢夏天的一些事物。

二、活动准备

1. 准备与立夏有关的各种食品、纸质资料（如书法、年画、剪纸、挂历、台历、图片、图案、卡片）、实物资料（如工具、器具、用品）、多媒体资料、废旧物品。
2. 布置与立夏有关的幼儿园大门环境（在悬挂着的大红色条幅上，粘贴上"喜迎立夏"的蓝色大字）、大厅环境（在今日食谱陈列台上，用鸡蛋拼摆出"立夏"）、班级环境（在班门口墙壁上，用蚕豆粘贴出"立夏"）。

三、活动过程

（一）健康领域活动

1. 挂立夏蛋。 在幼儿来园前，教师提醒家长，和孩子一起用清水煮个鸡蛋或鸭蛋、鹅蛋，然后把煮熟的蛋放在冷水里浸几分钟，装进编织好的红色网线袋里，挂在孩子的脖子上，再送孩子来园，希望这个立夏蛋能保佑孩子夏季安康。

2. 斗立夏蛋。 在晨间活动时，教师引导幼儿玩斗蛋游戏活动。教师边示范，边给幼儿讲解:蛋有两端,尖的一端叫头,圆的一端叫尾;斗蛋时,要蛋头斗蛋头,蛋尾斗蛋尾;每人手拿蛋,一个蛋一个蛋地斗过去,蛋壳破的人,就输了;蛋头胜利者为第一,称蛋大王;蛋尾胜利者为第二,称蛋小王。

3. 吃立夏蛋。在点心活动中,教师告诉幼儿:如果想把自己带来的鸡蛋吃掉,就可以把鸡蛋拿出来,在桌子上轻轻敲几下,剥壳后再吃;吃完以后,到室外游戏场地上去踩踩石头;使幼儿能体验"立夏吃鸡蛋,石头能踩烂"的习俗,知道鸡蛋是非常好的营养食品,吃了以后就会感到特别有力气。

4. 吃立夏饭。在午餐活动中,为幼儿提供一小碗立夏饭;教师启发幼儿看看饭里有哪些食材(如有青梅、樱桃、笋、蚕豆或豌豆、蒜苗),数数有几种食材(五种);教师告诉幼儿:立夏饭也叫五色饭,含有"五谷丰登"的意思,吃了立夏饭,保证身体健康。

(二)语言领域活动

1. 知道立夏的大意。教师呈现春天和夏天的图片,告诉幼儿:立夏是夏季的第一个节气,表示即将告别春天,迎来夏天,气温将逐渐升高,雷雨天将不断增多;立夏一般在每年5月5日或6日。

2. 知道立夏的英文名称。教师呈现字卡,告诉幼儿:立夏的英文名字是Beginning of Summer,引导幼儿跟读学说。

3. 学猜立夏的谜语。教师说出谜面"像球一样的圆,像血一样的红,向珠一样的亮,样蜜一样的甜"(打一水果),鼓励幼儿积极思考,猜出谜底"樱桃";教师说出谜面"头戴节节帽,身穿节节衣,年年二三月,出土赴宴席"(打一植物),鼓励幼儿大胆想象,猜出谜底"竹笋"。

4. 了解立夏的谚语。教师边播放插秧的小视频,边给幼儿讲解"多插立夏秧,谷子收满仓"的谚语,使幼儿知道立夏时要多插秧,以后才能大收获;教师边播放锄草的视频,边给幼儿讲解"立夏三天遍地锄"的谚语,使幼儿知道立夏时杂草生长很快,要天天锄草,如果"一天不锄草,三天锄不了"。

(三)社会领域活动

1. 参观农场。教师带领幼儿外出参观农场、农田,使幼儿有机会观看到人工插秧、机器插秧的情景,知道立夏前后是插秧栽稻的旺季。

2. 参观林地。教师邀请家长志愿者参与,带领幼儿到附近的公园、树林、乡村、田野去观看人们锄草的情景,使幼儿知道立夏时,杂草长得又多又快,一定要及时锄掉,否则会影响植物的生长。

(四)科学领域活动

1. 学剥蚕豆。教师给每组幼儿提供一盆蚕豆,教幼儿学剥蚕豆,把豆子放在一个盘子里,把豆壳放在另一个盘子里;然后,把豆壳放入垃圾箱,把豆子送到厨房去煮熟;中午大家一起品尝蚕豆。

2. 学除杂草。教师带领幼儿来到幼儿园的种植园地,教幼儿认识杂草,学习用小手拔草,用小铲子铲草,用小锄头锄草,使幼儿知道要及时清除杂草,以免影响植物的生长。

3. 学种植物。教师邀请家长志愿者来帮忙,给幼儿讲解种植的过程及步骤,指导幼儿在班级的种植园地里,学习刨土挖洞,种瓜点豆。

图片 4-2-2　上海市金山区朱行幼儿园种植六步骤图文

(五)艺术领域活动

1. 学画竹笋。教师在室外的美工区里,在画架上夹几张画纸,在笔筒里放几支彩笔,在篮筐里摆几根竹笋(有的剥壳,有的未剥壳);引导幼儿过来观看,鼓励想画笋的幼儿,就看着笋画笋。

2. 学画樱桃。教师在室内的美工区里,在桌子上,摆放几张画纸、几支彩笔;在小盘子里,摆放一些樱桃;想画樱桃的幼儿,就可以坐下来,边看边画。

3. 美化鸡蛋。教师鼓励幼儿大胆想象,对煮熟的鸡蛋进行装饰,可以在蛋壳表面涂上自己喜欢的颜色,画上自己喜欢的图案,也可以在蛋壳上面粘上自己喜欢的东西,制作不倒翁等玩具。

四、活动延伸

(一)立夏教育活动延伸

1. 尝"三新物"。教师鼓励家长在家庭聚餐活动中,为孩子提供"三新"(如樱桃、青梅、鲥鱼,或樱桃、竹笋、梅子,或樱桃、青梅、麦仁,或樱桃、竹笋、蚕豆),使孩子能吃上时令新鲜的食物,感受"立夏见三新"的习俗。

2. 喝"七家粥"。教师鼓励家长利用节假日,邀请亲朋好友来家做客,大家都带一点各色豆子、大米、红糖来,然后煮成一大锅粥,大家一起品尝,增强对立夏习俗的认识。

3. 品"七家茶"。教师鼓励家长利用双休日,邀请亲朋好友来家做客,大家都带一点好茶叶来,混合在一起后,用开水冲泡成一大壶茶,大家欢聚一堂共同品饮,加深感情。

(二)开展小满教育活动

1. 品尝小满的三鲜。 在食谱展示台上,为幼儿摆上"蒜苗、黄瓜、樱桃";在午餐活动中,为幼儿提供由黄瓜、蒜苗做成的菜;在点心活动中,为幼儿提供樱桃作为水果,帮助幼儿理解"小满见三鲜"的谚语。

2. 知道小满的大意。 教师给幼儿讲解:小满是二十四节气之一,夏季的第二个节气;小满的意思就是夏熟作物的籽粒开始灌浆饱满,但还未成熟,只是小满,还未大满;一般在每年5月20日—22日之间。

3. 了解小满的谚语。 教师给幼儿呈现水车、油车和纺车的图片,告诉幼儿:"小满动三车,忙得不知他",这句谚语中的三车,指的就是水车、油车和纺车;小满前后,田里的庄稼需要足够的水,农民忙着用人力或畜力带动水车灌溉水田(人力双脚交替踏车提水,水牛蒙住双眼转动水车的木车盘带动龙骨水车提水);成熟的油菜籽,收割下来以后,也需要农民启动油车榨油,做成清香四溢的菜籽油;家里养的蚕已结茧,养蚕人开始煮茧,忙着摇动纺车缫丝。

图片4-2-3 上海市浦东新区潮和幼儿园玩水区水车

图片4-2-4 幼儿和太祖母在家庭楼顶上菜盆里种植的黄瓜

4. 观察与采摘黄瓜。 教师鼓励家长带领孩子到家中菜园里去,寻找黄瓜,观察与思考黄瓜(如黄瓜是长在哪里的?是什么颜色?什么形状?为什么会开花?花是什么颜色?黄瓜表面看上去怎么样?摸上去感觉怎么样?是太嫩了还是太老了?是否适合采摘食用),采摘黄瓜,清洗黄瓜,削皮生吃黄瓜,或加上作料凉拌着吃,以帮助孩子全面认识黄瓜,了解黄瓜的形态特征(如包括根、茎、叶、花、果实、种子)和食用价值。

(三)开展芒种教育活动

1. 认识芒种。 教师在班级的科学桌上,摆放麦子、稻子的图片以及"今日芒种"的告示牌,使幼儿知道芒种是二十四节气中的一个节气,在每年的6月5日—6日,将进入多雨的黄梅时节;给幼儿讲解芒种字面的意思就是"有芒的麦子快收,有芒的稻子可种"。

2. 送送花神。 在幼儿的探索研究活动时,教师手拿五颜六色的线绳、丝带,给幼儿讲解送花神的习俗(到芒种时,已经过了花开期,百花凋零,花谢花飞,花神退位,人们隆重地为花神饯行,感谢花神所带来的美丽和芳香,企盼来年再次相会);指导幼儿拿着自己喜欢的彩线、彩带,到室外去,给每棵树或每枝花系上,让幼儿在感受送花神风俗的过程中,培养幼儿亲近大自然的情感和关注生态环境的行为。

3. 打泥巴仗。 在室外游戏活动时,教师指导幼儿穿上防护衣或雨衣、雨靴,到户外游戏场地,玩打泥巴或打水仗的游戏,大家相互扔泥巴或用玩具水枪喷水玩。

4. 讲究卫生。 在离园告别活动中,教师告诉幼儿:现在天气开始变热,人很容易出汗,我们小朋友要防止中暑,要勤洗澡,勤换衣服,养成良好的生活卫生习惯。

(四)开展夏至教育活动

1. 了解夏至。 教师在班级的气象角,摆放夏至图片,告诉幼儿:夏至,在每年6月21日—22日,是二十四节气中非常重要的一个节气;教师转动地球仪,给幼儿讲解:夏至是太阳的转折点,过了这一天,它就要走"回头路"了,太阳直射点从北回归线向南移动,白天开始变得越来越短了。

2. 吃夏至面。 在午餐活动中,教师给幼儿提供吃各种各样面条的机会,鼓励幼儿自由选择,让幼儿充分感受夏至吃面的食俗习惯;教师边和幼儿一起吃面,边教幼儿说"吃过夏至面,一天短一线"的谚语,并给幼儿讲解谚语的大意(今天是夏至,是一年当中日照时间最长的一天,从明天开始,白天就会一天天变短了)。

3. 品尝苦瓜。 在午餐活动中,教师给幼儿提供吃夏至最佳时令饮食——苦瓜的机会,使幼儿体会苦瓜特殊的苦味清香,享受食后回甘、清火消暑的功能,进一步认识时令饮食。

4. 寻影游戏。 在正午时分,教师带领幼儿来到室外储藏室,指导幼儿拿一根竹竿,到太阳底下去玩游戏,看看在太阳垂直照射的情况下,能否找到自己和竹竿的影子,影子是长还是短,体验"立竿无影"或"立竿见影"的有趣现象。

5. 观看天气。 在午后至傍晚期间,如果出现雷阵雨,教师就可引导幼儿观看,并告诉幼儿:这是由于地面受热强烈,空气对流旺盛造成的;这种雷雨骤来疾去,降雨范围小,"夏雨隔田坎",分布不均匀,"东边日出西边雨,道是无晴却有晴"。

6. 学说歌谣。 教师可邀请祖辈家长来园,利用接送孩子的机会,教全班幼儿学说《夏九九歌谣》(一九至二九,扇子不离手;三九二十七,汗水湿了衣;四九三十六,房顶晒个透;五九四十五,树头秋叶舞;六九五十四,早晚凉丝丝;七九六十三,床头寻被单;八九七十二,盖上薄棉被;九九八十一,准备过冬衣)。

(五)开展小暑教育活动

1. 了解小暑的特点。 教师呈现温度计,告诉幼儿:小暑是二十四节气中的一个节气,在每年7月7日—8日之间;暑,就是炎热的意思,小暑就是小热、有点热,但还不是很热、最热。

2. 感知和品尝芒果。 教师提前通知家长,送孩子来园时,让孩子带一个芒果来;在点心活动时,教师引导幼儿观察芒果的颜色(绿色、黄色、紫红色)和形状(椭圆形),闻闻芒果的味道(很香),摸摸芒果的表皮(滑润),清洗后剥皮,吃芒果,说说芒果的味道(很甜),看看里面还有什么(果核);教师告诉幼儿:小暑吃芒果,表示这个时节是芒果的成熟盛产期。

3. 认识和品尝莲藕。 在烹饪活动中,教师给幼儿提供全面观察藕的机会,使幼儿知道藕的表皮呈淡土褐色,肉呈白色或淡黄色,形状肥大有节,里面有许多管状小孔,折断后有丝相连,叫藕断丝连;在午餐活动中,教师给幼儿提供品尝藕的多种机会,让幼儿自由选择是吃生藕,感受其味鲜嫩爽口,还是吃熟藕,感受其味鲜美可口,以加深幼儿对小暑吃藕这一民间食俗的印象。

4. 不坐室外的木椅。 在室外活动时,教师提醒幼儿不能再像以前那样,坐在露天的木凳子上休息了,因为现在的气温高了,湿度大了,放在露天里的木椅子、木凳子,风吹雨打、日晒雨淋,表面上看是干的,其实里面的水分很多,太阳一晒,温度变高,里面的水分就会向外散发潮气;我们小朋友如果坐在上面了,就很容易生病的,所以一定要记住"冬不坐石,夏不坐木"。

5. 参与晒伏的活动。 教师提醒家长在家中进行晒衣晒被等"晒伏"活动时,邀请孩子积极参与,把存放在箱柜里、衣橱里的衣服和被褥全都拿出来,晾到外面去,接受阳光的暴晒,以防霉防蛀;启发帮助孩子,把自己的玩具和图书也搬出来,晾晒一下,以去潮去湿,充分利用"最公平的阳光",养成健康的生活习惯。

6. 观察和品尝黄鳝。 教师鼓励家长利用双休日,带领孩子去农贸市场观看黄鳝(有青色、黄色,是圆筒形,身体很长很滑、像蛇、没有鳞),告诉孩子黄鳝就是一种鱼,叫鳝鱼,生活在水边泥洞里和石缝中,夏季出来活动;购买加工后,回到家里,邀请孩子参与清洗、制作黄鳝,做熟装盘后,让孩子端上饭桌,大家共同品尝;边吃边告诉孩子:小暑时节最宜吃黄鳝,小暑前后一个月产的黄鳝最为滋补味美,所以说"小暑黄鳝赛人参"。

(六)开展大暑教育活动

1. 知道大暑节气。 教师在班级的气象角摆上反映高温天气的图片,告诉幼儿:大暑是二十四节气之一,在每年7月22—24日之间,这是一年中最热的天气,我们大家都要做好防暑降温工作,确保自己的身体健康。

2. 知道三大火炉。 教师指着在班级墙壁上张贴的《中国地图》,邀请幼儿一起来寻找江苏省的"南京市"、湖北省的"武汉市"和直辖市"重庆市",告诉幼儿:它们就是"三大火炉城市",每年夏天骄阳似火,高温酷热天气很多,持续时间很长,要特别重视防止中暑。

3. 了解大暑利弊。 教师向幼儿呈现"稻田"和"房屋"的图片,给幼儿讲解大暑的利与弊,帮助幼儿理解谚语"稻在田里热了笑,人在屋里热了跳"的意思,使幼儿知道盛夏高温对农作物生长是非常有利的,但是对人们的工作、生产、学习、生活却有不良的影响(如当气温高于35℃、特别是37℃以上时,人们就会感到闷热难受,很容易中暑)。

4. 了解台风威力。 教师为幼儿播放"狂风暴雨"的小视频,告诉幼儿台风是这个时节的主要现象,给幼儿讲解宋朝诗人陆游在《大风雨中作》所描述的台风袭来时的情景(如"风如拔山怒,雨如决河倾"),帮助幼儿理解这句诗词的大意(狂风像要拔山摧峰似的怒吼着,暴雨像是决了堤的河水一样倾泻而下),使幼儿能感受到风暴和台风的威力。

5. 学习观测天气。 教师出示"雷阵雨"的图片,告诉幼儿现在是雷阵雨最多的季节,并给幼儿讲解"东闪无半滴,西闪走不及"这句谚语的大意(夏天的午后,如果在东边出现闪电,那么我们这里是不会下雨的;如果在西边出现闪电,那么我们这里很快就会下大雨,想躲都来不及),引导幼儿学习观察与预测天气。

6. 联结大暑小暑。 教师出示"大暑"与"小暑"的图片,告诉幼儿:大暑与小暑都是表示夏季炎热的节气,都是制造高温高热的高手;"小暑大暑,上蒸下煮"这句谚语,说的就是炎热的天气像"桑拿天"一样,令人大汗淋漓,消耗极大,要避热解暑;"小暑雨如银,大暑雨如金"这句谚语,说的就是小暑之后迎来了大暑,进入了"高烧"模式,大暑与小暑相比来说,天气更加炎热,水分蒸发得更快,旺盛生长的作物对水分的要求更加迫切,就像金子比银子更贵重一样。

(七) 吟唱夏季节气歌谣

教师教幼儿学说夏季节气歌谣(夏满芒夏暑相连),知道它代表着6个节气(立夏、小满、芒种、夏至、小暑、大暑),并用自己喜欢的方式表示夏天的6个节气。

第三节　庆祝立秋教育活动方案

图片 4-3-1　西瓜雕塑

一、活动目标

1. 使幼儿能知道立秋意味着秋天的开始。
2. 使幼儿能体验有关立秋的一些风俗习惯。
3. 使幼儿能喜欢秋天。

二、活动准备

1. 准备与立秋有关的各种食品、纸质资料(如书法、年画、剪纸、挂历、台历、图片、图案、卡片)、实物资料(如工具、器具、用品)、多媒体资料、废旧物品(如木架、线绳)、榨汁机等。

2. 布置与立秋有关的幼儿园大门环境(在悬挂着的大红色条幅上,粘贴上"庆祝立秋"的黄色大字)、大厅环境(在今日食谱陈列台上,用秋桃拼摆出"立秋")、班级环境(在班门口墙壁上,用西瓜籽粘贴出"立秋")。

三、活动过程

(一) 健康领域活动

1. 称体重。 在自由活动中,给每位幼儿称体重、测身高,并与"立夏"时记录的体重和身高进行对比,看看是否有变化?有什么样的变化?

2. 贴秋膘。 在午餐活动中,给幼儿提供多种多样的肉制品;设置自助区,指导幼儿自由选择,品尝美味佳肴,获取丰富的营养,"以肉贴膘"。

3. 啃西瓜。 在午餐活动中,为每组幼儿提供一盘切好的西瓜,饭后大家围在一起,快乐啃西瓜,感受"啃下酷夏、迎接秋爽"的"啃秋"习俗。

4. 食秋桃。 在点心活动中,为每位幼儿提供一个桃子,使幼儿在吃桃的过程中,体验"立秋日食秋桃"的习俗。

5. 喝秋水。 在点心活动中,为每组幼儿提供一壶立秋水,指导幼儿自倒一杯立秋水,大家举杯同饮,庆祝"消除夏天暑热,迎来秋天健康"。

(二) 语言领域活动

1. 学认"秋"字。 教师可呈现3张识字的卡片,告诉幼儿:"秋"字是由"禾"字与"火"字组成的,是禾谷成熟的意思。

2. 了解立秋的意思。 教师可告诉幼儿:立秋就是秋天开始了,天气要由热转凉了;立秋是秋季的第一个节气,一般在每年8月7日—9日之间。

3. 学说立秋的英文名称。 教师可告诉幼儿立秋的英文名字是 Beginning of Autumn,并引导幼儿跟读学说。

4. 学说"落叶知秋"的成语。 教师可边呈现梧桐树叶的图片,边告诉幼儿:秋天到了,梧桐树叶就开始飘落了;我们看到落地的黄叶,就知道秋天已经到了,这就是"落叶知秋"这个成语的意思。

5. 了解"秋老虎"的俗称。 教师可呈现老虎的图片,提问幼儿:老虎很厉害吧?然后再告诉幼儿:立秋一般预示着炎热的夏天即将过去,秋天就要来临;秋老虎的意思就是立秋以后重新出现短期炎热闷热天气;面对"秋老虎"的余威,我们还需要防暑降温。

6. 学猜西瓜的谜语。 教师说出谜面"身穿绿衣裳,肚里水汪汪,生的子儿多,个个黑脸膛"(打一水果),鼓励幼儿积极思考,猜出谜底"西瓜"。

7. 了解立秋的谚语。 在帮助幼儿了解"立了秋,把扇丢"的谚语时,教师可呈现"扇子"实物,告诉幼儿:立了秋,凉飕飕,便可把扇子丢掉了。在帮助幼儿了解"一场秋雨一场寒"的谚语时,教师可出现"下雨"图片,告诉幼儿:立秋以后,每下一次雨,天气就会变得凉快一些。

(三) 社会领域活动

1. 玩立秋节游戏。 教师和幼儿手里都拿着梧桐树叶,当一名幼儿喊"立秋了",其他人就把手里的树叶抛向空中,或应声躺下倒下,以体验立秋报秋迎秋的风俗。

2. 玩秋忙会游戏。 教师在班级创设"牲口店""农具店""粮油店""杂货店"等多种游戏区,鼓励幼儿进入自己喜欢的店铺,选择物品,交换物品,以体会迎接秋忙的习俗。

(四) 科学领域活动

1. 摸秋活动。 教师在自制的瓜豆架上,分别系上小南瓜、小西瓜、香瓜、山芋、玉米棒、扁豆等;鼓励幼儿自由结伴,2人一组;一位幼儿用纱巾把同伴的眼睛蒙上,再带他走到瓜豆架下,让他暗中摸索,摘取一种瓜豆,并说出瓜豆的特点和名称;2位幼儿相互交换角色,再继续玩摸秋的游戏活动。

2. 数数黄桃。 教师在科学区里,摆放一盒黄肉桃,告诉幼儿黄肉桃也叫黄桃,营养十分丰富;引导幼儿观看黄桃的形状(圆形)和颜色(金黄色、橙黄色),数数盒子里有几排桃子(3排)、每排有几个桃子(4个)、一共有多少个桃子(12个),说说自己是如何计算出来的。

图片 4-3-2 桃子

3. 感知西瓜。 教师在桌子上,摆放几个西瓜,告诉幼儿:西瓜也叫寒瓜、夏瓜、水瓜,西瓜清凉可口、清热解暑;鼓励幼儿用手摸摸西瓜,说说西瓜外皮有什么特点(很光滑、平滑);启发幼儿仔细观察西瓜,说说西瓜外表是什么形状(圆形、圆球形、椭圆形、圆筒形),表皮有什么颜色(浅绿和深绿相间条纹)。教师切开西瓜,引导幼儿说说西瓜的秘密(汁很多,瓜瓤是红色或黄色,瓜籽是黑色)。教师把西瓜瓤挖出来,放进榨汁机里,引导幼儿说出自己的发现(瓜瓤都变成瓜汁了,瓜籽也不见了);幼儿品尝西瓜汁,感受西瓜形态的变化和吃法的不同。

(五) 艺术领域活动

1. 观赏西瓜雕塑艺术品。 教师可以带幼儿去超市、自助餐厅,观看各种各样的西瓜雕塑艺术品,或给幼儿播放西瓜雕塑艺术品的视频、图案,使幼儿感受到西瓜雕刻的艺术美。

图片 4-3-3　西瓜雕刻

2. 制作西瓜皮装饰品。教师和幼儿把西瓜皮保留下来,制作面具、帽子、手表、项链、手链、脚链等装饰品,或在西瓜皮上作画,画出自己喜欢的图形和图案。

3. 制作梧桐树叶装饰品。教师和幼儿把在庭院里捡回来的梧桐树叶,加以清洗、晾晒、压平,然后把它做成自己喜欢的工艺美术品,如扇子、书签、娃娃脸谱。

四、活动延伸

(一)立秋教育活动延伸

1. 学说立秋的谚语。教师可鼓励家长积极参与到幼儿园的教育中来,利用自己的兴趣爱好,向幼儿传递有关立秋的知识经验,帮助幼儿理解一些有趣的谚语,例如,"立了秋,挂锄钩。""立秋三天,遍地红。""立秋栽葱,白露栽蒜。""秋后的蚊子,飞不了几天。""秋后的蚂蚱,还能蹦几蹦。""早上立了秋,晚上凉飕飕。""立夏栽茄子,立秋吃茄子。"

2. 学习立秋的古诗。教师可邀请家长来园进班做助教,发挥自己的特长强项,帮助幼儿学习古诗,强化幼儿对立秋的理解。例如,教师可以先给幼儿播放南宋诗人刘翰的《立秋》的视频,家长可以后给幼儿朗读这首古诗(乳鸦啼散玉屏空,一枕新凉一扇风。睡起秋声无觅处,满阶梧桐月明中),再给幼儿讲解这首诗词的大意(小乌鸦的鸣叫聒耳,待乳鸦声散去时,只有玉色屏风空虚寂寞地立着。突然间起风了,秋风习习,顿觉枕边清新凉爽,就像有人在床边用绢扇在扇一样。睡眠中朦朦胧胧地听见外面秋风萧萧,可是醒来去找,却什么也找不到,只见落满台阶的梧桐叶,沐浴在朗朗的月光中)。最后教师、家长和幼儿一起表演这首古诗的内容。

3. 粘贴树叶的图画。教师可引导家长利用空余时间,和孩子一起在小区绿地里捡拾各种各样的落叶,回家后把树叶洗干净;启发孩子大胆想象,鼓励孩子动手动脑,和孩子共同粘贴制作树叶图画,带到幼儿园里来,与其他幼儿分享。

(二)开展处暑教育活动

1. 了解处暑大意。教师在班级气象角呈现"处暑"的图文,告诉幼儿:处暑是二十四节气中的一个节气,在每年的 8 月 22 日—24 日之间;"处"的意思就是终止、结束,"处暑"的意思就是夏天炎热的天气正式结束了。

图片 4-3-4　上海市金山区朱行幼儿园亲子制作树叶画《树叶串串》

2. 品尝处暑鸭子。 在午餐活动中，教师给幼儿提供品尝花样繁多的鸭肉的机会（如百合鸭、白切鸭、核桃鸭、柠檬鸭、荷叶鸭、烤鸭），使幼儿在品尝的过程中，加深对处暑吃老鸭习俗的体验。

3. 观看巧云美景。 教师给幼儿讲解谚语"七月八月看巧云"的意思，使幼儿知道处暑过后，天变得又高又远，云变得又淡又薄；指导幼儿观看天上瞬息万变的云彩，说说这些千姿百态的云彩看上去像什么（如像狮子、像骏马、像蝴蝶、像仙人、像高山、像湖泊），感受天高云淡、绚烂多彩的巧云美景。

图片 4-3-5　巧云：快马加鞭

4. 欣赏巧云歌曲。 教师给幼儿播放视频歌曲《七月八月看巧云》（七月八月看巧云，棉乡看云景色新。白云铺大地，云海托小村。人影点点云中走，花团簇簇衬白云。云垛盖高山，云龙舞长阵。歌儿声声云中飘，响鞭阵阵催流云），和幼儿一起享受巧云与白棉花交相辉映的美景。

5. 体验出游迎秋。 教师呈现秋天景色图片，告诉幼儿：秋天的景色非常美丽，让人看了心旷神怡；处暑之后，秋意渐浓，气候比较舒适，是畅游郊野、迎秋赏景的好时节；在双休日，可请爸爸妈妈带我们到郊外去逛逛看看，寻找美丽的秋天。

6. 感知秋高气爽。 教师出示图片，给幼儿讲解：秋高气爽就是形容秋天天空晴朗明净，气候凉爽宜人；入秋后，日短夜长，始凉未寒，气温宜人；干燥而凉爽的空气，会给人一种凉爽的感觉。

7. 了解多事之秋。教师出示图片,给幼儿讲解:多事之秋说的就是在夏秋之交的时候,白天和晚上的温差较大,冷热变化多端,人们往往不太适应,一不小心就会感冒生病。

(三)开展白露教育活动

1. 知道白露的节气。教师在班级的气象台呈现图片,告诉幼儿:白露是二十四节气中的一个节气,是九月的第一个节气,在每年9月7日—9日之间;在这个时候,天气已逐渐转凉,炎热的夏天已经过去,凉爽的秋天已经来到。

2. 了解白露的形成。教师带领幼儿观看地上和叶子上的许多露珠,告诉幼儿:露就是小水珠,它是由于温度降低,夜晚水汽在地面或近地物体上凝结而成的;白露就是白白的小水滴,它是因为天气越来越凉,清晨的露水日益变厚凝结而成的。

3. 理解白露的俗语。教师边给幼儿呈现"露水"和"晴天"的图片,边给幼儿讲解谚语"草上露水大,当日准不下"的意思(如果看到草上的露水很大很多,那么就知道当天不会下雨,天气一定是晴的),使幼儿知道露水与晴天之间的关系;教师边给幼儿呈现"白露"和"秋风"的图片,边给幼儿讲解谚语"白露秋风夜,一夜凉一夜"的意思(进入白露节气以后,夏季风逐步被冬季风取代,天气一天比一天凉),使幼儿知道气温要很快地下降了。

4. 联结处暑白露。教师为幼儿呈现"澡盆"和"衣服"的图片,给幼儿讲解警谚"处暑十八盆,白露勿露身"的意思(处暑时,天气很热,每天要用一盆水洗澡,洗了十八盆水、过了十八天以后,到了白露时,就不能再赤膊露体,穿短衣裤了,以免受凉生病)、"白露身不露,着凉易泻肚""白露勿露身,早晚要叮咛"的大意(说的都是白露之后,昼夜温差很大,要穿上长袖衣服,不要再赤膊贪凉,晚上睡觉要注意足部和腹部的保暖),使幼儿意识到人体与天气之间的关系,知道在不同的节气应有不同的生活方式和行为方式。

(四)开展秋分教育活动

1. 了解秋分特点。教师转动地球仪,告诉幼儿:秋分是二十四节气中的一个节气,一般在每年的9月22—24日之间;分就是平分、一半的意思,秋分日在秋季中间,平分了秋季;太阳在这一天直射地球赤道,因此这一天24小时昼夜等长、昼夜均分,各占12小时;此后,阳光直射位置南移,北半球昼短夜长的现象将越来越明显,白天变短,黑夜变长,昼夜温差变大,气温逐日下降,一天比一天冷。

2. 玩玩竖蛋游戏。在秋分这一天,教师指导幼儿在科学桌上做"竖蛋"试验:把一个新鲜鸡蛋,轻轻地放在桌子上,设法让它竖起来;告诉幼儿:"秋分到,蛋儿俏",秋分是玩竖蛋游戏的最佳时光,竖立起来的蛋儿格外风光。

3. 玩送秋牛游戏。教师先引导幼儿自己创作绘画《秋牛图》(如节气、农夫耕田图样),然后启发幼儿玩娃娃家游戏,相互串门,给左邻右舍送去《秋牛图》,说些祝贺秋耕吉祥如意的话语。

4. 知道三秋大忙。 教师出示割稻、耕土、油菜等图片,告诉幼儿:三秋大忙指的就是秋收(如收割晚稻)、秋耕(如耕翻土地)、秋种(如播种油菜);秋分时节干旱少雨或连绵阴雨,都会妨碍"三秋"大忙;"三秋"大忙,贵在"早",要及时抢收和播种。

5. 联结白露秋分。 教师边为幼儿呈现"露珠"和"稻谷"的图片,给幼儿讲解俗语"白露白迷迷,秋分稻莠齐"的意思(在白露前后如果有露水,那么等到后面秋分时晚稻就会有好收成),使幼儿知道气候对农作物有很大的影响。

6. 制作放飞风筝。 教师提醒家长,秋分期间、特别是秋分当天,是放风筝的大好时光;鼓励家长在家里和孩子一起制作风筝,然后带着孩子到户外去放风筝,探索如何让风筝飞得又高又远。

(五)开展寒露教育活动

1. 了解寒露节气。 教师边给幼儿出示露水凝结成霜的图片,边告诉幼儿:寒露是二十四节气中的一个节气,在每年10月7日—9日之间;寒露的意思就是气温比前面的"白露"时更低,地面的露水更加寒冷,快要凝结成霜了,就像俗语所说的那样,"寒露寒露,遍地冷露"。

2. 了解寒露谚语。 教师边给幼儿出示"身体""衣服""鞋袜"的图片,边给幼儿讲解警谚"白露身不露,寒露脚不露"的意思(白露节气一过,就要穿长衣长裤了,不能再像以前那样赤膊露体,要让腹部保暖;寒露节气一过,就要穿鞋子袜子了,不能再像以前那样光着脚丫,要让足部保暖);教师边给幼儿出示"河水""小桥"的图片,边给幼儿讲解谚语"寒露过三朝,过水要寻桥"的意思(进入寒露节气以后,天气已经变得很凉了,再也不能像以前那样赤脚蹚水过河了,一定要在桥上走着过河),使幼儿知道天气已经变得寒冷了,要逐渐增添衣服,保证身体健康。

3. 知道寒露特点。 教师边给幼儿播放"大雁""蛤蜊""麻雀""菊花"的微视频,边给幼儿讲解:在寒露这个节气里,我们首先能看到大雁排成一字形或人字形的列队,向南迁移;然后,我们还能看到蛤蜊还在海边的沙滩上,但却看不到雀儿鸟儿;最后,我们还能看到遍地盛开的菊花。

4. 观赏菊花活动。 教师带领幼儿在幼儿园里观赏盆景菊花,告诉幼儿菊花是中国四大名花之一,是花中四君子(梅兰竹菊)之一;引导幼儿看看菊花的颜色(如黄色、白色、橙色、紫色、红色、粉红色、暗红色),闻闻菊花的清香,学学赞美菊花的诗句(如陶渊明"采菊东篱下,悠然见南山";李商隐"暗暗淡淡紫,融融冶冶黄";元稹"不是花中偏爱菊,此花开尽更无花"),画画自己喜欢的菊花。教师还可以鼓励家长利用节假日,带领孩子去公园观看菊花展。

图片4-3-6 菊花小鸟造型

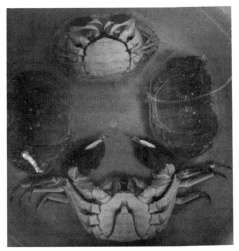
图片4-3-7 雌蟹雄蟹

5. 感知螃蟹活动。 教师给幼儿播放螃蟹小视频,启发幼儿观看螃蟹是什么颜色(背部甲壳是青灰色,腹部是白色)、是怎么走路的(横着爬行)、身体有什么特点(左右对称);说说如何区分雌蟹与雄蟹(雌蟹肚脐是圆形的,体型较小,钳子小、毛少而短;雄蟹肚脐是尖形的,体型较大,钳子大、毛多而密)。教师鼓励家长,利用业余时间,带孩子去菜市场看看并选购螃蟹,回家后和孩子一起清蒸、品尝螃蟹,加深孩子对"秋风起,蟹脚痒""菊花开,闻蟹来""九月圆脐十月尖"等吃蟹习俗的认识,使孩子亲身体会到螃蟹的黄多膏丰、味道鲜美。

(六)开展霜降教育活动

1. 知道霜降的节气。 教师指着日历,告诉幼儿:霜降是二十四节气之一,在每年10月23日—24日之间;这个节气表示天气渐冷,开始降霜;这是秋季的最后一个节气,是秋季到冬季的过渡节气。

2. 了解霜降的形成。 教师指着冰箱面壁上出现的一层白霜,告诉幼儿:霜就是由水汽凝结而成的;当天气变得更冷时,露水就会凝结成为霜了。

3. 了解霜降的特点。 教师边出示"豺狼""枯叶""昆虫"的图片,边告诉幼儿:在霜降时节,豺狼虎豹开始捕获猎物;树叶开始变得枯黄,纷纷掉落到地上;昆虫开始冬眠,在洞里不吃不喝不动。

4. 观察枫树的变化。 教师带领幼儿到室外或园外小区里观察枫树,引导幼儿说说树冠的形状(如伞形、圆球形)、树枝的特点(如枝小、纤细)、树皮的颜色(如灰褐色、红棕色),看看树叶的颜色(如黄色、橙色、红色)、树叶的形状(如掌状、心形、叶柄较长、叶片较大);鼓励幼儿数数叶片上有几裂(如5裂、7裂),想想是几角枫(如三角枫、五角枫、七角枫、九角枫);指导幼儿欣赏如火似锦的壮观美景,鼓励幼儿猜猜枫叶颜色变化的秘密(霜降过后,枫树在秋霜的影响下,叶子开始变成红黄色、火红色)。

5. 欣赏枫叶的古诗。 教师给幼儿播放唐代诗人杜牧《山行》的视频(停车坐爱枫林晚,霜叶红于二月花),给幼儿讲解这首诗文的大意(停下车来是因为实在太喜欢如此绚

图片 4-3-8　社区里路边的枫树

丽的枫林晚霞,这经过霜打的枫叶竟然比二月的春花还要火红艳丽),使幼儿感受到深秋枫树独特的美。

6. 了解吃柿的习俗。 在午餐活动后,教师给幼儿讲讲霜降吃柿子的传说(明朝皇帝朱元璋,小时候家里很穷。有一年霜降节,他已几天没吃饭了,饿得四肢无力,跌跌撞撞走到一个小村庄,突然看到村边有一棵柿子树,上面结满了红彤彤的柿子,他就摘下来吃了,保住了自己的性命,而且整个冬天都没有流鼻涕、裂嘴唇。后来,他当上了皇帝,有一年霜降节,他领兵又路过那个小村庄,看到了那棵柿子树,上面挂满了红艳艳的柿子。他想到这棵柿子树曾救过他的命,于是就脱下自己的战袍,披在柿子树上,并封它为"凌霜侯"。后来这个故事在民间流传下来,就形成了霜降节吃柿子的习俗),使幼儿知道"霜降摘柿子""霜降吃丁柿,不会流鼻涕"的食俗。然后再给每个幼儿发一个柿子,指导幼儿看看柿子的颜色(如橙黄色、橘红色)、形状(如圆球形、扁圆形、方形),摸摸柿子的表皮(如软的、光滑的);要求幼儿把小手和柿子洗干净,用手轻轻地剥蒂剥皮后再吃,体验柿子的皮薄肉鲜味美。

7. 了解霜降的农谚。 教师给幼儿呈现大葱的图片,告诉幼儿:"霜降拔葱,不拔就空""霜降不起葱,越长越要空"这些谚语的意思就是说,再耐寒的大葱,也不能再生长了,一定要拔出来,收获后加以贮藏;教师给幼儿呈现稻谷的图片,告诉幼儿:"霜降见霜,米谷满仓""霜降后降霜,稻谷打满仓"。这些谚语的意思就是说,霜降节气以后,天冷结霜,对稻谷生长大有好处,会带来粮食大丰收。

(七) 吟唱秋季节气歌谣

教师教幼儿学说秋季的节气歌谣(秋处露秋寒霜降),知道它们所代表的 6 个节气(立秋、处暑、白露、秋分、寒露、霜降),并用图画表示每个节气的主要特征。

第四节　迎接立冬教育活动方案

图片 4-4-1　立冬后的松树和竹子

一、活动目标

1. 使幼儿知道立冬是个重要的节气,表示冬季开始。
2. 使幼儿了解立冬的一些风俗食物、风俗活动、气候特点。
3. 使幼儿喜欢立冬的一些事情。
4. 使幼儿知道立冬与立春、立夏、立秋合称"四立",都是重要的节气。

二、活动准备

1. 准备与立冬有关的各种食品、纸质资料(如书法、年画、剪纸、挂历、台历、图片、图案、卡片)、实物资料(如工具、器具、用品)、多媒体资料、废旧物品。
2. 布置与立冬有关的幼儿园大门环境(在悬挂着的大红色条幅上,粘贴"迎接立冬"的白色大字)、大厅环境(在今日食谱陈列台上,用水饺拼摆出"立冬")、班级环境(在班门口墙壁上,用松果粘贴出"立冬")。

三、活动过程

（一）健康领域活动

1. 观冬泳,学冬泳。 在晨间活动时,教师先给幼儿播放冬泳爱好者游泳的视频,告诉幼儿这是人们庆祝立冬的一种方式,也是人们喜欢的一种冬季健身方法,然后指导幼儿学做几个游泳动作,锻炼身体,迎接冬天的到来。

2. 包饺子,吃饺子。 在自由活动时,教师邀请家长来园进班,教幼儿和面、揉面、摘菜、洗菜、切菜、拌菜、制作饺皮和饺馅,包饺子,煮饺子,大家坐在一起,蘸着醋,吃饺子,体会"好吃不过饺子"的食俗。

(二)语言领域活动

1. 了解立冬的节气。 教师给幼儿呈现立冬图片,告诉幼儿:立冬是二十四节气之一,也是汉族传统节日之一,立冬一般在每年11月7日—8日之间;教师给幼儿呈现"四立"图片,告诉幼儿:立冬与立春、立夏、立秋合在一起,称为"四立"。

2. 知道立冬的意思。 教师给幼儿呈现动物冬眠等图片,告诉幼儿:立冬就是表示冬天开始了(天气要变冷了),要收藏万物(要把秋季作物全部收晒完毕,收藏入库),躲避寒冷(动物也已藏起来准备冬眠了)。

3. 知道立冬的英文名。 教师给幼儿呈现立冬图片,告诉幼儿:立冬的英文名称是Beginning of Winter,启发幼儿跟读学说。

4. 了解小阳春的意思。 立冬以后,气温开始下降,但还不会太冷,在晴朗无风的时候,就会出现风和日丽、温暖舒适的"小阳春"天气,使人感受到"十月[①]小阳春,无风暖融融"。

5. 学猜饺子的谜语。 教师和幼儿一起玩猜谜语的游戏,教师说谜面"雪白一群鹅,湖里来游过,嘴家门前过,肚家门前落。(打一食物)",指导幼儿说出谜底"饺子"。

6. 了解立冬的谚语。 教师给幼儿讲解谚语"立冬补冬,补嘴空",告诉幼儿我国过去是个农耕社会,劳动了一年的人们,利用立冬这一天要好好休息一下,顺便犒赏一下全家人一年来的辛苦,通过食补,增加营养。

7. 了解立冬的古诗。 教师给幼儿播放宋代诗人仇远《立冬即事》(细雨生寒未有霜,庭前木叶半青黄。小春此去无多日,何处梅花一绽香)的视频,给幼儿讲解这首诗词的大意(下起了小雨,带来了寒意,但还没有冷到要结霜;庭院前面的树叶,已经变得一半绿一半黄了;冬天到了,春天还会远吗?!即便是冬天,还有梅花怒放,不远处的梅花绽放,散发出阵阵香味,扑鼻而来)。

(三)社会领域活动

1. 学习拜冬的礼仪。 在晨间接待时,教师指导幼儿,给爸妈"拜冬",向他们鞠躬致敬,祝福他们冬日健康;给同伴"拜冬",和他们握手拥抱,祝贺他们冬日快乐。

2. 培养迎冬的习惯。 在自由活动时,教师带领幼儿到室外去,走一走,找一找,看一看有哪些地方需要给予保暖防冻的,然后就献上爱心。例如,给花房关好门,给大树裹上草衣。

(四)科学领域活动

1. 了解动植物的休眠。 教师给幼儿呈现蝙蝠、青蛙、刺猬的图片,告诉幼儿:有些动植物在不良环境条件下生命活动极度降低,进入昏睡状态,等不良环境过去后,又重新苏醒过来,照常生长、活动;动物界的休眠形式有两种,一种是严冬季节(如天气寒冷、缺少

[①] 此处的十月指农历。

食物)进行的冬眠(如青蛙),另一种是酷暑季节进行的夏眠(如海参)。

2. 了解水的形态变化。 教师指导幼儿给 2 个矿泉水瓶子装满自来水,把一瓶水留在室内,把另一瓶水放到室外去;过几个小时以后,教师提醒幼儿看看室内外的 2 瓶水,有没有变化?有什么样的变化?是否结冰了?然后教师告诉幼儿:我们在室内看到的这瓶水是液态,在室外看到的这瓶水是固态(当温度降到 0℃ 以下时,就结成冰了)。

3. 认识三牲和六畜。 教师先向幼儿出示牛、羊、猪的图片或雕塑,告诉幼儿它们就是三牲;向幼儿出示牛、羊、猪、马、鸡、犬的图片或雕塑,告诉幼儿它们就是六畜;然后再帮助幼儿进行总结:它们合在一起就是三牲六畜,统称家畜家禽,简称牲畜,它们都是由人类饲养使之繁殖而利用的,有助于农业生产的发展。

图片 4-4-2 羊　　　　图片 4-4-3 马　　　　图片 4-4-4 鸡　　　　图片 4-4-5 狗

4. 辨认四季的服装。 教师向幼儿呈现春、夏、秋、冬四季的服装,引导幼儿说出在相应的季节里,应该穿上的合适衣服。

(五)艺术领域活动

1. 观赏描述绘画蜡梅。 教师从花店买来几支蜡梅,插在花瓶里,摆在班级的窗台上,使其清香弥漫整个教室,吸引幼儿前来观看;教师指导幼儿观赏蜡梅,说说蜡梅的特点(如花黄如蜡,花瓣较硬,香味浓烈);教师为幼儿准备纸和笔,鼓励幼儿画下自己所看到的蜡梅。

2. 欣赏《岁寒三友》。 教师给幼儿呈现《岁寒三友》的图画或图片、器物、衣物、家具、建筑,引导幼儿找找上面画了哪几种植物(梅花、松树、竹子)?看看这三种植物有什么特点?(梅花迎寒开花,松树和竹子经冬不凋)想想为什么叫岁寒三友?(梅、竹、松是取梅寒丽秀,竹瘦而寿,松奇而文,是三位益友)和幼儿一起总结:松竹梅这三种植物,在寒冬时,仍然保持着顽强的生命力,它们组成的《岁寒三友》图案象征着吉祥如意;鼓励幼儿利用自己喜欢的材料创作《岁寒三友》装饰画。

3. 欢唱《四季歌》。 教师边播放儿童歌曲《四季歌》视频(春天春天怎样来?冬爷爷领着春姑娘来;夏天夏天怎样来?月亮婆婆扇风夏哥哥来。秋天秋天怎样来?金风金风吹得秋姑姑来;冬天冬天怎样来?雪花雪花铺路冬爷爷来),边和幼儿一起载歌载舞。

4. 绘画四季名花。 教师给幼儿提供有"春兰、夏荷、秋菊、冬梅"的图片或图画、壁画、屏风等装饰品,指导幼儿欣赏"春兰香云、夏荷承露、秋菊傲霜、冬梅映雪",鼓励幼儿根据自己的兴趣爱好,画出代表某个季节的名花。

5. 制作《四君子》。教师向幼儿呈现《四君子》图画、图片、剪纸，或茶杯、盘子上的装饰画，对幼儿进行讲解：梅、兰、竹、菊这四位君子，分别指的是梅花、兰花、翠竹、菊花，它们是"花中四君子"，具有探波傲雪、深谷幽香、清雅靓丽、凌霜飘逸等特质；指导幼儿学会咏梅、品兰、颂竹、赏菊，鼓励幼儿用自己喜欢的材料（如花草树木、废旧报纸）制作"四君子"装饰画。

图片 4-4-6 《四君子》

四、活动延伸

（一）立冬教育活动延伸

1. 全家学立冬古诗。教师鼓励家长，在家里和孩子一起学习唐代大诗人李白的《立冬》诗词（冻笔新诗懒写，寒炉美酒时温。醉看墨花月白，恍疑雪满前村），给幼儿讲讲这首古诗的大意（立冬之夜，笔墨都冻凉了，诗人李白只好与炉火琼浆相伴，微醉中竟将一地月光当成了雪迹），以加深孩子对立冬的印象。

2. 全家逛公园赏梅。教师引导家长利用节假日，带领孩子去附近的绿地、园林、庭园，观赏不同颜色（如白色、粉色、红色、紫色、浅绿色）的梅花、不同地点（如路边、坡上、石际、屋前）的梅花、不同背景（如常绿乔木、深色建筑）的梅花、不同搭配（如与松、竹搭配，苍松是背景，修竹是客景，梅花是主景）的梅花；引导孩子数数梅花的花瓣（一般为5枚），闻闻梅花的香味（如芬芳浓郁）；告诉孩子梅花也叫"五福花"，象征着快乐、幸福、长寿、顺利、和平，使孩子全面形成"梅花绕屋""登楼观梅"的美感。

图片 4-4-7 梅花

3. **全家玩猜谜游戏**。教师启发家长利用业余时间,和孩子一起玩猜谜语的游戏。例如,可先由爸爸说出谜面(有叶不开花,开花不见叶,花开百花前,飘香傲风雪。打一花名),妈妈和孩子一起猜出谜底(梅花);后由妈妈说出谜面(头上青丝如针刺,皮肤厚裂像龟甲,越是寒冷越昂扬,一年四季精神好。打一植物),爸爸和孩子一起猜出谜底(松树);再由孩子说出谜面(小时层层包,大时节节高;初生当菜吃,长大做材料。打一植物),爸爸和妈妈猜出谜底(竹子),以深化孩子对冬季及其植物的认识。

(二)开展小雪教育活动

1. **知道小雪节气**。教师向幼儿出示日历,告诉幼儿:小雪是二十四节气中的一个节气,在每年的11月22日—23日之间;这时,气温下降,逐步达到0℃以下,虽然开始下雪,但是雪量不大,所以叫"小雪"。

2. **知道御寒保暖**。教师向幼儿出示棉衣图片,告诉幼儿:进入小雪节气以后,万物都失去了生机,转入了严寒的冬天,会出现第一次降雪,要多穿衣服,注意御寒保暖。

3. **了解小雪农谚**。教师向幼儿呈现小雪图片,给幼儿讲解"小雪雪满天,来年必丰年"这句农谚的大意(小雪节令时,落雪了,来年雨水均匀,没有大旱涝;下雪,能够冻死一些病菌和害虫,来年会减轻病虫害的发生;积雪,有保暖作用,能增加土壤的肥力),使幼儿知道许多农谚都是知识经验的总结,都是有一定的科学道理的。

(三)开展大雪教育活动

1. **知道大雪节气**。教师向幼儿出示雪景图片,告诉幼儿:大雪是二十四节气中的一个节气,在每年的12月7日—8日之间;大雪的意思就是气温显著下降,天气更加寒冷,雪下得很大很多。

图片4-4-8 雪景

2. **了解大雪特点**。教师向幼儿呈现"河水结冰"的图片,给幼儿讲解谚语"小雪封地,大雪封河"的意思(在小雪节气时,土地被冻住了,封严了,上下不通气了;到了大雪节气时,"雪花飞舞""千里冰封",江河里的水都被冻住了,结冰了),使幼儿知道要防寒保暖。

3. **了解大雪食俗**。教师邀请祖辈家长来园,给幼儿讲讲谚语"小雪腌菜,大雪腌肉"的意思(在小雪节气时,气温急剧下降,天气变得干燥,人们开始用食盐等调味料腌制大白菜、萝卜缨子等咸菜,长期保存,慢慢享用;到了大雪节气时,人们都忙着腌制鸡鸭鱼肉,做香肠等咸货,然后挂在朝阳的屋檐下晾晒干,等到春节时正好享受美食),帮助幼儿了解节气习俗。

(四)开展冬至教育活动

1. 知道冬至节气。 在科学活动时,教师转动地球仪,告诉幼儿:冬至是二十四节气之一,与夏至相对,冬至在每年12月21日—23日;冬至这一天,太阳直射南回归线(又称为冬至线),北半球得到的阳光最少,白天最短,黑夜最长,天气最寒冷;冬至过后,太阳直射点又慢慢地向北回归线转移。

2. 体会冬至食俗。 在晨间活动时,教师邀请家长和幼儿一起包饺子,给幼儿讲讲"医圣"张仲景冬至舍药的故事(他看到许多乡亲们的耳朵都冻烂了,就叫徒弟搭起医棚,支个大锅,在冬至那天舍"娇耳"医治冻疮:把羊肉和药材切碎,用面把它们包成像耳朵一样的"娇耳",煮熟以后,给每个来求药的人,发一碗肉汤和两只"娇耳",人们吃了以后,冻伤的耳朵很快就治好了);在午餐活动时,教师和家长、幼儿一起高高兴兴地吃饺子,充分感受"冬至到,吃水饺"的风俗习惯。

3. 了解数九俗语。 教师给幼儿出示冬天和春天的图片,告诉幼儿:"数九"从每年冬至当天开始计算,每九天为一个单位、一个"九";到了"三九"前后,天气已很冷,所以叫"冷在三九";到了"九九"前后,天气已转暖,所以叫"九九艳阳天"。

4. 学唱数九歌谣。 教师和幼儿一起玩手指游戏,边玩边唱"九九消寒歌谣":一九二九,伸不出手;三九四九,冰上行走;五九六九,河边看柳;七九八九,单衣行走;九九闻雷,响声持久。

5. 学涂消寒图画。 教师给每个幼儿提供一张"九九消寒梅花图"(有9朵花,每朵花有9个花瓣,共81个花瓣,代表九九八十一天),指导幼儿从冬至这天开始,每天用一种自己喜欢的颜色,涂满一个花瓣;告诉幼儿等到9朵花81个花瓣全都涂满颜色以后,春天就到了,使幼儿在涂花的过程中,感受到"九九消寒"。

图片 4-4-9 九九消寒梅花图

6. 学画消寒图表。 教师给每位幼儿提供一张"九九消寒空格图表"(每行有9个空格,有9行,共81个空格,代表81天),鼓励幼儿从冬至开始,每天在上面画一个自己喜欢的图案(例如,在第1行,可画"笑脸"图案;在第9行,可画"太阳"图案);使幼儿知道每过一个九,就画满了一行,等到九行全部画满时,九九消寒图表就画好了,就迎来春天了。

表 4-4-1　九九消寒空格图表

	1	2	3	4	5	6	7	8	9
1 ☺									
2									
3									
4									
5									
6									
7									
8									
9 ☀									

7. 了解冬至俗语。 教师给幼儿出示晴天、雨天的图片,告诉幼儿,中国古人很聪明,他们能从冬至日的天气好坏与到来的先后,来预测以后的天气。例如,俗语"冬至黑,过年疏;冬至疏,过年黑"的意思是:如果冬至这天没有出太阳,那么过年时就会天晴;如果冬至这天晴朗,那么过年时就会下雨。再如,俗语"冬至在月头,要冷在年底;冬至在月尾,要冷在正月;冬至在月中,无雪也没霜"的意思就是说:根据冬至日到来的早晚,来推断寒流到来的早晚。

(五) 开展小寒教育活动

1. 知道小寒节气。 教师向幼儿出示日历年画,告诉幼儿:小寒是二十四节气中的一个节气,是在每年1月5日—7日;小寒的意思就是天气已经很冷了,而且还会越来越冷。

2. 了解小寒俗语。 教师给幼儿呈现冰块等实物,告诉幼儿:"小寒大寒,冷成冰团""小寒大寒,滴水成冰"俗语,说的都是大风降温,气温最低,开始进入一年中最寒冷的日子;"小寒"一过,就进入了"出门冰上走"的三九天了。

3. 品尝节气饮食。 教师和幼儿一起吃煮好的糯米菜饭,鼓励幼儿说说吃到了什么(如青菜、咸肉片、香肠片、板鸭丁、生姜粒、糯米),感觉怎么样(如又香又鲜,很好吃),使幼儿有机会享受节日美食。

4. 玩玩节气游戏。 教师和幼儿一起玩体育游戏,锻炼身体。在晴天,教幼儿学跳绳、踢毽子、滚铁环、挤油渣(幼儿背靠着墙壁,分成两军,相互去挤)、斗鸡(幼儿一只脚站立,另一只脚盘起,用膝盖相互对斗);在雪天,和幼儿一同打雪仗、堆雪人,使幼儿感受到运动的暖意、大家一起游玩的乐趣。

(六) 开展大寒教育活动

1. 了解大寒的节气。 教师出示冰天雪地的图片,告诉幼儿:大寒是全年二十四节气中的最后一个节气,在每年 1 月 19 日—21 日;大寒表示天气严寒,最寒冷的时期到来,大风降温、冰天雪地、寒潮频繁、积雪不化,需要防寒防冻。

图片 4-4-10　冰天雪地

2. 了解大寒的特点。 教师给幼儿播放孵小鸡、老鹰、河水结冰的微视频,告诉幼儿:到了大寒节气,就可以孵小鸡了;老鹰也会在空中飞舞,到处寻找食物;河里的水,结成的冰很厚,可以在上面溜冰了。

3. 玩老鹰抓小鸡游戏。 教师和幼儿一起在室内用废旧报纸制作"老鹰""鸡妈妈""鸡宝宝"头饰,然后教师带领幼儿到室外去玩老鹰捉小鸡的游戏;先由一名教师扮演"老鹰",另一名教师扮演"鸡妈妈",幼儿扮演"鸡宝宝",大家进行游戏;然后交换角色,由幼儿来扮演"老鹰""鸡妈妈",继续玩游戏。

4. 品尝腊八粥食俗。 教师和幼儿一起吃腊八粥,引导幼儿说说吃到了什么(如大米、糯米、黄米、白米、小米、薏米、绿豆、红豆、花生、栗子、红枣、桂圆、莲子、杏仁、松子、葡萄),使幼儿在品尝香甜美味的腊八粥的过程中,加深对大寒风俗食俗的美好体验。

5. 了解大寒的俗语。 教师给幼儿呈现地球仪,讲解"大寒之后天渐暖""大寒到顶点,日后天渐暖"等俗语,使幼儿知道大寒是天气最冷的时候,过了大寒,天气就会变暖了,就要立春了,迎来新的一年的各种节气。

(七) 吟唱冬季节气歌谣

教师教幼儿学说冬季节气歌谣(冬雪雪冬小大寒),使幼儿知道它们分别代表着 6 个节气(立冬、小雪、大雪、冬至、小寒、大寒),并用自己喜欢的方式表现冬天的 6 个节气。

(八) 吟唱四季节气歌谣

教师和幼儿一起吟唱二十四节气歌谣(春雨惊春清谷天,夏满芒夏暑相连,秋处露秋寒霜降,冬雪雪冬小大寒),和幼儿一起说说它们所代表的二十四个节气(立春、雨水、惊蛰、春分、清明、谷雨;立夏、小满、芒种、夏至、小暑、大暑;立秋、处暑、白露、秋分、寒露、霜降;立冬、小雪、大雪、冬至、小寒、大寒)。

(九) 了解欣赏节气诗歌

教师给幼儿播放并讲解节气诗(一月小寒接大寒,二月立春雨水连;惊蛰春分在三月,清明谷雨四月天;五月立夏和小满,六月芒种夏至连;七月大暑和小暑,立秋处暑八月间;九月白露接秋分,寒露霜降十月全;立冬小雪十一月,大雪冬至迎新年),以加深幼儿对时节和气候的认识。

(十) 表现四季节气特点

教师鼓励幼儿说说自己所喜欢的某个或某几个节气,并用自己喜欢的方式(如肢体动作),来表现某个或某些节气的特点。

(十一) 描绘二十四节气

教师给幼儿提供画板画纸,引导幼儿画出自己所喜欢的节气及其主要特点。

(十二) 匹配四季节气图片

教师给幼儿提供二十四节气图片,指导幼儿把同一个季节的图片摆放在一起,帮助幼儿认识四季及其节气。

(十三) 玩节气队列训练游戏

教师和幼儿一起制作二十四节气的头饰,然后戴上自己喜欢的节气头饰,按照节气的顺序,听从指挥,依次排好队伍(例如,教师扮演"指挥官",喊"立春"时,那么戴着"立春"头饰的幼儿,就要回答"到",并站到队伍的最前面来);答错、站错位置的幼儿,就要被罚唱一首歌曲。

(十四) 玩节气卡片接龙游戏

教师把二十四节气的名称和特点画在二十四张卡片上,引导幼儿玩词语接龙游戏,把"立春"排在最前面,把"大寒"排在最后面。

(十五) 涂画二十四节气转盘

教师给每位幼儿提供一张二十四节气图纸转盘,指导幼儿在每个节气的空间里,涂上自己喜欢的颜色,或画上自己喜欢的图案。

(十六) 制作二十四节气转盘

教师和幼儿一起把废旧纸盒剪成圆形,再在上面划分出二十四块;大家合作,在每块上面,画出一个节气的图案。

(十七) 玩转二十四节气字牌

教师和幼儿一起制作二十四节气的图文字牌(用绿色表示春季的 6 个节气,用蓝色表示夏季的 6 个节气,用黄色表示秋季的 6 个节气,用白色表示冬季的 6 个节气),然后一起玩翻转二十四节气字牌的游戏;当教师或幼儿翻动某个节气的字牌时,喜欢这个节气的其他幼儿就说说这个节气的特点。

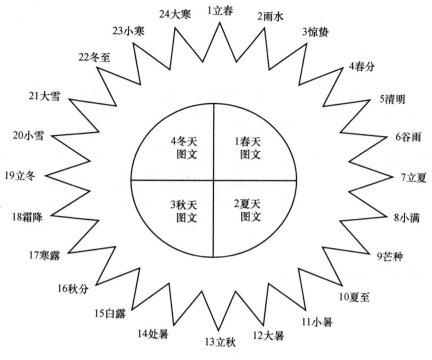

图 4-4-1　二十四节气图转盘

表 4-4-2　二十四节气图文字牌表

春（绿色）	立春图文	雨水图文	惊蛰图文	春分图文	清明图文	谷雨图文
夏（蓝色）	立夏图文	小满图文	芒种图文	夏至图文	小暑图文	大暑图文
秋（黄色）	立秋图文	处暑图文	白露图文	秋分图文	寒露图文	霜降图文
冬（白色）	立冬图文	小雪图文	大雪图文	冬至图文	小寒图文	大寒图文

本章小结

本章小结如下图。

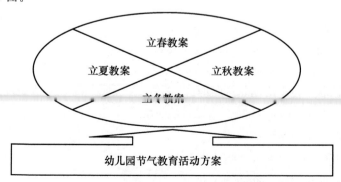

图 4-5-1　第四章幼儿园节气教育活动方案

各节小结如下图。

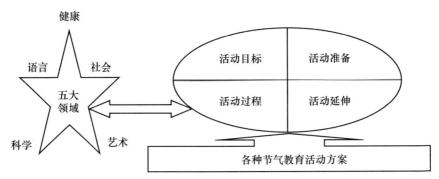

图 4-5-2　各种节气教育活动方案

 本章复习思考题

1. 什么是节气？节气有哪些？
2. "四立"指的是哪几个节气？
3. 反映四季变化的节气有哪 8 个？
4. 反映温度变化的节气有哪 5 个？
5. 反映天气现象的节气有哪 7 个？
6. 反映物候现象的节气有哪 4 个？
7. 你是如何看待幼儿节气教育的？
8. 你认为应该如何对幼儿进行节气教育？
9. 节气教育方案应该包括哪几个组成部分？
10. 你喜欢哪些节气？请以某个节气为例，设计一个幼儿园节气教育活动方案。

 本章课外浏览网站

1. 中国农业博物馆 http://www.zgnybwg.com.cn/
2. 黑龙江省博物馆 http://www.hljmuseum.com/
3. 山西博物院 http://www.shanximuseum.com/
4. 河南博物院 http://www.chnmus.net/
5. 上海博物馆 http://www.shanghaimuseum.net/museum/frontend
6. 安徽博物院 http://www.ahm.cn/
7. 江西省博物馆 http://www.jxmuseum.cn/
8. 福建博物院 http://museum.fjsen.com/
9. 广东省博物馆 http://www.gdmuseum.com/

本章课外阅读书目

1. 王修筑.图说二十四节气和七十二物候[M].太原:山西人民出版社,2011.
2. 申赋渔.光阴:中国人的节气[M].南京:江苏美术出版社,2015.
3. 熊亮.二十四节气[M].天津:天津人民出版社,2017.

第五章 幼儿园课程的研学旅行方案

本章共有九节,第一节是探索上海儿童博物馆活动方案,第二节是游览上海市鲁迅公园活动方案,第三节是参观浙江省博物馆活动方案,第四节是游玩浙江省义乌市骆宾王公园活动方案,第五节是参观江苏省苏州博物馆活动方案,第六节是参观江苏省苏州图书馆活动方案,第七节是参观江苏省无锡博物院活动方案,第八节是参观江苏省无锡图书馆活动方案,第九节是观赏山东省青岛市海趣园活动方案。

第一节 探索上海儿童博物馆活动方案

图片 5-1-1 上海儿童博物馆

一、活动目标

1. 使幼儿知道上海儿童博物馆的地理位置(上海市长宁区宋园路 61 号),从幼儿园可以步行或乘车到达,培养幼儿的空间知觉能力。

2. 使幼儿知道上海儿童博物馆是专门为儿童建造的博物馆,是中国第一座儿童博物馆,激发幼儿的参观愿望。

3. 使幼儿通过参观上海儿童博物馆,萌发对航天航海的兴趣,丰富科学知识;培养遵守社会场所的规则意识和行为。

4. 使家长知道博物馆也是教育孩子的重要场所,更新家长的教养观念,增强家长的教育能力。

二、活动准备

1. 教师点击上海儿童博物馆官网（http://www.shetbwg.com），查找各种信息,了解免费开放的时间（周二—周日 8:45—16:45）、交通信息（如地铁十号线、公交 911 路）。

2. 教师到上海儿童博物馆去参观,实地了解场馆的分布情况和重要景点,和工作人员商讨参观的注意事项。

3. 教师向家长发出参观上海儿童博物馆的邀请信,鼓励家长积极参与,共同做好参观工作。

参观上海儿童博物馆邀请信

亲爱的家长朋友们：

你们好！

为了增长孩子的见识,提高孩子的能力,我们决定于____年____月____日星期____,组织儿童去<u>上海儿童博物馆</u>参观游览（这个博物馆是全国首座面向 3—10 岁儿童的专业博物馆）。

因为这个博物馆是免费对公众开放的,所以不需要交钱购买门票。

因为博物馆也是教育孩子的重要场所,所以我们热烈欢迎你能提前安排好自己的工作,挤出时间,参与活动,和我们一起保障孩子的安全,让孩子在活动中得到更好的成长。

上海儿童博物馆坐落在国家名誉主席宋庆龄陵园旁边（长宁区宋园路 61 号）,我们将根据参加的家庭人数,确定前往的交通工具。

如果你同意孩子参加,且家长也准备参加,请在下面表格中孩子名字后面的栏目里打个"√",并填写家长姓名和手机号码；如果同意孩子参加,家长不参加,请在孩子名字后面的栏目里打个"√"。

<u>____幼儿园____班儿童参观上海儿童博物馆名单</u>

序号	幼儿姓名	如参与,就请打√	家长姓名	家长手机号码
1	王——	√	王&&	130—————
……	……			
……	……			
30	赵——	√	赵**	137—————

感谢你的关注！感谢你的合作！感谢你的参与！

　　　　　　　　　　　　　　____幼儿园____班教师：＊＊＊　＊＊＊
　　　　　　　　　　　　　　　　　____年____月____日

4. 教师提醒家长让孩子穿上休闲衣、运动鞋，背上双肩包（饮用水、餐巾纸、小零食），以便于孩子进行参观活动。

三、活动过程

（一）在馆楼前

教师和家长带领幼儿来到上海儿童博物馆前，启发幼儿寻找博物馆的名字，看看在哪里（在中间的墙壁上）？是什么颜色的字（黑色）？数数有几个字（7个）？和幼儿一起读读汉语名称（上海儿童博物馆），再教幼儿认读下面的英文名称（SHANGHAI CHILDREN'S MUSEUM）。

教师和家长引导幼儿观察博物馆的主体建筑造型，看看左边的建筑看上去像什么（金字塔）？中间的建筑看上去像什么（魔方）？右边的建筑看上去像什么（圆球）？再数数馆名上面有几个图形（3个）？看看是什么颜色（蓝色、红色、绿色）？什么形状（方锥体、正方体和半球体）？想想这三种颜色的三个立方体表示什么意思（博物馆主体建筑的造型）。

图片 5-1-2　上海儿童博物馆外观

（二）在"入口"处

教师和家长带领幼儿走上台阶，来到"入口"处：(1) 指导幼儿观看右边的大屏幕及其滚动播放的图文、"禁止吸烟"的标识、"宋园路61"的门牌以及左边的"儿童博物馆开放时间：8:45—16:45（15:30起停止入馆）周一闭馆"。(2) 指导幼儿认读玻璃门上面的"入口 ENTRANCE"字牌，带领幼儿走进去，给幼儿讲讲左边墙壁上张贴的"上海儿童博物馆参观须知""上海儿童博物馆游客服务项目""活动公告""上海儿童博物馆服务指导"等展板，使幼儿知道要遵守参观的各项规则；启发幼儿和保安叔叔、阿姨问好，安检后，通过闸机通道入馆。

图片 5-1-3　入口处　　　　　　　　图片 5-1-4　参观须知

（三）在序厅里

教师和家长带领幼儿走进序厅：(1) 指导幼儿观看"儿博馆室内平面导览图"，找到当前所处的位置、"洗手间""全天周影院""休息区"及其位置。(2) 启发幼儿看看天花板上漂亮的灯，看看有哪几种颜色（绿色、黄色、紫色）。(3) 鼓励幼儿数数旁边有几根大柱子（4根）、每根柱子上有几根管子？什么颜色（红色、黄色、紫色、蓝色、绿色）？什么形状？听听每根管子里有什么声音？(4) 引导幼儿观看"旅行沙盘""请不攀爬""请不乱扔物"的警示牌，和幼儿一起在沙盘上寻找"上海儿童博物馆"的文字和模型。

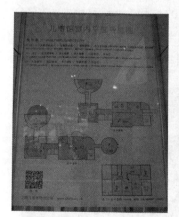  

图片 5-1-5　平面导览图　　　图片 5-1-6　听筒　　　　图片 5-1-7　旅行沙盘

（四）在"进入船舱"展厅里

教师和家长带领幼儿来到"进入船舱"展区，教幼儿认读这几个字，引导幼儿观察脚下、四周及其物体，体验进入船舱的感觉。

图片 5-1-8　船舱　　　　　　　　　　图片 5-1-9　"雪龙"科考船

1. 观赏科考船

教师和家长引导幼儿观看左边的"雪龙 XUE LONG"科学考察船，鼓励幼儿寻找这艘船的名字印在哪里（右边）？什么颜色（红色船，白色字）？船的周围有什么（冰山和动物）？有哪些动物（4只大企鹅和许多小企鹅、1只海豹）；启发幼儿思考这艘船为什么要叫"雪龙"号（"雪"意味着南极的冰雪世界，"龙"代表中国）？给幼儿讲解："雪龙"号是中国最大的极地考察船，也是中国唯一能在极地破冰前行的船只，创下了中国航海史上的多项新纪录。

2. 试当小船长

教师和家长指导幼儿在"船长驾驶室"里，听听"船舶的分类"的故事，看看"客轮""货轮""科考船""军用船"的图画，玩玩"船舶拼图"；了解"船长"的作用（船长是船舶的安全生产、航行指挥、行政管理、技术业务和涉外工作的负责人），当当"小小船长"，转动方向盘，驾驶船舶，推动加速器，使船快速前进；看看"航海雷达"图标、"旗语"示意图。

图片 5-1-10　船舶拼图　　　　　　　图片 5-1-11　方向盘

3. 观看龙卷风

教师和家长引导幼儿来到"海上龙卷风"展区，告诉幼儿龙卷风的速度很快，力气很大，吸吮作用很强，能把海水吸离海面，形成水柱，然后同云相接，龙卷风又称"龙吸水"

"龙取水";鼓励幼儿数数有几条船(2只)？几种动物(2种)？几只海鸥(4只)？几只海狮(3只)；和幼儿一起描述画面：在蓝色的大海上，龙卷风突然来了，气势汹汹，掀起了巨大的海浪，小船左右摇摆，海鸥四处乱飞，海狮到处流窜。

图片 5-1-12　龙卷风

4. 制造小海浪

教师和家长引导幼儿来到"造浪台"展区，给幼儿讲解"海浪分级"，使幼儿知道海浪的级别(0—9)及其名称(海面如镜、微浪、小浪、轻浪、中浪、大浪、巨浪、狂浪、怒涛、凶涛)；鼓励幼儿转动转盘，制造不同级别的海浪，如按倒计时方向，快速转动转盘，就能创造出更大的海浪来。

图片 5-1-13　造浪台

5. 旋转小魔块

教师和家长引导幼儿来到"旋转墙"前，启发幼儿数数魔块有几排(4排)？每排有几块(5块)？共有多少块(20块)？给幼儿讲讲每个魔块上的文字(如"轮机长""船长""大副""船医")和图案,启发幼儿根据这些字词,转动魔块,拼摆成完整的图画。

图片 5-1-14 旋转墙

6. 观看名船画

教师和家长引导幼儿观看右边的"人力木船""风力帆船""蒸汽机轮船"等图画;给幼儿讲讲"泰坦尼克号"的故事,告诉幼儿回家后可看看这部电影;给幼儿讲讲"郑和宝船"和"郑和船队下西洋"的故事,使幼儿知道郑和是我国著名的航海家,"宝船"就是"运宝的船",郑和宝船是郑和船队下西洋时使用的航海船,是当时世界上最大的海船。

图片 5-1-15 泰坦尼克号

图片 5-1-16 郑和宝船

7. 观看玻璃窗

教师和家长引导幼儿观看橱窗里的"罗盘""风向标""水手结""中国海军辽宁舰"等多种实物模型,使幼儿知道罗盘是用于探测风水的工具,后来发展成为现代的指南针;风向标是测定风来向的仪器,在风压作用下,风标箭头指风的来向;水手结就是水手们打的结,经得起风吹日晒水泡,长久稳固,易结易解不易开,结实稳固,"就是绳子断了,绳结都不会开";"中国海军辽宁舰",舷号 16,是中国人民解放军海军第一艘可以搭载固定翼飞机的航空母舰。

(五)在"潜入深海"展厅里

教师和家长带领幼儿来到"潜入深海 DEEP INTO THE SEA"展厅,教幼儿认读这个展厅的中英文名称;提醒幼儿里面较暗,要注意脚下安全。

1. 寻找"深海家族"的成员

教师和家长引导幼儿观看电子大屏幕及其周围环境,告诉幼儿:有些生物生活在大洋带以下，人们的探险活动也经常会深入海面以下；鼓励幼儿说说自己都看到了什么（鱼、虾、海龟、螃蟹、珊瑚、海山、礁石等），找找"深海家族"都有哪些成员。

2. 探寻"深潜器"的秘密

教师和家长启发幼儿观看"深潜器"，说说它看上去像什么（像鱼），是什么颜色（红色、黄色）；告诉幼儿："深潜器"的本领很大，能进行水下考察、海底勘探、海底开发和打捞、救生等；鼓励幼儿当当"潜航员"，钻进"深潜器"，转动方向盘，按动按钮，看看深海里会有什么神奇的现象出现。

图片 5-1-17　深潜器外观　　　　图片 5-1-18　在深潜器里

（六）在"太空旅行"展厅里

教师和家长带领幼儿爬上旋转的升空楼梯，来到 2 楼，在"太空旅行 TRAVEL IN SPACE"展厅前，教幼儿认读门口的中英文名称。

1. 在"看太空"展区里

教师和家长引导幼儿来到"看太空"展区，启发幼儿仰望星空，看看亮晶晶的星星，数数星星；和幼儿一起观看"太阳的结构""地球与月球""日食和月食""水星和金星"的图像、"银河系的结构""仙女星系""恒星的一生""彗星"等图像，并给幼儿进行简单的讲解，丰富幼儿对宇宙空间的认识，焕发幼儿探索太空秘密的兴趣。

图片 5-1-19　看太空

2. 在"天外来客"展区里

教师和家长引导幼儿来到"天外来客"展区，和幼儿一起观看"金属矿石""非金属矿石""石陨石""铁陨石""石铁陨石"的模型，给幼儿进行简单的讲解。

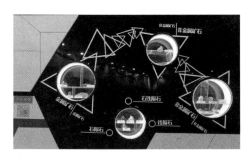

图片 5-1-20　天外来客

3. 在"宇宙秤"展区里

教师和家长引导幼儿来到"宇宙秤"展区,告诉幼儿:我们居住的地球是太阳系里的一颗大行星,太阳系共有 8 颗大行星(地球、火星、木星、水星、金星、土星、天王星和海王星),同一重量的物体在不同星球上重量是不同的;指导幼儿分别站在 4 台"宇宙秤"上体验测量一下,看看自己的体重各是多少(在地球的体重是多少斤、在火星的体重是多少斤、在木星的体重是多少斤、在月球的体重是多少斤),比较一下自己在不同星球上的重量(在哪个星球上最重、在哪个星球上最轻)。

图片 5-1-21　宇宙秤

4. 在"航天员的一天"展区里

教师和家长引导幼儿来到"航天员的一天"展区,告诉幼儿:航天员也叫宇航员,就是进行太空飞行的人,要成为一名宇航员,不仅要身体好,而且还要学习好,具有天文学等许多方面的知识,很强的分析和解决问题的能力;观看屏幕上左右两边的图文,使幼儿知道从早上 7:15 到晚上 22:30,小男孩"东东"和"航天员"叔叔所做的不同的事情,加深幼儿对"航天员"生活(如何洗脸、吃饭、睡觉等)和工作(做试验、天地沟通等)的了解,激发幼儿对航天英雄的崇拜之情。

教师和家长引导幼儿观看竖立着的 2 个航天服模型(1 个是成人服,1 个是儿童服),告诉幼儿:航天服是白色的,有头盔、上肢、躯干、下肢、手套、靴子,是一种特制的衣服,舱外航天服就像是一个穿在身上的小飞船;鼓励幼儿在航天服上寻找我国国旗图案(在左臂)、"飞天"名字(在右臂),告诉幼儿:"飞天"是我国研制的第一代舱外航天服;启发幼儿在航天服上寻找钳子、扳手(在胸前),告诉幼儿:航天员需要用这些工具,才能把衣服打开;指导幼儿"穿"上航天服(站到后面探出头),扮演航天员,拍下一张遨游太空的照片,作为留念。

图片 5-1-22　航天服

(七) 在"返回地球"展厅里

教师和家长带领幼儿来到"返回地球 RETURN TO EARTH"展厅前,教幼儿认读门口的中英文名称,和幼儿一起观看"飞天之梦——升空秀"表演。

1. 观看航天飞机

教师和家长引导幼儿观看"航天飞机"模型,告诉幼儿:航天飞机是一种有人驾驶的,可以重复使用的,往返于太空、宇宙和地面之间的航天器;它既能像火箭一样垂直起飞,像太空飞船一样在轨道上运行,又能像飞机一样水平着陆;它可以乘坐7名航天员(3名机组人员,4名科技专家);它在轨道上运行时,可以完成释放、回收及维修卫星、各种微重力科学实验等多项任务。

教师和家长鼓励幼儿寻找航天飞机模型上面的英文字母和星条旗图案,给幼儿读读"Discovery""United States""USA"等单词,给幼儿讲解:这是美国的"发现"号航天飞机,1984年开始飞行,2011年退役,共飞行了27年、39次、2.3亿公里。

图片 5-1-23　航天飞机

2. 观看长征火箭家族

教师和家长引导幼儿仔细观察"长征火箭家族"模型,启发幼儿找找上面印着什么字(中国航天),数数长征火箭"家族成员"共有多少个(10个),分别叫什么名字(长征4号

A……CZ-1D);告诉幼儿:长征火箭家族中的每个成员都"身怀绝技",有很大的本领;给幼儿讲解:1970年长征一号火箭发射成功,使中国成为继苏联、美国、法国、日本之后,第五个能够独立发射人造地球卫星的国家,如今已走过48年辉煌征程,形成了具有中国特色的长征系列运载火箭家族,书写了一部我国自力更生发展航天科技的民族史诗。

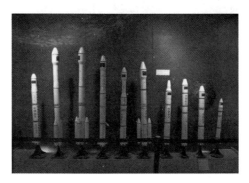

图片 5-1-24　长征火箭家族

3. 观看回收舱

教师和家长引导幼儿来到"太空旅行之'锅'——回收舱"展区,启发幼儿观看画面,知道这是航天员结束太空探险,踏上返回之旅,将要回到地球;鼓励幼儿观看宝物,说说它看上去像什么(像一口大黑锅)。告诉幼儿:这个外表黑漆漆的"大锅"可是个遨游过太空的真家伙,它经过高温的考验、着陆时的猛烈撞击,是我国"第一代返回式卫星回收舱",里面曾经装着许多宝贝,它是我们国家航天事业大发展的标志。

(八)在"草婴书屋"展厅里

教师和家长带领幼儿来到"草婴书屋 READING AREA TO CAO YING'S MEMORY"展厅,给幼儿读讲"草婴的朋友圈""草婴与上海儿童博物馆之缘""草婴的求学时代",使幼儿了解草婴的童年和他的翻译世界;和幼儿一起看看草婴家微缩版的书房;给幼儿讲读"草婴的翻译手卡",启发幼儿看看右边的卡片架,数数有几排(5个)?每排有几个(4个)?共有多少个(20个)?鼓励幼儿转动卡片,学认上面的字词(如多不胜数);给幼儿讲讲"诺言"故事会,引导幼儿登上小舞台,给大家讲讲自己信守承诺的故事;指导幼儿在书架上找本喜欢的书,坐在木地板上、沙发上看看。

图片 5-1-25　草婴书屋　　　　图片 5-1-26　母女共读

（九）在室外广场

教师和家长带领幼儿从后门走出去，来到户外广场，启发幼儿仔细观察小女孩雕像（小女孩扎着马尾辫，盘腿坐在平台上，右手向前方托着一只和平鸽），鼓励幼儿加以模仿；引导幼儿再看看水池、亲水廊道、大圆球、长方体、立锥体，充分感受博物馆建筑外观的美。

图片 5-1-27　女孩雕像

（十）在"出口"处

教师和家长带领幼儿来到"出口"处闸机前，提醒幼儿仔细观察地面上黄色脚印里的箭头方向和白色的字"儿童博物馆出口"，左边的白底黑字"温馨提示：安全出口"图案，右边的红底白字"温馨提示：紧急通道"；引导幼儿从"儿童博物馆出口"闸机中走出来。

图片 5-1-28　出口处

（十一）在馆外拍照

教师和家长带领幼儿来到馆外，拍张全班集体照；鼓励幼儿选择喜欢的地方，拍个人照，和小伙伴们一起拍朋友照；指导幼儿用相机、手机拍拍博物馆的外观。

四、活动延伸

（一）在幼儿园里强化

1. 教师在班级的图书区里，给幼儿增加有关航海、航天的图画故事书，丰富幼儿对海洋、对天体的认识。

2. 教师在班级的建构区里,给幼儿提供多种废旧材料,鼓励幼儿搭建自己心目中的"上海儿童博物馆",培养幼儿创新的意识和行为。

3. 教师在班级的美术区里,给幼儿提供画纸画笔,引导幼儿绘制"上海儿童博物馆"的游览示意图,加深幼儿对博物馆的认识。

4. 教师在班级的歌舞区里,给幼儿播放迈克尔·杰克逊的"太空步"视频,强化幼儿对"月球漫步"的兴趣。

(二) 在家庭里渗透

1. 教师指导家长,在家里和孩子一起上网点击上海儿童博物馆官网(http://www.shetbwg.com),再看看镇馆之宝(中国首批返回式卫星回收舱、长征四号火箭2级发动机、返回式卫星降落伞)。

2. 教师启发家长,在家里让孩子当讲解员,给大家讲讲上海儿童博物馆的主要展厅和展品。

3. 教师鼓励家长利用节假日,带领孩子到附近的其他博物馆去参观,扩展孩子的眼界。

(三) 在社区里扩展

1. 教师组织幼儿去参观附近的宋庆龄陵园,瞻仰宋庆龄纪念碑、宋庆龄雕像、宋庆龄纪念馆,使幼儿知道她曾是我们国家的名誉主席,她非常关心热爱我们小朋友,希望我们小朋友能努力学习,热爱劳动,掌握本领,像小树苗一样健康成长。

图片 5-1-29 宋庆龄雕像

2. 教师组织幼儿去参观其他一些博物馆(如上海消防博物馆、上海公安博物馆、上海博物馆、上海自然博物馆、上海昆虫博物馆、上海科技馆、中国航海博物馆),增加幼儿对博物馆的认识,培养幼儿喜欢去博物馆的行为习惯。

3. 教师组织幼儿去参观图书馆、书店,使幼儿有更多的机会阅读有关航海、航天的图书,强化幼儿热爱科学、探索科学的兴趣。

图片 5-1-30　中国航海博物馆

4. 教师组织幼儿去参观动物园（如上海动物园）、植物园（如上海植物园），丰富幼儿对动物和植物的知识，培养幼儿关爱动植物的意识。

第二节　游览上海市鲁迅公园活动方案

图片 5-2-1　公园南门

一、活动目标

1. 使幼儿知道鲁迅公园原名叫虹口公园，位于上海市虹口区，培养幼儿的空间知觉。

2. 使幼儿知道鲁迅公园里面有国家级文物保护单位鲁迅墓和鲁迅纪念馆，是上海主要历史文化纪念性公园和中国第一个体育公园，增加幼儿对鲁迅的了解。

3. 使幼儿知道鲁迅公园里的世界文豪广场，通过东西方文学巨匠雕像，感受公园的文化气息，萌发对文学的兴趣。

4. 使幼儿知道鲁迅公园是上海最早用沙滤水的地方,具有历史景观和中国造园艺术,是一座著名的文化休息公园,加深幼儿对上海城市公园特色的了解。

二、活动准备

1. 教师上网查询有关鲁迅公园的各种信息,了解鲁迅公园免费开放的时间、公共交通工具。

2. 教师去鲁迅公园参观,实地了解鲁迅公园里的主要景点,和工作人员商讨参观的注意事项。

3. 教师向家长发放参观鲁迅公园的邀请信,鼓励家长积极参与,合作做好参观工作。

4. 教师提醒家长让孩子穿上便于游玩的衣服、鞋子,戴上帽子,背上小书包,带点饮用水和食品。

三、活动过程

(一) 在公园西门前

教师和家长带领幼儿从地铁站出来,走到鲁迅公园的西门前,指导幼儿寻找公园的名称,看看园名是怎么排放的(竖着排放),教幼儿认读"鲁迅公园"这四个大字;引导幼儿寻找公园的"开放时间",轻声说出现在的开放时间(如10月06:00—21:00)。

图片 5-2-2 公园西门

图片 5-2-3 开放时间

(二) 在公园宣传栏前

教师和家长带领幼儿走进公园,来到公园"宣传栏"前,给幼儿读读"鲁迅公园简介",讲讲"便民措施""文明游园守则";和幼儿一起看看"全景导游图",寻找当前的位置。

图片 5-2-4　宣传栏

图片 5-2-5　全景导游图

（三）在鲁迅纪念亭前

教师和家长带领幼儿来到鲁迅纪念亭，指导幼儿观看亭子的特点：方形平台，攒尖顶，砖木结构；亭子有 4 个角，4 根石柱子；亭内毛石地坪，除东西间的走道外，四周设置了石板凳。

图片 5-2-6　鲁迅纪念亭

（四）在公园变迁浮雕墙前

教师和家长带领幼儿来到广场，给幼儿读读宣传栏上的"园区广场游客须知"，使幼儿知道要"讲文明，讲礼貌"；指导幼儿观看公园百年变迁浮雕墙，启发幼儿数数有几个展块？每个展块上面都雕刻了什么？有哪些图像？哪些文字？哪些名人？哪些物体？然后再给幼儿进行简单的讲解。

1. 在第一块墙雕前，指导幼儿观察雕画，寻找雕字（"虹口公园"及大铁门、"九路电车"及路灯和一位读报人、"淞沪铁路"及铁轨和火车与高楼、"饮水器"及物品、"虹口娱乐场"及运动员和跑道、梅花和枫叶等花草树木），启发幼儿学学运动员打球的姿势。

2. 在第二块墙雕前，引导幼儿观察雕画，找出雕字（"石拱桥"及 2 位行人、"音乐台"

及演奏者、5只飞鸟、"梅轩"、梅花和枫叶等花草树木),鼓励幼儿学学演奏者拉提琴的姿势。

3. 在第三块墙雕前,指导幼儿观看雕像,寻找雕字("民族魂"及"巴金""丁玲""内山完造""鲁迅""茅盾""叶圣陶""许广平""宋庆龄"8位名人与站像、荷花和松树等花草树木),给幼儿讲讲这组名人群雕的故事(鲁迅被誉为"民族魂",他以笔代戈,奋笔疾书,战斗一生,他的作品对中国文学产生了深刻的影响;他旁边的这些名人都是他的好朋友,都受到了他的很多影响和帮助;内山完造是日本友人,曾在上海开书店,鲁迅常去,后面我们去参观鲁迅纪念馆时能看到这个书店;其他人都是中国大文豪,其中,巴金是鲁迅的忘年交,写过《忆鲁迅先生》;丁玲是才女,在鲁迅帮助下,出版了名作《母亲》;茅盾是鲁迅的同辈密友;叶圣陶是鲁迅的同辈战友,鲁迅夸奖他的童话故事《稻草人》是给中国的童话开了一条自己创作的路;许广平是鲁迅的第二任妻子,生了儿子周海婴,后面我们在参观鲁迅纪念馆时能看到他们的全家福照片;宋庆龄是已故中国革命家孙中山的第二任妻子,是鲁迅的战友,他们之间纯洁而绵长的情谊被称为"人世楷模",她还亲笔为《鲁迅研究》题词:"学习鲁迅,研究鲁迅,做人民大众的牛,同心同德,为建设社会主义现代化强国而奋斗!"),告诉幼儿:后面我们去参观鲁迅纪念馆时能看到巴金题的字。

4. 在第四块墙雕前,引导幼儿观看雕画,寻找雕字("越虹桥"及乌篷船、荷花及梅花等花草树木),告诉幼儿:后面我们去参观鲁迅纪念馆时能看到乌篷船;去游园时,还能看到"越虹桥",在桥上走一走。

5. 在第五块墙雕前,指导幼儿观看上面的图画(铁栅栏、荷花及梅花等花草树木),认读上面的文字(鲁迅纪念亭、朱屺瞻艺术馆)。

图片5-2-7　浮雕墙

(五) 在世界文豪广场上

教师和家长带领幼儿向树林走去,引导幼儿观看路边的"裴多菲"雕像,告诉幼儿"他是匈牙利诗人",给幼儿朗诵他的名诗《自由与爱情》(生命诚可贵,爱情价更高,若为自由故,两者皆可抛)。

图片 5-2-8　裴多菲　　　　　　图片 5-2-9　世界文豪广场

教师和家长带领幼儿来到树林里,指导幼儿仔细观察"世界文豪广场"里的铜雕像,数一数有多少座全身雕像(10座),找一找他们的名字(在每座雕塑脚边都有一块铜制铭牌)。

教师和家长给幼儿讲讲十大文豪的故事:(1)但丁(1265—1321)是意大利大文豪,主要作品有《神曲》等,名言佳句有"最聪明的人是最不愿浪费时间的人"等。(2)莎士比亚(1564—1616)是英国大文豪,主要作品有《哈姆雷特》等,名言佳句有"书籍是全人类的营养品"等。(3)歌德(1749—1832)是德国大文豪,主要作品有《少年维特之烦恼》等,名言佳句有"读一本好书,就如同和一个高尚的人在交谈"等。(4)普希金(1799—1837)是俄罗斯大文豪,代表作主要有《渔夫和金鱼的故事》等,名言佳句有"书籍是我们的精神食粮"等。(5)巴尔扎克(1799—1850)是法国大文豪,主要作品有《人间喜剧》等,名言佳句有"问号是开启任何一门科学的钥匙"等。(6)雨果(1802—1885)是法国大文豪,主要作品有《巴黎圣母院》等,名言佳句有"书籍是造就灵魂的工具"等。(7)狄更斯(1812—1870)是英国大文豪,主要作品有《雾都孤儿》等,名言佳句有"时间就是金钱"等。(8)托尔斯泰(1828—1910)是俄国大文豪,主要作品有《童年》等,名言佳句有"理想的书籍,是智慧的钥匙"等。(9)泰戈尔(1861—1941)是印度大文豪,获得过诺贝尔文学奖,主要作品有《飞鸟集》等,名言佳句有"知识是珍贵宝石的结晶,文化是宝石放出的光泽"等。(10)高尔基(1868—1936)是苏联大文豪,主要作品有《童年》,名言佳句有"书是人类进步的阶梯"等。

教师和家长鼓励幼儿说说自己崇拜的偶像,学学偶像的姿势(坐着或站立、手拿书或笔或帽或拐杖),和偶像合影留念。

图片 5-2-10　但丁　　图片 5-2-11　莎士比亚　　图片 5-2-12　歌德　　图片 5-2-13　普希金

图片 5-2-14　巴尔扎克　　图片 5-2-15　雨果　　图片 5-2-16　狄更斯

图片 5-2-17　托尔斯泰　　图片 5-2-18　泰戈尔　　图片 5-2-19　高尔基

（六）在鲁迅纪念馆里

1. 在纪念馆前

教师和家长带领幼儿来到鲁迅纪念馆前：(1) 引导幼儿观看"鲁迅"雕像（身穿长袍，右手向前），模仿鲁迅站姿；告诉幼儿：鲁迅（1881—1936）是浙江绍兴人，中国大文豪，主要作品有《阿Q正传》《呐喊》《彷徨》，对中国文学产生了深刻的影响，他是一位东方文学大师，前面我们看到的是十位西方文学巨匠。(2) 启发幼儿寻找馆名（鲁迅纪念馆），数数有几个字、什么颜色(五个白底黑字),看看馆名是怎么排放的(竖着排放)、谁题写的(周恩来总理),说说这座建筑物有什么特点(白墙黑瓦,马头墙,江南民房风格);告诉幼儿这是新中国第一座人物类博物馆,是全国首批一级博物馆。(3)给幼儿讲解"上海鲁迅纪念馆免费开放服务办法",使幼儿知道"参观须知",做到"在展厅内不奔跑,不大声喧哗"。

图片 5-2-20　鲁迅雕像

图片 5-2-21　鲁迅纪念馆

2. 在大堂里

教师和家长带领幼儿通过安检,进入大厅,先看看左侧的"鲁迅"雕像(身穿长袍,双手放在胸前,右手在上,左手在下),模仿"鲁迅"的坐姿,想想这座雕像和馆门前的雕像有什么异同点(馆门前雕像是站立的);再看看旁边的"鲁迅纪念馆1∶150"模型。

图片 5-2-22　鲁迅坐像和鲁迅纪念馆模型

图片 5-2-23　楼梯和信息牌

教师和家长再带领幼儿向右侧走去,引导幼儿观看楼梯左边的信息牌,使幼儿知道"陈列展示区(二楼)""奔流艺苑(一楼)""朝华文库(一楼)"和"洗手间"的位置。

3. 在序厅里

教师和家长带领幼儿边上楼梯边数数,来到二楼的序厅以后,提醒幼儿仔细观察正面墙壁,找找鲁迅像在哪里(中间)?看看左边雕刻的是什么(3个人坐在3把靠背椅上,靠背高出了人头,在人头的前上方,有1个大太阳,发着光;这是鲁迅名著《彷徨》的封面图案)?做一做彷徨的姿势;再看看右边雕刻的是什么(一个人被蒙上了双眼,全身被绳索捆绑在木柱上,他拼命地挣扎着,张开了嘴巴大声呼救;这反映了鲁迅名著《呐喊》的心声)?做一做呐喊的姿势,告诉幼儿进入展厅后,我们就能看到鲁迅写的这两本名著。

图片 5-2-24　序厅正面墙

教师和家长指导幼儿观看左侧砖墙上镶嵌的黑字,给幼儿朗读鲁迅的名言警句"横眉冷对千夫指,俯首甘为孺子牛",告诉幼儿这就是鲁迅的精神写照。

图片 5-2-25　鲁迅的名言警句

图片 5-2-26　臧克家《纪念鲁迅有感》

教师和家长引导幼儿观看右侧砖墙上镶嵌的红字,给幼儿朗读臧克家的抒情诗《纪念鲁迅有感》。

4. 在陈列展示厅里

教师和家长带领幼儿走进鲁迅生平陈列厅,和幼儿一起观看鲁迅的手稿、衣物、生活用品、书信、照片以及藏书等多种珍贵文物。

(1) 指导幼儿看看鲁迅写的小说《阿Q正传》的模型场景,告诉幼儿这篇小说不仅是中国的名作,而且也是世界的名作;看看鲁迅穿过的衣服,说说有什么特点(长衫,男式旗袍)。看看鲁迅的2本名著《呐喊》《彷徨》,提示幼儿在进入展厅前,在墙壁上看到过这2本书的雕刻画;看看鲁迅用过的印章,数数有几枚(4枚)。

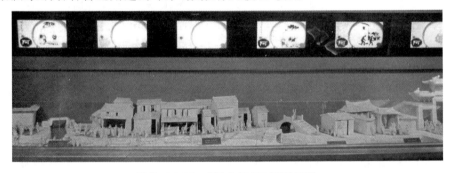

图片 5-2-27　《阿Q正传》模型场景

图片 5-2-28　鲁迅穿过的衣服

图片 5-2-29　鲁迅写的书《呐喊》《彷徨》

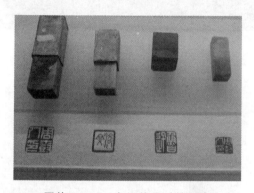
图片 5-2-30　鲁迅使用过的印章

(2) 指导幼儿观看"鲁迅与青年"座谈场景的蜡像,猜猜哪一位是鲁迅(左二)？数数共有几个人(5人)？看看他们都坐在哪里(藤椅)？

(3) 引导幼儿观看"内山书店",说说这个书店的名字,想想这个书店和我们现在的书店有什么异同点？听听这个书店的故事(是日本友人内山完造开设的,鲁迅经常去这个书店购书、会客,这个书店成了中日文化交流的桥梁)。

图片 5-2-31　"鲁迅与青年"蜡像

图片 5-2-32　内山书店

(4) 指导幼儿观看"海婴一百天鲁迅全家合影"照片(宝宝在中间,爸爸妈妈坐在宝宝的两边,爸爸看着宝宝,妈妈抱着宝宝),提醒幼儿问问爸妈自己一百天时,有没有拍过全家福,回家后找出来看看;引导幼儿观看鲁迅与海婴的合影照片(爸爸把宝宝抱在右边),启发幼儿猜猜上面写的字"海婴与鲁迅,一岁与五十"是什么意思?鼓励幼儿说说自己和爸爸是怎样合影拍照的?引导幼儿观看"鲁迅五十生辰全家合影"(宝宝在中间,站在妈妈的腿上,爸爸站在宝宝的右边,妈妈坐在宝宝的左边,抱着宝宝),启发幼儿想想我们拍全家福时,爸妈是不是也把我们抱在正中间的?

图片 5-2-33 海婴一百天鲁迅全家合影

图片 5-2-34 海婴与鲁迅　　　　图片 5-2-35 鲁迅五十生辰全家合影

(5)指导幼儿看看海婴小时候玩过的"积铁成像"玩具,说说这些玩具有什么特点。

(6)指导幼儿观看"三味书屋",欣赏书屋匾下的"松鹿图"(一只肥大的梅花鹿伏在古松树下),感受鲁迅童年时代认真读书学习的场景。

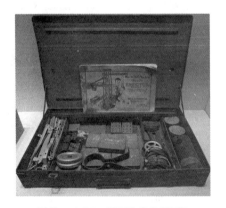 

图片 5-2-36 "积铁成像"玩具　　　　图片 5-2-37 三味书屋

（7）引导幼儿观看"书墙"，数数有多少本书（书有多少排，每排有多少本），在书墙前拍照留念。

图片 5-2-38　书墙

5. 在奔流艺苑展厅里

教师和家长带领幼儿走下楼梯，来到一楼的"奔流艺苑"专题展厅前，引导幼儿观看左边的禁止标识、认读门廊上的字和里面展板上的字（风波浩荡足行吟——鲁迅与国际友人在上海暨纪念鲁迅定居上海九十周年特展），鼓励幼儿模仿鲁迅的站姿（双手放在身后，眼睛朝左侧看去），和幼儿一起走进展览，游览各个部分；在幼儿感兴趣的地方，停留下来，仔细观看，给幼儿讲解。例如，当幼儿对"眼乐亭九月钓鱼泥娃"感兴趣时，可以告诉幼儿：这个玩具是日本友人内山完造赠送给鲁迅之子海婴的。

图片 5-2-39　奔流艺苑展厅

图片 5-2-40　眼乐亭九月钓鱼泥娃

6. 在朝华文库展厅里

教师和家长带领幼儿来到旁边的"朝华文库"展厅前，指导幼儿认读门上的横匾、里面砖墙上由"巴金"题写的"朝华文库"，引导幼儿观看与鲁迅同时代名人的文化遗存。

图片 5-2-41　朝华文库展厅

7. 走出纪念馆

教师和家长带领幼儿走出纪念馆,启发幼儿看看庭院中的"乌篷船",告诉幼儿这曾是鲁迅家乡绍兴农村的水上交通工具。

图片 5-2-42　乌篷船

(七) 在饮水器前

教师和家长带领幼儿按照标识,来到饮水器前,告诉幼儿:鲁迅公园是上海最早用沙滤水的地方;给幼儿读读左边黑色牌子上的简介(饮水器:1929 年设置,为英式风格,原有沙滤水可供饮用);给幼儿讲讲右边蓝色牌子上的提示语(沙滤水为饮用水,请文明饮用,谢谢);指导幼儿走上台阶,拧开水龙头,尝试饮水。

图片 5-2-43　饮水器

(八)在鲁迅纪念墓前

教师和家长带领幼儿来到鲁迅墓地,给幼儿讲读"瞻仰鲁迅墓注意事项",使幼儿知道"鲁迅墓是全国重点文物保护单位""瞻仰鲁迅墓应保持庄严肃穆";引导幼儿观看草坪中央矗立着的鲁迅铜像(鲁迅安详地坐在藤椅上,左手拿着一本书,右手搁在椅子的扶手上,面容坚毅而亲切),告诉幼儿:1927年,鲁迅从广州来到上海,在上海生活了很多年,多次来到虹口公园;1956年,鲁迅逝世20周年时,鲁迅墓从万国公墓迁到虹口公园内。

图片 5-2-44　瞻仰鲁迅墓注意事项

图片 5-2-45　鲁迅墓铜像

(九)在越虹桥前

教师和家长带领幼儿来到"越虹桥"旁,指导幼儿观察和思考,数数桥有几个孔(3个),看看桥是由什么材料建造的(石头),说说桥是什么形状的(拱形),找找桥的名称是什么(越虹桥)、写在哪里了(桥栏上)。

图片 5-2-46　越虹桥

(十)在公园南门前

教师和家长带领幼儿走出公园,来到南门前,鼓励幼儿寻找公园的地址(四川北路2288号);教幼儿认读大门两边的字牌,左边为"一九五零年十一月 鲁迅纪念馆 周恩来题",右边为"鲁迅公园 原虹口公园 HONGKOU PARK";引导幼儿在门前拍照留念。

图片 5-2-47　鲁迅公园南门

四、活动延伸

(一)在幼儿园里延伸

1. 教师在班级的建构区里,给幼儿提供多种废旧物品,鼓励幼儿搭建鲁迅公园里的一些景点(如桥梁、河流、道路、树木)。

2. 教师在班级的美术区里,给幼儿准备绘画的纸和笔,引导幼儿描绘鲁迅公园里的美景。

3. 教师在班级的语言区里,给幼儿陈列中外文学家的图画故事书,启发幼儿阅读,更深入地了解世界大文豪。

4. 教师在幼儿园的陶吧里,给幼儿呈现世界大文豪的照片、画像,指导幼儿动手动脑,精雕细刻,创造出心中大文豪的雕像。

(二)在家庭里延伸

1. 教师鼓励家长在不同的季节里,带领孩子到鲁迅公园里去游玩,使孩子能观赏到不同的美景,认识到气候与植物之间的关系。

2. 教师指导家长在家里和孩子一起上网,打开上海地图,寻找鲁迅公园的位置及其大门(东门、西门、南门、北门),教孩子认读四周马路的名称(大连西路、欧阳路、甜爱路、甜爱支路、四川北路、东江湾路)。

(三)在社区里延伸

1. 教师组织幼儿游玩虹口足球场,使幼儿知道它曾是虹口公园的一部分,感受虹口公园的庞大。

2. 教师组织幼儿参观鲁迅故居,加深幼儿对鲁迅的理解。

3. 教师组织幼儿参观附近的其他名人故居(如瞿秋白故居、李白烈士故居),使幼儿能了解更多的名人,增加对社区的认同感。

4. 教师组织幼儿游逛附近的其他公园(如江湾公园、昆山公园、四川北路公园、曲阳公园、惠民公园、霍山公园、凉城公园），引导幼儿比较这些公园的相同点和不同点，深化幼儿对公园的认识。

第三节　参观浙江省博物馆活动方案

图片 5-3-1　浙江省博物馆

一、活动目标

1. 使幼儿知道浙江省博物馆孤山馆区位于杭州西湖孤山南麓，东邻平湖秋月景点，西接浙江省图书馆古籍部，是一处极具魅力的文化景点。

2. 使幼儿了解浙江省博物馆孤山馆区中的主要展厅和精美陶瓷，知道浙江省是举世闻名的瓷器发源地和青瓷的故乡。

3. 使幼儿知道博物馆是收藏、保护、陈列、展示文物宝贝的地方，浙江省博物馆是浙江省内规模最大的综合性人文科学博物馆，是国内外著名的博物馆。

二、活动准备

1. 教师查找浙江省博物馆的官网（http://www.zhejiangmuseum.com/zjbwg/index.html），浏览各种信息，阅读"参观指南""活动预告"，了解周边的交通情况。

2. 教师先到浙江省博物馆孤山馆区去参观，实地了解馆区的地理位置及主要景点，与保安、工作人员商讨参观事项。

3. 教师邀请家长陪同幼儿一起参观浙江省博物馆孤山馆区，提醒家长可在浙江省博物馆官网上，查找"浙博展览"，观看"展馆导览"和"数字浙博"等信息；点击"开放服务"，阅读"参观指南"，为孩子准备好衣饰鞋帽和饮用水及小点心等。

三、活动过程

（一）在博物馆前

教师和家长带领幼儿来到博物馆大门前，教幼儿认读门上方的中英文馆名"浙江省博物馆""ZHEJIANG PROVINCIAL MUSEUM"和馆标。

图片 5-3-2　馆名和馆标

教师和家长引导幼儿来到博物馆入口处，给幼儿简单讲解橱窗里张贴的"参观须知"，使幼儿知道要有序通过安检，在展厅里，不能吃东西，不能大声讲话，要爱护各种设施，文明参观。

（二）走进博物馆

教师和家长引领幼儿通过安检，走到"展馆平面图导览"前，指导幼儿学会观察平面图（从上往下看，从左往右看；上为北，下为南，左为西，右为东）；鼓励幼儿在平面图上先寻找"您现在的位置"（蓝底白字），再找找"服务区域"（红底白字）、"洗手间"（绿底白字）、"展厅、场馆"（黄底黑字）；然后再带领幼儿依次到各个展馆去参观。

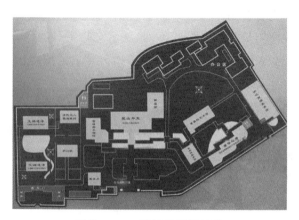

图片 5-3-3　展馆平面图导览

（三）参观中国古代陶瓷陈列馆

1. 在主楼前观赏

教师和家长引导幼儿来到中央主楼前，鼓励幼儿寻找博物馆的标志，教幼儿认读门上方的六个大字（常年免费开放），启发幼儿数数馆楼有几层（3层），指导幼儿观看馆舍建筑的特点（由单体建筑和连廊组合而成，形成了"园中馆，馆中园"的独特格局），引导幼儿在两侧长廊的石凳上坐下休息一会儿，观赏园地里的花草、池塘里的金鱼。

图片 5-3-4　主楼

2. 在一楼大厅观看

教师和家长带领幼儿走进主楼，在一楼大厅里，教幼儿认读墙上的"昆山片玉——中国古代陶瓷陈列"，启发幼儿数数这两行合起来一共有多少个字（12个字），给幼儿讲讲"昆山片玉"的故事（"我就像月宫里的一段桂枝，昆仑山上的一块宝玉"，形容许多美好事物中突出的一个，比喻珍贵稀有之物）；为幼儿读读"前言"，使幼儿知道浙江是瓷器的发源地，是名窑辈出的地方，是制瓷技艺传播世界的起点。

图片 5-3-5　一楼大厅

3. 在第一单元观赏

教师和家长带领幼儿走进第一单元"源头活水 一枝独秀",使幼儿知道浙江在制陶业制瓷业上都很发达;和幼儿一起浏览橱窗里的各种展品;在幼儿感兴趣的展品前,指导幼儿观察,启发幼儿思考,再给幼儿讲读展品注解。

例如,当幼儿被"东汉黑釉人物龙虎瓶"这一展品吸引时,教师和家长就可以先向幼儿提出几个问题(例如,这是什么东西?这个瓶子是什么形状?什么颜色?在这个瓶子上,有哪些动物?有几个人?他们在干什么?),以便引导幼儿仔细观察,然后再对幼儿进行简单的讲解(这是一个龙虎瓶;盂口,长颈,颈肩部堆塑灵猴兽头、仙鹤飞鸟,鼓腹大平底;龙与虎分别被驯兽人鞭策,匍匐温驯)。

再如,当幼儿停留在"东汉越窑褐釉虎子"这一展品前时,教师和家长就可以边引导幼儿进行观察,边向幼儿提出问题(你看到了什么大动物?老虎的姿势是什么样子的?壶口是什么形状?壶身是什么形状?壶提梁是什么形状?壶是什么颜色?),然后再给幼儿解释(这个壶名叫虎子,是酱褐色的;壶身是筒的形状;器口是圆的,旁边还雕着侧仰的老虎头;虎的四肢呈卧伏状,腹部刻有弯曲的线条表示毛发;提梁好像老虎的尾巴,平弧状,上面有绳索样纹)。

图片 5-3-6 东汉黑釉人物龙虎瓶

图片 5-3-7 东汉越窑褐釉虎子

4. 在第二单元观赏

教师和家长带领幼儿走进第二单元"名窑辈出 枝繁叶茂",告诉幼儿浙江省有很多名窑(例如,越窑是慈溪的古窑,龙泉窑是龙泉的古窑,南宋官窑是杭州的古窑,瓯窑是温州的古窑,德清窑是德清的古窑,婺州窑是金华、衢州的古窑),促进了中国古代青瓷的发展,为在国际上赢得瓷国的声誉做出了巨大贡献;和幼儿一起浏览橱窗里的各种展品;在幼儿喜欢的展品前,指导幼儿多观察多思考,然后再给幼儿讲读展品的注释。

例如,当幼儿对"西晋越窑青瓷狗圈""西晋越窑青瓷猪圈""西晋越窑青瓷鸡舍"这几个展品产生兴趣时,教师和家长就可以适时向幼儿提出问题(猜猜这是什么地方?看看里面住着什么小动物？它在干什么？数数有几只？看看狗圈、猪圈、鸡舍有什么相同点和不同点），来引导幼儿进行观察和比较，然后再给幼儿讲解（这是狗圈，中间有一条狗，卧伏着，昂着头，向前面张望；这是猪圈，里面有一头猪，站着；这是鸡舍，里面有2只鸡，坐着，探身出笼）。

图片5-3-8 西晋越窑青瓷狗圈、猪圈、鸡舍

再如，当幼儿站在"东晋越窑青瓷龙柄鸡首壶"这一展品前时，教师和家长就可以及时引导幼儿观察，向幼儿提出一些问题（你猜猜这是什么东西？你看到了什么小动物？壶口是什么小动物？它在干什么？壶把手是什么动物？它在干什么？），然后再给幼儿讲解（这是一个龙柄鸡首壶；壶口是鸡头的形状，鸡颈向前向上挺伸，鸡嘴张得很大，好像在引吭报晓；壶柄是龙头的形状，紧咬盘口；因为许多古人都认为鸡有"御死避恶，镇邪避妖"的功能，所以鸡首壶很流行）。

再如，当幼儿被"唐代越窑青瓷多角瓶"这一展品吸引时，教师和家长就可以适时向幼儿提出问题（猜猜这是什么东西？数数有几层？每层有几个角？一共有多少个角？看看瓶口是什么形状？），然后再为幼儿解读（这是个多角瓶；瓶口圆，瓶颈直，瓶体长，有三层，每一层堆塑四角，一共有十二个角，昂扬犀利，好像牛角）。

此外，教师和家长还可以引导幼儿观看"明龙泉窑青瓷吕洞宾像"这一特殊展品，并把"狗咬吕洞宾，不识好人心"的故事讲给幼儿听听。

图片5-3-9 东晋越窑青瓷龙柄鸡首壶　　图片5-3-10 唐代越窑青瓷多角瓶　　图片5-3-11 明龙泉窑青瓷吕洞宾像

5. 在第三单元观赏

教师和家长带领幼儿走进第三单元"春风化雨 异彩纷呈",在幼儿感兴趣的展品前,给予指导和讲解。

例如,在"明德化窑白瓷透雕牡丹纹笔筒"展品前,教师和家长可先启发幼儿思考,然后再把答案告诉幼儿:猜猜这是什么东西(笔筒)?说说这只笔筒是什么颜色(白色)?什么形状(筒形)?它镂空雕刻了什么花纹(牡丹)?它有什么用途(搁放各种笔)?

又如,在"清道光官窑青花云鹤纹四方花盆"展品前,教师和家长可先鼓励幼儿观察,然后再把答案告诉幼儿:看看它是什么形状(四方形,口大底端小的倒棱台形)?上面刻着什么图案(祥云,12朵;仙鹤,5只;鹤在云间飞翔的图案就叫云鹤纹)?它表示什么意思(古人以鹤为仙禽,意味着吉祥如意、健康长寿)?它是什么东西(花盆)?它有什么用途(种花)?

图片 5-3-12 明德化窑白瓷透雕牡丹纹笔筒

片 5-3-13 清道光官窑青花云鹤纹四方花盆

再如,在"清乾隆官窑青花五彩龙凤纹碗一对"珍品前,教师和家长可启发幼儿数数有几只碗(2只,一对)?引导幼儿仔细观察与思考,然后再给幼儿进行讲解:① 在左边那只碗的内口沿上,画了什么(青花双圈)?② 在碗心里面,画了什么(在青花双圈内,有一条红色立龙,趾爪尖利,腾跃于云中)?③ 在右边这只碗的底心,印了什么字(青花书"大清乾隆年制",六字三行篆书款)?④ 在碗的圈足上,画了什么(青花双圈)?⑤ 碗的腹部是什么形状(弧形)?在上面画了什么(龙、凤)?画了几条游龙(2条)?这两条游龙是否相同(相同的地方是龙鳞细密,不同的地方是颜色不一样,一条龙是红色的,另一条龙是绿色的)?画了几只彩凤(2只)?这2只彩凤是否相同(相同,都是以红绿彩为主,凤羽飘洒)?除了双龙和彩凤以外,还画了什么(火云、火珠、花卉)?它有什么寓意(龙为鳞虫之长,凤为百鸟之王,都是祥瑞物;龙凤穿花戏珠纹表示龙凤呈祥)?给我们带来什么样的感觉(红绿双龙与两只彩凤相对而舞,穿梭于花海之间,姿态生动,施彩艳丽,色彩缤纷,精美绝伦)?⑥ 在碗的外口沿下,画了什么(八吉祥纹、如意云纹)?八吉祥纹包括哪几彩(紫、黄、绿)?包括哪八宝(八吉祥纹又叫八宝纹,八宝是佛教传说中八种象征吉祥的宝物,分别是法轮、法螺、宝伞、白盖、莲花、宝瓶、双鱼、盘长)?每个宝物代表什么意思(法轮表示佛法圆轮,法螺表示佛音吉祥,宝伞表示保护众生,白盖表示解脱病贫,莲花表示神圣纯洁,宝瓶表示福智圆满,双鱼表示自由自在,盘长表示幸运长寿)？如意纹包括哪三彩(青花、红、绿)？这些纹饰是如何排列的(绘一周串枝八吉祥纹,间饰如意纹)？有什么寓意(表示吉祥如意)？

图片 5-3-14　清乾隆官窑青花五彩龙凤纹碗一对

(四)参观常书鸿美术馆

教师和家长带领幼儿走出主楼,来到东侧的"常书鸿美术馆";教幼儿认读铜匾上的中英文字"常书鸿美术馆""CHANG SHUHONG GALLERY";指着雕像,告诉幼儿:这就是大画家常书鸿老爷爷;启发幼儿思考:在名字下面的数字"1904—1994"表示什么意思(出生的年—逝世的年);告诉幼儿:常爷爷是浙江省杭州市人,他小时候很喜欢画画,长大后去法国学习画画,是位热爱祖国的大画家,得过许多大奖,这里面的许多画作都是他们家人捐赠的。

教师和家长带领幼儿走进美术馆,给幼儿讲读"前言",指导幼儿学会观赏美术作品。例如,当观看"沙娜"这幅布面油画时,教师和家长可先告诉幼儿:常爷爷很喜欢他的女儿,这是他给女儿沙娜画的肖像;再引导幼儿仔细观察与思考:小姐姐是坐在哪里的(竹椅子上)？她的头发是怎么打扮的(梳着2条小辫子)？她穿着什么样的衣服、鞋子和袜子(红花连衣裙、黑凉鞋、白短袜)？你能看出这是什么季节吗(夏季)？她手里抱着什么玩具(布娃娃)？在她的脚旁边还有什么玩具(小木马)？

图片 5-3-15　常书鸿美术馆

图片 5-3-16　沙娜

（五）参观黄宾虹艺术馆

教师和家长带领幼儿来到附近的"黄宾虹艺术馆"，教幼儿认读墙上的中英文字"黄宾虹艺术馆""HUANG BINHONG ART MUSEUM"；指着雕像，告诉幼儿：这就是大画家黄宾虹老爷爷；旁边竖着书写的4个大字是"画之大者"，就是颂扬黄爷爷不平凡的艺术人生；在我国近现代绘画史上，有"南黄北齐"（"北齐"指的是齐白石，而"南黄"说的就是山水画大师黄宾虹）之说；黄爷爷是浙江省金华市人，这里面的许多书画作品都是他们家人捐赠的。

图片5-3-17　黄宾虹

图片5-3-18　陈春帆《家庆图》

教师和家长带领幼儿走进展厅，先给幼儿读读"前言"，讲讲黄爷爷童年时代的故事，再指导幼儿观赏他的山水、花鸟和书法精品。

例如，当走到《家庆图》这帧融肖像画、界画、山水画于一体的作品时，教师和家长可先指导幼儿仔细观察与思考：① 你看到了什么（房子、人、石头、竹子、院子）？② 数数在房子里，站着几个人？看看是大人还是小孩，是男的还是女的（3个人，全是女的：1个大人，短发；2个小孩，都留着小辫子）？想想他们在干什么（站在窗口，往外面看）？③ 数数在院子里，还有几个人？看看是大人还是小孩，是男的还是女的（5个人，全是男的：1个大人，蓄着短胡须，穿着长袍；4个小孩，也穿着长袍）？想想他们在干什么（那个大人，拿着书，端坐在山石之间；有2个小孩，站在竹子旁边，每人手持书卷一端；还有2个小孩，站在屋前，每人手里拿着1本书）？④ 数数在这幅画上，一共有几个人（8个）？然后再向幼儿讲解：这幅作品的名称叫《家庆图》，就是把家中的喜庆之事画下来；黄爷爷的爸爸请浙江义乌画家陈春帆为他们家画了这幅全家福；黄爷爷是家里的长子，站在他爸爸的身旁，其他人分别是他的妈妈、3个弟弟和2个妹妹；黄爷爷后来拜大画家陈春帆为师，学习绘画；他非常喜欢这幅阖家欢庆图，就一直随身携带；后来他就在这幅画的右上方题了一首诗，还盖了印章。

（六）参观漆器艺术馆

教师和家长带领幼儿来到附近的"漆器艺术馆"，教幼儿认读展板上的字"重华绮芳：宋元明清漆器艺术陈列"；给幼儿讲读"前言"，使幼儿知道：我国是世界上最早发现和使用天然漆的国家，浙江漆器誉称"天下第一"；漆器就是在竹木器的表面髹上一层天然漆，使日常的生活用具更加美观耐用,漆器的历史比陶器还要长。

教师和家长引导幼儿观看展品《"张成造"剔红婴戏图盘 元》时,可先提示幼儿:① 看看这个盘子是什么形状(圆形)?盘子里面刻了什么(小孩、山石、松树、长廊)?② 数数上面有几棵树(3棵)?几个小孩(8个)?③ 猜猜这些小孩在哪里(在花园里)?在干什么(前面 3 个小孩,坐在地上,玩猜硬币斗蟋蟀的游戏,在他们身后还站着 1 个观战的小孩;后面 4 个小孩,在长廊、假山前,玩捉迷藏的游戏,1 个小孩躲在假山后面探头张望,1 个小孩坐在假山前面,用右手蒙住怀里那个小孩的眼睛,用左手在和另一个向前走的小孩打招呼)?④ 看看盘口一圈还刻了什么(四季花卉)?然后再给幼儿讲解:① "张成造"的意思就是说这个漆盘是浙江嘉兴西塘雕漆巨匠张成制造的,他的雕漆作品极为珍贵,被称为国宝;② "剔红"就是雕红漆;③ "婴戏图"就是描绘儿童游戏的画作;④ "元"就是中国古代的元代。最后还可告诉幼儿这件展品是浙籍港商"曹其镛先生夫妇捐赠"的,谢谢他们让我们大饱眼福。

图片 5-3-19 漆器艺术馆

图片 5-3-20 "张成造"剔红婴戏图盘 元

图片 5-3-21 黑漆嵌螺钿二十四孝图八角套盒 明

教师和家长指导幼儿观看展品《黑漆嵌螺钿二十四孝图八角套盒 明》时,可先鼓励幼儿:①猜猜这是什么东西(盒子)?②数数盒子下面有几个角(8 个角)?盒子有几层(5层)?③找找盒子上面有什么字(大舜、汉文帝、闵子骞即闵损、董永、郯子、陆绩、唐夫人、吴猛、王祥、杨香、朱寿昌、庾黔娄、丁兰、孟宗、山谷即黄庭坚……)?数数一共有多少个人名(24 个)?猜猜为什么要刻上他们的名字(因为他们都是大孝子)?④想想这叫什么图(24 孝人物故事图)?然后再给幼儿讲讲中国古代 24 个孝子行孝的故事(例如,黄香 9 岁时,她妈妈就去世了,她对爸爸特别孝顺:酷夏时,为爸爸扇凉枕席;寒冬时,用自己的身体为爸爸温暖被褥)。

教师和家长引导幼儿观看展品《剔彩寿春宝盒 清中期》时,可先启发幼儿:① 找找盒盖上有个什么字(春)?② 看看在这个"春"字的上半部,还有个什么形状(圆形)?在这个圆形里面还有什么(1 位老寿星,坐在松树下,旁边还躺卧着 1 只仙鹿)?③ 看看在这

157

个"春"字的两旁,还刻了什么图案(飞龙、祥云)?表示什么意思(腾龙在如意云海中)? ④ 看看在这个"春"字的下面,还刻了什么图案(聚宝盆,盆里堆满了珍宝,盆上方有万道霞光)?然后再给幼儿讲解:寿表示长命百岁,春表示生机勃勃,这个寿春宝盒洋溢着吉祥喜庆的气氛,表达美好的愿望和祝福。

图片 5-3-22　剔彩寿春宝盒　清中期

(七)参观雷峰塔文物馆

教师和家长带领幼儿来到西侧的"雷峰塔文物馆",教幼儿认读"瑞象重明——雷峰塔文物陈列";给幼儿读读"前言",讲讲雷峰塔的故事;引导幼儿观看雷峰塔地宫模型和旁边"请勿投掷钱币"的提示牌,告诉幼儿要遵守游览规则,不能往里面抛洒钱币和垃圾,要做个文明的小游客;指导幼儿看看"雷峰塔倒塌前的照片""雷峰塔考古发掘"和"雷峰塔遗址现状"的图片和展览。

图片 5-3-23　瑞象重明　　图片 5-3-24　雷峰塔地宫模型　　图片 5-3-25　雷峰塔倒塌前的照片

(八)参观文澜阁

1. 在文澜阁展馆前

教师和家长带领幼儿来到西侧的文澜阁展馆前,教幼儿认读门右边石牌上的金色大字"全国重点文物保护单位——文澜阁",告诉幼儿文澜阁是清代皇家藏书楼;提醒幼儿看看门左边竖立的"文澜阁导览图",并在图上寻找"大门""出入口""建筑""回廊""碑亭""草地""池塘""假山"的标志和相应的位置。

图片 5-3-26　文澜阁展馆前

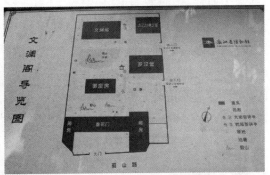

图片 5-3-27　文澜阁导览图

2. 在文澜阁展馆里

(1) 参观御座房

教师和家长带领幼儿穿过假山石，到达御座房，教幼儿认读门口的"御座房"石牌，告诉幼儿这里曾经是皇帝休息、接见大臣、处理国家大事的地方；引导幼儿走进御座房，教幼儿认读展台横匾上的四个绿色大字（文澜遗泽）、橱窗里的不同颜色的《四库全书》副本（葵绿绢面《钦定四库全书 经部》、红色绢面《钦定四库全书 史部》、月白蓝绢面《钦定四库全书 子部》、褐色绢面《钦定四库全书 集部》），告诉幼儿采用四部分色绢面包背装，不仅可以区别经、史、子、集四部，而且还能象征春、夏、秋、冬四季；给幼儿讲读"前言"，告诉幼儿《四库全书》是我国有史以来最大的一部丛书；引导幼儿观看"文澜遗泽——文澜阁与《四库全书》"的专题展览，了解文澜阁的历史文化；带领幼儿走出御座房，来到东南侧的"乾隆御碑亭"，看看碑正面刻的清代乾隆皇帝的题诗、背面刻的颁发《四库全书》的上谕。

图片 5-3-28　文澜遗泽

(2) 参观文澜阁

教师和家长带领幼儿经过回廊，来到文澜阁主体建筑前，边引导幼儿观察和思考，边随机向幼儿解释：① 你看到了哪些东西（水池、假山、香炉、铜鹿）？② 数数香炉有几个（2个）？看看每个香炉是什么形状（圆形）？有几只脚（3只）？每个香炉是摆在什么地方的（多层圆形石座上，门前台阶两侧）？③ 数数有几只铜鹿（2只）？看看是雄鹿还是雌鹿（是雄鹿，因为有角）？鹿在干什么（站着，回头张望）？数数鹿有几只脚（4只）？鹿是站在什么地方的（多层长方形石座上）？鹿是摆在什么地方的（香炉的两边，外侧）？告诉幼儿鹿在古代被认为是神物，能给人们带来吉祥幸福和健康长寿。④ 数数这楼阁有几层

（外观为两层，中间有一夹层，实为三层）？看看它的屋脊和檐口的琉璃瓦是什么颜色（绿色）？这楼阁与对面的御座房、左边的乾隆御碑亭的琉璃瓦的颜色有什么不同（它们俩都是黄色）？告诉幼儿这楼阁是一座重檐木结构古建筑，整体色彩以绿色为基调，柱梁是朱红色。⑤找找这楼阁的牌匾在哪里（悬挂在楼檐正中）？上面写了哪三个大字（文澜阁）？告诉幼儿这是光绪皇帝的御书。

教师和家长给幼儿讲读"文澜阁"简介，使幼儿知道这里是珍藏《四库全书》的皇家藏书楼，就好像是我们今天的公共图书馆。

图片 5-3-29　文澜阁主楼

图片 5-3-30　乾隆御碑亭、御座房

教师和家长带领幼儿走进文澜阁，在宽阔的一楼厅堂里，提示幼儿看看这里都摆放了哪些宝贝；启发幼儿观察大殿正堂里的御座和书案以及上面的"敷文观海"的大匾额，告诉幼儿这就是皇帝阅经批奏的地方；指导幼儿观察四周整齐摆放的黑色木制书柜及其左右门上印着的"文澜阁尊藏，钦定古今图书集成"烫金大字，告诉幼儿这就是珍藏《四库全书》的地方。

图片 5-3-31　敷文观海

图片 5-3-32　藏书柜

教师和家长带领幼儿走出文澜阁，来到东侧的"光绪御碑亭"；鼓励幼儿看看亭碑的两面都刻了什么（双龙、上谕、文澜阁）？告诉幼儿御碑上的"文澜阁"这三个大字就是清代光绪皇帝题写的。

图片 5-3-33　文澜阁

(3) 参观太乙分青室

教师和家长带领幼儿走到东侧的太乙分青室,教幼儿认读门匾上"太乙分青之室"六个绿色大字,告诉幼儿这里是士子抄阅、休息的地方;引导幼儿走进去看看清代家居陈列、明间的清代厅堂陈设、东西稍间的清代文人雅居陈设,观赏琴棋书画等场景。

图片 5-3-34　太乙分青之室

3. 在文澜阁展馆外

教师和家长带领幼儿沿着回廊,经过垂花门,走出展馆;提醒幼儿回头观看,教幼儿认读嵌在门楼正中匾额上的五个大字(西湖博物馆),告诉幼儿这就是"浙江省博物馆"以前的名字。

图片 5-3-35　西湖博物馆

四、活动延伸

1. **搭建文澜阁景观**。教师在班级的建构区,为幼儿提供多种废旧材料(如长方形的泡沫板、正方形的旧纸盒、圆柱形的塑料瓶),鼓励幼儿开动脑筋,布置好"大门""御座房""文澜阁""池塘""假山""碑亭""回廊",搭建好"文澜阁"的整体景观。

2. **参观浙江西湖美术馆**。教师组织幼儿参观位于浙江省博物馆孤山馆区东侧的浙江西湖美术馆;引导幼儿观看这座建筑物的特点,感受这座哥特式建筑物的优美造型;指导幼儿观看馆前的《蔡元培与林风眠》双贤铜雕像,鼓励幼儿学学两位艺术大师的姿势;带领幼儿进入各个展厅,观看不同的展览,感受一下艺术气息。

图片 5-3-36　蔡元培与林风眠

3. **参观浙江省博物馆武林馆区**。教师组织幼儿参观位于西湖文化广场的浙江省博物馆武林馆区,观看《越地长歌——浙江历史文化陈列》《钱江潮——浙江现代革命历史陈列》《山水之间——黄公望〈富春山居图〉与馆藏明清山水画》《非凡的心声——世界非物质文化遗产中的中国古琴》《意匠生辉——浙江民间造型艺术》《十里红妆——宁绍婚俗中的红妆家具》等专题陈列,感受浙江的历史文化。

4. 参观中山公园。教师鼓励家长利用双休日,带领孩子去游玩位于浙江省博物馆西侧的中山公园;引导孩子观看公园门口的两座汉白玉大狮子,比较一下它们之间有什么不同(门左边的狮子是雄狮,在玩球;门右边的狮子是雌狮,在抚摸狮宝宝);带领孩子走进去,边数石头台阶边拾级而上,教孩子认读石壁上的两个红色大字"孤山"(可先提醒孩子仔细观察,想想这个"孤山"的"孤"字怎么会少了一点?然后可告诉孩子:这就是杭州西湖风景的三怪之一"孤山不孤");和孩子一起来到挂有"西湖天下景"匾额的亭子,教孩子认读亭柱上的对联(山山水水处处明明秀秀,晴晴雨雨时时好好奇奇),启发孩子找找叠字,告诉孩子这是叠字联,无论怎样组合,都能形成精美诗句。

图片 5-3-37 孤山

图片 5-3-38 雷峰塔

5. 观赏雷峰塔。教师建议家长利用业余时间,带孩子去西湖边观赏雷峰塔;在"雷峰夕照"这个景点,可告诉孩子:因为这个塔是建在西湖南岸夕照山的雷峰上面的,所以人们就叫它雷峰塔;在雷峰塔下,可告诉孩子:这座金碧辉煌的塔是我国首座彩色铜雕宝塔;走进雷峰塔,可和孩子一起观看神话传说《白蛇传》场景展览、壁画"吴越造塔图"、雷峰塔历代诗文佳作;登上雷峰塔,可和孩子一起欣赏西湖山水美景。

第四节　游玩浙江省义乌市骆宾王公园活动方案

图片 5-4-1　骆宾王公园

一、活动目标

1. 促使幼儿了解骆宾王公园位于浙江省义乌市城中中路 46 号，增强幼儿空间知觉能力。

2. 促使幼儿了解骆宾王公园是为了纪念浙江省义乌籍唐代著名诗人骆宾王而建造的，强化幼儿热爱家乡的情感。

3. 促使幼儿了解骆宾王七岁时就吟出了《咏鹅》的名诗，萌发幼儿喜欢学习诗歌的兴趣。

二、活动准备

1. 教师上网查询有关骆宾王公园的各种信息，了解公园免费开放的时间、交通工具。

2. 教师到骆宾王公园去参观，实地了解公园的主要景点，并和工作人员商讨参观注意事项。

3. 教师向家长发出参观骆宾王公园的邀请信，鼓励家长积极参与，做好各项准备工作。

三、活动过程

（一）在公园正门前

教师和家长带领幼儿来到公园正门前，鼓励幼儿寻找公园的名称，告诉幼儿古文字要从右往左读,教幼儿认读门匾上"骆宾王公园"这5个大字,指导幼儿观察门匾的特点(长方形,黄色背景,黑色字体);引导幼儿观看门前的石雕是什么动物(狮子)？数数有几只狮子(2只)？说说这两只狮子各有什么特点(门右边的狮子,用它的左手抚摸小狮子；门左边的狮子,用它的右手玩耍小圆球)？数数门前有几级台阶(4级)？几根大木柱(4根)？

图片5-4-2　公园正门

(二) 在咏鹅壁雕前

教师和家长带领幼儿来到仿唐牌坊照壁前,指导幼儿仔细观察图上有哪些浮雕(鹅、大人、小孩)？数数有几只鹅(4只)？几个大人(2个)？几个小孩(3个)？教师和家长给幼儿朗诵古诗《咏鹅》,并给幼儿讲解诗歌的大意(鹅,鹅,鹅,弯曲着脖子向着天空唱歌。一身雪白的羽毛飘浮在绿色的水面上,红色的鹅掌轻轻地划动着清澈的水波)。

图片5-4-3　咏鹅图

(三) 在公园管理通告牌前

教师和家长带领幼儿来到"义乌市人民政府关于加强公园(广场)管理的通告"牌前,给幼儿读读上面的主要内容,告诉幼儿要遵守公园的规则,不能乱丢垃圾、随地大小便、刻划树木、采摘花果,一定要做个文明的小游客。

图片 5-4-4　公园管理通告

(四) 在雅集轩前

教师和家长带领幼儿来到"雅集轩"房前,教幼儿认读门匾上的这 3 个大字,告诉幼儿"轩"指的是有窗户的小屋子,"雅集"指的是文人雅士吟咏诗文、议论学问的集会;引导幼儿观察写在门匾上、木柱上的字是什么颜色(蓝色)?启发幼儿数数有几根大木柱(4 根)?

图片 5-4-5　雅集轩

(五) 在清波门洞前

教师和家长带领幼儿来到"清波"门洞前,鼓励幼儿说说看到了哪些几何图形(圆形、正方形、扇形、弧形)?教幼儿认读"清波",激励幼儿猜猜这 2 个蓝字是什么意思(清澈的水流)?引导幼儿回忆刚学过的什么古诗的最后 2 个字是"清波"(《咏鹅》)?

图片 5-4-6　清波

（六）在咏鹅景区里

1. 在阶梯石桥前。 教师和家长带领幼儿来到小桥前，指导幼儿观察这座小桥是用什么材料建造的(石头)？数数桥的两端各有几个台阶(7个)？看看桥的两侧的护栏和望柱上有没有雕刻的花纹(有)？数数每侧有几根柱子(4个)？看看桥下有几个大洞(1个，单孔)？说说这个桥洞是什么形状(半圆形)？这座桥是什么形状(拱形)？这座桥看上去像什么(像天上的彩虹)？这座桥有什么作用(架在池塘上，便于人们行走)？

图片 5-4-7　阶梯石桥

图片 5-4-8　咏鹅亭

2. 在咏鹅亭前。 教师和家长带领幼儿走过小桥，来到小亭子前，鼓励幼儿寻找这个亭子叫什么名字(咏鹅亭)？亭匾在哪里(在上方)？是什么颜色(蓝色)？启发幼儿观看这个亭子是用什么材料建成的(木头)？数数这个亭子有几个角(4个)？有几根柱子(4根)？指导幼儿说说亭子有什么特点(比较小，有顶，没有墙，有围栏座椅)？有什么用处(让人们坐下来休息)？

3. 在咏鹅石前。 教师和家长带领幼儿来到大石块前，指导幼儿看看上面的字是什么颜色(绿色)？找找自己认识的字；和幼儿一起用手指点读上面写的《咏鹅》古诗(鹅，鹅，鹅，曲项向天歌。白毛浮绿水，红掌拨清波)，鼓励幼儿讲讲这首诗的大意。

图片 5-4-9　咏鹅石

图片 5-4-10　咏鹅池

4. 在咏鹅池旁。 教师和家长带领幼儿在池旁的小亭子里坐下来，喝点水，休息一下，观赏池塘里的花草树木，陪伴需要大小便的幼儿去使用附近的"公共厕所"。

(七) 在九曲长廊里

1. 在梅柳亭前。 教师和家长带领幼儿走到小亭子前,教幼儿认读"梅柳亭"这3个蓝字,启发幼儿观察这个亭子是用什么材料制造的(木头)？有几个角(4个)、几根柱子(4根);引导幼儿回忆这是今天看到的第几个亭子(第2个)？和前面看到过的"咏鹅亭"相比,有什么异同点(都是木头做的,都有4个角、4根柱子;亭子的名称不同)？

图片 5-4-11　梅柳亭

图片 5-4-12　诗杰轩

2. 在诗杰轩前。 教师和家长带领幼儿顺着九曲长廊走到"诗杰轩"前,教幼儿认读这3个蓝字;告诉幼儿"诗杰"指的是唐代大诗人骆宾王等人,这个小屋就是诗人墨客吟诗作画的地方;引导幼儿数数门前有几根大柱子(8根);启发幼儿回忆一下,这是今天看到的第几个轩(第2个)？第1个轩叫什么名字(雅集轩)？

(八) 在蝉鸣门洞里

1. 在蝉鸣门洞前。 教师和家长带领幼儿来到"蝉鸣"门洞前,教幼儿认读上面写着的2个蓝色大字;给幼儿讲解"蝉鸣"的意思(蝉的叫声);为幼儿朗诵骆宾王的《咏蝉》古诗(西陆蝉声唱,南冠客思深。不堪玄鬓影,来对白头吟。露重飞难进,风多响易沉。无人信高洁,谁为表予心!);启发幼儿想想这是今天看到的第几个门洞(第2个)？前面看到的第1个门洞叫什么名字(清波)？

图片 5-4-13　蝉鸣

图片 5-4-14　放怀亭

2. 在放怀亭前。 教师和家长带领幼儿走进"蝉鸣"门洞,来到"放怀亭"前,教幼儿认读这3个蓝字;引导幼儿说说这个亭子是用什么材料建成的(木头)？数数亭子有几个角(4个)？几根柱子(10根);启发幼儿回忆这是今天看到的第几个亭子(第3个)？和前面看到的2个亭子相比,这个亭子有什么特点(也有4个角,但柱子更多);提醒幼儿坐在围栏椅子上休息,为幼儿朗诵骆宾王的《咏怀》诗词(少年识事浅,不知交道难。一言芬若桂,四海臭如兰。宝剑思存楚,金锤许报韩。虚心徒有托,循迹谅无端。太息关山险,呼嗟岁月阑。忘机殊会俗,守拙异怀安。阮籍空长啸,刘琨独未欢。十步庭芳敛,三秋陇月团。槐疏非尽意,松晚夜凌寒。悲调弦中急,穷愁醉里宽。莫将流水引,空向俗人弹)。

(九)在骆宾王纪念馆里

1. 在骆宾王纪念馆前。 教师和家长带领幼儿来到"骆宾王纪念馆"门前,教幼儿认读门匾上的6个蓝字,鼓励幼儿找找写有蓝字的大柱子有几根(4根)?

图片5-4-15　骆宾王纪念馆

图片5-4-16　骆宾王铜像

2. 在骆宾王铜像前。 教师和家长带领幼儿走进"骆宾王纪念馆",瞻仰骆宾王的铜像,学学骆宾王的坐姿;教幼儿认读匾额上"一代文宗"这4个金黄色的大字,告诉幼儿它的意思就是一个时代大家都敬仰的文学家。

3. 在骆宾王诗文帖前。 教师和家长带领幼儿站在回廊上,观赏许多著名书画家的书法碑刻,感受骆宾王的精妙诗文,找找自己认识的字。

图片5-4-17　骆宾王诗文帖

图片5-4-18　四杰堂

4. 在四杰堂前。 教师和家长带领幼儿从回廊边门走到"四杰堂"前,教幼儿认读这3个蓝字;告诉幼儿"堂"是高大的房子、办事的地方;引导幼儿回忆前面在"诗杰轩"里说的那位诗杰是谁(骆宾王)?启发幼儿思考这里说的"四杰",除了骆宾王,还有哪"三杰"呢?

给幼儿讲讲"初唐四杰"的故事(除了骆宾王,另外三杰是王勃、杨炯、卢照邻,他们都是初唐很有才华的大诗人,并称"王杨卢骆",也称"初唐四杰",他们在青少年时代就获得了"四杰"的美誉)。

(十) 在小石桥前

1. 在平面石桥前。 教师和家长带领幼儿来到小桥前,提问幼儿:这座桥有什么特点(石头做的,桥不长也不宽,桥面是平铺的,桥上有 4 根柱子,桥下有 4 个桥墩)?这是今天走过的第几座桥(第 2 座桥)?

图片 5-4-19 平面桥

图片 5-4-20 拱形桥

2. 在拱形石桥前。 教师和家长带领幼儿来到小桥前,提问幼儿:这座桥有什么特点(石头做的,桥面是拱形的,桥上有 4 根柱子)?这是今天走过的第几座桥(第 3 座桥)?与前面 2 座桥相比,有什么相同点(都是石头做的,都有护栏和柱子,柱子都是 4 根,桥都不长不宽,都没写桥名)?有什么不同点(第 1 座桥有台阶,第 2 座桥是平铺的,第 3 座桥是拱形的)?

(十一) 在骆家亭里

1. 在骆家亭前。 教师和家长带领幼儿走过小石桥,来到"骆家亭"前,教幼儿认读这 3 个蓝色大字;启发幼儿数数有几根柱子(4 根);引导幼儿回忆:今天总共看到了几个亭子(4 个)?是哪 4 个亭子(咏鹅亭、梅柳亭、放怀亭、骆家亭)?

图片 5-4-21 骆家亭

2. 在骆家塘旁。 教师和家长带领幼儿走进"骆家亭",在围栏椅子上坐下来,欣赏"骆家塘"碧波荡漾的美景;给幼儿讲讲骆宾王七岁《咏鹅》的故事(骆宾王小时候,家就在这个小池塘附近;每到春天,塘边柳丝飘拂,池水清澈见底,水上鹅儿成群,景色迷人;一天,家中来了一位客人,发现他机智聪敏,就问了他几个问题,他的回答让客人万分惊喜,后来有一群白鹅在池塘里游玩,客人就指着鹅群要他以鹅为题作一首诗,他想了一下,就说出了《咏鹅》这首名诗);鼓励幼儿开动脑筋,自编动作,来表演这首古诗,学做小神童;用相机、手机为幼儿拍下、录下精彩的瞬间。

图片 5-4-22　骆家塘

四、活动延伸

1. 教师在班级的美术区里,给幼儿提供画纸、画笔,引导幼儿填色、描绘、添加"骆宾王公园游览示意图"。

骆宾王公园游览示意图

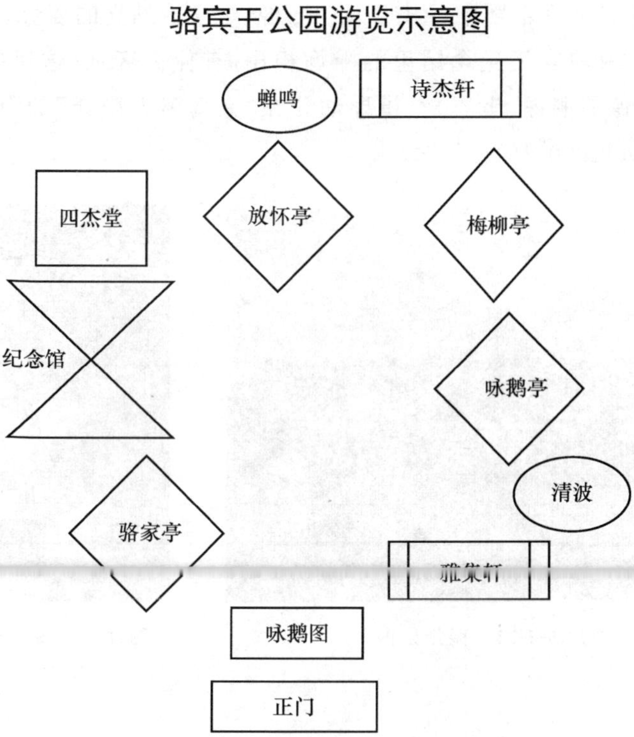

图 5-4-1　骆宾王公园游览示意图

2. 教师在班级的建构区里，给幼儿提供多种废旧材料，指导幼儿搭建骆宾王公园里的几个主要景点。

3. 教师鼓励家长在不同的季节里，带孩子去游览骆宾王公园，使孩子感受到公园里不一样的美景。

4. 教师和家长带领幼儿游览位于广场路上的绣湖公园，引导幼儿寻找桥梁和亭榭，试着和骆宾王公园进行比较，思考有什么异同点。

图片 5-4-23 绣湖公园

5. 教师和家长带领幼儿游览位于稠州中路 221 号的稠州公园，引导幼儿观察，启发幼儿思考：这个公园的大门和骆宾王公园、绣湖公园的大门相比，有什么异同点？在这个公园里，有几座桥梁？几个亭榭？它们和骆宾王公园、绣湖公园里的桥梁、亭榭相比，有什么异同点？鼓励幼儿在群雕中寻找骆宾王雕像，学学他站立的姿势，拍几张照片；启发幼儿思考这尊雕像和骆宾王纪念馆里的雕像相比，有什么区别（这里的雕像是石像、站姿，纪念馆里的雕像是铜像、坐姿）？指导幼儿在"义乌名人简介"的石刻上，找到"骆宾王"这 3 个字，给幼儿讲讲骆宾王的故事。

图片 5-4-24 稠州公园

图片 5-4-25 骆宾王雕像

第五节　参观江苏省苏州博物馆活动方案

图片 5-5-1　苏州博物馆

一、活动目标

1. 使幼儿了解苏州博物馆的位置、开放时间、建筑特点、主要馆藏,加深对苏州地方特色、吴地文化的认识。
2. 使幼儿知道苏州博物馆是地方综合性博物馆,全国重点文物保护单位。
3. 使幼儿喜欢去博物馆,知道参观博物馆要遵守各项规章制度。

二、活动准备

1. 教师查阅苏州博物馆官网 http://www.szmuseum.com/,分别点击"首页""资讯""展览""馆藏""文创""活动",了解"开放时间""参观指南"等。
2. 教师去苏州博物馆(江苏省苏州市东北街 204 号)参观,实地了解各种情况。
3. 教师设计参观苏州博物馆的活动方案,做好活动安全预案,联系交通工具。
4. 教师邀请家长协助组织幼儿参观苏州博物馆的活动,并做好参观前的各项准备工作。
5. 教师告诉幼儿参观苏州博物馆的喜讯,激发幼儿的好奇心。

三、活动过程

(一)在苏州博物馆入口

1. 教师和家长带领幼儿来到博物馆入口,教幼儿认读馆名(苏州博物馆 SUZHOU MUSEUM);寻找馆标,看看有哪几种几何图形(正方形、三角形、长方形),数数每种几何图形各有几个(4 个正方形、3 个三角形、2 个长方形);看看馆墙、馆名是什么颜色(馆墙是白色和灰色,馆名是白底灰字),馆门楼有什么特点(2 层,每层由玻璃、钢架组成)。

片 5-5-2　苏州博物馆馆名馆标

图片 5-5-3　苏州博物馆前庭

2. 教师和家长给幼儿讲读馆门前告示牌上的"观众须知""温馨提示",使幼儿知道一些重要的参观守则。

3. 教师和家长带领幼儿排队入馆,自觉接受安全检查。

(二)在苏州博物馆前庭

1. 教师和家长带领幼儿来到博物馆前庭旁,给幼儿讲读告示牌上的"免费开放公告",使幼儿知道"观众入口"和"观众出口"的位置,牢记要"保持馆内安静,爱护文物展品,注意自身安全"。

2. 教师和家长启发幼儿观察博物馆主楼造型,说说自己看到了什么颜色(白色、灰色)、什么样的几何图形(圆形、正方形、长方形、三角形)。

(三)在苏州博物馆中央大厅

1. 教师和家长带领幼儿走进博物馆中央大厅,提醒幼儿向问询处的保安叔叔和阿姨问个好,知道有问题可以向他们请教;引导幼儿观看八角形的大厅、玻璃窗外的江南水景。

2. 教师和家长指导幼儿观看展厅位置及其标识图,带领幼儿分别走进"西廊""东廊"里的各个展室去参观。

(四)在"吴塔国宝"展室

教师和家长带领幼儿来到"吴塔国宝"展室展板简介前,给幼儿讲解:这里突出展示了苏州两座标志性佛塔内发现的国宝级佛教文物。

1. 在"宝藏虎丘　虎丘云岩寺塔佛教文物"展厅

教师和家长带领幼儿走进"宝藏虎丘　虎丘云岩寺塔佛教文物"展厅展板简介前,告诉幼儿苏州很早就是"江东一都会"。

(1) 指导幼儿观赏"秘色瓷莲花碗　五代"(这个青色的莲花碗,由碗和盏托两个部分组成,碗身外壁、盏托盘面和圈足上都有大瓣莲花图案,整个造型就像一朵盛开的莲花),使幼儿感受到这只莲花碗独特的艺术造型和巨大的艺术价值,知道它是博物馆的一件珍贵的馆藏。

(2) 引导幼儿观看"铜镜(十二生肖)五代",说说它是什么形状(圆形),数数一共有几个大圆圈(4个);找找上面有哪些小动物(鼠、牛、虎、兔、龙、蛇、马、羊、猴、鸡、狗、猪),数数一共有多少个小动物(12个);告诉幼儿这个铜镜就是古人用铜制作的十二生肖镜子。

图片 5-5-4　秘色瓷莲花碗　五代

图片 5-5-5　铜镜（十二生肖）五代

2. 在"塔放瑞光　瑞光寺塔佛教文物"展厅

教师和家长带领幼儿走进"塔放瑞光　瑞光寺塔佛教文物"展厅展板简介前，告诉幼儿瑞光塔也叫瑞光寺塔，是苏州的一个著名佛寺；引导幼儿观赏"真珠舍利宝幢（复制品）北宋"（在须弥座上，有8只小狮子、16个人、许多莲花和水晶球；在须弥山海上，有大海、祥云、8位天神、16座须弥山；在幢殿上，有8只护梁神、梵语"南无摩诃般若波罗蜜"即"大智慧可达彼岸乐土"、8条串珠天龙；在刹上，有宝珠，宝珠两侧的火焰光即"瑞光普照"），告诉幼儿这件文物体现了苏州工艺美术水平，是博物馆馆藏的一个珍贵文物，也是国宝级文物。

（五）在"吴地遗珍"展室

教师和家长带领幼儿来到"吴地遗珍"展室展板简介前，给幼儿讲解：苏州是吴地中心、中国首批历史文化名城，被誉为"鱼米之乡""文物之邦""人间天堂"；在这里，能看到许多苏州出土的文物，文物是历史的见证。

1. 在"晨光熹微　史前陶器玉器"展厅

教师和家长带领幼儿走进"晨光熹微　史前陶器玉器"主题展厅，引导幼儿观看"玉琮　良渚文化"，鼓励幼儿说说它的颜色（深褐色）和造型（两端圆、中段方柱体、12节）；告诉幼儿这种"外方内圆"的形状表示"天圆地方"，玉琮是中国古代举行重大典礼时要用到的一种礼器。

图片 5-5-6　真珠舍利宝幢（复制品）北宋

图片 5-5-7　玉琮 良渚文化　　图片 5-5-8　蟠螭纹三足提梁铜盉　春秋 虎丘千墩坟出土

2. 在"争伯春秋 春秋青铜器玉器"展厅

教师和家长带领幼儿走进"争伯春秋 春秋青铜器玉器"展厅,指导幼儿观察"蟠螭纹三足提梁铜盉 春秋 虎丘千墩坟出土",数数它有几只脚(3只),想想它的提梁像什么(夔龙形),说说它的腹部是什么样子(圆的),看看它有没有盖子(有盖子,用链子拴着),猜猜它有什么用处(盉是古代的盛酒器);告诉幼儿这件文物是吴国青铜器的杰出代表。

3. 在"锦绣江南 自汉迄唐陶、瓷、金、铜器"展厅

教师和家长带领幼儿走进"锦绣江南 自汉迄唐陶、瓷、金、铜器"展厅。

首先,引导幼儿观看"陶生肖俑(虎、羊、鼠) 唐 长青出土",鼓励幼儿猜猜他们是什么动物(老虎、山羊、老鼠)。

其次,引导幼儿观察"男侍俑手捧盒(汉 陶)"和"男侍俑手捧鸟(汉 陶)",启发幼儿说说这两个男侍俑手里都捧着什么(左边矮个子男侍俑手捧着盒子;右边高个子男侍俑手捧着小鸟,拎着小壶)。

图片 5-5-9　陶生肖俑(虎、羊、鼠) 唐 长青出土　　图片 5-5-10　男侍俑手捧盒(汉陶)和男侍俑手捧鸟(汉陶)

再次,引导幼儿观看"青瓷虎子 晋 长青公社出土"和"圆形虎子 晋",启发幼儿想想它们看上去像什么动物(像一只卧伏着的老虎),猜猜它们有什么用处(古代的盛水器、便壶)。

图片 5-5-11　青瓷虎子和圆形虎子

最后,引导幼儿观察"釉陶鸡窝 汉 通安麻布浜出土""陶屋 东汉 长青公社出土"和"釉陶猪窝 汉 通安麻布浜出土",启发幼儿寻找小鸡(在左边的鸡窝里)和小猪(在右边的猪窝里),说说还看到了哪些动物(小狗、小羊);告诉幼儿中间的陶屋有两层,上层是住人的,下层是堆放杂物、养殖家禽家畜的。

图片 5-5-12　陶屋

4. 在"都会流韵 元娘娘墓 明王锡爵墓随葬品"展厅

教师和家长带领幼儿走进"都会流韵 元娘娘墓 明王锡爵墓随葬品"展厅,给幼儿讲解"上有天堂,下有苏杭"与"苏湖熟,天下足"的古谚语,告诉幼儿这时的苏州有"东南一都会"之称,引导幼儿观看冠服、首饰、佩饰、刺绣、明器家具、生活用具等出土文物。

(1) 当观看"三透雕玛瑙饰 明 王锡爵墓出土"时,教师和家长告诉幼儿这是在苏州虎丘乡凤凰墩的王锡爵夫妇合葬墓中出土的,启发幼儿先在一面寻找并描述小鹿和松树及灵芝(一只小鹿站在悬崖上,昂首挺胸;右边的一株古松向上弯曲伸展,松针如轮,错落分布;左上方有许多灵芝),后在另一面寻找并描述老人和小孩及猴子(一位老人,身着宽袖大袍,一手持杖藜,一手拿书;一个小孩,跪见老人,拱手作揖;左上角有只小猴子,悬吊在树间),鼓励幼儿猜猜小鹿、松树、灵芝和老人的图案有什么美好的寓意(福禄双寿)。

（2）当观看"银制鎏金鹤、鹿、寿 明 王锡爵墓出土"时,教师和家长启发幼儿说说仙鹤在哪里(在左边)、梅花鹿在哪里(在右边)、老寿星在哪里(在中间),告诉幼儿鹤和鹿都是代表健康长寿的灵物。

图片 5-5-13　三透雕玛瑙饰 明 王锡爵墓出土　　图片 5-5-14　银制鎏金鹤、鹿、寿 明 王锡爵墓出土

（六）在"吴中风雅"展室

教师和家长带领幼儿来到"吴中风雅"展室展板简介前,给幼儿讲解:这里陈列的许多明清工艺类文物,都是"吴中绝技""玩好之物",表明苏州有着无可替代的历史文化位置。

1. 在"书斋长物 明书斋陈设"展厅

教师和家长带领幼儿走进"书斋长物 明书斋陈设"展厅,和幼儿一起观看古人的书房及其陈设,鼓励幼儿说说有哪些家具和物品(书桌、官帽椅、圆凳、花几、书架及图书,琴桌、琴板凳,长桌、椅子、床榻、榻几)。

图片 5-5-15　书斋长物

2. 在"陶冶之珍 瓷器"展厅

教师和家长带领幼儿走进"陶冶之珍 瓷器"展厅,和幼儿一起观赏各种精美的文物。

（1）在观看"青花缠枝葡萄纹大盆 明 永乐"时,可引导幼儿数数盆里有几个大圆圈(3个);看看外边的2个大圆圈里有什么图案(缠枝花卉),里面的小圆圈里有什么图案(折枝葡萄图,葡萄的藤蔓绵绵,硕果累累,细须缠绕,枝叶翻卷);数数有几串葡萄(3串)、几片叶子(9片)、每片叶子上有几个裂片(7个裂片的叶子有1个、6个裂片的叶子有1个、5个裂片的叶子有7个);感受线条粗细并用,青料浓淡兼施,画面苍翠欲滴,凝重雄浑之美。

（2）在观看"青花海水白龙盘 明 宣德"时,可启发幼儿说说盘子是什么形状(圆形)、什么颜色(白色和蓝色),看看上面有什么图案(口沿内外有双蓝圈纹饰;盘中心也有双蓝圈纹饰,在圈内有海水、1条5趾白龙);告诉幼儿龙是中国最大的神物,古人认为它是最高的祥瑞。

(3) 在观看"青花釉里红桃子天球大瓶 清 雍正"时,鼓励幼儿猜猜这是什么东西(大花瓶),说说这个大瓶子有什么特点(瓶颈很长,瓶腹浑圆,好像天体中的星球,所以叫"天球瓶");看看瓶子上有什么图案(桃树、桃叶、桃花、桃子)、有什么颜色(青花色桃树、桃叶,红色花蕊、花瓣,黄绿色桃子),数数有几只寿桃(大小寿桃9只);看看还有什么图案(形态各异的蝙蝠),数数有几只蝙蝠(5只);告诉幼儿这些图案就组成了一幅祝寿图("多福多寿""福寿双全")。

图片 5-5-16 青花缠枝葡萄纹大盆 明 永乐　　图片 5-5-17 青花海水白龙盘 明 宣德　　片 5-5-18 青花釉里红桃子天球大瓶 清 雍正

(4) 在观看"粉彩百鹿鹿头尊 清 光绪"时,指导幼儿找找上面镶嵌了什么东西(鹿头),数数有几个鹿头(2个);上面画了什么图案(梅花鹿、高山、山坡、松树、丛林、花草、河流),梅花鹿有哪几种颜色(红色、黄色、咖啡色)、有哪几种姿势(站立或奔跑、昂首或低头,向前或回首);数数有几座高山、几棵松树、多少只梅花鹿;猜猜"尊"是什么东西(酒器),告诉幼儿因为这个"尊"的双耳是鹿首,所以叫"鹿头尊",这个"尊"以青山绿树为背景,有一百只鹿在山林中奔跑、穿行,所以叫"百鹿尊"。

(5) 在观看"居仁堂粉彩梅鹊花碗 洪宪 袁经祯捐赠"时,引导幼儿数数有几只碗(2只、一对),说说碗是什么颜色(白色、白如霜雪);指导幼儿看看碗壁内外还画了什么图案(粉彩梅鹊图),说说梅花的颜色和形态(赭色梅枝、白梅、红梅、绿叶,赭色梅枝上或白或红的梅花,衬以绿叶)、喜鹊的颜色和形态(两只墨彩喜鹊,形态生动),感受浓淡明暗的层次和精巧的画工;告诉幼儿这对瓷碗是袁世凯女儿袁经祯捐赠的。

图片 5-5-19 粉彩百鹿鹿头尊 清 光绪　　图片 5-5-20 居仁堂粉彩梅鹊花碗 洪宪 袁经祯捐赠

(6) 在观看"青花人物笔海 清 康熙"时,启发幼儿数数上面画了几个人(5个人,1个人坐着、4个人站着),说说它是什么形状(圆柱筒形)、有什么特点(矮而粗);鼓励幼儿猜猜这是什么东西(笔海,就是体积比较大的笔筒)、有什么用处(插笔用的筒)。

(7) 在观看"粉彩灯笼罇(弈棋图)清 雍正"时,启发幼儿数数上面有几个人(4个人,2个大人、2个小孩),看看他们都在干什么(2个大人坐在桌边下棋,1个小孩在桌边观战,1个小孩在桌边玩耍);鼓励幼儿说说它看上去像什么(灯笼),猜猜它有什么用途(盛装好酒的坛子)。

(8) 在观看"斗彩牡丹蝴蝶盘 清 雍正"时,启发幼儿说说看到了什么(牡丹、蝴蝶、蓝湖石、双蓝圈),数数有几朵牡丹花(3朵,1朵是黄颜色、2朵是红颜色,叶子都是绿色)、几只蝴蝶(2只,飞舞);告诉幼儿双蝶翩翩于牡丹花中,表示富贵长寿的意思。

图片 5-5-21 青花人物笔海 清 康熙　　片 5-5-22 粉彩灯笼罇(弈棋图)清 雍正　　图片 5-5-23 斗彩牡丹蝴蝶盘 清 雍正

（9）在观看"洒蓝反口石榴尊 清 雍正"时,可引导幼儿说说它看上去像什么(像石榴),描述它的形状(五瓣花口外撇,束颈,圆肩,圆腹);鼓励幼儿讲讲看到了哪些颜色(蓝色、白色),说说它表面的花纹像什么(像洒落的蓝色的水滴,像蓝天中飘洒的雪片,所以叫"洒蓝""雪花蓝")。

（10）在观看"斗彩海水龙盆 清 康熙"时,引导幼儿说说看到了什么颜色(红色、黑色、白色、蓝色、绿色)、什么图案(海水、云、龙),讲讲龙的造型(黑眼睛、嘴张开、五个爪子、犄角后掠)和姿态(龙穿行于云海之间,张牙舞爪,凶猛威武)。

（11）在观看"抹红青花海水龙大盘 清 乾隆"时,启发幼儿说说看到了什么(龙、海水),数数盘子里面画了几条龙(5条,中间1条龙、旁边4条龙);讲讲这几条龙有什么特点(都是红色的龙,中间的1条龙有五爪、旁边的2条龙有5爪、另2条龙有3爪),它们在干什么(中间的龙在海水中跳舞,四边的龙都在游荡观赏)。

图片 5-5-24 洒蓝反口石榴尊 清 雍正　　图片 5-5-25 斗彩海水龙盆 清 康熙　　图片 5-5-26 抹红青花海水龙大盘 清 乾隆

3. 在"攻玉巧技 玉器"展厅

教师和家长带领幼儿走进"攻玉巧技 玉器"展厅,和幼儿一起观看喜欢的文物。

（1）在观看"白玉渔家乐船形摆件 清"时,引导幼儿说说看到了什么(乌篷船、人),数数有几个人(4个人),讲讲他们都在干什么(2个男人坐在船头上对饮喝酒,1个妇人和1个小孩坐在船尾说笑);告诉幼儿这反映了渔民幸福快乐的生活,也祝愿人们一帆风顺。

（2）在观看"白玉双龙耳杯 清"时,启发幼儿说说杯子是什么颜色(白色)、什么形状(圆形)、两侧有什么(耳朵);鼓励幼儿讲讲杯耳有什么特点(都雕琢形态相同且对称的螭龙为耳,螭龙口衔杯沿,四足爬于杯壁,前足抓住杯沿,后足有毛发飘拂,躯干弯曲,向上匍爬,背有脊,龙身布满鳞纹)。

图片 5-5-27 白玉渔家乐船形摆件 清

图片 5-5-28 白玉双龙耳杯 清

(3) 在观看"白玉羲之爱鹅山子 清"时,鼓励幼儿讲讲看到了什么(祥云、高山、岩洞、松树、楼阁、石阶、大人、小孩、鹅、溪水),数数有几个人(3个人,1个大人,2个小孩)、几只鹅(2只);说说这3个人在干什么(中间那个大人坐在磐石平台上,观赏岩下溪流中的鹅群戏水;1个小孩站在他身后,一同观鹅;另1个小孩蹲在他前面喂鹅);告诉幼儿中间这个大人就是中国古代著名书法家王羲之,他很喜爱养鹅,给幼儿讲讲羲之爱鹅的故事(王羲之喜爱鹅,在绍兴有一位老奶奶养了一只鹅,王羲之想买下来却没有如愿,就带着亲友来观看。老奶奶听说王羲之即将到来,就把鹅杀了,煮熟,招待王羲之,王羲之一整天都不开心。后来,绍兴有一位老爷爷喜欢养鹅,王羲之很高兴,就去观看,并想买下这些鹅。老爷爷说:"只要你能帮我抄写《道德经》,我就把整群鹅都送给你。"王羲之听后,认真地抄写完成任务,高兴地把鹅带回家了)。

(4) 在观看"白玉人物槎 清"时,启发幼儿说说看到了什么(树枝、船、人、鱼篓、桨、渔网),数数有几个人(4个人,2个大人,2个小孩),讲讲他们在干什么(1个大人在划船,旁边的小孩想帮忙;1个大人在收渔网,身后的小孩在帮忙)。

(5) 在观看"白玉皮子桃榴佛手摆件 清"时,指导幼儿说说看到了什么(桃子、石榴、佛手);告诉幼儿这是依据玉材的不同色泽,巧妙雕琢,三位一体,表示延年益寿、多子多福、幸福安康。

片 5-5-29 白玉羲之爱鹅山子 清

图片 5-5-30 白玉人物槎 清

图片 5-5-31 白玉皮子桃榴佛手摆件 清

(6) 在观看"白玉牧童骑牛摆件 清"时,鼓励幼儿说说看到了什么(大牛、小孩),指导幼儿加以描述(大水牛很肥壮,俯卧在那里;2个牧童很顽皮,想爬上牛背,但却滑落下来);告诉幼儿牛是十二生肖之一,是造福人类的礼物,也象征着春天的来临。

(7)在观看"白玉司马光砸缸牌 清"时,鼓励幼儿讲讲它的形状(椭圆形,扁平体),说说白玉的特点(洁白无瑕);指导幼儿仔细观察牌身正面上部及周围的双龙纹、中部的司马光砸缸浮雕;给幼儿讲讲司马光砸缸的故事(司马光小时候,跟小朋友们在后院里玩。有个小朋友爬到大水缸上去玩,一不小心,掉到水缸里去了。其他小朋友都吓跑了。但司马光却开动脑筋,想出了一个好办法。他迅速从地上捡起了一块大石头,用力朝水缸砸去,水流了出来,那个小朋友得救了)。

(8)在观看"三羊开泰饰板 明"时,启发幼儿说说看到了什么(羊、太阳、云彩),指导幼儿有序描述(上面雕琢的是1个太阳,正阳中天,周围有祥云缭绕;下面雕琢的是2头羊,1头羊在奔跑,另1头羊卧伏在地,它俩回首相望);告诉幼儿,在中国古代,羊即为阳,羊即为祥,"三羊开泰"就是"吉祥如意"的意思。

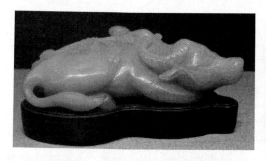

图片 5-5-32　白玉牧童骑牛摆件 清

图片 5-5-33　白玉司马光砸缸牌 清

图片 5-5-34　三羊开泰饰板 明

4. 在"雕镂神工 竹木牙角器"展厅

教师和家长带领幼儿走进"雕镂神工 竹木牙角器"展厅,和幼儿一起观看各种展品。

(1)在观察"竹刻竹林七贤笔筒 清 顾珏"时,告诉幼儿竹刻就是在竹材、竹器上雕刻图画;启发幼儿说说笔筒的颜色(枣红色)和用处(插放笔),看看笔筒上都雕刻了什么图案(松树、竹林、山石、溪水、人物);鼓励幼儿找找7位文人,看看他们都在哪里(林间)、都在干什么(有的站着,有的坐着;有的抚琴,有的倾听,有的拿笔);告诉幼儿他们就是"竹林七贤",中国古代的七位文学家(山涛、阮籍、嵇康、向秀、刘伶、阮咸、王戎),他们在林中相会,饮酒作诗。

(2)在观赏"象牙雕鸟摆件 清"时,告诉幼儿象牙是大象的2颗门牙,比竹木更加细密坚韧,便于雕刻和染色,是名贵的手工艺材料;鼓励幼儿说说小鸟的造型和神态(小鸟蹲在枯树墩上,尖尖的小嘴巴很可爱,圆圆的小眼睛看着我们,纹理清晰的羽毛很漂亮,长长的尾巴很有趣)。

(3)在观看"象牙雕人物船 民国"时,启发幼儿说说看到了什么(船、人),数数有多少个人(15个人),讲讲他们在干什么(皇帝和嫔妃在蓬内下棋,宦官船头观赏评论,宫女扇风暖酒划桨,侍童摇橹撑船掌舵);告诉幼儿这条船是用一段象牙雕成的,大家同舟畅游。

  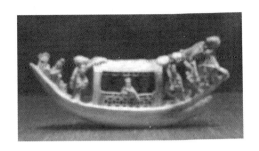

图片 5-5-35　竹刻竹林七贤笔筒 清 顾珏　　图片 5-5-36　象牙雕鸟摆件 清　　图片 5-5-37　象牙雕人物船 民国

（4）在观察"象牙雕八仙 民国"时，鼓励幼儿数数有几位仙人（8位），告诉幼儿这就是中国民间传说中的八位神仙（从左往右分别是：何仙姑、曹国舅、韩湘子、铁拐李、汉钟离、张果老、吕洞宾、蓝采和），是"长寿吉祥"的象征；启发幼儿看看每个仙人身上都有什么宝物（何仙姑：手持荷花，是八仙中唯一的女性；曹国舅：头戴纱帽，身穿官服袍，手持玉板；韩湘子：手持长笛，擅吹洞箫；铁拐李：跛脚拄杖，身背葫芦，里面装有仙药，治病救人，是八仙之首；汉钟离：袒胸露乳，手摇芭蕉扇；张果老：身背渔鼓，倒骑白驴，宣唱道情，在八仙中年龄最大；吕洞宾：身背长剑，精通剑术，斩妖除害，为民造福，被称为剑祖剑仙；蓝采和：手提花篮，衣服破烂，边走边唱）；给幼儿讲讲"八仙过海，各显神通"的故事（8位仙人法力无边，在过东海时，铁拐李提议把各自的宝物投于水面，自己过海，结果何仙姑坐着荷花、曹国舅坐着玉板、韩湘子坐着长笛、铁拐李坐着葫芦、汉钟离坐着扇子、张果老坐着毛驴、吕洞宾坐着长剑、蓝采和坐着花篮，渡过了东海），使幼儿知道遇事要动脑筋想办法，创造奇迹。

图片 5-5-38　象牙雕八仙 民国

（5）在观赏"象牙雕渔樵耕读 民国"时，启发幼儿数数有几位老爷爷（4位），看看他们手里都拿着什么（渔翁：右手提着鱼篓，左手拿着棍杖，杖上系着2条跳动的活鱼；樵翁：左手拿着砍柴刀，右手握着扁担，扁担撑在柴束上；耕翁：左手指夹着烟杆，右手扶着锄头，篮子串在锄头柄上；读翁：左手抚摸图书，右手拿着书卷），使幼儿感受到乡村老爷爷的快乐生活。

图片 5-5-39　象牙雕渔樵耕读 民国

（6）在观赏"象牙雕狮阵 民国"时，鼓励幼儿数数有几头狮子（5 头），看看他们在干什么（咆哮着走在天桥上），说说他们有什么特点（有的狮子大，有的狮子小；母狮子有 1 只，公狮子有 4 只；4 只狮子往右走，1 只狮子往左走），描述一下他们的状态（4 只狮子从大到小排成一列，雄赳赳气昂昂地走上了天桥，下桥时，遇到迎面走来的 1 只小狮子，堵住了去路）。

（7）在观赏"象牙雕龙 清 乾隆"时，鼓励幼儿说说这是什么动物（龙），看看它有什么特点（龙头向上，龙鼻中喷水，龙口中吐浪；龙身扭曲缠绕，片片鳞甲；龙尾上翘），使幼儿感受到象牙雕龙，随形就势，精巧绝伦。

图片 5-5-40　象牙雕狮阵 民国

图片 5-5-41　象牙雕龙 清 乾隆

5. 在"文房雅事 文具"展厅

教师和家长带领幼儿走进"文房雅事 文具"展厅，和幼儿一起观看笔墨纸砚等各种展品。在观看"蟾形砚 宋"时，教师和家长可鼓励幼儿说说看到了什么（蟾蜍），它是什么颜色（青黑色）；指导幼儿加以描述（砚体是三足蟾形，伏卧着，仰首向上，把背用作砚面）；告诉幼儿蟾蜍形象寓意幸福美好，拥有此砚的人，就能健康长寿。

图片 5-5-42　蟾形砚 宋

6. 在"闲情偶寄 赏玩杂件"展厅

教师和家长带领幼儿走进"闲情偶寄 赏玩杂件"展厅,和幼儿一起观看多种展品。

(1) 在观看"紫砂干果洗 清 陈明远"时,鼓励幼儿猜猜它是什么(笔洗)、有什么用处(是古代常见的文房用具之一,是用来洗涮毛笔的器物);引导幼儿说说它是什么颜色(棕色)、什么形状(杯形)、有哪些果实(半片板栗壳、荔枝、白果、瓜子、胡桃、花生、乌菱)、有什么寓意(栗子、荔枝、乌菱寓意求子伶俐,白果则寓意科举高中,瓜子、花生寓意多子多孙,胡桃寓意延年长寿);使幼儿感受到作品逼真的形象、生动的造型、丰富的内涵。

(2) 在观看"紫砂莲形银配壶 清 陈明远"时,鼓励幼儿说说壶身的形状(莲蓬形)、壶嘴的特点(短,荷叶纹),数数壶身四周的莲瓣(八片)、壶盖上的莲子(六颗),找找银配(在壶肩部,一藕节形);启发幼儿讲讲壶的特点(一种有把有嘴的器具)和作用(常用来盛茶、酒等液体)。

图片 5-5-43 紫砂干果洗 清 陈明远

图片 5-5-44 紫砂莲形银配壶 清 陈明远

(七)在苏州博物馆主庭院

教师和家长带领幼儿来到"主庭院",在曲桥上走走、八角亭里坐坐,看看周围的建筑及水中倒影、树木及竹林、院墙及片石假山、池塘里的鹅卵石及金鱼,感受"以壁为纸,以石为绘"的山水景观和剪影效果(以拙政园白墙为纸,把巨石劈切成片,叠放堆砌在墙前,成了片石假山;如果在烟雨季节,远远望去,就像是一幅绘在墙上、浮在水中的山水画)。

图片 5-5-45 主庭院

（八）在苏州博物馆忠王府

教师和家长带领幼儿走进"忠王府"，告诉幼儿这里曾经是太平天国忠王李秀成的王府，是中国历史上遗存下来最完整的农民起义军的王府；教幼儿认读"太平天国""李秀成"这几个字；引导幼儿观看"李秀成"雕像，给幼儿讲讲李秀成的故事（李秀成出身于一个贫苦农民家庭，幼年时生活艰苦；后来参加太平军后，作战机智勇敢，很快从一名士兵晋升为青年将领）。

带领幼儿走出"忠王府"，提醒幼儿回头仰望门匾，寻找"忠王府"几个字，说说是什么颜色（金黄色），看看大门檐枋上面雕刻了什么图案（双龙戏珠）、有几块（三块）、什么颜色（土红色）；告诉幼儿这是一种吉祥喜庆的装饰图纹，忠王府彩绘是清代"苏式彩绘"的代表，是我国极其珍贵的文化遗产；鼓励幼儿找找大门两边的石狮子，看看它们有什么区别（门左边的石狮子，抱着球，是雄狮；门右边的石狮子，抱着小狮子，是雌狮）；给幼儿讲读旁边石碑上的文字，使幼儿知道"太平天国忠王府"是"全国重点文物保护单位"。

图片 5-5-46　李秀成

图片 5-5-47　忠王府

图片 5-5-48　门右边石狮

图片 5-5-49　门左边石狮

四、活动延伸

（一）在幼儿园里延伸

1. 教师在班级扩大建构区的空间，提供多种废旧物品，鼓励幼儿搭建心目中的"苏州博物馆"及"吴地遗珍""吴塔国宝""吴中风雅"等展室。

2. 教师在室外玩沙区中,提供多种建筑材料,引导幼儿创作自己喜欢的"笔筒""碗""杯子""盘子""花瓶"等"铜器""陶瓷""工艺品"。

(二) 在家庭里延伸

1. 教师指导家长在家里和孩子一起观看电视剧《太平天国》,加深孩子对太平天国英雄李秀成的印象。

2. 教师鼓励家长利用节假日带领孩子到外地的博物馆去逛逛,加深孩子对博物馆的理解。

(三) 在社区里延伸

1. 教师组织幼儿去参观苏州民俗博物馆,使幼儿能够更好地了解苏州的节令民俗、吉祥民俗、育子民俗等。

2. 教师组织幼儿去参观苏州状元博物馆,使幼儿知道苏州是著名的状元之乡;状元博物馆是潘世恩故居,他25岁就中了状元,当官一直当到大学士(宰相);这里还曾是太平天国英王陈玉成的住所。

图片5-5-50　苏州状元博物馆

第六节　参观江苏省苏州图书馆活动方案

图片 5-6-1　苏州图书馆

一、活动目标

1. 使幼儿知道苏州图书馆的位置（苏州市人民路 918 号）和作用。
2. 使幼儿知道图书馆里有许多阅览室、许多书、许多读者。
3. 使幼儿喜欢图书馆，喜欢阅读图书。

二、活动准备

1. 教师上网（http://www.szlib.com/）查询苏州图书馆的各种信息。
2. 教师先去苏州图书馆参观。
3. 教师邀请家长志愿者参与参观苏州图书馆的活动。
4. 教师告诉幼儿参观苏州图书馆的喜讯。

三、活动过程

（一）苏州图书馆大门前

教师带领幼儿来到苏州图书馆主楼前，指导幼儿看看大楼造型；启发幼儿在大门前寻找馆名，教幼儿认读中英文馆名（苏州图书馆 SUZHOU LIBRARY）、门牌号码（人民路 918 号 邮政编码 215002）、开放时间（9:00—21:00）。

图片 5-6-2　苏州图书馆主楼　　　　　图片 5-6-3　苏州图书馆馆名牌

(二) 在苏州图书馆大厅里

教师带领幼儿通过安检,来到大厅,指导幼儿观看电子屏幕,给幼儿讲读"苏州图书馆阅读大数据即时展示",使幼儿知道"当日新书上架:2179 册""今日外借总量:305 册""今日总馆到馆人次:1214 人""今日办证量:61";引导幼儿观看楼层示意图,使幼儿知道图书馆共有 5 层,每层楼各有什么样的阅览室。

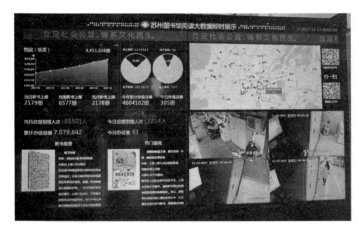 

图片 5-6-4　电子大屏幕　　　　　图片 5-6-5　楼层分布图

教师给幼儿讲读"入馆须知",使幼儿知道不能"随地吐痰、乱扔杂物""在阅览室内进餐、吃零食""占座、闲聊、睡觉",要"保持安静";教师给幼儿讲读"办证规则",使幼儿知道"苏州图书馆读者证分为苏州图书馆读者证,苏州图书馆少儿卡两种","苏州图书馆少儿卡基本功能:可在苏州图书馆少儿馆、总馆音像外借室、分馆和未成年人流动图书大篷车上借阅图书,以及少儿类音像资料","16 周岁以下可申请办理苏州图书馆少儿卡","申请办理少儿卡时请带户口簿,填写《苏州图书馆少儿卡申请表》","办证地点:苏州图书馆总服务台、各分馆和未成年人流动图书大篷车";教师和幼儿一起寻找"办证处"。

图片 5-6-6　总服务台办证处

教师带领幼儿观看"苏州图书馆"模型，教幼儿认读"人民路"，启发幼儿找找我们现在所处的位置；提醒幼儿仰望二楼外墙上的那幅大壁画"姑苏览胜图"，看看上面画的是什么塔（虎丘塔），旁边写的是什么字（虎丘剑池）。

图片 5-6-7　苏州图书馆模型

图片 5-6-8　姑苏览胜图

教师带领幼儿观赏画廊，引导幼儿数数有几幅图画（4 幅），说说画的是什么（梅花、兰花、翠竹、菊花）；鼓励幼儿给这组画起个名字（花中四君子、四君子）；给幼儿讲讲花语（梅：探波傲雪，高洁志士；兰：深谷幽香，世上贤达；竹：清雅淡泊，谦谦君子；菊：凌霜飘逸，世外隐士），使幼儿知道"四君子"是中国人借物喻志的象征，寓意圣人高尚的品德。

图片 5-6-9　花中四君子

教师教幼儿认识图书馆各室方位标志图、认读"保持安静 文明阅读"图文,带领幼儿分别参观期刊报纸阅览室、图书外借室、音像外借室。

图片 5-6-10　一楼分布图　　　　图片 5-6-11　保持安静图标

图片 5-6-12　期刊报纸阅览室

（三）在苏州图书馆二楼

教师带领幼儿走到二楼，指导幼儿观看楼层分布图，参观哲学社会科学图书阅览室、读者自修室、技术信息部；引导幼儿从玻璃门、玻璃里，看看坐在里面认真读书学习的哥哥、姐姐、叔叔、阿姨、爷爷、奶奶。

图片 5-6-13　二楼分布图　　　　　图片 5-6-14　哲学社会科学图书阅览室

（四）在苏州图书馆三楼

教师带领幼儿来到三楼，指导幼儿观看楼层分布图，参观综合性图书阅览室、艺术历史文献阅览室、地方文献阅览室，看看书架、书桌、椅子，了解各个阅览室的阅览规则。

图片 5-6-15　三楼分布图　　　　　图片 5-6-16　综合性图书阅览室

（五）在苏州图书馆少儿馆

教师带领幼儿来到少儿馆门口，教幼儿认读馆牌"苏州市少年儿童图书馆"，学看楼层分布图，使幼儿知道"1F 幼儿借阅室"和"2F 少儿借阅室"的意思；引导幼儿观看"24 小时自助还书机"，给幼儿讲解"还书操作"步骤。

图片 5-6-17　苏州市少年儿童图书馆

图片 5-6-18　24 小时自助还书机

1. 在幼儿借阅室

教师带领幼儿通过安检门,进入一楼大厅,指导幼儿观看"幼儿借阅室"门口的"开放时间:星期一至星期五 12:00—18:00;星期六至星期日 9:00—18:00;寒暑假期间每天 9:00—18:00",使幼儿知道什么时候可以进来看书;引导幼儿观看"幼儿借阅室"里面的咨询台、书架及图书、书桌及椅子、移动还书箱及推书车。

图片 5-6-19　幼儿借阅室咨询台

2. 在少儿借阅室

教师带领幼儿走到二楼,启发幼儿寻找"少儿借阅室",教幼儿认读英文名称(Teenagers Reading Room);鼓励幼儿寻找"开放时间",看看和一楼的开放时间是否相同(相同);引导幼儿看看借阅室里面的咨询台、自助借还书机、图书与书架、书桌与椅子、电脑与桌椅、移动还书箱。

图片 5-6-20　少儿借阅室咨询台

（六）在苏州图书馆门外

教师带领幼儿走出苏州图书馆，鼓励幼儿在馆墙上寻找中英文馆名，以此为背景，拍照留念。

图片 5-6-21　苏州图书馆围墙上馆名

四、活动延伸

（一）在幼儿园里延伸

1. 教师鼓励幼儿在班级建构区里搭建"苏州图书馆"。
2. 教师引导幼儿在班级图书区里开展图书阅读活动。
3. 教师指导幼儿在幼儿园图书室里开展图书借阅活动。
4. 教师给幼儿讲读绘本《图书馆狮子》。

（二）在家庭里延伸

1. 教师建议家长为孩子办张苏州图书馆少儿卡。
2. 教师鼓励家长利用双休日带领孩子去苏州图书馆借阅图书。
3. 教师引导家长在家里多开展亲子共读活动。

（三）在社区里延伸

1. 教师组织幼儿去参观苏州图书馆分馆、大学图书馆。
2. 教师带领幼儿参观附近的书店、出版社。

图片 5-6-22　观前街新华书店

3. 教师结合"世界儿童图书日""世界图书日"，带领儿童在社区里参观。

第七节　参观江苏省无锡博物院活动方案

图片 5-7-1　无锡博物院

一、活动目标

1. 使幼儿知道无锡博物院位于无锡市太湖广场南侧,是一座综合性地方历史艺术博物馆,是无锡的标志性建筑,以丰富幼儿对博物馆的认知。

2. 使幼儿知道无锡博物院由原来的无锡博物馆、无锡市科普馆和无锡革命陈列馆"三馆合一"组建而成,里面有许多好看的、好玩的东西,以激发幼儿对博物馆的热情。

二、活动准备

1. 教师在无锡博物院官网(http://www.wxmuseum.com/Home/Index)上查看"资讯""服务""展览""典藏"等方面的信息。

2. 教师去无锡博物院参观,实地了解"开放时间""参观须知""交通线路"等各种情况。

3. 教师邀请家长志愿者共同组织参观无锡博物院的活动。

4. 教师告诉幼儿参观无锡博物院的喜讯。

三、活动过程

(一)在无锡博物院北门

教师和家长带领幼儿来到无锡博物院北门,启发幼儿观看博物院的造型,说说它看上去像什么(水波、水浪、海浪、波浪,多角形,水光石色);引导幼儿来到主入口,教幼儿认读门边的中英文馆名(无锡博物院、WUXI MUSEUM)、认识馆标;鼓励幼儿在"一层平面图"上,寻找"您的位置""北门主入口""北门出口""南门入口""南门出口"的位置。

图片 5-7-2　无锡博物院北门

图片 5-7-3　北门主入口

(二) 在无锡博物院大厅

教师和家长带领幼儿自觉通过安检,进入大厅;引导幼儿在墙壁上寻找馆名和馆标,到"游客服务中心"获取"无锡博物院简介"及各个展馆宣传单。

图片 5-7-4　大厅墙壁

图片 5-7-5　游客服务中心

教师和家长指导幼儿观看无锡博物院总导览图,使幼儿知道博物馆从地下一层到地上五层,每层分为东区、中区和西区;引导幼儿观看"一层平面图",使幼儿知道当前所处的位置、中区、东区及西区的方位。

图片 5-7-6　总导览图

图片 5-7-7　一层平面图

（三）在无锡博物院东区

教师和家长带领幼儿来到博物馆的东区，教幼儿认读门廊上的中英文字（东区 East Wing），和幼儿一起轻轻地走进去，观看大厅里的电梯、平面图、展台。

图片 5-7-8　博物馆东区

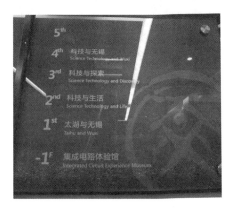

图片 5-7-9　东区平面图

1. 在"太湖与无锡"主题展厅

教师带领幼儿走进一楼的"太湖与无锡"主题展厅，依次参观 5 个主题展区（"水之存在""太湖与生命""太湖与文明""太湖的功能与价值""太湖之可持续发展"），加深幼儿对"水是文明的源泉"的理解，激发幼儿对太湖的关爱与保护之情。

（1）在"水之存在"主题展区里，教师给幼儿讲读展板上的简介，使幼儿知道水的存在有三种状态（液态、固态、气态），水是生命的源泉；引导幼儿观赏高大艳丽的七色光水柱，启发幼儿数数有哪几种颜色（绿、紫、青、红、橙、黄、蓝），使幼儿感受到高山流水般的"水竖琴"的音乐之美。

图片 5-7-10　水竖琴

（2）在"太湖与生命"主题展区里，教师给幼儿讲读展牌上的说明，使幼儿知道太湖流域独特的自然生态环境、丰富的物产、多样的生物；引导幼儿观看"太湖流域生物"展台，鼓励幼儿说说有哪些小动物（3 只螃蟹、2 只乌龟、1 条小蛇）。

图片 5-7-11 太湖流域生物展台

(3) 在"太湖与文明"主题展区里,教师给幼儿讲读展板上的内容,使幼儿知道太湖流域是中华文明的摇篮之一,太湖文明是以"水"为特质的农耕文明,太湖有四大文化(稻文化、渔文化、丝文化、茶文化);引导幼儿观看实物剧场、环境模拟等展品展项,促使幼儿了解吴越农耕文明。

图片 5-7-12 吴越农耕文明

图片 5-7-13 太湖与生活互动台

(4) 在"太湖的功能与价值"主题展区里,教师给幼儿讲读展板上的内容,使幼儿知道太湖流域是"鱼米之乡";指导幼儿观看"物产仓库"展架展物,使幼儿感受到太湖独特的自然条件与丰富的物产资源;引导幼儿观看"水质净化""污水处理"展牌展台,使幼儿知道太湖为流域城市提供了宝贵的水资源;给幼儿讲解"太湖与生活互动台"的操作说明(提压活塞泵,了解太湖向周边农田输送灌溉水源与市政用水;使用水枪,体验太湖的生活娱乐价值;提起闸板,将"河道"内的洪水泻入"太湖",了解太湖抵御洪水的功能),启发幼儿轻轻摆弄各种器具,感受太湖具有调节蓄水和预防洪水的功能。

2. 在"科技与生活"主题展厅

教师带领幼儿来到二楼,走进"科技与生活"主题展厅,引导幼儿观看 3 个主题展区("健康生活""数字生活"和"绿色生活")示意图及展品,培养幼儿健康、安全、环保的生活意识,帮助幼儿了解"科技让生活更美好"。例如,在"健康生活"主题展区里,教师可边引导幼儿观看"营养"展台的屏幕、图片、画册,边给幼儿讲解"中国居民平衡膳食宝塔",使幼儿知道平衡膳食宝塔共有五层(谷类食物在底层,蔬菜和水果在第二层,鱼和禽、肉及蛋等动物性食物在第三层,奶类和豆类食物在第四层,烹调油和食盐在顶层),包含了我们每天应吃的主要食物种类。

图片 5-7-14　科技与生活

图片 5-7-15　营养

3. 在"科技与探索"主题展厅

教师带领幼儿来到三楼,走进"科技与探索"主题展厅,引导幼儿观看 5 个主题展区("科技与社会剧场""新材料""新能源""生物技术"和"航天技术")示意图及实物材料,丰富幼儿的科学知识,激发幼儿对科技的兴趣,帮助幼儿了解"科技引领未来"。

图片 5-7-16　科技与生活

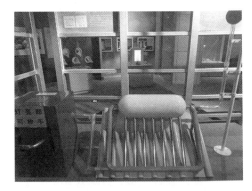
图片 5-7-17　太阳能

(1)在"新能源"主题展区里,教师可引导幼儿观看太阳能、风能、海洋能、地热能展台及应用装置,使幼儿知道要充分利用可再生资源,保护环境。例如,在观看"太阳能"时,教师可告诉幼儿许多家庭都已安装了太阳能热水器,使用起来很方便;教师边操作仿真太阳能热水器(灯亮即可放手),边给幼儿讲解(蓝色代表冷水,红色代表热水;利用太阳的辐射热提高水温,温暖的水流源源不断地供家人沐浴)。

（2）在"航天技术"主题展区里，教师引导幼儿观看"卫星技术""载人航天""深空探测"三大主题展台及模型，丰富幼儿的航天知识，激发幼儿对太空的兴趣，为中国航天事业的巨大成就而自豪。当观看"长征三号运载火箭"时，教师教幼儿认读上面的字（"中国航天""CZ-3"）；告诉幼儿这是一枚三级液体运载火箭，长征三号运载火箭的研制成功使中国成为世界上第四个具有地球同步卫星发射能力的国家。当观看"神舟七号模型"时，教师启发幼儿寻找上面的国旗（五星红旗），教幼儿认读上面的汉字（"神舟""中国航天"）；告诉幼儿神舟七号是中国"神舟"号系列飞船之一，是中国第三个载人航天器，是中国首次进行出舱作业的飞船，实现了中国历史上的第一次太空漫步。

图片 5-7-18　长征三号运载火箭

图片 5-7-19　神舟七号模型

（四）在无锡博物院中区

1. 在一楼大厅

教师带领幼儿来到中区一楼大厅，指导幼儿仰望巨幅壁画，仔细看看上面都画了什么，找找山川、树木、河流、湖泊、花草、船只、渔民等。

图片 5-7-20　壁画

2. 在虚拟西方艺术馆

教师带领幼儿来到中区地下一层的"虚拟西方艺术馆"，教幼儿认读门边的馆名，引导幼儿走进去，观赏各种虚拟的西方艺术经典作品，以培养幼儿的审美情趣和艺术鉴赏能力。

（1）在序厅

教师引导幼儿在序厅观赏世界艺术精品，当观看《米洛斯的维纳斯》时，可告诉幼儿这是希腊神话中代表爱与美的女神，启发幼儿想想这尊雕像为什么也叫《断臂维纳斯》（因为它被发现时，已折断了两个手臂）。

图片 5-7-21　虚拟西方艺术馆

图片 5-7-22　米洛斯的维纳斯

（2）在西方建筑艺术区

教师指导幼儿在西方建筑艺术区观赏世界著名建筑展品。当观看《帝国大厦》时，教师可告诉幼儿这是美国最著名的地标和旅游景点之一；当观看《大本钟》时，教师可告诉幼儿这是英国伦敦著名的古钟和传统地标；当观看《埃菲尔铁塔》时，教师可告诉幼儿这是法国巴黎的重要景点和突出标志。

（3）在西方绘画艺术区

教师指导幼儿在西方绘画艺术区观赏世界名画展品。当观看《吹笛子的少年》时，教师鼓励幼儿看看他的穿着打扮，模仿他吹笛子的姿势；当观看《向日葵》时，教师启发幼儿说说向日葵的颜色（黄色、深黄、浅黄）、形态（绚烂、枯萎），告诉幼儿大画家凡·高认为黄色代表太阳的颜色。

片 5-7-23　吹笛子的少年

图片 5-7-24　向日葵

（4）在西方雕塑艺术区

教师指导幼儿在西方雕塑艺术区观赏世界经典雕塑展品，并为幼儿进行简单的讲解。① 当观看《掷铁饼者》时，教师鼓励幼儿猜猜他是谁（男士、运动员）、他在干什么（他在准备投铁饼：他身体向前倾，低着头，弯着腰；左脚往后摆，左脚趾反贴地面，右脚向前站；左手向前，摆放到右脚膝盖外，右手握着铁饼，向后摆到最高点；全身重心放在右脚上,膝部弯曲),告诉幼儿这是运动员叔叔投掷铁饼过程中铁饼出手前的一个瞬间动作,和幼儿一起学学他扔铁饼的姿态。② 当观看《思想者》时,教师鼓励幼儿描述这个造型的特点(一位男士,弯着腰,屈膝坐着;左手放在膝盖上,右手托着腮,嘴巴咬着手;头低着,向下边看去,在思考问题),模仿一下他的坐姿。③ 当观看《母狼》时,教师启发幼儿讲讲这个雕塑的特征(1只大母狼,站着,张嘴露牙,竖起耳朵,眼睛看着前方;在狼的腹部下面,有2个小男孩,1个站着、1个坐着,正在喝母狼的奶水),给幼儿讲讲有关这个雕塑的神奇传说(这2个小男孩是一对双胞胎,生下来后,被人放入篮子中,丢到河里去了;这只母狼发现了他们,就收留抚养他们;牧羊人发现了他俩,就收养了他俩),告诉幼儿这尊雕像是意大利罗马市的象征。

图片 5-7-25　掷铁饼者　　图片 5-7-26　思想者　　图片 5-7-27　母狼

(5)在西方音乐艺术区

教师指导幼儿在西方音乐艺术区观赏西方乐器展览。当观看"西方乐器"图文展板时,教师边给幼儿讲解,边启发幼儿找出弦乐器(击弦乐器,如钢琴;拨弦乐器,如竖琴、吉他;擦弦乐器,如大提琴、中提琴、小提琴)、木管乐器(巴松管、单簧管、长笛)、铜管乐器(圆号、小号、低音号、长号)、敲击乐器(铁琴、三角铁、手鼓、架子鼓)。

(五)在无锡博物院西区

教师带领幼儿来到无锡博物院西区,依次参观各个展厅。

图片 5-7-28　无锡博物院西区

1. 在序厅

教师引导幼儿观看序厅里的大型泥塑"惠山庙会",启发幼儿讲讲上面都有什么造型(人、店铺、街道、河流、船、三轮车、桥)、有哪些人(有男有女,有大人有小孩)、哪些店铺(有南北杂货店、粥店、文宝斋、丝绸布店、当铺、二泉茶馆)、猜猜这些人在干什么(有的人在走路,有的人在说话,有的人在卖东西,有的人在买东西,有的人在吃东西,有的人在卖报,有的人在洗衣服,有的人在挑水,有的人在钓鱼,有的人在犁田,有的人在喝茶),给幼儿讲讲庙会的故事(惠山庙会是无锡古老的传统民俗和民间宗教文化活动;最初以祭祀神明为主,后来发展成为集吃、住、行、游、娱、购、宗教文化为一体的庙会民俗活动;在庙会期间,人们不仅能品尝到吴地特色小吃、观赏到吴地民俗特色工艺,还能看到具有浓厚的吴地文化色彩的情景剧),使幼儿知道无锡是著名的泥人之乡,惠山泥人被列为国家非物质文化遗产的优秀民族传统工艺。

图片 5-7-29 惠山庙会

图片 5-7-30 西区平面图

教师指导幼儿观看西区平面图,使幼儿知道每个楼层都有什么样的展览可以去参观。

2. 在吴风锡韵展室

教师带领幼儿来到展室门口,教幼儿认读门左边的展室名"吴风锡韵——无锡城市的故事"、门上边的"入口",引导幼儿轻轻地走进去参观。

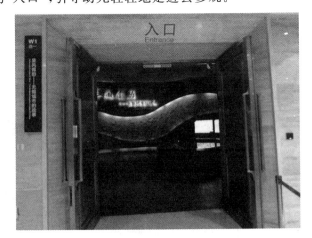
图片 5-7-31 吴风锡韵

(1) 教师引导幼儿来到"锡山"展台前,启发幼儿看看"唐 老妪俑""唐 骆驼俑""唐 胡人俑""唐 生肖俑""唐-宋 石卧牛";鼓励幼儿说说喜欢哪个造型,并加以描述(如喜欢"唐 骆驼俑"这个造型:骆驼跪着伏在地上;头颈上扬,双耳竖立,大眼突出,鼻孔呼气,张口露牙,鼓腮,上下颌交错,好像在吃东西;是双峰骆驼俑,驼峰高耸,背驮包袱)。

图片 5-7-32　唐 骆驼俑

图片 5-7-33　农具

(2) 教师引导幼儿来到农业生产展品展墙前,鼓励幼儿说说自己看到了哪些展品(农民伯伯劳动时,戴的斗笠,穿的蓑衣,使用的工具)、哪些农具(耕地整地工具,如犁、耙;灌溉工具,如龙骨水车、水桶;收获工具,如掐刀、镰刀等收割用具,稻桶等脱粒工具,簸箕、木扬锨等清选工具;加工工具,如盘、磨、碾等粮食加工工具,棉搅车、纺车等棉花加工工具;运输工具,如担、篮、驮具;播种工具,如耧车、瓠种器;中耕除草工具,如铁锄);告诉幼儿农具是农民伯伯在从事农业生产过程中使用的工具、器具。

(3) 教师引导幼儿来到"太湖渔家"展区,启发幼儿看看有哪些展品(渔船、渔民、捕鱼工具),数数渔船上有几个桅杆、几个渔民,说说有哪些捕鱼工具(渔网、鱼篓、筒、盆、筛);给幼儿讲讲展板上的简介(太湖盛产鱼、虾、蟹、螺蚌、蚬等水产,渔民以船为家,在湖上以捕鱼为生,勤劳艰辛)。

图片 5-7-34　捕鱼工具

(4) 教师带领幼儿来到"文化与艺术"展区,引导幼儿观看人物雕像"李绅",给幼儿讲讲他的故事(唐朝宰相、诗人,李绅六岁时丧父,随母亲迁居润州无锡,二十七岁时中进士),和幼儿一起读读展台上的古诗《悯农》(锄禾日当午,汗滴禾下土,谁知盘中餐,粒粒皆辛苦)。

图片 5-7-35　李绅

图片 5-7-36　世泰盛

（5）教师引导幼儿来到"张玉成米行"展房前，教幼儿认读印在墙上的"公平交易"，告诉幼儿这4个字的意思就是公平合理地买卖；鼓励幼儿猜猜站在里面的这2个人在干什么。

（6）教师引导幼儿来到"世泰盛"绸布庄前，教幼儿认读店铺名，启发幼儿数数共有几个人（4个人），看看他们在哪里、在干什么（1人手捧账本，站在店里记账；1人戴着眼镜，站在店门口指挥；2人弯着腰，吃力地把放在右肩上的布箱扛进来）。

（7）教师带领幼儿来到"东林书院"展区，教幼儿认读门牌坊上的这几个字、门两边的对联"风声雨声读书声声声入耳，家事国事天下事事事关心"，为幼儿讲解对联大意（风对雨，家对国，耳对心，极其工整，特别是连用叠字，好像听到琅琅书声），告诉幼儿这是一副名联，倡导"读书、讲学、爱国"的精神；教幼儿认读门联边2块木板上的字"状元""探花"，告诉幼儿东林书院曾出了许多状元（考中进士的第一名）、探花（考中进士的第三名）；引导幼儿观看"东林党"展板上的2位人物画像，告诉幼儿"顾宪成""高攀龙"都是无锡人，都在东林书院讲学，这副对联就是顾宪成撰写的。

图片 5-7-37　东林书院

（8）教师带领幼儿来到"无锡彩塑-惠山与惠山泥人"展区，引导幼儿观看橱窗里的展品《蟠桃会》，告诉幼儿这是现存最早的惠山泥人作品，是大型手捏戏文的经典之作，是地方官员为庆贺慈禧太后50大寿，由当时的著名艺人陈杏芳彩绘、周阿生捏塑的贡品；启发幼儿数数有几层（4层），看看每层都有谁，数数一共有多少人（24人），看看他们都在干什么(王母娘娘戴金冠穿彩衣,端坐在假山最高处的亭子里,左边是捧着从天上偷来仙桃的东方朔,右边是手托金樽身披彩绫的麻姑,下方参差排列着八仙、刘海、和合二仙、黎山老母、彭祖和月老等21位神仙;他们有的坐、有的站、有的轻挥拂尘、有的手提花篮、有的肩持荷梗、有的手持大刀、有的身背宝剑,还有的吹笛和敲木鱼,男女仙童手舞足蹈);告诉幼儿这尊《蟠桃会》诞生的时代,泥人名家辈出,惠山几乎家家户户做泥人。

图片 5-7-38　清 蟠桃会 周阿生

（9）教师引导幼儿来到"阿炳"展区,启发幼儿看看雕像,猜猜他是谁(阿炳),讲讲他在干什么(拉二胡),鼓励幼儿模仿一下他的姿势(坐着,低着头,很用心地在拉二胡);告诉幼儿这位老爷爷是无锡人,民间音乐家,创作和演出了许多首民间乐曲,最著名的曲目就是二胡独奏《二泉映月》;给幼儿讲讲《二泉映月》曲名的故事(无锡惠山下的泉水,被称为"天下第二泉",阿炳经常在二泉边拉琴)。

图片 5-7-39　阿炳　　　　　　　　图片 5-7-40　纱厂机械化设备

（10）教师带领幼儿来到"民族工商业摇篮：走向近代的无锡"展区，启发幼儿观看纱厂的机械化设备，使幼儿知道无锡是全国著名的工业基地。

3. 在古墓奇珍展室

教师带领幼儿来到二楼，走进"古墓奇珍——元代钱裕墓出土文物展"展室，指导幼儿观看各种展品，告诉幼儿钱裕是无锡人（是吴越王钱镠的后代），家里很有钱，随葬品很多（包括金银器、漆器、丝织品、玉器、纸币、木器及铜镜）；引导幼儿观看展品《鎏金花瓣式银托盏》，说说它看上去像什么（一朵盛开的牡丹），告诉幼儿这个金银器有盏和托两个部分，都是由银片做成的，花瓣上刻有花卉纹，表面有鎏金，它是我国元代很有特色的一件银器。

图片 5-7-41　古墓奇珍

图片 5-7-42　鎏金花瓣式银托盏

4. 在泥塑雅韵展室

教师带领幼儿来到三楼，走进"泥塑雅韵——惠山泥人艺术展"，给幼儿讲读展板上的"前言"，使幼儿知道"惠山泥人"被列为国家非物质文化遗产的优秀民族传统工艺。

图片 5-7-43　泥塑雅韵

（1）教师引导幼儿来到"泥塑工具"展台前，鼓励幼儿猜猜这是什么东西（泥塑工具），数数有多少个（13个），告诉幼儿泥塑工具多种多样，有木棒和木槌、泥塑括刀、切泥刀、压塑刀、勾状刀、柳叶状不锈钢刀等。

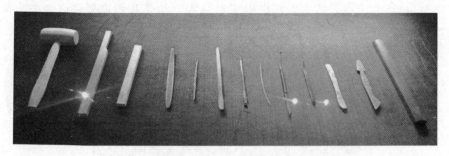

图片 5-7-44　泥塑工具

（2）教师引导幼儿来到《大阿福》展柜前，鼓励幼儿说说看到了什么（胖墩墩、笑盈盈的阿婆）；启发幼儿观察她的造型，讲讲她的姿势（盘膝而坐）、五官特点（眉弯目秀，鼻直口方，耳朵很大，面容和善慈祥）、穿着打扮（服色明丽，头梳菱形发髻、头戴牡丹花，胸挂长命锁，怀抱大青狮，脚穿朝靴），告诉幼儿这些装饰品的美好含意（牡丹花表示富贵、长命锁表示长寿、大青狮表示避邪、朝靴表示少年登科）；给幼儿讲讲民间传说（很早以前，惠山野兽横行，危害儿童；有个小孩名叫"沙孩儿"，勇斗猛兽，为民除害；为了纪念她，人们就用惠山的黏土塑造了勇敢的"沙孩儿"形象），使幼儿知道在惠山泥人中，大阿福深受人们的喜爱。

图片 5-7-45　大阿福　　　　　图片 5-7-46　三娘教子

（3）教师引导幼儿来到《三娘教子》展窗前，启发幼儿数数有几个人（2个人），猜猜他们是什么关系（妈妈与儿子）、哪个是妈妈（右边）、哪个是儿子（左边），说说妈妈在干什么（在打儿子），想想妈妈为什么要这样做（妈妈纺织辛苦工作，养家糊口，希望儿子能好好学习；但儿子爱玩，不用功读书；妈妈很生气，就打了他；儿子跪下请求妈妈原谅，从此努力读书，考上了状元）；使幼儿知道我们要自觉学习，不要惹爸爸妈妈生气。

(4) 教师引导幼儿来到《李纨教子》展窗前,启发幼儿说说看到了什么(1个大人和1个小孩),猜猜他们是什么关系(妈妈和儿子),讲讲他们在干什么(妈妈坐着,儿子站着;妈妈在耐心地给儿子讲道理,儿子在认真地听讲;妈妈教育儿子从小要好好读书,将来长大了才能有出息,儿子点头认为妈妈讲得很对);告诉幼儿我们也要像这个小朋友学习,听爸爸妈妈的话,好好学习。

图片 5-7-47　李纨教子

5. 在四楼展室

教师带领幼儿来到四楼,依次参观2个展厅。

图片 5-7-48　四楼展室

(1) 在《肩负民族复兴期望的无锡人》展厅

教师引领幼儿走进《肩负民族复兴期望的无锡人》展厅后,帮助幼儿认识中国共产党党旗,启发幼儿说说它是什么颜色(红色)、上面画了什么(黄色的锤子、镰刀),告诉幼儿这是中国共产党的象征和标志(旗面为红色,缀有金黄色党徽图案;红色象征革命,黄色的锤子与镰刀代表工人和农民的劳动工具,象征着中国共产党是中国工人阶级的先锋队,代表着工人阶级和广大人民群众的根本利益)。

教师引导幼儿观看墙壁上的群雕,提醒幼儿数数上面有多少人(太多,数不清),告诉幼儿他们都是中华民族的脊梁,更是无锡人的骄傲;鼓励幼儿说说群雕下面还雕刻了什么图案(长城);教幼儿认读石碑上的红色大字(肩负民族复兴期望的无锡人)。

图片 5-7-49　群雕

教师引导幼儿瞻仰陆定一雕塑,告诉幼儿他是无锡人,是中国无产阶级革命家,曾经担任中国工农红军总政治部宣传部长;教师引导幼儿观瞻秦邦宪雕像(在延安窑洞里,为了编报,通宵不睡),告诉幼儿他是无锡人,是党的新闻事业的重要奠基人和开拓者,曾经担任《解放日报》社社长和新华通讯社社长。

图片 5-7-50　陆定一

图片 5-7-51　秦邦宪

(2) 在《血与火的城市记忆》展厅

教师引导幼儿进入《血与火的城市记忆——无锡革命简史》展厅后,教幼儿认读刻在墙壁上的这几个红色大字,告诉幼儿无锡是一个具有光荣革命传统的城市,有一批批优秀的共产党员和英雄儿女。

图片 5-7-52　血与火的城市记忆

图片 5-7-53　首战黄土塘

教师引导幼儿观看模拟"首战黄土塘"的场景，告诉幼儿这是江南抗日义勇军在无锡东北角上的黄土塘与日军激战，歼灭日寇 30 多人，首战告捷，鼓舞了锡城及江南军民抗日必胜的斗志。

教师引导幼儿观看人们"庆祝无锡解放"的情景，教幼儿认读这 6 个黄色大字；告诉幼儿对于无锡人民来说，1949 年 4 月 23 日是一个非常重要的日子，因为在这一天深夜，中国人民解放军渡江南下，由光复门进入无锡城，宣告无锡解放；使幼儿知道我们的前辈为了民族的独立和人民的解放，在艰难困苦的岁月里，勇于探索，不怕牺牲，胜利来之不易，我们应当珍惜。

图片 5-7-54　庆祝无锡解放

四、活动延伸

（一）在幼儿园里延伸

1. 教师指导幼儿在建构区搭建博物馆。
2. 教师引导幼儿在绘画区设计博物馆标识。
3. 教师鼓励幼儿在玩泥区制作泥人。
4. 教师启发幼儿在音乐区观赏市歌《太湖美》。

(二)在家庭里延伸

1. 教师指导家长在无锡博物院官网上,查看每月活动预告,及时带领孩子去参加活动。

2. 教师鼓励家长利用业余时间带领孩子去其他博物馆参观。

(三)在社区里延伸

1. 教师引导幼儿在太湖广场寻找博物馆标识,看看它与图书馆标识有什么区别。

图片 5-7-55　太湖广场

2. 教师带领幼儿去参观无锡中国民族工商业博物馆、无锡碑刻陈列馆、张闻天故居、周怀民藏画馆、程及美术馆等。

第八节　参观江苏省无锡图书馆活动方案

图片 5-8-1　无锡图书馆

一、活动目标

1. 使幼儿知道无锡图书馆位于太湖广场南侧（靠近无锡博物院），是我国最早创建的公立图书馆之一，是国家一级图书馆。

2. 使幼儿知道无锡图书馆里有各种各样的阅览室，还有无锡少年儿童图书馆（图书借阅室、活动室），小朋友可以在这里学习、娱乐。

3. 使幼儿能够喜欢图书馆、走进图书馆、利用图书馆、享受图书馆。

二、活动准备

1. 教师打开无锡图书馆官网（http：//www.wxlib.cn/），了解"开馆时间""办证指南""交通指南""入馆须知"等多种信息。

2. 教师去无锡图书馆参观，实地了解"馆舍布局""少年儿童图书馆"等方面的情况。

3. 教师告诉幼儿参观无锡图书馆的好消息。

4. 教师邀请家长志愿者参与组织参观活动。

三、活动过程

（一）在无锡图书馆门口

1. 仰望馆楼

教师带领幼儿来到无锡图书馆大楼前，引导幼儿找找馆名（在正上方），数数有几个字（5个字），说说是什么颜色（黑色）；鼓励幼儿讲讲自己在馆楼上看到了什么（五星红旗，弧形、圆形、正方形、长方形），说说馆楼看上去像什么（一座大书山）、给自己什么样的感觉（步步高），数数主楼有多少层（13层）、裙房有几层（7层）。

图片5-8-2 无锡图书馆大楼

2. 观赏彩车

教师引导幼儿观看停放在院子里的大彩车,启发幼儿说说车子是什么颜色的(黄色)、车上画了什么(小女孩、图书),猜猜这是什么车子、有什么用途;教幼儿认读车身上的彩字(无锡市少年儿童流动图书馆)、车尾上的蓝字(流动的知识 流动的希望);告诉幼儿可在车上免费办理图书证,借阅图书,通借通还。

图片 5-8-3　无锡市少年儿童流动图书馆

3. 观看自助馆

教师带领幼儿来到旁边的"24 小时自助图书馆"门前,教幼儿认读这几个大字;指导幼儿观看馆门口的自助办证机、自助借阅机,告诉幼儿这里提供全天候自助办证、图书自助借还等项服务;引导幼儿观看馆里面读书学习的读者,给幼儿讲读张贴在墙上的红色标语(一个人因阅读而受益终身,一座城因阅读而高贵美丽)。

图片 5-8-4　自助图书馆

4. 观察馆门

教师带领幼儿来到图书馆入口处,教幼儿认读玻璃大门上的标语(无锡市图书馆欢迎您),使幼儿产生受欢迎的感觉;给幼儿讲读玻璃门上的警示语(请保持安静！请勿喧哗! 谢谢合作!),使幼儿知道要遵守图书馆规则。

图片 5-8-5　玻璃大门

(二) 在无锡图书馆一楼

教师带领幼儿走进图书馆一楼,指导幼儿轻声地向左边咨询处的工作人员问好,轻手轻脚地来到右边的"千钟书坊",看看"新书直借"。

1. 在大厅

(1) 观看消毒机

教师引导幼儿来到图书消毒机前,鼓励幼儿猜猜这是什么机器(不是冰箱,而是图书消毒机),数数有几台(5台),说说它们有什么用处(有效消除灰尘与细菌,让书本彻底洁净);给幼儿讲讲操作步骤,使幼儿知道读者借书后可自助使用。

图片 5-8-6　图书消毒机

(2) 仰望大浮雕

教师引导幼儿仰望左边高墙上的大浮雕,看看刻了什么图画和文字;给幼儿讲讲"仓颉造字"的故事(仓颉根据野兽的脚印研究出了汉字,他被人们尊称为"造字圣人")、"蔡伦造纸"的故事(蔡伦想出一种好方法,用树皮、麻头、破布、渔网造纸;他是造纸术的发明者;造纸术是我国四大发明之一)、"活字印刷"的故事(毕昇发明的泥活字,标志着活字印刷的诞生;活字印刷是通过使用可以移动的金属或胶泥字块,来代替传统的抄写;印刷术也是我国四大发明之一)。

图片 5-8-7　仓颉造字

图片 5-8-8　蔡伦造纸

图片 5-8-9　活字印刷

(3) 数数石台阶

教师带领幼儿来到中央大厅楼梯台阶前,鼓励幼儿数数有多少级台阶(台阶太多了,数不清);告诉幼儿这是通往书山学海的阶梯,书籍是人类进步的阶梯,只有不畏艰险、敢于攀登的人,才有希望达到光辉的顶点;给幼儿讲讲名言警句"书山有路勤为径,学海无涯苦作舟"的大意(在读书、学习的道路上,没有什么捷径、顺风船,只有勤奋和刻苦,才能获取更多更广的知识)。

图片 5-8-10　无锡图书馆大厅台阶

图片 5-8-11　无锡市图书馆平面图

(4) 学看平面图

教师教幼儿学看"无锡市图书馆平面图",和幼儿一起找找当前所处的位置、"咨询处"和"千钟书坊"的位置、"展厅"和"无锡市少年儿童图书借阅室"及"无锡市少年儿童图书活动室"的位置;给幼儿讲解其他楼层(2—6层)的布局。

(5) 观看馆模型

教师引导幼儿观看橱柜里的无锡市图书馆模型,启发幼儿轻声地说说下面画了什么图画(2本书)、写了什么文字(无锡市图书馆);启发幼儿想想这个模型和我们刚才在大门外边看到的图书馆造型是否相同(相同),使幼儿知道模型就是根据实物的形状和结构按比例制成的物体。

图片 5-8-12　无锡市图书馆模型

图片 5-8-13　雕塑《希望》

(6) 观赏童雕塑

教师指导幼儿观赏对面橱柜里的雕塑《希望》,鼓励幼儿轻声地讲讲自己看到了什么(小孩子、小书包、木头),猜猜这个小女孩在干什么(她站在洪水中,左手扶着浮木,右手把书包放在头上,呼喊求救),感受这个小女孩求生求学的心境。

2. 在展厅

教师带领幼儿来到展厅,指导幼儿观看图文并茂的特色展览,和幼儿一起数数"无锡院士墙"上有多少位院士(103位),告诉幼儿这些院士都是在各自的专业领域里做出了杰出贡献的人;引导幼儿观看"无锡籍将军风采"上一幅幅生动的图画,和幼儿一起数数有多少位将军(69位),告诉幼儿这些将军都是忠于祖国、忠于人民、无私奉献的英雄;使幼儿为无锡有这么多院士和将军而感到骄傲,并萌发向他们学习的热情。

图片 5-8-14　无锡院士墙

图片 5-8-15　无锡籍将军风采

3. 在少年儿童图书馆

教师教幼儿认读墙壁上圆圈里大大的"静"字,使幼儿知道在图书馆里要保持安静;教幼儿认识悬挂在上面的阅览室方位标识牌,使幼儿知道"少儿图书借阅室"在正前方、"少儿活动室"在右前方。

图片 5-8-16　方位标识牌

（1）在少儿活动室

教师带领幼儿来到"少儿活动室"门口,教幼儿认读门上的两排汉字(无锡市少年儿童图书馆 少儿活动室);鼓励幼儿说说这两排字是什么颜色(第一排字是绿底蓝字,第二排字是绿底红字),数数有几个字(第一排 10 个字,第二排 5 个字);引导幼儿看看门上有什么图形(圆形),数数有几个图形(5 个),说说它们的颜色(红色、黄色、蓝色)。

图片 5-8-17　少儿活动室门口

教师带领幼儿走进去,轻声给幼儿讲讲"少儿活动室读者须知",使幼儿知道要"保证物品完好无损,不得私自带出,如有损坏,按规定照价赔偿""个人玩具、宠物、零食、有色饮料等请勿带入室内";教幼儿认读"快乐阅读 快乐成长"这 8 个大字,欣赏下面 2 个小朋友认真读书的图画;引导幼儿看看宽敞的阅读空间、柔软的沙发、彩色的灯罩、多样的桌子及椅子、整齐的书架及图书;使幼儿知道自己是 2—6 岁的儿童,可以在爸爸、妈妈或爷爷、奶奶的陪伴下,到"亲子阅读区"阅览,等自己长大了上小学以后(6—16 岁),就能在"少儿绿色网络世界区"上机、在"少儿自习区"学习。

图片 5-8-18　少儿活动室入口

图片 5-8-19　亲子阅读区

图片 5-8-20　绿色网络世界区及自习区

(2) 在少儿图书借阅室

教师带领幼儿来到"少儿图书借阅室"门口，教幼儿认读门上的两排汉字（无锡市少年儿童图书馆 图书借阅室）、门边的中英文字"入口 ENTRANCE""出口 EXIT"；鼓励幼儿说说门上的圆形有什么特点（5 个图形，有大有小，有 2 个红色、2 个黄色、1 个蓝色）；引导幼儿看看橱窗宣传栏里的"每周一书""新书推荐"。

图片 5-8-21　图书借阅室入口、橱窗、出口

教师带领幼儿走进"少儿图书借阅室"，指导幼儿看看左边的咨询台，轻声地向工作人员问好；看看右边的"自动还书机"，给幼儿讲解操作程序（将全部图书整齐叠放在"图

书放置区",点击"还书",就"操作成功"了)。

图片 5-8-22　图书借阅室入口

5-8-23　自动还书机

教师指导幼儿观看借阅区中一排排书架及图书,启发幼儿数数有多少排书架(13排),看看每个书架上都画了什么(在不同颜色的书架侧面,都画了彩色的小娃娃或小动物),写了什么(写了白色的数字 1—13、字母 A 或 B、几个汉字,如"2A 2B 中国文学""5A 5B 世界文学");鼓励幼儿猜猜这些数字、字母和汉字是什么意思(图书分类编号),有什么作用(便于迅速找到图书)。

图片 5-8-24　图书借阅区

教师引导幼儿观看墙壁上张贴着的大大的"静"字及悬挂着的美丽的图画、陈列着的低矮的书架及摆放的杂志、长方形的桌子及 6 张桌子;给幼儿读读摆放在桌子上的小卡片的内容(友情提醒:保持安静!爱护书籍!保持环境整洁!请勿在阅览时食用食品和饮料!请注意保管好随身物品)。

图片 5-8-25　杂志阅览区

图片 5-8-26　图书阅览区

教师引导幼儿观看"少儿自助借还书机""自助借书机",给幼儿讲解操作步骤,使幼儿知道如何借书;带领幼儿从"出口"走出去。

图片 5-8-27　少儿自助借还书机　自助借书机

(三) 在无锡图书馆二楼

教师带领幼儿来到二楼,参观各个处室。

在"办证服务处",教师告诉幼儿这里除了可以办理各种借阅证,还为读者提供"咨询服务";指导幼儿观看"自助办证"机,数数"书目检索处"的电脑有几台(6台),看看在自习室学习的大哥哥、大姐姐。

教师引导幼儿轻轻地走到"自然科学图书借阅室""报刊阅览室"的门口,看看在里面认真读书读报的读者。

图片 5-8-28　办证服务处　　　　图片 5-8-29　自然科学图书借阅室

(四) 在无锡图书馆三楼

教师带领幼儿来到三楼,参观"社会科学图书借阅室""文艺图书借阅室";引导幼儿看看走廊上"无锡籍名家展",给幼儿讲讲徐霞客的故事(他是地理学家、旅行家和文学家,在名著《徐霞客游记》里,记录了所观察到的各种人文、地理、动植物等方面的情况,他被称为"千古奇人");指导幼儿看看墙壁上的浮雕,给幼儿讲读雕刻的文字与图画(少而好学,如日出之阳;壮而好学,如日中之光;老而好学,如秉烛之明),说说西汉文学家刘向的这句话的大意(少年时好学,就像初升的太阳;壮年时好学,就像中午的太阳;晚年时好学,就像点燃的蜡烛一样明亮),使幼儿知道从小就要好好学习,学无止境,要活到老,学到老。

图片 5-8-30　社会科学图书借阅室

图片 5-8-31　汉 刘向名言

（五）在无锡图书馆四楼

教师带领幼儿来到四楼，参观"参考文献检索室""电子阅览室"。

（六）在无锡图书馆五楼

教师带领幼儿来到五楼，参观"文史阅览室""馆藏精品展""无锡老照片展"。

四、活动延伸

（一）在幼儿园里延伸

1. 教师启发幼儿在班级建筑区搭建无锡图书馆。
2. 教师鼓励幼儿在班级角色游戏区玩图书馆游戏。
3. 教师指导幼儿在班级图书区阅读图书。

（二）在家庭里延伸

1. 教师鼓励家长在家里为孩子树立热爱读书的好榜样。
2. 教师引导家长利用双休日带领孩子去无锡市少年儿童图书馆看书、借书。
3. 教师指导家长在家里经常和孩子一起读书。

（三）在社区里延伸

1. 教师组织幼儿在太湖广场寻找图书漂流箱。

图片 5-8-32　书香漂流箱

2. 教师组织幼儿去参观无锡市图书馆分馆。
3. 教师组织幼儿去参观"无锡县图书馆旧址"。

图片 5-8-33　无锡县图书馆旧址

4. 教师组织幼儿去参观"阿炳故居"。

图片 5-8-34　阿炳故居

第九节　观赏山东省青岛市海趣园活动方案

图片 5-9-1　海趣园

一、活动目标

1. 帮助幼儿了解海趣园位于青岛市市南区东海路、妇女儿童活动中心东侧，培养幼儿的空间智能。
2. 促使幼儿知道海趣园是青岛著名景区"青岛雕塑一条街"11 个园区中的 1 个，感受青岛这座美丽的海滨城市。
3. 促使幼儿通过海趣园的许多雕塑，了解相应的童话传说和历史故事，使幼儿受到中华传统美德的熏陶，提高审美能力。

二、活动准备

1. 教师上网查询有关海趣园的多种信息，了解交通及停车场情况。
2. 教师到海趣园去游览，了解园里的主要雕塑及特点。
3. 教师向家长发出游览海趣园的邀请，争取家长的支持和配合。

三、活动过程

（一）初查海趣园导游图

教师和家长带领幼儿来到东海路海趣园入口处，鼓励幼儿寻找"海趣园导游图（盲文）"；和幼儿一起在图的上方找到"现在位置"，在图的中间找到各个数字（①②③④⑤⑥⑦⑧⑨⑩⑪⑫⑬⑭），在图的下方找到"图例"（雕塑、铺装地面、绿地），在图的右边找到"厕所""小卖部""变电站"；给幼儿读读"雕塑名称"下面的各个雕塑名称（1. 乘风破浪；2. 约定；3. 童眼看世界；4. 孔融让梨；5. 伯乐相马；6. 岳母刺字；7. 猴子捞月；8. 曹冲称象;9.磨杵成针;10.司马光砸缸;11.对弈;12.闻鸡起舞;13.龟兔赛跑;14.螃蟹上岸);带领幼儿寻找这些雕塑。

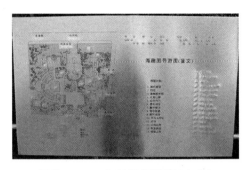

图片 5-9-2　海趣园导游图(盲文)

(二)观赏雕塑:乘风破浪

教师和家长带领幼儿来到雕塑《乘风破浪》前,提问幼儿:看到了什么(人、帆船)?什么颜色(白色)?猜猜他们在干什么(驾驶帆船)?引导幼儿数数有几个人(3个)?几条帆船(3条)?告诉幼儿这座雕塑叫《乘风破浪》,意思就是船只乘着风势,破浪前进,他们3人很勇敢,不怕困难,奋勇前进;鼓励幼儿3人一组,学学他们扬帆起航、乘风破浪的姿势。

图片 5-9-3　乘风破浪

(三)观赏雕塑:童眼看世界

教师和家长带领幼儿来到雕塑《童眼看世界》前,提问幼儿:看到了哪几种颜色(6种颜色,从下到上依次是红色、紫色、蓝色、绿色、白色、黄色)?哪些几何形状(3种图形,分别是椭圆形、圆形、半圆形)?它们看上去像什么(人的眼睛)?引导幼儿数数有几只眼睛(5只)?启发幼儿观察最上面的红眼睛里有什么(黄色太阳)?下面的白眼睛里有什么(红色心形图案)?再下面的绿眼睛里有什么(白色飞翔的海鸥)?告诉幼儿这座雕塑叫《童眼看世界》,意思就是我们小朋友用自己的眼睛来看多姿多彩的美丽的世界;鼓励幼儿把双手做成"望远镜"的样子,放在眼前,看看身边的爸妈、老师、小朋友、花草树木、雕塑。

图片 5-9-4　童眼看世界

（四）观赏雕塑：孔融让梨

教师和家长带领幼儿来到雕塑《孔融让梨》前，引导幼儿观察与思考：看到了几个小朋友（2个）？中间是什么水果（梨子）？猜猜他们在干什么（推让、接收梨子）？想想老师给你们讲过什么故事（孔融让梨）？猜猜哪个是孔融（左边推让梨子）？鼓励幼儿给爸爸妈妈讲讲"融四岁，能让梨"的故事（孔融小时候，聪明好学，很有礼貌，懂得谦让，大家都非常喜欢他；有一天，爸妈叫他把一盘梨子分给大家吃，他就挑了一个最小的梨子，把大梨子都分给了别人；爸妈问他为什么要这样分？他说："我年龄小，应该吃最小的梨子，大梨子应该让给哥哥"；爸妈听后非常惊喜，又问他："那弟弟比你小呀"；他说："因为弟弟比我小，所以我应该让着他"）；启发幼儿邀请爸爸妈妈一起模仿雕塑，表演"孔融让梨"的故事。

图片 5-9-5　孔融让梨

（五）观赏雕塑：伯乐相马

教师和家长带领幼儿来到雕塑《伯乐相马》前，提问幼儿：看到了什么（人、马）？这匹马有什么特点（高大、健壮、威武）？猜猜这个人在干什么（他一只手拉着马的前肢，另一只手拍着马头，用眼仔细观察这匹马，想看看它是不是每天能走千里的马，即千里马）？告诉幼儿这座雕塑叫《伯乐相马》，意思就是伯乐善于发现千里马，就好像我们老师善于发现每个小朋友的才能，请他们在班级帮助做事情一样；为幼儿朗诵韩愈《马说》：

"世有伯乐,然后有千里马。千里马常有,而伯乐不常有",告诉幼儿这几句话的意思就是:世上先有了伯乐,然后才会有千里马。千里马是经常有的,但是伯乐却不经常有;鼓励幼儿和爸爸妈妈一起,学学伯乐、千里马的姿势。

图片 5-9-6　伯乐相马

(六)观赏雕塑:岳母刺字

教师和家长带领幼儿来到雕塑《岳母刺字》前,提问幼儿:看到了什么(2个人,1个女人、1个男人)?猜猜他们在干什么(那个女人站着,手里拿着一根针,在往那个男人脊背上扎针;那个男人光着脊梁,半蹲着,单膝跪在地上,双手把盘子举过头顶)?告诉幼儿:这位母亲在往儿子身上刺字,猜猜会刺上什么字("精忠报国")?她的儿子就是大名鼎鼎的民族英雄岳飞,这座雕塑的名字就叫《岳母刺字》;给幼儿讲讲"岳母刺字,精忠报国"的故事(岳飞的妈妈希望他能到前线去杀敌,永远要记住报效祖国;岳飞解开上衣,露出瘦瘦的脊背,请妈妈下针;妈妈问他:"孩子,针刺是很痛的,你怕吗?"岳飞说:"妈妈,小小钢针算不了什么,如果连针都怕,那还怎么去前线打仗!"妈妈在岳飞的脊背上,先用毛笔写字,再用绣花针刺字,最后再涂上醋墨,使字永不褪色;"精忠报国"这4个字就永远留在了岳飞的后背上);鼓励幼儿和爸妈一起,模仿雕塑,学做姿势。

图片 5-9-7　岳母刺字

(七)观赏雕塑:猴子捞月

教师和家长带领幼儿来到雕塑《猴子捞月》前,提问幼儿:看到了什么(小猴子、大圆圈、波浪、半圆)?大圆圈看上去像什么(地下的水井)?半圆看上去像什么(空中的月亮)?数数有几只小猴子(7只)?猜猜他们在干什么(在捞水井里的月亮)?看看他们是怎样捞月亮的(每个猴子都头朝下,依次抱着其他猴子的腿和头,用首尾相连的方法,搭成了长条猴梯,深入井中,最下面的小猴子在用双手捞着月亮)?给幼儿讲讲《猴子捞月》的寓言故事(一群猴子在一起玩耍,突然有只小猴子看到井里有个月亮,他急得大叫起来:"不得了啦,月亮掉到井里去了!"猴王听到后立即号召大家:"赶快想办法,把月亮捞上来!"他迅速跳到树上,头朝下倒挂,叫小猴子们学他的样子,依次你抱着我的腿,我勾着你的头,挂成一长条,深入井中,让最下面的小猴子把手伸到水里,抓捞月亮;可是小猴子只抓住了几滴水珠,根本抓不到月亮;猴子们都累得要命,催他:"你快点捞呀,我们快挂不住啦!"猴王也觉得腰酸腿疼,猛一抬头,发现月亮就在天上,于是它大声呼喊:"不用捞了,快上来吧,月亮还在天上呢!"猴子们都抬头往上看去,月亮还真的挂在天上呢);指导爸爸妈妈勾住孩子的腿,让孩子倒立,用双手打捞,学做猴子捞月的姿势。

图片 5-9-8 猴子捞月

(八)观赏雕塑:曹冲称象

教师和家长带领幼儿来到雕塑《曹冲称象》前,提问幼儿:看到了什么(小朋友、大象、船,大象站在船中央,小朋友蹲在船边沿观看)?鼓励幼儿猜猜这个小朋友在干什么(给大象称重量)?提醒幼儿回忆一下,自己有多重?大人是怎么给自己称重的(站在秤上称)?告诉幼儿这座雕塑叫《曹冲称象》,看看这个小朋友是怎么给大象称重量的?给幼儿讲讲《曹冲称象》的故事(曹冲小时候很聪明,善于观察,知识丰富,判断能力强。有人给曹操送来一头特大的象,曹操想知道这头巨象的重量,但大臣们都想不出称象的办法。儿子曹冲就说:"把象放到大船上,在水面所达到的地方做个记号,再让船装上其他东西直到水面也达到记号的地方,然后再称一下这些东西的重量,就能推算出大象的重量了。"曹操听后非常高兴,马上就采用了这个好办法);启发幼儿遇到问题要善于观察,开动脑筋想办法,就能战胜困难,解决问题。

图片 5-9-9　曹冲称象

(九) 观赏雕塑:磨杵成针

教师和家长带领幼儿来到雕塑《磨杵成针》前,提问幼儿:看到了什么(老奶奶、小男孩)? 猜猜他们在干什么(老奶奶蹲在地上,双手在石头上磨铁棒;小男孩站在旁边观看)? 告诉幼儿这座雕塑就叫《磨杵成针》,意思是要将铁棒磨成细针,比喻只要有恒心,肯努力,做任何事情都能成功;给幼儿讲讲这个典故(唐朝大诗人李白,小时候不喜欢读书。有一天,他跑到外面玩,看到一位老奶奶蹲在石头旁,磨一根铁杵。他很奇怪地问道:"老奶奶,您磨铁杵做什么?"老奶奶说:"我要把它磨成针。"李白惊讶地问道:"这么粗壮的铁杵,怎么可能磨成细针呢?"老婆婆笑着说:"只要肯下功夫,天天磨,就能越磨越细,磨成小针。"李白听后,受到了启发,赶紧跑回书房,刻苦读书,最后成为一名伟大的诗人);教幼儿学说、理解"只要功夫深,铁杵磨成针"这句名言,使幼儿明白要发奋读书的道理;鼓励幼儿邀请爸爸妈妈一起模仿雕塑的造型,强化幼儿要好好学习的热情。

图片 5-9-10　磨杵成针

（十）观赏雕塑：司马光砸缸

教师和家长带领幼儿来到雕塑《司马光砸缸》前，提问幼儿：你看到了什么（几个小朋友、大缸）？数数有几个小朋友（4个）？猜猜他们在干什么（用力拉人）？告诉幼儿这座雕塑叫《司马光砸缸》，想想司马光为什么要砸缸？给幼儿讲讲这个典故（司马光小时候，和小伙伴一起玩。有个小朋友不小心掉到大水缸里，眼看就要被淹没了。司马光很聪明，很快就想到了一个好办法，他迅速从地上捡起了一块大石头，使劲地向大水缸砸去。水缸破了，缸里面的水就全流出来了，被淹在里面的小朋友就得救了）；鼓励幼儿4人一组，模仿这个造型，表演这个典故，学习司马光聪明机智、见义勇为。

图片 5-9-11　司马光砸缸

（十一）观赏雕塑：对弈

教师和家长带领幼儿来到雕塑《对弈》前，提问幼儿：看到了什么（老爷爷、小孩子、大棋子）？猜猜他们在干什么（老爷爷弯着腰向前看，小孩子右手推着大棋子，这枚棋子上面刻着"卒"字，他们在下棋）？谁赢了（小孩子）？为什么（小孩子占领棋盘的面积较大，老爷爷已无子可落）？告诉幼儿这座雕塑叫《对弈》，就是下棋的意思，这个小孩把一个小卒向前一推，叫了声："将！"老爷爷愣了一下，倒吸了一口冷气，便思考起来；鼓励幼儿和爸爸妈妈一起，学做下棋的姿势，回到家里以后，和爸爸妈妈下棋，提高自己的智力。

图片 5-9-12　对弈

（十二）观赏雕塑：闻鸡起舞

教师和家长带领幼儿来到雕塑《闻鸡起舞》前，提问幼儿：看到了什么（2个人手里都拿着宝剑、1只鸡在空中飞舞)？猜猜他们在干什么(练剑、跳舞)？告诉幼儿这座雕塑叫《闻鸡起舞》,意思就是听到鸡叫以后,就起来舞剑,比喻有志报国的人发愤图强;给幼儿讲讲这个典故(为了报效国家,他们在半夜一听到鸡叫,就穿上衣服起床,拔剑练武,剑光飞舞,经过刻苦锻炼,成为能文能武的全才,既能写得一手好文章,又能带兵打胜仗);鼓励幼儿和爸爸妈妈一起,学做雕塑的姿势,载歌载舞。

图片 5-9-13　闻鸡起舞

(十三) 观赏雕塑:龟兔赛跑

教师和家长带领幼儿来到雕塑《龟兔赛跑》前,提问幼儿:看到了什么(小乌龟、小兔子,小乌龟在地上爬行、回过头来看小兔子,发现小兔子背靠着大石头跷着二郎腿睡大觉)？猜猜他们在干什么(他们在进行跑步比赛)？告诉幼儿这座雕塑就叫《龟兔赛跑》,启发幼儿给爸爸妈妈讲讲这个寓言故事(小兔子和小乌龟进行跑步比赛,刚开始时,小兔子领先很多,它看到小乌龟被远远地抛在后面,就坐下来休息,睡会儿觉;小乌龟知道自己爬得慢,不能休息,就一直坚持往前爬,终于超过了小兔子,先到了终点,当上了冠军;小兔子醒了以后,发现自己输了);给幼儿讲讲"骄傲使人落后,虚心使人进步"的道理;提醒幼儿模仿小乌龟,在地上爬行;鼓励幼儿学习小乌龟谦虚、坚持不懈的精神。

图片 5-9-14　龟兔赛跑

(十四) 观赏雕塑:螃蟹上岸

教师和家长带领幼儿来到雕塑《螃蟹上岸》前,提问幼儿:这是什么小动物(螃蟹)？数数一共有几只(9只)？猜猜它们从哪里来(从海里沿着台阶爬上了岸)？告诉幼儿这些雕塑叫《螃蟹上岸》；鼓励幼儿说说螃蟹的特征，学学螃蟹横着爬行；教幼儿学说"螃蟹上岸"的歇后语"横行霸道"；提醒幼儿坐下来，休息一会儿。

图片 5-9-15　螃蟹上岸

（十五）复查海趣园导游图

教师和家长带领幼儿来到《青岛市东海路雕塑园区位置图》前，和幼儿一起寻找"海趣园"的位置，再在"海趣园导游图"上找到"现在的位置"，查阅一下是否已看过所有的雕塑？引导幼儿面对大海思考，为什么这个雕塑园叫"海趣园"（因为它南面靠近大海）？启发幼儿站在台阶上，眺望远处的青岛奥林匹克帆船中心，观赏帆船在蔚蓝的大海上这道壮丽的风景线。

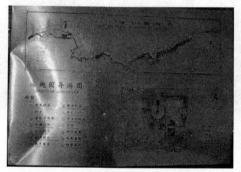 

片 5-9-16　青岛市东海路雕塑园区位置图　　　图片 5-9-17　海上帆船

四、活动延伸

（一）参观音乐广场

教师和家长带领幼儿参观音乐广场，首先，给幼儿讲读"禁止携犬进入""全市未成年人社会课堂"等标志、"请您保持广场整洁""青岛市音乐广场简介""音乐广场导游图""音乐广场安全提示"等游览规则。

其次，引导幼儿观看纪念雕塑《风景线》，感受它很高（5.5米）很宽（8米）、五彩缤纷（采用不锈钢喷色制成）；启发幼儿说说这是什么、找找上面雕刻了哪些图案（以电影胶片为设计构思元素，围绕中、日、韩三个国家标志性景物，依次排列着中国长城、日本富士山、韩国石祖像、中国兵马俑、日本新干线、韩国多宝塔、中国大熊猫、日本舞伎、韩国河回假面）；然后再告诉幼儿：雕塑在制作手法上结合透雕、浅浮雕的艺术形式，形成了空间上的虚实对比,具有极强的时代感和旅游气息;图片排列的整个过程中融入海、云等自然元素,象征着中日韩三国共享"同一片天,同一片海",充分体现了自然与人文的完美结合、和平与发展的良好祝愿;雕塑整体像一条连接三个国家友谊的纽带,表达了一衣带水的三国之间和谐共赢的心愿。

再次,引领幼儿来到《聂耳》雕像前,教幼儿认读下面刻着的两行字"聂耳""1912—1935",告诉幼儿这是他的名字、出生和逝世的年份,他是中国音乐家,《义勇军进行曲》《卖报歌》《采茶歌》等都是他创作的;鼓励幼儿仔细观察雕像,模仿他的姿态。

最后,引导幼儿来到《贝多芬》雕像前,教幼儿认读下面刻着的三行字"路德维希·范·贝多芬""LUDWIG VAN BEETHOVEN""1770—1827",告诉幼儿这是德国著名的音乐家贝多芬的中文名字、英文名字、出生和逝世的年份,他是音乐神童,从小就学习钢琴和小提琴;给幼儿讲读旁边石碑上刻着的两行字"音乐当使人类的精神爆出火花",告诉幼儿这是音乐大师贝多芬的名言,他被尊称为"乐圣"。

图片 5-9-18　风景线

图片 5-9-19　聂耳

图片 5-9-20　贝多芬

(二) 参观五四广场

教师和家长带领幼儿参观五四广场,启发幼儿思考:这个广场为什么叫五四广场(因为"归还青岛"是中国历史上伟大的"五四运动"的导火索)?带领幼儿来到雕塑《五月的风》前,指导幼儿仔细观察:雕塑周围有什么(有平整、开阔的大片绿色草坪)?雕塑是什么颜色(火红色)、什么形状(圆形)、什么造型(螺旋上升的风,高大雄伟的火炬型)?鼓励

图片 5-9-21　五月的风

幼儿猜猜雕塑有多高(约 30 米)、多宽(直径约 27 米)、多重(近 700 吨)？然后告诉幼儿：耸立在五四广场的这座巨型红色雕塑，叫《五月的风》，它体现了"五四运动"的爱国主义精神，它是青岛城市形象标志性雕塑。

(三) 参观海涛园

教师和家长带领幼儿参观海涛园，当来到园区的主体雕塑《天地间》时，可引导幼儿仔细观察这个雕塑有哪几个部分(手、脚、球)、是如何组成的(用巨大的手和脚纵向连接在方柱与球体之间)？然后告诉幼儿：这个《天地间》雕塑象征着人类的美好理想和建设理想世界的力量；鼓励幼儿相互合作，摆出与雕塑相应的造型。

当来到园区的主题雕塑《世纪长廊》时，可指导幼儿仔细观察高大、雄伟的石柱，看看它上面都雕刻了什么图案和文字(每根石柱上都雕刻着一个完整的历史故事或历史人物，其内容分别是：愚公移山、大禹治水、戚继光抗倭寇、郑成功收复台湾、四大发明、李白与杜甫、文成公主入藏、尧舜禅让、田单火牛阵破燕、将相和、孟母三迁、司马迁发愤写《史记》)？提醒幼儿边走边看边数，一共有多少根大石柱(12 根)？然后告诉幼儿：这个《世纪长廊》雕塑柱表现了中华五千年的文明史和悠久的文化，营造出震撼人心的独特的艺术力量。

图片 5-9-22 天地间

图片 5-9-23 孟母三迁

(四) 逛逛栈桥

教师鼓励家长利用业余时间，带领孩子去栈桥逛逛。

1. 可教孩子认读"禁止撒网捕鱼和钓鱼""浪大危险 请勿靠近 Danger! Please Keep Off!""请自觉保护海鸥！不追捉、殴打、乱喂海鸥 Consciously protect the seagulls! Don't catch, beat, feed the seagulls""小心落水 请勿垂钓 Be careful not to fall into the water""小心台阶"等中英文标志牌。

2. 可启发孩子猜猜这座桥有多宽(8 米)、多长(440 米)？看看这座桥是由什么材料造成的(钢混结构)？由哪几个部分组成(由北段的引堤、中段的透空桥、南端的岛堤以及其上部的"回澜阁"组成)？

3. 可引导孩子观看桥两边铁索的颜色(黑色)、栏杆及栏柱的颜色(蓝色)、系在栏杆上救生圈的颜色(橘红色)、灯及灯柱的颜色(白色),鼓励孩子数数一共有多少根灯柱及每个灯柱上灯的数量(5盏)。

4. 可指导孩子观看分类垃圾箱并列排放的数量、颜色、投入口形状、种类、图案及中英文字(4个垃圾箱:深蓝色、投入口为大圆形的是瓶装类垃圾箱,包括玻璃瓶类 Glass bottle、饮料瓶类 Drinks bottle、易拉罐类 Cans、其他瓶类 Others;天蓝色、投放口为小长方形的是纸张类垃圾箱,包括报纸类 Newspaper、广告彩页类 Advertising、名片类 Business card、外包装物 Packaging;红色、投放口为小圆形的是有害电池垃圾箱,包括纽扣电池 Button batteries、充电电池 Rechargeable batteries、手机电池 Phone battery、干电池 dry cell;灰色、投放口为大长方形的是其他垃圾箱,包括瓜果皮核 Skin of fruit、污染纸张 Pollution papers、塑料袋 Plastic bags、软包装 Flexible packaging)。

5. 可鼓励孩子寻找亭阁的名字(回澜阁)?数数回澜阁有几层(两层、双层)、有几角(飞檐八角)?看看阁顶是什么颜色、什么材料、什么造型(黄色琉璃瓦、攒尖顶)?数数四周一共有多少根圆亭柱(24根)?看看亭柱是什么颜色(红色)?和孩子一起观赏周围的美景,倾听巨浪涌来的声音,感受"飞阁回澜"。

6. 可带着孩子在回澜阁入口处排队,给孩子讲读"回澜阁游览须知";进入阁内后,和孩子一起按顺时针方向文明游览,给孩子讲讲"栈桥百年 魅力青岛",使孩子知道栈桥过去是青岛最早的军事专用人工码头建筑,现在是青岛的重要标志性建筑物和著名风景游览点,是首批国家 AAAA 级旅游景区。

图片 5-9-24 栈桥

图片 5-9-25 回澜阁

(五)海边玩耍

教师引导家长利用双休日,带着玩具和工具(如小水桶、小铲锹)、食品和饮用水等,给孩子穿上休闲运动服,陪伴孩子去各个海水浴场玩沙戏水;和孩子一起在海边堆建城堡、修筑堤坝、踩踏水浪、写字绘画。

图片 5-9-26　女孩玩水

图片 5-9-27　男孩玩沙

 本章小结

本章小结如下图。

参观上海市	参观浙江省	参观江苏省	参观山东省
• 上海儿童博物馆活动方案 • 鲁迅公园活动方案	• 浙江省博物馆活动方案 • 义乌市骆宾王公园活动方案	• 苏州博物馆活动方案 • 苏州图书馆活动方案 • 无锡博物院活动方案 • 无锡图书馆活动方案	• 青岛市海趣园活动方案

幼儿园课程的研学旅行方案

图 5-10-1　第七章幼儿园课程的研学旅行方案

各节小结如下图。

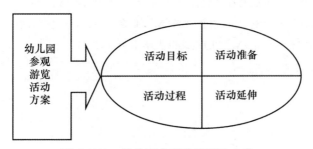

图 5-10-2　幼儿园参观游览活动方案

 本章复习思考题

1. 你是如何看待幼儿园参观游览活动的？你认为幼儿园参观游览活动有什么优点？有什么困难

需要克服?

2. 你认为应该如何设计幼儿园的参观游览活动?你认为参观游览活动方案应该包括哪几个部分?

3. 你认为教师在组织幼儿进行参观游览活动时,需要注意哪些事项?

4. 请你对本章某个参观游览活动进行评价分析,指出它的优点与不足,提出你的改进建议。

5. 请你根据当地的博物馆、公园等场馆资源,设计一个带领幼儿参观游览活动的方案。

 本章课外浏览网站

1. 中国国家博物馆 http://www.chnmuseum.cn/default.aspx? AspxAutoDetectCookieSupport=1
2. 上海市爱国主义教育基地 http://www.sh-aiguo.gov.cn/
3. 上海儿童博物馆 http://www.shetbwg.com/
4. 浙江省博物馆 http://www.zhejiangmuseum.com/zjbwg/index.html
5. 安徽博物院 http://www.ahm.cn/
6. 河北博物院 http://www.hebeimuseum.org/
7. 湖南省博物馆 http://www.hnmuseum
8. 甘肃省博物馆 http://www.gansumuseum.com/vm_bwg/index.aspx
9. 贵州省博物馆 http://www.gzmuseum.com/

 本章课外阅读书目

1. 李生兰,等.学前儿童家庭与社区教育[M].北京:高等教育出版社,2015.
2. 李生兰,等.幼儿园与家庭、社区合作共育[M].北京:北京师范大学出版社,2016.
3. 李生兰,等.学前教育概论[M].北京:北京大学出版社,2017.

第六章 幼儿园课程的科学研究方案

 **本章导读**

本章共有三节,第一节呈现了本科生毕业论文开题报告的框架与内容,第二节讲述了硕士生学位论文开题报告的结构与内容,第三节阐述了幼教工作者课题申请报告的形式与内容。

第一节 本科生毕业论文开题报告

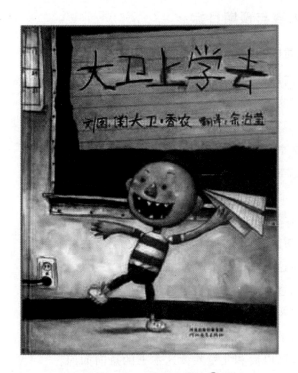

图片6-1-1 大卫上学去①

现以本科生毕业论文题目"幼儿园与家庭对国外儿童图画故事书《大卫上学去》的评价研究"为例,来说明开题报告的框架与内容。

---

① 〔美〕大卫·香农文/图,余治莹译.大卫上学去[M].石家庄:河北教育出版社,2008.

一、选题的背景与意义

（一）选题的背景

1. 国内研究现状分析

（1）国内研究现状

（2）简析及启示

2. 国外研究现状分析

（1）国外研究现状

（2）简析及启示

（二）选题的意义

1. 有利于幼儿园做好与小学的衔接工作。
2. 有助于培养幼儿热爱阅读的良好习惯。
3. 有益于形成家园合作化的学习共同体。

二、研究的主要内容与预期目标

（一）研究的主要内容

1. 幼儿园园长对国外儿童图画故事书《大卫上学去》的评价

（1）园长自己对这本书的喜爱程度如何。

（2）园长认为儿童对这本书的喜爱程度如何。

（3）园长认为这本书对儿童发展的作用如何。

（4）园长认为这本书对儿童的教育效果怎样。

（5）园长表示自己以后向教师推介这本书的意向如何。

（6）园长表示自己以后向家长推介这本书的意向如何。

2. 幼儿园教师对国外儿童图画故事书《大卫上学去》的评价

（1）教师自己对这本书的喜爱程度如何。

（2）教师认为儿童对这本书的喜爱程度如何。

（3）教师认为这本书对儿童发展的作用如何。

（4）教师认为这本书对儿童的教育效果怎样。

（5）教师表示自己以后和儿童共读这本书的意向如何。

（6）教师表示自己以后向家长推介这本书的意向如何。

3. 幼儿园儿童对国外儿童图画故事书《大卫上学去》的评价

（1）儿童对这本书的喜爱程度如何。

（2）儿童最喜欢这本书的哪些地方。

（3）儿童认为大卫在学校表现如何。

（4）儿童认为应该如何向大卫学习。

4. 幼儿园家长对国外儿童图画故事书《大卫上学去》的评价

(1) 家长自己对这本书的喜爱程度如何。

(2) 家长认为孩子对这本书的喜爱程度如何。

(3) 家长认为这本书对儿童发展的作用如何。

(4) 家长认为这本书对儿童的教育效果怎样。

(5) 家长表示自己以后和孩子共读这本书的意向如何。

5. 影响幼儿园与家庭对国外儿童图画故事书评价结果的多种因素

(1) 园长、教师、家长的价值观。

(2) 园长、教师、家长的儿童观。

(3) 园长、教师、家长的教育观。

(4) 儿童的年龄特征、性别特点、个性差异、发展水平。

6. 幼儿园与家庭指导儿童阅读国外儿童图画故事书的有效策略

(1) 师幼共读,榜样示范。

(2) 同伴共读,分享互助。

(3) 亲子共读,密切亲情。

(二) 研究的预期目标

1. 了解幼儿园与家庭对国外儿童图画故事书的情感和认知。

2. 分析影响幼儿园与家庭对国外儿童图画故事书评价结果的各种因素。

3. 提出提高师幼共读、同伴共读、亲子共读效率的多种建议。

三、拟采用的研究方法、步骤

(一) 拟采用的研究方法

1. 问卷法

2. 访谈法

3. 评价法

4. 个案法

(二) 拟采用的研究步骤

1. 设计各类调查问卷(园长、教师、家长)、访谈提纲(园长、教师、幼儿、家长)、评价提纲(园长、教师、幼儿、家长)。

2. 联系相关问卷对象(园长、教师、家长)、访谈对象(园长、教师、幼儿、家长)、评价对象(园长、教师、幼儿、家长)。

3. 准备国外儿童图画故事书《大卫上学去》、录音设备,打印复印各类问卷表(园长、教师、家长)、访谈提纲(园长、教师、幼儿、家长)、评价提纲(园长、教师、幼儿、家长)。

4. 现场分别发放问卷表(园长、教师、家长)、访谈提纲(园长、教师、幼儿、家长)、评价提纲(园长、教师、幼儿、家长)。

5. 及时回收各类问卷表(园长、教师、家长)、访谈提纲(园长、教师、幼儿、家长)、评价提纲(园长、教师、幼儿、家长)。

6. 致谢相关研究对象(园长、教师、幼儿、家长),分别赠送一件小礼物。

四、研究的总体安排与进度

1. 广泛阅读各种书刊论文。
2. 精心设计调查研究方案。
3. 现场收集各种调研资料。
4. 整理归类各种调研资料。
5. 处理制作各种调研图表。
6. 总结分析各种调研数据。
7. 认真撰写毕业论文。
8. 反复修改完善毕业论文。

五、参考文献

(一)中文文献

1. 著作

2. 论文

(1) 李生兰.我国幼教工作者对国外儿童图画故事书的评价研究——以《饥饿的毛毛虫》为例 [J].早期教育(教师版),2012(3):8-11.

(2) 李生兰.以《猜猜我有多爱你》为例看我国幼教工作者对国外优秀儿童图画故事书的了解与评价 [J].幼儿教育,2012(15):8-11.

(3) 李生兰.我国幼教工作者对国外儿童图画故事书的评价研究——以《小威向前冲:一个小精子的神奇大冒险》为例 [J].外国中小学教育,2012(6):22-28.

(二)英文文献

1. 著作

2. 论文

六、指导教师意见(此处略)

七、开题答辩小组意见(此处略)

第二节 硕士生学位论文开题报告

图片 6-2-1 河北省董存瑞烈士陵园董存瑞纪念馆大厅

现以硕士生学位论文题目"幼儿园运用地方资源深化儿童爱家乡教育的研究"为例,来说明开题报告的结构和内容。

一、立论依据

(一)研究意义

1. 有利于拓宽幼儿园社会领域教育的途径。
2. 有利于社会主义核心价值观的启蒙教育。
3. 有助于强化幼儿热爱家乡的情感和行为。
4. 有助于培养幼儿的社区归属感和自豪感。
5. 有益于幼儿园与家庭、社区的合作共育。

(二)国内外研究现状分析

1. 国内研究现状分析

(1)国内研究现状

(2)简析及启示

2. 国外研究现状分析

(1)国外研究现状

(2)简析及启示

(三) 主要参考文献

1. 中文文献

(1) 著作

① 李生兰.学前教育法规政策的理解与运用[M].南京:南京师范大学出版社,2012.

② 李生兰.幼儿园与家庭、社区合作共育的研究[M].第 2 版.上海:华东师范大学出版社,2013.

③ 李生兰.学前教育学[M].第 3 版.上海:华东师范大学出版社,2014.

④ 李生兰.学前儿童家庭与社区教育[M].北京:高等教育出版社,2015.

⑤ 李生兰.幼儿园与家庭、社区合作共育[M].北京:北京师范大学出版社,2016.

⑥ 李生兰.学前教育概论[M].北京:北京大学出版社,2017.

(2) 论文

2. 英文文献

(1) 著作

(2) 论文

二、研究方案

(一) 研究目标、研究内容和拟解决的关键问题

1. 关键概念

(1) 幼儿园

(2) 地方资源

(3) 儿童

(4) 爱家乡教育

2. 研究目标

(1) 设定幼儿园运用地方资源深化儿童爱家乡教育的核心目标。

(2) 构建幼儿园运用地方资源深化儿童爱家乡教育的框架体系。

(3) 选择幼儿园运用地方资源深化儿童爱家乡教育的重要内容。

(4) 探寻幼儿园运用地方资源深化儿童爱家乡教育的多种举措。

3. 研究内容

(1) 幼儿园运用地方资源深化儿童爱家乡教育的价值

① 对幼儿的价值

② 对教师的价值

③ 对家长的价值

④ 对幼儿园的价值

(2) 幼儿园运用地方资源深化儿童爱家乡教育的目标

① 运用地理环境

② 运用自然资源

③ 运用人口民族

④ 运用社会事业

⑤ 运用历史文化

⑥ 运用风景名胜

⑦ 运用城市荣誉

⑧ 运用著名人物

(3) 幼儿园运用地方资源深化儿童爱家乡教育的要求

① 对小班儿童的要求

② 对中班儿童的要求

③ 对大班儿童的要求

(4) 幼儿园运用地方资源深化儿童爱家乡教育的内容

(5) 幼儿园运用地方资源深化儿童爱家乡教育的形式

① 集体形式

② 分组形式

③ 个别形式

(6) 幼儿园运用地方资源深化儿童爱家乡教育的活动

① 生活

② 运动

③ 游戏

④ 学习

(7) 幼儿园运用地方资源深化儿童爱家乡教育的途径

① 走出去

② 请进来

(8) 幼儿园运用地方资源深化儿童爱家乡教育的策略

① 讲解说理

② 榜样示范

③ 环境熏陶

④ 现场教育

(9) 幼儿园运用地方资源深化儿童爱家乡教育的评价

① 评价的主体与客体

② 评价的手段与策略

③ 过程评价与结果评价

(10) 幼儿园运用地方资源深化儿童爱家乡教育取得的成效

① 在资源运用上取得的成效

② 在儿童发展上取得的成效

（11）幼儿园运用地方资源深化儿童爱家乡教育存在的问题

① 在资源运用上存在的问题

② 在儿童发展上存在的问题

（12）幼儿园运用地方资源深化儿童爱家乡教育的影响因素

① 来自幼儿园的影响因素

② 来自家庭的影响因素

③ 来自社区的影响因素

④ 来自教育行政部门的影响因素

（13）幼儿园运用地方资源深化儿童爱家乡教育的改进建议

① 对幼儿园的建议

② 对家庭的建议

③ 对社区的建议

④ 对教育行政部门的建议

4. 拟解决的关键问题

（1）幼儿园为什么要运用地方资源深化儿童的爱家乡教育？

（2）幼儿园可以运用哪些地方资源深化儿童的爱家乡教育？

（3）幼儿园如何运用这些地方资源深化儿童的爱家乡教育？

（二）拟采取的研究方法、技术路线、实验方案及可行性分析

1. 研究方法

（1）问卷法

（2）访谈法

（3）观察法

（4）文献分析法

2. 技术路线

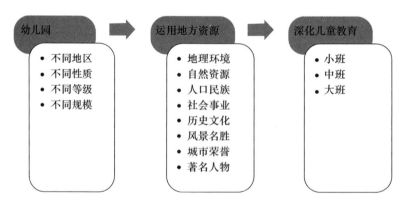

图 6-2-1　研究内容技术路线简图

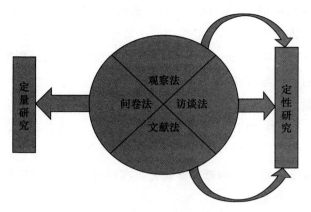

图 6-2-2 研究方法技术路线简图

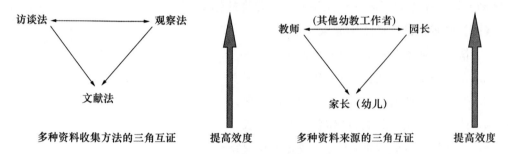

图 6-2-3 定性研究技术路线简图

3. 实验方案

1. 设计各类问卷表(园长、教师、家长、社区人士)、访谈提纲(园长、教师、幼儿、家长、社区人士)、观察提纲(园长、教师、幼儿、家长、社区人士)、文献分析提纲(园长、教师、幼儿、家长、社区人士)。

2. 联系相关问卷对象(园长、教师、家长、社区人士)、访谈对象(园长、教师、幼儿、家长、社区人士)、观察对象(园长、教师、幼儿、家长、社区人士)、文献分析对象(园长、教师、幼儿、家长、社区人士)。

3. 先进行预研究,根据研究结果,修改完善各类问卷表(园长、教师、家长、社区人士)、访谈提纲(园长、教师、幼儿、家长、社区人士)、观察提纲(园长、教师、幼儿、家长、社区人士)、文献分析提纲(园长、教师、幼儿、家长、社区人士),再进行正式研究。

4. 准备录音设备,打印复印各类问卷表(园长、教师、家长、社区人士)、访谈提纲(园长、教师、幼儿、家长、社区人士)、观察提纲(园长、教师、幼儿、家长、社区人士)、文献分析提纲(园长、教师、幼儿、家长、社区人士)。

5. 现场分别发放问卷表(园长、教师、家长、社区人士)、访谈提纲(园长、教师、幼儿、家长、社区人士)、观察提纲(园长、教师、幼儿、家长、社区人士)、文献分析提纲(园长、教师、幼儿、家长、社区人士)。

6. 及时回收各类问卷表(园长、教师、家长、社区人士)、访谈提纲(园长、教师、幼儿、家长、社区人士)、观察提纲(园长、教师、幼儿、家长、社区人士)、文献分析提纲(园长、教师、幼儿、家长、社区人士)。

7. 致谢相关研究对象(园长、教师、幼儿、家长、社区人士),分别赠送一件小礼物。

(三) 本论文的特色与创新之处

1. 在研究选题上的特色与创新。 幼儿园运用地方资源进行教育的研究较多、幼儿园对儿童进行爱家乡教育的研究也较多,但是把两者紧密结合起来,对儿童进行教育的研究则不多见。

2. 在研究内容上的特色与创新。 本研究重在探讨幼儿园运用地方资源深化儿童爱家乡教育的价值、目标和策略。

3. 在研究方法上的特色与创新。 本研究采用定量与定性相结合的多种方法来全面探索幼儿园运用地方资源深化儿童爱家乡教育的体系。

(四) 预期的论文进展和成果

1. 精读各种书刊论文,完善文献综述报告。
2. 设计调查研究表格,完成各种研究方案。
3. 发放回收调研资料,整理归类调研资料。
4. 处理各种调研数据,制作各种调研图表。
5. 总结分析调研数据,撰写完成论文草稿。
6. 全面核对论文数据,修改完善论文定稿。

三、论文大纲

(一) 研究的缘起和现状

1. 研究的重要意义
2. 研究的现状述评
3. 研究的理论基础

(二) 研究的过程与步骤

1. 研究的核心概念
2. 研究的重要问题
3. 研究的主要方法
4. 研究的各种对象

(三) 研究的结果与分析

1. 幼儿园运用地方资源深化儿童爱家乡教育的价值
2. 幼儿园运用地方资源深化儿童爱家乡教育的目标
3. 幼儿园运用地方资源深化儿童爱家乡教育的要求
4. 幼儿园运用地方资源深化儿童爱家乡教育的内容
5. 幼儿园运用地方资源深化儿童爱家乡教育的形式

6. 幼儿园运用地方资源深化儿童爱家乡教育的活动

7. 幼儿园运用地方资源深化儿童爱家乡教育的途径

8. 幼儿园运用地方资源深化儿童爱家乡教育的策略

9. 幼儿园运用地方资源深化儿童爱家乡教育的评价

10. 幼儿园运用地方资源深化儿童爱家乡教育取得的成效

11. 幼儿园运用地方资源深化儿童爱家乡教育存在的问题

（四）研究的结论与建议

1. 研究结论

2. 改进建议

（五）研究的不足与反思

1. 研究不足之处

2. 后续研究设想

四、研究基础

（一）已参加过的有关研究工作和已取得的研究工作成绩

（二）已具备的实验条件，尚缺少的实验条件和拟解决的途径

五、导师或指导小组意见（此处略）

第三节　幼教工作者课题申请报告

图片 6-3-1　福建省厦门市同安区 24 小时自助图书馆 NO.007

现以课题名称"创建学习共同体：幼儿园欢庆世界读书日活动的研究"为例，来说明

申请报告的形式和内容。

一、本课题核心概念的界定，国内外研究现状述评、选题意义及研究价值

（一）本课题核心概念的界定

1. 学习共同体：是由学习者（幼儿）及其助学者（如教师、家长、社区人士）共同构成的一个团体，他们平等交流，友好互动，相互促进，共同发展。

2. 世界读书日：也称"世界图书日"，全称为世界图书与版权日；1995年，联合国教科文组织宣布4月23日为"世界读书日"，旨在推动更多的人去阅读和写作，希望所有人都能尊重和感谢为人类文明做出过巨大贡献的文学、文化、科学、思想大师们，保护知识产权。

3. 世界儿童图书日：又称"国际儿童图书日"，是国际少年儿童读物联盟（IBBY）发起的，定在每年的4月2日；这一天也是丹麦儿童文学大师安徒生的生日，他会在全球无数小朋友的阅读中获得重生。

（二）国内外研究现状述评

1. 国内研究现状述评

（1）国内研究现状

（2）评价及启示

2. 国外研究现状述评

（1）国外研究现状

（2）评价及启示

（三）选题意义及研究价值

1. 传承中华民族热爱读书的精神，为幼儿的终身学习奠定基础。
2. 从小培养幼儿渴望读书的习惯，使幼儿成为热爱学习的能人。
3. 充分发挥节日蕴藏的教育功能，把握打造书香幼儿园的契机。
4. 促进幼儿园与家庭、社区共育，为幼儿营造乐学的书香氛围。
5. 促使我国幼儿教育与世界对接，使幼儿不输在阅读起跑线上。

二、本课题的研究目标、研究内容、研究假设和拟创新点

（一）本课题的研究目标

1. 通过创建学习共同体，为幼儿营造良好的读书氛围，使幼儿在书香班级、书香幼儿园中，被熏陶成书香小达人。

2. 通过创建学习共同体，指导家长把家庭建设成书香家庭，并利用书香社区，来强化孩子热爱学习的良好行为习惯。

3. 通过创建学习共同体，凝聚家庭和社区的教育力量，发挥读书日的教育功能，促进教师、幼儿、家长共同成长。

(二) 本课题的研究内容

1. 幼儿园欢庆世界读书日活动的目的

(1) 培养书香幼儿,增强幼儿热爱读书的兴趣和行为。

(2) 培养书香教师,提升教师的阅读能力和学习能力。

(3) 打造书香班级、书香幼儿园,挖掘节日教育的潜能。

(4) 利用书香家庭、书香社区的资源,丰富幼儿园课程的内容和形式。

2. 幼儿园欢庆世界读书日活动的准备

(1) 开展教研活动:全园教研活动、年级教研活动、班级教研活动

(2) 发放邀请信息:向家长发放、向社区发放;纸质、电子网络

(3) 布置全园环境:园门、大厅、走廊、班级

(4) 制订各种计划:学年、学期、月、周、日

(5) 设计各种方案:全园、年级、班级

(6) 安排各项活动:全月、全周、全天

3. 幼儿园欢庆世界读书日活动的过程

(1) 开始环节:开幕式

① 时间:上午、下午、全天;当天、提前、后延

② 地点:班内、班外、园内、园外

③ 着装:专门服装、园服、便服

(2) 中间环节:各活动

① 组织者:教师、家长

② 主持人:园长、教师、家长、幼儿、社区人士

③ 参与者:教师、幼儿、家长、社区人士

(3) 结束环节:闭幕式

① 总结:教师、家长

② 颁奖:口头、实物

③ 致谢:幼儿、家长、社区人士

4. 幼儿园欢庆世界读书日活动的种类

(1) 绘本教学活动:讲解绘本《图书馆狮子》

(2) 创游区角活动:玩图书馆游戏、玩书店游戏

(3) 图书区角活动:阅读多种图画故事书

(4) 图书制作活动:利用废旧物品制作图书

(5) 图书绘画活动:根据图书内容创作图画

(6) 图书表演活动:根据图书内容进行表演

(7) 好书推介活动:介绍自己所喜欢的图书

(8) 图书借阅活动:在幼儿园图书馆借图书

5. 幼儿园欢庆世界读书日活动的形式

(1) 请进来

① 把家长请进来,开展亲子图书阅读活动、漂流活动、拍卖活动、捐赠活动。

② 把社区请进来,把社区图书馆流动图书车开进幼儿园,选择图书阅读。

(2) 走出去

① 走进家庭,参观书香家庭(如客厅书架、书房书架书桌),了解、观赏、阅读藏书。

② 走进社区,参观书香社区(如公共图书馆、社区图书馆、24小时自助图书馆、书报亭、书香漂流站、书香漂流箱、书城、书店、出版社),阅读、借阅、购买图书。

6. 幼儿园欢庆世界读书日活动的评价

(1) 评价的主体

(2) 评价的指标

(3) 评价的策略

(4) 评价的结果

7. 幼儿园欢庆世界读书日活动取得的成效

(1) 幼儿发展

(2) 教师成长

(3) 家长提升

8. 幼儿园欢庆世界读书日活动存在的问题

(1) 主观上的问题:认识、课程、班规、园规

(2) 客观上的问题:资金、时间、场地、交通、天气

9. 幼儿园欢庆世界读书日活动的影响因素

(1) 来自幼儿园的因素

(2) 来自家庭的因素

(3) 来自社会的因素

(4) 来自上级主管部门的因素

(三) 本课题的研究假设

1. 幼儿园创建学习共同体,就能营造书香班级、书香幼儿园,为世界读书日活动的开展做好充分的准备。

2. 幼儿园创建学习共同体,就能利用书香家庭、书香社区的各种资源,全面深入地开展世界读书日活动。

3. 幼儿园创建学习共同体,就能真正提高世界读书日活动的质量,培养热爱学习的书香幼儿和教师。

(四) 本课题的拟创新点

1. 幼儿园如何与家庭、社区形成学习共同体,凝聚各种教育力量,提升世界读书日活动的质量,促进幼儿在书香环境中茁壮成长。

2. 探索形成学习共同体的有效措施。幼儿园应采用哪些措施、如何运用这些措施与家庭、社区合作共育,才能形成学习共同体,建立书香幼儿园。

3. 探寻提高世界读书日活动质量的多种策略。幼儿园应开展哪些活动、如何开展这些活动,才能培养幼儿良好的学习习惯,成为书香小达人。

三、本课题的研究思路、研究方法、技术路线和实施步骤

(一)本课题的研究思路

1. 全面了解幼儿园通过创建学习共同体开展世界读书日活动的现状。
2. 深入了解幼儿园在开展世界读书日活动中存在的问题及主要原因。
3. 针对幼儿园在开展世界读书日活动中存在的问题,提出改进举措。
4. 运用实施改进举措,诊断幼儿园开展世界读书日活动的有效对策。

(二)本课题的研究方法

1. 问卷法
2. 访谈法
3. 观察法
4. 文献法
5. 个案法
6. 行动研究法

(三)本课题的技术路线

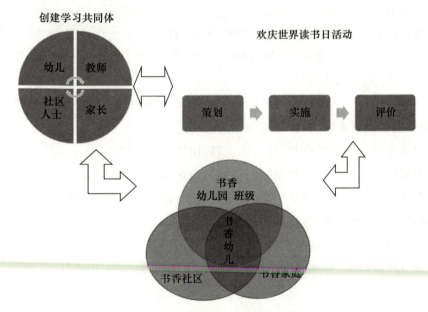

图 6-3-1 本课题的技术路线简图

(四) 本课题的实施步骤

1. 设计完善调研方案,做好研究准备工作

(1) 泛读各种图书,精读各篇论文,开阔、深化研究思路。

(2) 设计各类问卷表(园长、教师、家长、社区人士)、访谈提纲(园长、教师、幼儿、家长、社区人士)、观察提纲(园长、教师、幼儿、家长、社区人士)、文献分析提纲(园长、教师、幼儿、家长、社区人士)。

(3) 完善各类问卷表(园长、教师、家长、社区人士)、访谈提纲(园长、教师、幼儿、家长、社区人士)、观察提纲(园长、教师、幼儿、家长、社区人士)、文献分析提纲(园长、教师、幼儿、家长、社区人士)。先进行预研究,根据研究结果,修改各类表格、提纲,再进行正式研究。

(4) 准备录音设备,打印复印各类问卷表(园长、教师、家长、社区人士)、访谈提纲(园长、教师、幼儿、家长、社区人士)、观察提纲(园长、教师、幼儿、家长、社区人士)、文献分析提纲(园长、教师、幼儿、家长、社区人士)。

(5) 联系各种问卷对象(园长、教师、家长、社区人士)、访谈对象(园长、教师、幼儿、家长、社区人士)、观察提纲(园长、教师、幼儿、家长、社区人士)、文献分析对象(园长、教师、幼儿、家长、社区人士)。

2. 实施完成调研方案,做好研究现场工作

(1) 适时发放问卷表(园长、教师、家长、社区人士)、访谈提纲(园长、教师、幼儿、家长、社区人士)、观察提纲(园长、教师、幼儿、家长、社区人士)、文献分析提纲(园长、教师、幼儿、家长、社区人士)。

(2) 及时回收各类问卷表(园长、教师、家长、社区人士)、访谈提纲(园长、教师、幼儿、家长、社区人士)、观察提纲(园长、教师、幼儿、家长、社区人士)、文献分析提纲(园长、教师、幼儿、家长、社区人士)。

(3) 致谢相关研究对象(园长、教师、幼儿、家长、社区人士),分别赠送一件小礼物。

3. 分类整理调研资料,做好研究后续工作

(1) 归类整理各种调研资料(如问卷资料、访谈资料、观察资料)。

(2) 上机统计处理各种数据(如问卷数据、访谈数据、观察数据)。

(3) 制作各种调研图形图表(如问卷结果图表、访谈结果图表、观察结果图表)。

4. 撰写各类调研报告,做好研究各项工作

(1) 呈现真实数据,客观分析特点,撰写完成研究报告。

(2) 认真核对数据,仔细修改报告,完善提交研究报告。

 本章小结

本章小结如下图。

图 6-4-1　第六章幼儿园课程的科学研究方案

第一节小结如下图。

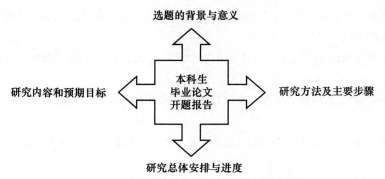

图 6-4-2　第一节本科生毕业论文开题报告

第二节小结如下图。

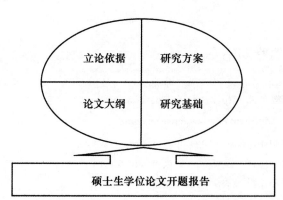

图 6-4-3　第二节硕士生学位论文开题报告

第三节小结如下图。

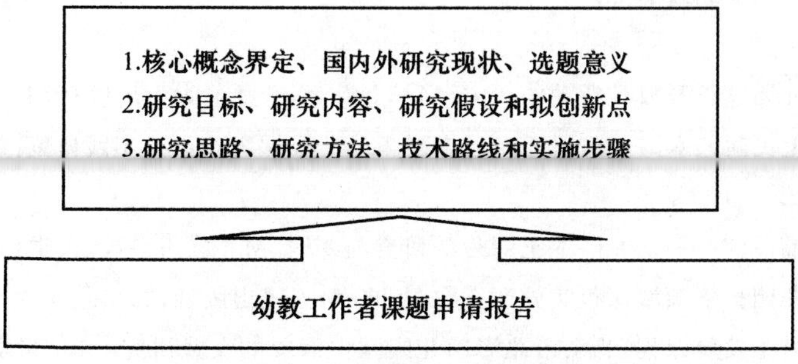

图 6-4-4　第三节幼教工作者课题申请报告

本章复习思考题

1. 你认为本科生的毕业论文开题报告应该包括哪几个部分？哪个部分最重要？哪个部分最难写？
2. 你认为硕士生的学位论文开题报告应该包括哪几个部分？哪个部分最重要？哪个部分最难写？
3. 你认为幼教工作者课题申请报告应该包括哪几个部分？哪个部分最重要？哪个部分最难写？
4. 请你比较一下本科生毕业论文开题报告、硕士生学位论文开题报告、幼教工作者课题申请报告这三者之间的异同点。
5. 你认为在做"幼儿园与家庭对国外儿童图画故事书《大卫上学去》的评价研究"这个课题时,应该注意哪些事项？
6. 你认为在做"幼儿园运用地方资源深化儿童爱家乡教育的研究"这个课题时,应该注意哪些事项？
7. 你认为在做"创建学习共同体:幼儿园欢庆世界读书日活动的研究"这个课题时,应该注意哪些事项？
8. 你认为在研究幼儿园课程时,还有哪些有价值的选题？
9. 你认为在对幼儿园课程进行研究时,主要应采用哪些方法？

本章课外浏览网站

1. 中华人民共和国教育部 http://www.moe.edu.cn/
2. 中国学前教育研究会 http://www.cnsece.com/
3. 北京学前教育网 http://www.bjchild.com/Index.html
4. 上海学前教育网 http://www.age06.com/age06web3
5. 浙江学前教育网 http://www.06abc.com/

本章课外阅读书目

1. 李生兰.幼儿园家长开放日活动的研究[M].上海:华东师范大学出版社,2008.
2. 顾剑英.爱上民间艺术——民间艺术教育融入幼儿园课程建设的实践研究[M].上海:上海社会科学院出版社,2012.
3. 金乐.我爱楠溪江——幼儿园本土课程的研究与实践[M].杭州:浙江大学出版社,2012.
4. 苏贵民.幼儿园科学领域课程实施研究[M].北京:人民出版社,2014.
5. 柳茹.幼儿自主发展课程:北京市北海幼儿园园本课程的实践研究[M].北京:北京师范大学出版社,2014.

6. 陶保平,钱琴珍.学前教育科研方法[M].第3版.上海:华东师范大学出版社,2014.
7. 阮爱新,吴红辉,吴蓓鸿.走进金山:幼儿园课程资源开发与探索[M].上海:上海三联书店,2016.
8. 陈仁玫,柳杨,王珺.让班级活动更精彩——幼儿园节庆课程主题活动研究[M].北京:教育科学出版社,2016.
9. 田燕.德性课程管理论:基于教师专业发展的幼儿园课程管理研究[M].广州:中山大学出版社,2016.
10. 杨世诚,李培胜,隋立国,张丽丽.学前教育科研方法[M].第三版.北京:科学出版社,2016.
11. 阎晓军.教育科研方法案例与操作[M].北京:北京师范大学出版社,2016.
12. 李生兰,等.学前教育概论[M].北京:北京大学出版社,2017.

第七章 幼儿园课程的经验分享交流

**本章导读**

本章共有八节,第一节是"走进金山"课程的探索,第二节是"互联网+健康教育"课程模式的优化,第三节是开创"田野"科学活动课程的新篇章,第四节是推进"玩陶乐"特色课程的不断发展,第五节是幼儿体验式写生活动的实践探索,第六节是"一班一品"学习项目的实践探索,第七节是家园合作提升幼儿低结构活动的质量,第八节是保教活动质量评价的思考与实践。

第一节 "走进金山"课程的探索①

图片 7-1-1 上海市金山区朱行幼儿园大厅

金山区地处杭州湾畔,位于沪、杭、甬及舟山群岛经济区域中心,是上海市的西南门户。丰富的地域文化资源为课程的建设提供了宝贵的教育素材。"走进金山"课程是指在把握、分析金山地域文化资源种类、特点的基础上,寻找资源中能被转化为课程资源的内容,并结合课程特点将其渗透其中,全方位、多角度地建立以某一课程为主线,以多种

---

① 本节作者:阮爱新,高级教师,上海市金山区教育学院科研员;王爱萍,高级教师,上海市金山区阳光幼儿园园长。

教育形式为核心,整合其他领域教育目标,发展幼儿多种能力,具有一定逻辑关系和价值关系的课程体系。

一、"走进金山"课程的价值

"走进金山"课程的价值主要表现在以下几个方面。

1. 文化传承的价值

"走进金山"课程的文化传承价值主要体现在:增进幼儿对金山地域文化的认同;让师幼在共同参与幼儿园课程教学中体验文化,促进文化归属,增进文化认同,实现师幼与文化的双向创生。

2. 幼儿发展的价值

"走进金山"课程的幼儿发展价值主要表现在:课程内容的多样性有助于幼儿早期文化启蒙;课程内容的稳定性有利于幼儿自我意识的形成;课程内容的独特性有益于幼儿个性的发展;课程内容的亲缘性帮助幼儿体验生命的意义,以此构筑幼儿成长的精神家园。

二、"走进金山"课程的设计

"走进金山"课程的设计,主要从以下几个方面着手。

1. "走进金山"课程目标的制定

"走进金山"课程目标的制定,一是要引导幼儿了解金山多样的地域文化,促进幼儿心智能力的启蒙;二是要为实现文化的代际传递注入新鲜血液和活力,有利于金山地域文化的再创造与再发展。

表 7-1-1 "走进金山"课程的目标

目标	内容
总目标	以金山的人、事、物来熏陶幼儿,通过亲历感受和主动探究,让幼儿认识金山地域文化的丰厚积淀,促进幼儿情感、态度、认知、能力等多方面综合素质的协调发展,逐步形成其对金山地域文化的认同感、自豪感。
年龄阶段目标	小班:在熟悉的环境中,认识金山地域文化的显著特征,通过看一看、听一听、说一说等活动,初步感受金山地域文化的丰富。
	中班:通过各类活动,认识金山地域文化的显著特征,并尝试用自己的方式来表达所见所闻与感受。
	大班:初步了解人与社会的关系,主动参与社会实践,感受金山的变化与发展,萌发爱金山、爱上海的情感。

2. "走进金山"课程内容的选择

"走进金山"课程内容的选择,要体现地区特点,具有时代气息,贴近幼儿生活,涉及健康、社会、语言、科学、艺术五大领域,以彰显课程内容的全面性与独特性,从而促进幼儿的全面发展。

表 7-1-2 "走进金山"课程的内容要点

年龄＼领域	健康	社会	语言	科学	艺术
小班	抬轿子；骑竹马	美丽的城市沙滩；捉迷藏；游金山	宝宝来开门；猜猜我是谁；我的名字	送货忙；漕泾西瓜；吕巷蟠桃；美丽的蓝印花布；朱泾甜瓜	春娃娃；莲湘乐；小雨点
中班	赛龙舟；运水	金山方糕；金山东林寺；松隐华严塔；热闹的枫泾灯会；逛逛新金山	有趣的金山话；雪地里的小画家；热闹的枫泾灯会；捉小狗	金山三岛；金山百花节；黑陶的秘密	金山旅游纪念品；金山黑陶；金山农民画；金山三句半；摘摘乐
大班	跳房子；舞龙	水乡婚典；金山小朋友看金山；金山土布；金山方言；金山屯；金山嘴渔村；我是枫泾小导游	四季食歌；金山土特产；骑竹马；奇特的南瓜；松隐华严塔；亭林月饼；小渔村的变化；灶王爷的传说；家乡导游图；老房子新建筑	金山三岛的秘密；金山海岸线；土布的秘密；金山黑毛猪；保护大海；海水变清了；家乡的桥	廊下莲湘；金山黑陶；我们看程十发爷爷的画；有趣的漫画像；金山老房子；金山农民画；神奇的沙画；我们的大海；金山明信片

3."走进金山"课程评价的内容

"走进金山"课程的评价,主要包括课程方案、课程内容、课程实施和实施效果这几个方面。

表 7-1-3 "走进金山"课程评价的内容

评价对象	构成要素
课程方案	价值理念
	结构框架
	目标分析与表述
	完善与发展
课程内容	适切性
	整合性
	递进性
	特色性
	开放性
课程实施	执行者解读课程的方式与过程
	执行者实施课程所营造的条件
	执行者实施课程的方式与方法
	执行者实施课程的计划与文集
	执行者实施课程的反思
实施效果	幼儿的成长
	教师的专业发展
	幼儿园的发展

三、"走进金山"课程的实施

"走进金山"课程的实施,主要采用以下几种形式。

1. 主题融合式

"走进金山"课程可补充性地开发与丰富上海二期课改的课程体系,与主题活动相融合,或以金山地域文化资源派生或生成新的主题。例如,根据金山的地理环境、名胜古迹、名优特产、民间美术等资源,构建主题活动《我们的金山》,从古建筑——金山的老房子和新房子、东林寺,进行建构活动,引导幼儿在参观、绘画、建构中感受古建筑的造型美,培养幼儿主动发现、观察、大胆合作等社会品质;从民间美术——金山农民画、民间剪纸、刺绣、编织、金山黑陶等,进行民间美术的启蒙,引导幼儿在看、听、做中感受民间美术的精髓,培养幼儿感受美、表现美的能力;从金山的特产——枫泾丁蹄、豆腐干、金山方糕等民间小吃着手,通过生活活动引导幼儿在亲自制作与品尝的过程中感受金山独特的饮食文化,培养幼儿自我服务、爱劳动的品质。

2. 领域归属式

从幼儿关键经验出发,寻找课程实施的链接点,构建满足不同年龄阶段幼儿需要、涉及五大领域的特色教学活动。例如,将金山童谣、金山方言融入语言领域的教育,选择容易被幼儿接受的"打大麦""捉小狗""正月元宵踢毽子""吃馄饨"等童谣,既可让幼儿感受、学习金山方言的特色及独特韵味,又可让幼儿了解金山的时令水产。

3. 区角渗透式

将金山地域文化资源融入其中,在区角活动中为幼儿提供与金山地域文化有关的活动材料。例如,在美工区投放廊下剪纸、编织、金山黑陶等民间工艺的材料,幼儿通过自制富有意义和个性的作品,切身感受金山民间艺术的魅力;在表演区投放金山土布服饰,体验民间艺术的优美与灵动;在运动区投放"骑竹马""滚铁环""抽陀螺"等金山民间体育游戏材料,幼儿能在轻松愉悦的氛围中尝试玩法。

4. 环境熏陶式

着眼于环境的整体功能,通过环境创设聚焦课程内容与实施,让幼儿在耳濡目染中逐渐认识和了解金山的自然与人文。如在走廊增设突显金山地域文化的建筑窗栏;在过道挂上富有金山地域文化的绘画、剪纸等艺术作品;在楼梯角落开设民俗活动表演区;在户外场地提供具有金山民间体育特色的器械。既形象地展示金山地域文化,又激发他们对家乡的认同感和归属感。

5. 家园共育式

家庭、社区是幼儿园重要的合作伙伴,幼儿园应与家庭、社区密切合作,充分利用自然环境和社区的教育资源,扩大儿童的生活和学习空间。组织幼儿参加由社区组织的各种活动,例如,金山端午龙舟赛、莲湘文化邀请赛、金山百花节等活动;邀请家长带领幼儿参观"金山旅游节"开幕式,观看"水乡婚典"等民俗活动,观看"姚府娶亲"等情景剧表演,来拓展课程的内容,丰富课程的形式,从而让幼儿多方面、多渠道了解金山的民俗民风。

四、"走进金山"课程的升华

"走进金山"课程的升华,需要处理好以下几种关系。

1. 过程性与结果性之间的关系

过程性是指应聚焦课程教学活动,根据活动的状况及时调整、完善及优化活动设计与过程,使文本具有更强的操作性与实用性,最终完善课程功能,使它在"有轨运行"的过程中达到理想的状态。结果性是指"走进金山"课程的理念、目标、架构及课程的内容和活动最终通过文本的方式表现出来。但在实践中发现,再好的文本如果离开了实践的验证就失去了最终的意义。

2. 稳定性与灵活性之间的关系

稳定性是指"走进金山"课程已有的课程体系、课程框架具有一定的不可变动性;灵活性则是指在确保"走进金山"课程的总体目标、理念以及结构框架稳定的同时,在课程实施过程中鼓励教师根据幼儿需求、教师自身特长、环境资源等要素不断地对"走进金山"课程内容与形式作灵活的调整与补充,使课程内容和形式不断丰富与完善。

3. 整合性与独立性之间的关系

整合性是指"走进金山"课程可以与主题背景下的活动融合,在已有的课程中进行本土化的渗透,即"你中有我,我中有你"的关系,它可补充性地开发与丰富上海二期课改的课程体系,例如,"多彩的民间艺术""老房子新建筑""好吃的食物"等。独立性则指少部分"走进金山"课程内容虽不能与主题相融合,但能以单独的主题构成相对完整而开放的具有园本性质的课程内容链,渗透于幼儿园一日活动之中。

第二节 "互联网+健康教育"课程模式的优化[①]

图片 7-2-1 上海市实验幼儿园宣传廊

---

① 本节作者:顾英姿,高级教师,上海市实验幼儿园园长;王欢,一级教师,上海市实验幼儿园科研主管。

上海市实验幼儿园创办于1952年,是上海市示范园、健康教育特色园。我们以"提升每一位孩子健康生活的品质"为办园理念,搭建了"健康教育"的课程结构,形成了融健康教育课程、健康服务、健康保障和健康评价为一体的课程体系。随着社会的发展,科技的进步,我园的健康教育也走上了"数字化、网络化、信息化"之路。我们尝试通过"互联网+健康教育"的模式,来增强幼儿园健康教育课程的成效,促进教师、幼儿和家长的共同成长。

一、"互联网+健康教育"课程模式的设计

为了打造"互联网+健康教育"的课程模式,我们梳理和整合了"健康教育"课程的各种资源,提出了信息化项目开发与运用的思路。

(一) 项目入口的设计

在设计项目的入口时,我们选择以情绪活动为切入口。这是因为:(1)情绪特征较为具体形象。有许多绘本都涉及幼儿的情绪体验,通过指导幼儿阅读绘本,就能帮助幼儿了解自己和别人的情绪特点,使幼儿学会克制消极情绪,发展积极情绪。(2)情绪教育活动比较易行。情绪教育活动不仅可以通过集体教学来进行,而且还可以开设亲子学堂活动,此外,还能在网络上呈现。(3)情绪教育经验有所积累。近年来,我园围绕"健康教育"开展了一系列的情绪教育活动,积累了一些经验,形成了研究的基础。

(二) 项目名称的设计

在设计项目的名称时,我们以"实在好心情"来命名。这是因为:(1)"实"既能代表园名(上海市实验幼儿园),也能表示育人目标(身体结实、情感真实、经验扎实、行为笃实),寓意着在实幼每天都有好心情。(2)"好心情"表示积极愉快的情绪特点,健康阳光的情绪状态。(3)希望这个名称能给所有关注我们实幼的人们都带来一份好心情。

(三) 项目运作的设计

在设计项目的运作时,我们注意以下几点。

1. 全面性。我们从专业的角度,去观察、分析、指导幼儿和家长,从课程的角度去引领家长、幼儿理解健康教育的真谛,使幼儿的健康教育成为全员的(全体保教人员和家长参与)、全程的(贯穿孩子一生的)、全面的(课程各方面)教育。

2. 互动性。我们整合各种信息,通过不同的媒介形式呈现出来,使家长、幼儿都能真正地参与到课程建设中去。(1)点对点的互动:教师与一位家长进行单独互动,针对某个幼儿的学习和发展情况展开深入的交流。(2)点对面的互动:教师与一个组别、一个班级、一个年级的家长进行集体互动,针对一些幼儿学习和发展的共同问题展开细致的讨论。(3)面对面的互动:教师与家长和幼儿共享各种信息资源。

3. 联动性。我们通过整合不同的信息技术手段,完整地采集各种信息,运用多种形式加以反馈。(1)注意线上和线下的联动,使线下(我们的实践课堂)与线上(基于网络的PC和手机)的联动能相互交替,相互补充,变得更加完善。(2)注意多端口之间的联

动,使电脑端、手机端、平板电脑端、电视端等不同的端口之间进行联动,促进幼儿在平板电脑上的自主学习,增强教师和家长在电视端、电脑端、手机端的互动体验。

二、"互联网＋健康教育"课程模式的实施

我们以互联网为平台,以绘本为载体,以情绪为主线,开展了具体的探索活动。

(一) 利用新媒体信息传递准确性的优势

我们根据幼儿的生长特征及情绪发展的特点,结合幼儿正在学习的主题,重视利用新媒体信息传递准确性的优势,抛出一些有关健康教育的重要话题,引导家长关注相应的绘本,并和孩子一起打开绘本。

(二) 利用新媒体信息传递动态性的优势

我们依据幼儿的年龄特点,去除绘本中的文字,呈现清晰的图画,注意利用新媒体信息传递动态性的优势,模拟仿真翻页效果及阅读演示,配上动画和语音,指导家长理解相应的绘本,并和孩子一起阅读绘本。

(三) 利用新媒体信息传递互动性的优势

我们在设置阅读中的互动问答、操作游戏时,重视利用新媒体信息传递互动性的优势,积极鼓励家长反思绘本,并和孩子一起回味绘本。通过亲子互动,分享阅读体会,共同答题,玩游戏,增长孩子的见识,密切亲子之情。

(四) 利用新媒体信息传递延展性的优势

我们在设置回复与音频留言的功能时、在设置阅读喜好统计与投票时,广泛利用新媒体信息传递延展性的优势,以便为日后开展线下活动做好充分的准备。通过与家长的互动反馈,我们收集了大量信息,为健康教育课程的完善打下了良好的基础。

三、"互联网＋健康教育"课程模式的改进

在实施"互联网＋健康教育"课程模式的过程中,我们发现了一些问题,并尝试着积极去改进。

(一) 教材内容要适宜

我们在选材时,不仅考虑家长对这个情绪点的兴趣、对情绪问题的关注、对情绪话题的认知,而且还考虑幼儿的年龄特点和情绪特征,精心挑选与幼儿的生活密切关联的绘本、幼儿容易理解的绘本、能促进幼儿积极情绪发展的绘本。例如,我们为小班幼儿提供了绘本《妈妈抱抱我》,为中班幼儿提供了绘本《给爸爸的吻》,为大班幼儿提供了绘本《我的幸运一天》,都取得了预期的良好效果。

(二) 参与主体要多样

我们在创编时,不仅号召全体保教人员主动参与编制文案、审议方案、调整计划、修改版面、录制和后期制作,而且还邀请家长、幼儿积极参与到编写和录制活动中来。例如,《妈妈抱抱我》的活动就是由小宝贝和妈妈一起录制的,《我的幸运一天》的活动就是

由小宝贝及爸爸一起录制的。

(三) 环节设计要创新

我们在设计几个重要的环节时,比较注意以下几点:(1) 在设计互动环节时,注意通过游戏来激发幼儿的阅读兴趣,运用小剧场来呈现不同家庭的游戏场景。(2) 在设计阅读环节时,注意运用动画的形式模拟翻书,运用录像画中画的方式进行共读,运用图片提问的形式引导幼儿边看边读。(3) 在设计提示环节时,注意呈现教师的经验(对绘本的理解、对幼儿年龄特点和情绪的分析、对阅读方法的建议),通过 app 互动告知家长,使家长也能用专业的眼光和方法来陪伴孩子阅读和成长。

(四) 媒体运用要实效

为进一步提升每个家庭的使用体验,我们把有关的课改信息都挂在了我园的公众号中,并为每个幼儿提供了专有账号,使教师能及时反馈与回收幼儿的阅读信息,有效提升了家园沟通的质量。

四、"互联网+健康教育"课程模式的发展

今后我们将坚持"民主、创新、开放、协调、生态、共享"的理念,把科研与教研更好地结合起来,以"互联网"为平台,以幼儿为中心,以家长为助手,不断调适"健康教育"课程的目标,完善"健康教育"课程的架构,丰富"健康教育"课程的内容,拓宽"健康教育"课程的途径,强化"健康教育"课程的成效,促进教师、幼儿和家长的可持续发展。

第三节　开创"田野"科学活动课程的新篇章①

图片 7-3-1　上海市金山区漕泾幼儿园种植园地

---

① 本节作者:尹欢华,高级教师,上海市金山区漕泾幼儿园园长。

上海市金山区漕泾幼儿园是上海市一级园、区示范园、科技特色园。从2015年开始,幼儿园进行了"田野"科学活动课程的研究,以"田野"为资源,以科学教育为载体,以回归幼儿教育的原点为目的,探索了一系列教育实践活动。

一、把握幼儿园"田野"科学活动课程的内涵

我们的"田野"科学活动课程以人本主义理论、生活教育理论、问题中心设计理论和项目教学理论为理论基础,由幼儿、家长、教师、社区、社会等各方共同参与,让幼儿在幼儿园内外的真实生活场景中,通过现场感知、情境操作和互动交流等方式进行科学学习和体验,形成以自然真实的、动态发展的"田野"理念为指导,以幼儿主动学习为形式,以生活经验为主线,以科学素养发展为目标的各种活动的总和。

二、实施幼儿园"田野"科学活动课程的路径

(一)园内的实习场

1. 正式途径

我们每周安排1次"田野"科学活动。**(1)散步寻宝**:教师把5—7样自然物(比如,不同形状的树叶、小草、小树枝等),放在大手帕中,让幼儿观察2分钟,然后合上手帕,鼓励幼儿根据记忆,在附近找出这些自然物。**(2)植物曼陀罗**:曼陀罗一般以圆形或正方形为主,对称,有中心点。教师指导幼儿利用树叶、树枝、花瓣、果实,制作一幅属于自己的"植物曼陀罗"。幼儿在制作的过程中,要挑战自己,要找准中心点,做到对称。**(3)拥抱大树**:教师选好1棵大树,让幼儿蒙上眼睛,抱一抱、闻一闻、摸一摸大树,记住大树的主要特征。然后,教师引导幼儿摘下眼罩,根据记忆,在成人的提示(如指定3棵树的范围)下,找出刚才抱过的那棵大树。

2. 非正式途径

我们每天通过一日活动、环境创设、个别化学习等途径加以渗透。例如,在种植园地和自然角的种植活动中,我们注意创设能引发幼儿探究性活动的环境。我们通过不同的栽培方式,引导幼儿的探索活动,让幼儿观察在不同栽培方式下植物的生长情况,并及时加以记录。这样,幼儿通过观察、比较、记录、探究,就能发现同一种自然物在不同的生长条件下,成长的速度是不同的,有的快,有的慢。我们还通过不同的浇灌方式,来引发幼儿的探索活动。我们指导幼儿利用牛奶纸杯、PVC管、皮管和饮水桶等材料,自制"自动接水浇灌管道"。这种装置既可以吸水桶里的水,又可以接雨水,然后通过皮管分别浇灌纸杯里的植物。在这个过程中,幼儿能观察到水的流动,还能发现"虹吸现象"。

(二)园外的经历场

1. 社区中的参观和郊游

我们经常带领幼儿外出参观和郊游。外出郊游前,我们和幼儿一起从网上下载花草图案,制作自然笔记;在旅途中,我们和幼儿一起玩"按图索骥",鼓励幼儿用自己的方式

记录旅途中的所见所闻,画图画,与同伴、家长、老师分享旅途的收获和快乐。

2. 家庭中的互动与延伸

我们重视与家庭的互动合作。例如,我们先在园内开展"有趣的年轮"集体教学活动,使幼儿知道通过观察年轮可以预测一棵树的年龄。然后,我们又为家长提供了亲子资源包,设计了"树的年轮"调查表,鼓励幼儿与家长交流分享,使幼儿能发现自然界中更多的有趣的现象。

三、彰显幼儿园"田野"科学活动课程的成效

(一)改变了幼儿学习科学的方式

"田野"科学活动课程,为幼儿提供了真实的、丰富多彩的、自然的环境,萌发了幼儿热爱自然、关注生活的积极情感,增强了幼儿学习的主动性和探索性,挖掘了幼儿科技教育的深层价值,使幼儿从教师的控制中、被动学习中解放出来,真正成为主动的探索者和学习者。"田野"科学活动课程,虽然不强调科学知识的系统性,但也不排除给予幼儿有明确主题的、系列化的科学游戏,使幼儿能较好地掌握事物的特征、性能和用途,把握认知事物的方法,提升学习能力。与课堂教学相对而言,"田野"科学活动更能使幼儿焕发主动性、愉悦性和持久性。在"田野"里,幼儿有意注意的时间更长,他们在看看、玩玩、议议、做做中,多种感官得到了运用,无拘无束地完成了学习的任务。

(二)改变了教师教授科学的范式

幼儿在"田野"科学活动课程中比在课堂教学中表现得更加生动活泼。因此,教师自然而然地就放手了,就会给幼儿更大的探索空间,鼓励幼儿的探索行为,根据幼儿的需要,及时做出反应,调整指导策略,成为幼儿自主探索的引导者、支持者、合作者,促进幼儿的发展。另外,教师还会针对幼儿的现实能力和潜在的接受能力,设计相应的活动目标和内容,采用合适的活动方法,帮助幼儿从"接受学习"变为"主动学习"最后到"学会学习"。教师还会变革教学方法,提出"问题情境""任务情境",引发幼儿的认知冲突,把替代式教学的枯燥过程变成幼儿主动学习、互相分享的愉快过程。

(三)树立了新型的"课程资源观"

通过对"田野"科学活动课程的探索,我们认识到大自然不仅为幼儿提供了天然的、有趣的、丰富的、生动的、开放的场所,使幼儿能进行各种探索活动,而且还在每个不同的季节,发生着神奇的变化。无论是色彩斑斓的植物花草,还是形态各异的鸟兽鱼虫,都会让幼儿凝神驻足、流连忘返;无论是农田里丰收的稻谷,还是果树上累累的硕果,都能使幼儿体验到劳动的艰辛和丰收的喜悦;此外,还有无数的野花、野草、泥土、沙石、树叶、果壳,也是幼儿创作的源泉。广阔的大自然,是满足幼儿好奇心、让幼儿获得发展的最好教材,是我们"田野"科学活动课程的宝藏。

四、深化幼儿园"田野"科学活动课程的研究

在过去的探索中,我们闻到了"田野"的芳香,尝到了"田野"的甜头,今后,我们将不

断探索,把这一研究进行到底。通过深入开展"空中菜园资源开发与利用的实践研究",更好地运用幼儿园的空间促进幼儿的快乐发展;通过全面开展"互联网+与'田野'科学课程的有效实施",更好地利用幼儿园的特色促进幼儿的个性发展。

第四节 推进"玩陶乐"特色课程的不断发展[①]

图片 7-4-1 上海市嘉定区清河路幼儿园陶艺室

上海市嘉定区清河路幼儿园诞生于 1904 年,现在是上海市一级园、嘉定区示范园、陶艺特色园。从新世纪初开始,我们就秉承"以人为本、和谐发展"的办学理念,集聚儿童天性与嘉定古镇教育资源于一体,基于对优秀传统教育文化的传承、对幼儿可持续发展的思考以及对幼儿园内涵发展的实践探索,我们开始了"玩陶乐"特色课程的实践探索。我先后主持并完成了市级课题《在玩陶中儿童创造经验自主建构的实践研究》、区级重点课题《玩陶乐课程童本化实施的实践研究》等研究,推进了"玩陶乐"特色课程的可持续发展。

一、"玩陶乐"特色课程的创建

(一) 发现问题

2002 年,我园从萌发幼儿情感、启迪幼儿智慧、发展幼儿身心的视角,确立了"陶然于情、陶醉于艺、陶冶于心"的课程愿景,通过组织集体教学研究、预设陶艺架构和内容,开展了特色课程的实践探究。

在玩陶课程的开发和教学中,我们发现了一些较为严重的问题:(1) 教师重视幼儿"艺"的达成,忽略幼儿"情"的陶冶;(2) 重视幼儿技能的训练,轻视幼儿能力的培养;(3) 重视对幼儿进行规范教育,轻视幼儿个性的发展;(4) 重视教法的研究,轻视学法的

[①] 本节作者:陈丽,高级教师,上海市嘉定区清河路幼儿园园长,获上海市园丁奖,获嘉定区十佳校长称号。

探讨。

（二）解决问题

针对上述问题，我们以幼儿为中心，以"玩"为杠杆，采取了一系列措施来加以解决，来转变教师的教育观念和教育行为。

1. 了解"玩陶"的要义

我们以现在的"玩陶"活动来替代过去的陶艺活动。"玩陶"不仅指一个简单的陶艺教学活动、一个玩陶的片段活动，而且还包括了幼儿对知识的积累、对经验的内化、对创造的需求。通过"玩陶"，幼儿能更好地对"陶"进行感知、理解、体验和创造。

2. 确立"玩陶"的主题

我们以"新课程主题、社会热点、节日喜庆和幼儿的兴趣"为核心，确立"玩陶"活动的主题，并依据主题，设立四大共同性课程的"玩陶"内容，并使这些内容能相互补充，共同为幼儿的"玩陶"活动搭建广阔的平台。

3. 开辟"玩陶"的时空

我们通过打造陶艺博物馆、玩陶活动室等活动阵地，运用亲子活动、外出采风、陶艺创意、陶艺节等活动形式，实现从"陶艺"到"玩陶"的转型，确保幼儿有足够的时间和空间来"玩陶"。

4. 升级"玩陶"的活动

我们把"玩陶"活动提升为幼儿园的"玩陶"课程。我们编撰了"玩陶"园本教材，构建了课程的运行机制，制定了评价标准，开展了教研活动，促进了教师指导能力的发展。

（三）反思问题

在探索"玩陶"课程的过程中，我们又发现了以下几个重要问题：(1) 教师以主题为依据，为幼儿预设的"玩陶"内容，受到幼儿的欢迎吗？(2) 教师为幼儿提供的探索时间和空间，能让幼儿玩得尽兴吗？(3) 教师指导的玩陶活动，幼儿感到快乐和自主吗？

（四）创新解题

为了解决上述问题，我们确立了"乐玩、善玩、创玩"的课程目标和"玩中学、玩中创"的课程途径。

1. 优化幼儿"玩陶"的方式

我们倡导教师要变革幼儿的学习方式，让幼儿成为"玩陶"的小主人。**(1) 重视幼儿的体验学习**。教师为幼儿创设开放的环境，引导幼儿自主观察，自发讨论，自由选材，尽情体验。**(2) 重视幼儿的探究学习**。教师为幼儿创设问题情境，指导幼儿主动探索，发现问题，寻找解决问题的方法。**(3) 重视幼儿的合作学习**。教师为幼儿创设游戏环境，鼓励幼儿从独自玩，到平行玩、联合玩，再到合作玩，感受大家一起玩的快乐。

2. 增加幼儿"玩陶"的时间

我们打破了过去每天2小时玩陶的活动模式，创新了半日活动的组织路径，推出了每日玩、每周玩、每月玩、每年玩的多种形式。**(1) 每日玩**。我们设立了自助式玩陶吧，在班级活动区开展个别化活动,使幼儿每天都有时机来玩。(2)**每周玩**。我们组织了泥娃娃社团秀活动,通过师生课程招募、幼儿自发报名,组成社团活动,大家自主拟定活动计划、自主设计活动内容和形式、自主进行交流与表达。我们还建立了创想式基地苑,使幼儿能够运用多种材料自主建构与分享。(3)**每月玩**。我们设立了"乐陶陶体验日",通过外出采风、实地观摩等形式,使幼儿能充分体验和感知。我们还开展了俱乐部亲子乐活动,通过与周边学校、青少年活动中心合作,使幼儿能体验到更多的乐趣。(4)**每年玩**。我们组织陶艺节风采展,如陶艺作品展、陶艺现场秀、陶艺比赛,邀请家长、社区人士来园,营造家园社区合作共育的良好氛围,提高幼儿玩陶活动的质量。

3. 拓展幼儿"玩陶"的空间

我们根据幼儿的发展特点,不断拓展玩陶空间。(1)**从室内走向室外**。我们将"玩陶"活动从室内扩大到室外,创设了"世外陶园""百变亭""文化长廊"等空间,使丰富的户外资源成为幼儿"玩陶"创意的场所,激发了"玩陶"的兴趣,拓宽了幼儿"玩陶"的内容。(2)**从园内走向园外**。我们充分利用市里和区里的自然及人文资源,组织幼儿去参观,增长了幼儿的见识,提高了幼儿的表现能力。

二、"玩陶乐"特色课程的发展

为了推进"玩陶"特色课程的发展,我们在原有的基础上,增补了"乐"字的外延和内涵,创构了"玩陶乐"的特色课程,并着重处理好以下两种关系。

(一)要处理好特色课程与共同性课程之间的关系

开始,我们的特色活动与共同性课程的内容是割裂的,没有交集;只关注幼儿陶艺做法及技能技巧;实施的方式主要是集体学习活动、个别化学习活动;活动脉络是零散的,没有上升到课程。**后来**,我们将"玩陶"融入共同性课程中的游戏与学习活动里,增添了趣味性;内容与主题大多来自新课程,凸显了幼儿的发展需求;但对幼儿感知、理解与体验的关注不多,对在多种活动中的渗透做得不够。**最后**,我们使"玩陶乐"课程与共同性课程、辅助活动相互补充、相互整合,使幼儿在玩中能提升核心素养。

(二)要处理好特色课程与幼儿发展之间的关系

首先,我们注意变革环境的创设。在为幼儿创设玩陶的环境时,不仅注意教师的"审美",而且还注重幼儿的"欣赏""探索""创造",使幼儿成为环境创设的小主人,发展幼儿的主动性和积极性。**其次**,我们注意变革材料的投放。在为幼儿投放玩陶的材料时,不仅讲究"技"字,关注工具、模具的数量、位置及其摆放,而且还在乎"乐"字,重视幼儿的兴趣,使幼儿能自由选择和使用各种材料,发展想象力与创造力。**再次**,我们注意变革学习的方式。在考虑幼儿的学习方式时,不仅注意通过玩陶活动促进幼儿认知的发展,而且还注意通过玩陶活动陶冶幼儿的情感,培养幼儿创造的行为。**最后**,我们注意变革评价的形式。在对幼儿实施评价时,不仅注意形成性评价,了解幼儿的进步和发展水平,而且还重视过程性评价,关注幼儿的成长状态、发展潜能,并根据每个幼儿的最近发展区,设计适宜的活动,促进幼儿个性的发展。

第五节　幼儿体验式写生活动的实践探索[①]

图片 7-5-1　上海市金山区金悦幼儿园绿地

上海市金山区金悦幼儿园是上海市一级园、美术特色园。为了激发幼儿对美术活动的兴趣,丰富幼儿的感知和体验,增强幼儿的审美能力,最近几年,我们不断探索,采取了一系列新的措施,来提高幼儿体验式写生活动的质量。

一、探索幼儿体验式写生活动的途径

(一)创设立体化的写生教学情境

1. 借助自然情境

幼儿园的花草树木、户外运动的场景,甚至花园里的小草、小花、小昆虫都是幼儿写生的对象。在写生活动《树》中,正值深秋,户外小菜园里的树煞是好看。于是我们带领幼儿们到户外欣赏树的美景,当小朋友看到漫天飞舞的树叶时,他们兴奋极了。"老师树叶好漂亮呀""老师树干好扎手啊""老师树干好粗啊""树叶在空中飞来飞去像在跳舞"。幼儿们在树林中热闹地议论开了。接着我们的写生活动"树"就这样应运而生了,幼儿们在亲身体验中带着愉快的心情,丰富的情感,大胆地投入到丰富多彩的树世界中去了。这一过程他们不仅真实地感受了树叶及树干的美,同时更感受到了树给人们带来的欢乐和惊喜。

2. 模拟生活情境

模拟生活情境是指再现幼儿的生活情境,引导幼儿对环境、场景等做多种想象,并进

[①]　本节作者:陆美英,一级教师,上海市金山区金悦幼儿园园长。

行写生。在大班写生《我亲爱的老师》活动中,以大班老师作为写生对象,模拟并呈现了老师平时工作的五个场景:备课、画画、为女孩子梳辫子、在电脑上写资料、给小朋友讲故事,真实再现了老师工作时忙碌的身影,帮助幼儿理解老师工作的辛苦以及为幼儿辛勤的付出,将寓意与情境相融合,让幼儿身临其境,在体验中激发对老师的热爱之情,并感受老师对我们的爱。

(二) 开展多元化的写生教学活动

1. 日常生活中的写生教学活动

日常生活中的各种人和事,都是我们开展写生教学活动时可以利用的教育资源。色香味形俱全的各种美食、色彩斑斓的服饰、造型奇特的建筑、方便迅捷的交通工具等,都能丰富幼儿的生活经验,培养幼儿的审美情趣。

2. 大自然中的写生教学活动

大自然是一部真实的、丰富的百科全书,自然界中种类繁多的动植物,都吸引着幼儿的好奇心。我们立足幼儿乡村生活场域,开发了《田园写生》《花园写生》《菜园写生》等系列写生活动。

3. 世界名品中的写生教学活动

中外大师的许多艺术珍品都蕴含着丰富的审美元素,为幼儿构成了一个独特的审美世界。我们通过参观博物馆、美术馆、画廊、书店等多种形式,让幼儿与世界大师亲密接触,了解更多的世界艺术精品,全方位感受大师的绘画风格,提高幼儿对美的感受能力和欣赏能力。

(三) 设置个性化的写生区域活动

在班级的美术活动区域中,教师为幼儿创设了个性化的"写生"小天地,包括:常见植物的写生(如班内自然角中常见的有明显特点的植物)、静物的写生(如鞋子、衣服、花瓶、玩具、火龙果、菠萝)、身边人物的写生(如同伴、教师、保育员)。

二、探索幼儿体验式写生活动的策略

1. 关注幼儿的兴趣爱好

幼儿的写生过程是幼儿根据自己的意愿,运用自己喜欢的方式,主动表现自我的过程。教师应关注幼儿的兴趣爱好,为幼儿选择合适的写生内容。例如,我们根据中班幼儿喜欢汽车的特点,为他们设计了"马路上的车""停车场里的车"等写生活动,拓宽了幼儿对汽车的认识。

2. 重视幼儿的知识经验

教师要充分利用幼儿已有的知识经验,唤起幼儿参与写生活动的热情,促进儿童智能的发展。例如,我们根据大班幼儿已有的关于"我自己""人体""自己身体"的知识经验,为他们设计了"活动人体关节""好朋友""快乐的生活馆"等写生活动,丰富了幼儿的健康知识、美术知识,增强了幼儿的绘画能力、交往能力。

3. 引导幼儿仔细地观察

在幼儿写生活动开展之前,教师要引导幼儿对将要写生的事物进行仔细的观察。例如,在对身边的亲朋好友进行写生的时候,教师要先指导幼儿观看他们的肢体动作、脸型、发型、五官、衣着,帮助幼儿全面感受亲人的体貌特征,了解人物写生的顺序,体验人物写生画的乐趣。

4. 启发幼儿大胆地想象

幼儿在最初写生时,往往不知道该从哪里下手,不知道用什么方式来画。因此教师要赋予幼儿摄影师的角色,指导幼儿对事物进行"拍照",即看到什么,就画什么。为了使幼儿能够更好地通过作品表达自己的思想,教师要调动幼儿思维的积极性,启发幼儿大胆想象。

5. 鼓励幼儿勇敢地创造

写生活动不是要求幼儿的作品跟实物相似,而是要增强幼儿感受美、表现美和创造美的能力。教师要引导幼儿适时补图加画,鼓励幼儿敢于表达自己的想法,支持幼儿大胆地绘画,提高幼儿创造美的能力。

6. 创设各种互动的机会

教师要重视与幼儿的互动,通过各种互动,大家相互交流、相互观察、相互学习,形成师幼良性互动、幼幼友好互动的局面,大家彼此成为心仪的"写生对象",欢快地进行写生创作,共同体验创作的乐趣。

7. 关注幼儿的反应评价

在幼儿写生活动结束以后,教师还应鼓励幼儿发表自己对活动的看法和想法,既能提高儿童的评价能力,也能为设计后续的写生活动提供支撑。

第六节 "一班一品"学习项目的实践探索[①]

图片 7-6-1　上海市嘉定区黄渡莱茵幼儿园主楼

---

① 本节作者:骆云蕾,上海市嘉定区黄渡莱茵幼儿园园长,一级教师,荣获嘉定区园丁奖。

讲故事对于培养幼儿的学习品质、增强幼儿的学习能力特别重要。自2009年起，我们幼儿园在"大爱"教育理念的引领下，开展了"故事教育"的特色课程研究。我们不断寻求特色课程与共同性课程的有机融合，以确保特色课程生存与发展的时间与空间。为了满足不同年龄阶段幼儿的发展需求，更是为了凸显班级的特色，加大教师和幼儿的自主权，我园以个别化学习活动为切入点，开展了"一班一品"的学习项目实践探索活动。

一、"一班一品"学习项目的基本含义

在"一班一品"的总体方案中，我们首先明确了"一班一品"的内涵。"一班"即园里的每一个行政班级；"一品"即"故事教育"特色课程中的一个个别化学习项目。"一班一品"就是各班基于幼儿的个体学习需求、班级资源优势，自主选择或开发一个"故事教育"个别化学习项目。我们将"一班一品"定位于学习性项目，紧扣幼儿的学习特点，以"玩故事"的游戏形式展开，满足不同幼儿的学习需求，让他们在"玩故事"中，都能自然而然地爱上讲故事，从中得到更好的发展。

二、"一班一品"学习项目的实施过程

（一）分析与选择学习项目

1. 考虑幼儿的学习兴趣

幼儿的学习兴趣，是教师选择本班"一班一品"学习项目的首要条件。细心观察和集体讨论是教师辨别幼儿学习兴趣的两种基本方式。细心观察就是教师观察幼儿在各类故事活动中的投入情况；集体讨论就是师生针对"喜欢开展什么样的故事活动"这类话题进行交流。例如，小（一）班教师，通过仔细观察，发现幼儿非常喜欢模仿故事中的拟声词，就为幼儿选择了"故事配音"的项目；大（三）班教师，通过集体讨论，发现幼儿对表演道具的制作兴趣特别浓厚，就为幼儿选择了"道具制作"的项目。

2. 根据幼儿的发展水平

幼儿的发展水平，可从幼儿的发展优势与弱势这两个方面来加以分析，以便发扬幼儿的强项，弥补幼儿的短处，促进每个幼儿更好地成长。例如，大（二）班教师，发现幼儿"爱绘本""爱表演"的强项，就为幼儿选择了"宝贝绘（会）演戏"的项目；中（二）班教师，发现幼儿手部肌肉、精细动作较弱，就为幼儿选择了"剪纸故事"的项目。

3. 依据班级资源优势

班级资源优势，包括教师的特长、家长的资源以及班级的环境等方面的优势。教师依据以上优势来选择班级活动的项目。例如，大（一）班教师，因为担任校园主播，就为幼儿选择了"阳光无线电"的项目；中（三）班教师，根据有的家长从事编剧工作，就为幼儿选择了"故事编辑部"的项目。

（二）推进与调整学习项目

1. 做好顶层设计

"一班一品"学习项目的顶层设计，由我园故事项目组统筹完成。经过研讨，制订了《莱茵幼儿园"一班一品"个别化学习项目实施方案》，理清了项目总体目标、实施方法、实施步骤、评价方式、组织保障等，为"一班一品"学习项目的后续研究指明了前行的方向，确定了有效的路径。

2. 制订活动方案

在选定学习的项目以后，各班便从内容、材料、观察要点、预期成果等方面进行思考，制订活动方案。然后，还要依托大教研组，来推进"研讨——→改进——→再研讨"这一循环往复、不断提升的过程。

3. 推进活动实施

在方案确定以后，各班便着手开展实施工作。然后，各年级小教研组每月都会组织各班教师进行"一班一品"的专项教研活动，分析幼儿的年龄特点、发展现状，提出改进的建议。

4. 调整活动方案

我园定期邀请各方面的专家学者，来园指导"一班一品"学习项目，举办沙龙活动，大家各抒己见，真诚交流。教师借此良机，调整班级的活动方案，更好地促进幼儿的学习与发展。

（三）评价与分析学习项目

"一班一品"学习项目的评价，以目标为导向，关注个体差异，幼儿与教师都是评价的主体，注重过程性评价。

1. 设计游戏情境，进行发展性评价

此评价方式以教师为主体，从幼儿的体验出发，让幼儿在"玩故事"的游戏情境中自然表现。教师依据"一班一品"学习项目细化的目标，对幼儿进行观测，进而评价幼儿的发展水平。例如，教师依据大班幼儿编演故事的目标，提供许多动物服饰，让幼儿与同伴自主协商，共同讨论，利用现有的环境和材料，分组表演一个与动物有关的故事。教师则根据幼儿的表现，对幼儿编演故事的水平做出评价。

2. 运用学习故事，开展过程性评价

此评价方式以教师为主体，教师先采用自然观察法，观察幼儿在一日活动中的各种自然表现，撰写幼儿的学习故事，展现幼儿的学习状态，评价幼儿的发展过程。

3. 开展争星活动，引导自主性评价

此评价方式以幼儿为主体，幼儿通过参加"故事之星"评选活动，进行自主性评价。评选活动在各班展开，评选内容因学习项目的不同而有所不同，评选结果有"编故事之星""演故事之星""讲故事之星""听故事之星""画故事之星"等。评选前，教师和幼儿共同制定评选规则；评选时，幼儿对照规则，自评并记录星数，月末累计星数；评选后，颁发

相应的"故事之星"奖章。

(四)展示与交流学习项目

我园每年都会通过多种形式,给幼儿提供展示自我的机会。

1. 故事小广播

每周星期三午睡前,各班都会开展"故事小广播"活动。教师邀请幼儿在"小广播"中,展示自己会讲的故事、自己创编的故事及儿歌、自己配音的故事及笑话等,强化了幼儿参与"一班一品"学习项目的热情。

2. 故事节庆

每年6月,我们都会开展全园的"故事节庆"活动,各班以游园的形式,轮流展示"一班一品"的学习成果。通过成果展示,提高了幼儿的语言表达能力、社交能力和自信心。

3. 故事巡演

每年12月,我们都会与周边的社区联合,以舞台表演的形式,开展"故事巡演"活动。节目大多来自于各班的"一班一品"学习成果。教师尊重幼儿,鼓励幼儿创造,从故事创编、道具制作到表演动作等均以幼儿自己的主张和观点为主。

三、"一班一品"学习项目的实施成效

1. 优化了儿童的特质

在"一班一品"的学习活动中,幼儿通过自主探索、自主创造,形成了乐于探究、善于思考的学习品质;通过自主表达、自主表现,养成了大胆、自信的个性品质;通过自主感知、自主交往,内化了对人友爱、感恩的情感品质。

2. 促进了教师的成长

"一班一品"的特色课程建构,增强了教师的专业能力。在"一班一品"的项目活动中,教师通过关爱幼儿,观察幼儿,发现幼儿,赏识幼儿,指导幼儿,强化了师德素养和敬业精神;教师通过用发展的眼光看待每位幼儿,用专业的态度对待每位幼儿,以专业的能力助推每位幼儿,提升了教师的专业发展水平。

3. 完善了课程的结构

"一班一品"的学习项目活动,完善了我园特色课程的架构:在语言与交流领域,形成了"小故事课程";在运动与玩耍领域,形成了"小健将课程";在艺术与社会领域,形成了"小达人课程";在科学与探索领域,形成了"小发现课程",进而促进了特色课程质量的提高。

四、"一班一品"学习项目的反思提升

反思和总结"一班一品"的实践探索活动,我们发现仍然存在着一些问题:一是每班"一班一品"项目的实施,具有不稳定性,特别是依据班级资源优势而选择的项目,会随着资源的改变而中断或更改。二是各班"一班一品"项目的开展,具有分散性,每班各自为

政,但有些学习项目是需要各班联合行动的,有些项目是需要横向拓宽和纵向延伸的。因此,我们设想在开展"一班一品"的后续研究时,倡导各班以小课题为引领,探索班本微课程,在小教研、大教研活动中给予支撑,使"一班一品"的活动成为教师、幼儿和家长共同学习和持续发展的平台。

第七节 家园合作提升幼儿低结构活动的质量①

图片 7-7-1 上海市宝山区小鸽子幼稚园"变废为宝 亲子作品"秀台

上海市宝山区小鸽子幼稚园是上海市一级园、宝山区示范园、家园共育特色园。多年来,我们一直在潜心研究如何运用家庭资源完善幼儿园的课程体系。最近几年,我们着重探索如何与家长密切合作,来优化幼儿园的低结构活动,促进幼儿主动性、积极性和创造性的发展。

一、通过家园小报,引发家长关注幼儿的低结构活动

家园小报是幼儿园借助视觉等通道与家长进行联系的一条个体途径,比较简便易行。《小鸽子报》是我园的一份家长小报,是我园联系家庭的重要桥梁,多年来,一直深受家长的欢迎。为此,我们不仅把有关"幼儿的低结构活动"内容,特意呈现在园报的显著位置上,而且还精心制作专版、专题、专栏,彩色打印后,放在幼儿园大门口,便于家长接送孩子时自由取阅。此外,我们还拍摄制作了幼儿低结构活动的小视频,每天在幼儿园的大屏幕、在厅里的显示屏上滚动播出,加深家长对幼儿低结构活动的认识。

二、通过专题讲座,帮助家长理解幼儿的低结构活动

专题讲座是幼儿园凭借听觉等通道与家长保持联系的一条集体途径,受益面很广,能在同一的、短暂的时间里,让许多家长了解幼儿的低结构活动。为了办好专题讲座,我

---

① 本节作者:杨飞飞,一级教师,上海市宝山区小鸽子幼稚园副园长,获上海市优秀园丁奖。

们着重做好以下几项工作。

1. 制作邀请卡。 我们幼儿园的许多幼儿都是由祖辈家长接送的,为了让幼儿的父母也能参与到讲座活动中来,我们鼓励教师和幼儿商量,共同制作"讲座活动邀请卡",由1名幼儿带2位家长来参加活动,其中1位家长必须是父亲或母亲,另一位家长可以是祖辈家长。这样可以提高父母对"低结构活动"的知晓率,在家庭中结成统一战线,更好地支持幼儿园的活动。

2. 要图文并茂。 我们鼓励教师广泛运用收集来的幼儿案例,对家长进行深入的讲解和全面的分析,不仅要用文字来向家长说明,而且还要用照片、录像来吸引家长的注意力,使家长真正意识到什么是低结构活动(低结构活动是让幼儿通过与材料的相互作用,去观察、去发现、去思考、去体会、去寻求解决问题的方法和途径的一种活动)、为什么要开展低结构活动、低结构活动对幼儿发展有什么作用、应如何开展幼儿的低结构活动(幼儿会采用各自不同的方法来解决问题,我们要关注的是活动的环境和材料是否适宜、是否能满足幼儿的需要、幼儿取得成功的过程和方法,而不能随意地干扰幼儿的活动)。

3. 要讨论交流。 我们鼓励教师要围绕案例,引导家长进行讨论,启发家长说说自己是怎么理解低结构活动的、低结构活动在幼儿园课程中应占多少比例、应如何促进幼儿的低结构活动,帮助家长达成共识。

三、通过亲子活动,引导家长观察孩子的低结构活动

亲子活动是幼儿园凭借触觉等通道与家长维持联系的一条重要途径,形式生动活泼,效果非常显著,深受家长的喜爱,家长的参与率很高。为了保证家长在亲子活动中不影响幼儿的低结构活动,我们要求教师采取必要的措施。

1. 指导家长现场操作和思考。 教师对家长"晓之以理""动之以情""导之以行";鼓励家长自由选取3—4种低结构活动材料,现场操作;请家长边操作边思考:你玩的是什么材料?什么游戏?你在玩中有什么收获?你认为这些活动对孩子的发展会有哪些好处?

2. 引导家长进班去观察孩子。 教师提醒家长观察孩子的低结构活动时,只看、只听、只记,不要说话,不要对孩子提要求、提建议、加以评论;教师向家长发放"你玩我记"的观察记录表,提醒家长在观察表上的相应位置加以记录,打钩,做标识。

3. 鼓励家长现场进行经验交流。 在活动结束后,教师召开经验交流会,组织家长说说所见所闻,大家一起分析评价孩子的低结构活动,交流心得体会和改进措施。

四、通过家长委员会,引领家长走进幼儿的低结构活动

家长委员会是幼儿园借助一些优秀家长来与众多家长保持联系的一条独特途径,起着桥梁作用。家长委员会在凝聚家园的合力上具有特殊的功能,家委会成员既是教师的得力助手,也是其他家长效仿的榜样。为了充分发挥家委会在幼儿园低结构活动中的作

用,我们不仅构建了三级家委员(园级家委会、年级家委会、班级家委会),形成了金字塔型的牢固结构,为每位家长施展才华搭建了平台,而且还创建了二类家委员(一类是以幼儿的奶奶、妈妈为主的"围裙组",另一类是以幼儿的爷爷、爸爸为主的"领带组"),使每位家长都有用武之地。例如,教师根据幼儿父亲有特长、有探究能力的特点,一方面邀请他来园进班,指导幼儿在一些专业性较强的活动区域里进行探索与发现,另一方面,也主动向他求教,调整活动材料,丰富活动内容,提高活动质量。

五、通过家长沙龙,促使家长交流幼儿的低结构活动

家长沙龙是幼儿园借助听觉等通道与家长维持联系的一条重要途径,气氛轻松愉快。家长在沙龙活动中,往往显得比较自由自在,敢想敢说。为了普及幼儿低结构活动的知识,提高幼儿低结构活动的质量,我们开展了家长沙龙活动。为了充分发挥家长沙龙的作用,我们要求教师做到以下几点。

1. 在举办沙龙活动前:教师要先了解家长的心愿,征求家长的意见,然后再为家长确定一个有意义的、可行的交流话题(例如,你认为应该为孩子的低结构活动提供哪些材料?你认为什么样的环境对于孩子的低结构活动来讲才是最好的环境?),使每位家长都有话可说、有话想说、有话愿说。

2. 在举办沙龙活动中:教师要鼓励家长解放思想,大胆发表自己的观点,做到"知无不言,言无不尽";虚心听取别人的想法,积极参与讨论,大家平等对话,形成共识,分工协作,使孩子的低结构活动能更好地开展。

3. 在举办沙龙活动后:教师要及时了解家长的进展和困难,加以协商和调整,使每位家长都能各司其职,圆满完成任务,提高孩子低结构活动的水平。

通过几年的探索,我们发现了许多可喜的变化。**一是幼儿的进步。**当家园关系、师生关系、亲子关系都变得很融洽时,幼儿受益无穷。现在我园的幼儿都更加喜欢低结构活动了,他们都能自觉遵守活动中的一些隐性规则(如专注于活动,不争抢材料,不影响同伴),他们都变得更加自信了(如主动向同伴、老师、家长展示自己的作品),创想能力都得到了更好的发展。**二是家长的成长。**现在我园的家长都能接受认可、正确看待幼儿的低结构活动了,并给予积极的支持和合理的评价。例如,早上送孩子入园时,叮嘱孩子要认真参加低结构活动的家长多了,静静观察孩子低结构活动的家长多了,逗留在教室门口对孩子低结构活动指手画脚的家长没了;傍晚接孩子离园时,和孩子具体交流的家长多了(例如,"你今天在幼儿园里玩了什么,玩得开心吗?""你和谁一起玩的?遇到什么问题了吗?你是怎么解决的呢?"),而笼统询问孩子的家长没了(例如,"今天,老师教了你什么本领?")。**三是教师的发展。**在探索幼儿低结构活动的过程中,我们通过与家长和幼儿的更多互动,也得到了发展。家长的支持和帮助温暖了我们进行家园合作的爱心,幼儿的成长和进步强化了我们进行家园共育的信心。

第八节　保教活动质量评价的思考与实践[①]

图片 7-8-1　上海市特级园长杭爱华(右 4)在听课评课

上海市青浦区徐泾幼儿园是上海市一级园,多年来,我们始终倡导"启在兴趣、胜在习惯"的幼儿园课程价值观。幼儿园课程的实施途径多种多样,而保教活动则是实施幼儿园课程的一条重要途径。如何对幼儿园课程进行科学而又合理的评价,一直是困扰我们的大难题。"明知山有虎,偏向虎山行"。最近三年,我们围绕保教活动质量的评价,进行了较为全面和深入的探索,促进了幼儿身心健康和谐的发展。

一、保教活动质量评价的主要理念

我们的办学理念是:"求善至真,和谐立园""为每个幼儿提供温暖的、快乐的学习环境""保护、尊重、欣赏、发展幼儿"。办学理念引领着我们对幼儿保教活动的质量进行科学有序的评价。

(一) 以幼儿为中心

在评价保教活动的质量时,我们以幼儿为中心,把幼儿看作是不断发展变化的、是承前启后的、是有发展轨迹可循的、是日趋成熟的独特的生命体。我们既要关注"幼儿原有的发展基础",又要关注"幼儿现在的发展脚印""幼儿今后的发展方向",促进幼儿不断成长发展。

(二) 以人为本

在评价保教活动的质量时,我们以人为本,全面考虑幼儿、教师及家长的特点。在评价内容上,我们要重视"启蒙性",关注幼儿良好行为习惯的养成;在评价方法上,我们要重视"适宜性",关注教师的知识、经验、技能、优势、强项;在评价形式上,我们要重视"参与性",关注家长的参与广度、参与频度、参与效度,以便使评价工作能顺利地进行下去。

[①] 本节作者:杭爱华,高级教师,上海市特级园长,上海市青浦区徐泾幼儿园园长、徐泾第三幼儿园园长。

二、保教活动质量评价的基本原则

在评价保教活动质量时,我们要注意以下几条原则。

(一)全面性原则

我们认为,对保教活动的质量进行评价,一定要全面,而不能只从一个角度去片面评估幼儿,也不能只从一种活动去片面判断幼儿,就给幼儿做上"标识",打上"记号"。我们特别重视只有"全方位的、全过程的、面向全体的"开展保教活动的评价工作,才能使评价的过程成为促进幼儿、教师、家长共同成长的过程。

(二)客观性原则

我们认为,对保教活动的质量进行评价,一定要客观,"要有依据地说话",这样,才能做到公平、公正。那么这个"依据"来自于哪里?又如何获得?我们重视常态下的幼儿自然反应、自然表现,这样,才能更科学地评估幼儿的学习风格、幼儿园课程对幼儿发展所产生的影响。

(三)民主性原则

我们认为,对保教活动的质量进行评价,一定要民主,要"互相尊重、平等对待",充分发挥教师、幼儿和家长在评价中的作用,大家一起来讨论、商议、判断和决策。我们既要求教师对自己的教育教学行为进行评价,也要求教师对幼儿的学习行为及方式进行评价;我们鼓励幼儿对自己的学习活动进行评价;我们引导家长既对幼儿的学习言行进行评价,也对幼儿园保教活动的目标、内容、途径、形式进行评价。

(四)连续性原则

我们认为,对保教活动的质量进行评价,一定要持续,要持之以恒,因为幼儿良好的学习行为习惯,是需要经过长时间的、反复的、积极的教育才能养成。我们不仅重视形成性评价,而且更重视过程性评价,要求教师持续不断地、循环往复地对幼儿的学习状态和特点进行跟踪评价,杜绝对幼儿的学习与发展水平进行"一次性评价""一锤定音"。

三、保教活动质量评价的重要步骤

为了把保教活动落到实处,并不断向前推进,在实施保教活动质量评价的过程中,我们主要采取了以下几个步骤。

(一)制订评价方案

我们围绕保教活动质量评价工作,制订了一系列评价大方案(例如,《幼儿园保教活动过程质量评价方案》),确立了配套评价小方案(如《幼儿活动适宜性行为养成指引》《师幼互动情境中教师行为指引》),并自上而下地进行宣传、讲解、学习和执行。

(二)设计评价表格

我们的课程领导小组主要负责设计和完善"班级保教活动记录表",通过自上而下的讨论、自下而上的验证与反馈,确定了以"调研"为主要方式的"保教活动质量检测"架构,形成了"观察记录→分析判断→反馈班级→调整改进→提升质量"的循环系统,充分发挥了课程管理的效应。

（三）执行周会制度

我园的各个班级都建立了"周会制度"。在学期初，各个班级展开调查研究，了解幼儿学习和行为习惯的表现；依据园里的《幼儿园保教活动质量评价方案》中的评价目标和内容，进行讨论，形成"每学期班级保教活动计划"；每周根据前一周的工作情况，分析幼儿的学习特点和发展水平，拟订下一周的具体工作计划。

（四）建立电子系统

我们建立了两个"信息采集的电子系统"。一个是有关"幼儿学习与发展情况记录"的电子系统。每天，教师把观察到的幼儿各方面的情况，进行记录、整理、保存。另一个是有关"幼儿生活体验情况自助记录的电子系统"。每天，幼儿自己记录在各个生活环节中的情感体验。这两个系统保障了"数据来源的即时、真实和多维度"，为后续的科学分析与判断，提供了强有力的信息支撑。

（五）分析评估数据

我园的各个班级通过"学期初的诊断和日常调研"表格和活动，完成"信息的采集"工作，并对这些数据进行比较分析，为后续的评估工作创设良好的条件；各个教研组对"保教活动中教师和幼儿的行为表现情况"进行记录、整理，然后在"班级周会"上，和老师一起分析判断，提出改进建议。

（六）凝聚家庭力量

在实施保教活动质量评价的过程中，我们还很重视利用家庭资源，发挥家长的合力作用。例如，平常，每个家长都可以进入"自家孩子的学习与发展情况记录"的电子系统，记录孩子在家里的一些行为表现；每学期，每个家长还可以在"开放日"中，记录自己孩子在"集体场景下的行为表现"；每个月，家长还可以通过"家长代表月巡视"的形式，走进班级，协助园方采集"保教活动中的师幼行为"等方面的信息，并加以统计和反馈，为提升保教活动的质量做出了贡献。

四、保教活动质量评价的显著成效

通过开展保教活动质量的评价工作，我们取得了许多成绩，得到了很多收获。

（一）强化了幼儿的好习惯

我们发现，幼儿每学期都比上学期有很大的进步，"具有良好的生活与卫生习惯""具有文明的语言习惯""能与同伴友好相处"的幼儿越来越多，从"小班"到"中班"再到"大班"幼儿人数增长的比例越来越高。

（二）增强了幼儿的自主性

我们发现，幼儿自我评价的能力有了很大的提高，自主性有了很好的发展。如何让幼儿进行"自己评价"，是我们这项研究的突破点。我们欣喜地发现，我们所设计的"幼儿生活体验自己记录"的软件，深深地吸引着幼儿，使他们每天都能把自己在生活环节中的情绪体验"用符号记录"下来，发展了幼儿的自我意识和自我表达能力。

(三)赢得了家长的好评

我们发现,家长更加配合我们幼儿园的保教工作了。每学年结束后,我们都会借助"信息采集的电子系统"的功能,给每位家长送上一份自己孩子"美好的童年记录"档案,以图文并茂的方式,呈现了每个"孩子每天来园离园的时间、身体健康、活动中的心情、和同伴们的游戏、午餐点心和午睡情况"以及幼儿"阶段性的学习与发展情况",深受家长的喜爱和欢迎。

(四)促进了教师的成长

我们发现,教师的保教水平迅速提升了。在评价保教活动质量的过程中,在我们形成并完善了《幼儿活动适宜性行为养成指引》和《师幼互动情境中教师行为指引》,对教师的行为起着规范和引领的作用。我园规模较大,新进教师较多,这两个《指引》对新教师来说就是"入职基本行为要求",有力地促进了教师的专业成长。

(五)提升了管理的水平

我们发现,幼儿园监测各班保教工作变得更加简便易行了。我们不仅能从"信息采集的电子系统"中,及时看到幼儿的出勤和健康情况、幼儿活动的体验情况,而且还能看到幼儿在各类活动和学习情境中的良好行为记录数据,这使我们能全面了解各班保教工作的质量、成效和问题,有效地帮助教师分析问题、解决问题。

(六)推进了课程的发展

我们发现,幼儿园课程得到了可持续发展。通过开展保教活动质量评价工作,我们打造了由众多参与者组建的评价团队(例如,幼儿自主评价、家长在家观察记录、教师观察记录、管理者观察记录),形成了"质量管理组织",既吸纳了每个人的智慧,也体现了民主管理的特点,促进了幼儿园课程质量的全面提升。

今后,我们将继续努力,不断探索,进一步深化和优化保教活动质量的评价工作。

本章小结

本章小结如下图。

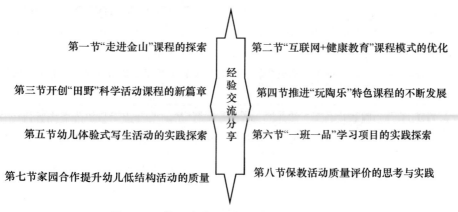

图 7-9-1 第七章幼儿园课程的经验分享交流

本章复习思考题

1. 你是如何看待"走进金山"课程的？
2. 你是如何看待"互联网＋健康教育"课程模式的？
3. 你是如何看待"田野"科学活动课程的？
4. 你是如何看待"玩陶乐"特色课程的？
5. 你是如何看待幼儿体验式写生活动的？
6. 你是如何看待"一班一品"学习项目的？
7. 你是如何看待幼儿低结构活动的？
8. 你是如何看待保教活动质量评价的？

本章课外浏览网站

1. 中国学前教育研究会 http://www.cnsece.com/
2. 上海学前教育网 http://www.age06.com/age06web3
3. 北京学前教育网 http://www.bjchild.com/Index.html
4. 江苏省学前教育学会 http://www.ec.js.edu.cn/col/col4371/
5. 浙江学前教育网 http://www.06abc.com/

本章课外阅读书目

1. 章丽.图标：幼儿园课程实践新视角[M].南京：南京师范大学出版社，2010.
2. 李文玲，舒华.优质幼儿园课程建设——理念与教学实践[M].北京：北京师范大学出版社，2011.
3. 金乐.我爱楠溪江——幼儿园本土课程的研究与实践[M].杭州：浙江大学出版社，2012.
4. 史勇萍，霍力岩.幼儿园三位一体课程的实践和探索：六要素法的运用[M].北京：北京师范大学出版社，2016.
5. 陈仁玫，柳杨，王珺.让班级活动更精彩——幼儿园节庆课程主题活动研究[M].北京：教育科学出版社，2016.
6. 高美霞.幼儿入园读什么——幼儿园入园课程探究[M].北京：北京师范大学出版社，2017.
7. 宁征.幼儿园开放教育课程中的学习故事[M].北京：北京师范大学出版社，2017.

第八章 幼儿园课程的国际展望

本章共有两节,第一节详细阐述了美国幼儿园亲近自然的课程及启示,第二节简单论述了英国幼儿园课程的主要特点及启示。

第一节 美国幼儿园亲近自然的课程及启示

图片 8-1-1 美国 PCCDC 幼儿园大班教师带领儿童在田野观察与采摘

一、美国幼儿园亲近自然课程的教育价值

美国幼教专家认为,"自然是普遍的、永恒的、无法预料的,自然是慷慨的、美丽的、有声的,自然创造了许多地方,自然是真实的,自然拥有滋养和治疗的功效。"[①]美国幼教专家指出,"儿童对自然世界很迷恋,他们通过自己独特的方式来了解自然世界。"[②]"当儿童置身于大自然和自然物品之中时,他们会受益无穷。"[③]教师要全面认识大自然的神奇作用,让儿童在大自然中健康快乐地成长。

---

① Ruth Wilson. Nature and Young Childen: Encouraging Creative Play and Learning in Natural Environments [M]. Madison Ave, NY: Routledge, 2008:4.
② Ibid., 6.
③ Condie Ward. Connecting Young Children With Nature[J]. Teaching Young Children, 2014, 8(1):25.

(一)有助于萌发儿童关爱地球的意识

美国环保主义者丹尼斯·海斯(Dennis Hayes)被誉为"地球日之父"。他从小就特别热爱大自然,长大以后,更是关注环境问题。早在1970年4月22日,他就发起了美国的地球日(Earth Day)活动,标志着美国环境保护运动的崛起,促使美国政府采取了一些治理环境污染的措施。1990年4月22日,他又推动了"世界地球日"(The World Earth Day)活动,促进了全球环保运动的发展。2009年,第63届联合国大会通过决议,将每年的4月22日定为"世界地球日",明确指出:人类不拥有地球,而是属于地球,地球及其生态系统是人类的家园,要提高人类对保护地球及其生态环境的意识,与自然界和地球和谐共处。美国许多环保主义者都认为,要把爱护地球和保护日渐稀少的自然资源作为大家共同的责任。因为"只有一个地球",所以,每个人都有义务行动起来,幼教工作者也不例外。

美国幼教专家指出:"儿童能了解地球的最重要的事情就是地球充满了美丽和奇迹。这种惊奇感将成为他们拯救地球的最强动力,将使他们更加享受和欣赏生活。"[1]"我们在要求儿童拯救地球之前,要帮助他们学会热爱地球。"为此,就要"对他们进行与其发展相适宜的自然教育"[2]。首先,教师要用自己的实际行动来保护所生存的家园,为儿童树立关爱地球的榜样,培养儿童的环保意识,使每个儿童都能成为小小环保家。其次,教师要认识到"确保儿童以后能成为环境保护主义者的最好方法,就是在他们年幼时,培养他们热爱、欣赏大自然"[3]。"如果儿童没有亲身体验过大自然,那么他们怎么可能去关心大自然?"[4]因此,教师要设法保证儿童拥有体验大自然的机会,"给儿童时间和空间去户外探索,帮助儿童理解一些简单的因果关系",使儿童能通过在大自然中的学习,"更好地理解人们所依赖的地球的物理环境"[5]。"这不仅对儿童个体发展来讲是重要的,而且对环境保护来讲也是重要的。"[6]再次,教师要结合"世界地球日",开展各种教育活动,使儿童意识到人类对地球已造成了许多伤害,因此一定要节约能源,重复使用资源,以免对地球产生更大的危害;还要使儿童认识到自己虽然很年幼,但也是使地球变得更绿的重要一员,要从我做起,从随手关灯、关水龙头做起。

---

[1] Ruth Wilson. Nature and Young Childen: Encouraging Creative Play and Learning in Natural Environments[M]. Madison Ave, NY: Routledge, 2008:63.

[2] Dimensions Educational Research Foundation. Helping Children Learn to Love the Earth Before We Ask Them to Save It: Developmentally Appropriate Environmental Education for Young Children[EB/OL]. [2016-11-14]. http://naturalstart.org/resources/helping-children-learn-love-earth-we-ask-them-save-it-developmentally-appropriate nature

[3] Martha Farrell Erickson. The Children & Nature Network: Ensuring That All Children Can Spend Quality Time Outdoors[EB/OL]. [2016-11-14]. http://www.naeyc.org/files/yc/file/200801/BTJNatureErickson.pdf

[4] Condie Ward. Connecting Young Children With Nature[J]. Teaching Young Children, 2014,8(1):24.

[5] Jolie D. McHenry and Kathy J. Buerk. Infants and Toddlers Meet the Natural World[EB/OL]. [2016-11-18]. http://www.naeyc.org/files/yc/file/200801/BTJNatureMcHenry.pdf

[6] Martha Farrell Erickson. The Children & Nature Network: Ensuring That All Children Can Spend Quality Time Outdoors[EB/OL]. [2016-11-19]. http://www.naeyc.org/files/yc/file/200801/BTJNatureErickson.pdf

(二)有助于提高儿童自然观察智能

美国心理学家霍华德·加德纳(Howard Gardner)曾于1983年提出了多元智能理论。他认为,每个儿童都不同程度地同时拥有相对独立的七种智能,即言语-语言智能、音乐-节奏智能、逻辑-数理智能、视觉-空间智能、身体-运动智能、自知-内省智能、交往-交流智能。后来,他认识到大自然对儿童发展的重要价值,于1995年,又增加了第八种智能,即自然观察智能(naturalistic intelligence)。这种智能的"核心是认识植物、动物和其他自然环境的能力"①。这种智能比较强的儿童,往往具有下面一些特点:敏锐的感知能力;关注自然世界,分辨自然事物;喜欢户外活动,积极参与有关自然的活动(比如,园艺、探索自然区、观察自然现象);易于发现自然环境的模式和特点(比如,相同点、不同点);对动物、植物感兴趣,并关爱他们;喜欢收集有关大自然的标本(比如,树叶、贝壳、岩石、种子);意识到自然世界的恩赐;乐于了解自然界物种的新信息,能理解生态概念。这种智能的发展需要得到自然环境的熏陶,需要与自然世界的互动,需要充分地感知和体验大自然,因为"自然能以无数种方式激发人的第八种智能"②。

美国幼教专家指出,为了增强儿童的自然观察智能,教师要激发儿童对大自然强烈的好奇心和探索欲,引导儿童运用各种感官(比如,视觉、听觉、嗅觉、味觉、触觉),与大自然亲密接触;要为儿童创设在自然环境中进行游戏的机会,以加深儿童对大自然的认识和理解;要"给儿童提供他们能够探索和研究的自然物品,培养儿童研究自然的能力"③;要"鼓励儿童收集自然材料(比如,种子、石头、树叶、花草),仔细观察幼儿园庭院里、社区公园里的不同植物和动物,研读有关植物和动物的图文并茂的图书及杂志,积极参与户外活动(比如,园艺、徒步旅行、攀爬、探索)"④。

(三)有助于促进儿童身心全面发展

美国幼教专家认为,"当儿童每天接触大自然时,他们的社会性、心理、学业和身体健康等方面都会受到积极的影响"⑤。大自然对儿童体力、认知、语言、情感、社会性等方面的发展都起着非常重要的促进作用。

1. 大自然能增强儿童的运动能力。 首先,大自然能改善儿童的视力。美国眼科学会(American Academy of Ophthalmology)的研究表明,"儿童把更多的时间花在户外,

---

① Ruth Wilson. Nature and Young Childen: Encouraging Creative Play and Learning in Natural Environments [M]. Madison Ave, NY: Routledge, 2008:10.
② 〔美〕理查德·洛夫. 林间最后的小孩——拯救自然缺失症儿童(增订新版)[M]. 王西敏,译. 北京:中国发展出版社,2014:70.
③ Jolie D. McHenry and Kathy J. Buerk. Infants and Toddlers Meet the Natural World [EB/OL]. [2016-11-20]. http://www.naeyc.org/files/yc/file/200801/BTJNatureMcHenry.pdf
④ Ruth Wilson. Nature and Young Childen: Encouraging Creative Play and Learning in Natural Environments [M]. Madison Ave, NY: Routledge, 2008:10-11.
⑤ Natural Learning Initiative. Benefits of Connecting Children with Nature: Why Naturalize Outdoor Learning Environments[EB/OL]. [2016-11-23]. http://naturalstart.org/sites/default/files/benefits_of_connecting_children_with_nature_infosheet.pdf

就能降低近视率"①。**其次,大自然能丰富儿童的营养。**在幼儿园的庭院里,"儿童自己种植水果和蔬菜,就更会去吃这些水果和蔬菜,就更能获得丰富的营养知识,养成健康的饮食习惯"②。**最后,大自然能加强儿童的运动。**"当校园场地上拥有多种多样的自然环境时,儿童就会进行更多的体育活动"③;"当儿童在自然环境中玩低结构的户外游戏时,他们常能更长时间地进行中等强度的活动,而这种活动对他们的健康来讲尤为重要";"当户外游戏空间融入了自然元素(比如,攀爬和建筑的木头、攀爬和隐藏的巨石、挖掘的泥土)时,儿童就会增加中等强度和高强度的体育活动","玩有趣的、非竞争的、创造性的、开放式的体育游戏活动"。④

2. 大自然能提高儿童的认知能力。首先,大自然能发展儿童的感知力。"当儿童与自然世界相互作用时,他们的所有感官都参与其中"⑤,受到了丰富的刺激,变得更加灵敏。**其次,大自然能激发儿童的求知欲。**"大自然是个好地方,它能使儿童跟随自己的好奇心、想象力和兴趣"⑥,随心所欲,自由自在地进行活动。**再次,大自然能增强儿童的注意力。**"当儿童有机会到户外去与自然世界相处时,他们的注意力就会变得更加集中"⑦,不仅能减缓注意力缺失症,而且还能提高专注能力。**最后,大自然能提升儿童的创想力。**"当儿童在校园绿色空间时,他们就会玩更多的创新游戏"⑧;"当儿童创设独特的场地、利用自然物品创编故事、开展游戏时,他们的想象力就在发挥作用"⑨。大自然推动了儿童创造力和想象力的发展。

3. 大自然能发展儿童的语言能力。"探索大自然,为儿童语言和读写能力的发展提供了美妙的机会。"⑩当儿童面对真实的物体时,他们很容易感知、理解新词语,积累、丰富词汇量,提高语言表达能力。

---

① Natural Learning Initiative. Benefits of Connecting Children with Nature:Why Naturalize Outdoor Learning Environments[EB/OL]. [2016-11-26]. http://naturalstart.org/sites/default/files/benefits_of_connecting_children_with_nature_infosheet.pdf

② Natural Learning Initiative. Benefits of Connecting Children with Nature:Why Naturalize Outdoor Learning Environments[EB/OL]. [2016-11-27]. http://naturalstart.org/sites/default/files/benefits_of_connecting_children_with_nature_infosheet.pdf

③ Natural Learning Initiative. Benefits of Connecting Children with Nature:Why Naturalize Outdoor Learning Environments[EB/OL]. [2016-12-01]. http://naturalstart.org/sites/default/files/benefits_of_connecting_children_with_nature_infosheet.pdf

④ Martha Farrell Erickson. The Children & Nature Network:Ensuring That All Children Can Spend Quality Time Outdoors[EB/OL]. [2016-12-03]. http://www.naeyc.org/files/yc/file/200801/BTJNatureErickson.pdf

⑤ Condie Ward. Connecting Young Children With Nature[J]. Teaching Young Children,2014,8(1):25.

⑥ Martha Farrell Erickson. The Children & Nature Network:Ensuring That All Children Can Spend Quality Time Outdoors[EB/OL]. [2016-12-04]. http://www.naeyc.org/files/yc/file/200801/BTJNatureErickson.pdf

⑦ Martha Farrell Erickson. The Children & Nature Network:Ensuring That All Children Can Spend Quality Time Outdoors[EB/OL]. [2016-12-08]. http://www.naeyc.org/files/yc/file/200801/BTJNatureErickson.pdf

⑧ Natural Learning Initiative. Benefits of Connecting Children with Nature:Why Naturalize Outdoor Learning Environments[EB/OL]. [2016-12-10]. http://naturalstart.org/sites/default/files/benefits_of_connecting_children_with_nature_infosheet.pdf

⑨ Condie Ward. Connecting Young Children With Nature[J]. Teaching Young Children,2014,8(1):25.

⑩ Jolie D. McHenry and Kathy J. Buerk. Infants and Toddlers Meet the Natural World[EB/OL]. [2016-12-11]. http://www.naeyc.org/files/yc/file/200801/BTJNatureMcHenry.pdf

4. 大自然能培养儿童的情感能力。首先,大自然能减轻儿童的压力。"大自然对于生活在快节奏、充满压力的世界之中的许多儿童来讲,都是一剂解毒药。"[1]"绿色植物及景观能使高度紧张的儿童减轻压力;在拥有更多植物、更绿景观的地方,在能进行自然游戏的地方,这种效果就更加明显。"[2]**其次,大自然能调控儿童的情绪。**"进入绿色空间,甚至只是看到绿色环境,都能使城市儿童、特别是女童,变得平和、自控和自律。"[3]**再次,大自然能丰富儿童的体验。**大自然的复杂性和难以预料性,不仅"能给儿童带来一种自由和平静的感觉"[4],而且还能"传递给每个儿童一种美丽和宁静的感觉"[5]。**最后,大自然能增强儿童的自尊。**"因为大自然不评判儿童,所以,室外活动能促进儿童自尊心的发展。"[6]

5. **大自然能提升儿童的社交能力。首先,大自然能密切儿童的同伴关系。**"当儿童经常有机会在室外玩自由游戏、无结构游戏时,他们就会变得更加聪明、健康、快乐,更能与同伴友好相处。"[7]**其次,大自然能消解儿童的攻击行为。**当出现欺负同伴的现象时,儿童从室内走向室外大自然,则能使他们"意识到世界包含多种多样的事物,所有的事物都是重要的"[8],进而学会尊重同伴,与同伴沟通、协商,来解决各种问题。**最后,大自然能培养儿童的合作能力。**当儿童在校园绿色空间时,"他们会玩更多的合作游戏"[9],合作的意识和行为逐步增强。

美国学前教育专家希望教师能认识到"大自然对儿童智力、情感、社会性、精神和身体等方面的发展都是非常重要的"[10],能重视儿童与大自然的亲密接触,支持儿童的成长发展,使每个儿童都能成为身心健康的人。

(四)有助于救治儿童自然缺失症

维生素是一系列有机化合物的统称,是维持儿童生长发育的重要营养成分,缺一不

---

[1] Condie Ward. Connecting Young Children With Nature[J]. Teaching Young Children,2014,8(1):26.
[2] Natural Learning Initiative. Benefits of Connecting Children with Nature:Why Naturalize Outdoor Learning Environments[EB/OL].[2016-12-17]. http://naturalstart.org/sites/default/files/benefits_of_connecting_children_with_nature_infosheet.pdf
[3] Natural Learning Initiative. Benefits of Connecting Children with Nature:Why Naturalize Outdoor Learning Environments[EB/OL].[2016-12-18]. http://naturalstart.org/sites/default/files/benefits_of_connecting_children_with_nature_infosheet.pdf
[4] John Nimmo and Beth Hallett. Childhood in the Garden:A Place to Encounter Natural and Social Diversity[EB/OL].[2016-12-24]. http://www.naeyc.org/files/yc/file/200801/BTJNatureNimmo.pdf
[5] Condie Ward. Connecting Young Children With Nature[J]. Teaching Young Children,2014,8(1):25.
[6] Ibid.
[7] Natural Learning Initiative. Benefits of Connecting Children with Nature:Why Naturalize Outdoor Learning Environments[EB/OL].[2016-12-25]. http://naturalstart.org/sites/default/files/benefits_of_connecting_children_with_nature_infosheet.pdf
[8] Condie Ward. Connecting Young Children With Nature[J]. Teaching Young Children,2014,8(1):24.
[9] Natural Learning Initiative. Benefits of Connecting Children with Nature:Why Naturalize Outdoor Learning Environments[EB/OL].[2016-12-31]. http://naturalstart.org/sites/default/files/benefits_of_connecting_children_with_nature_infosheet.pdf
[10] Natural Learning Initiative. Benefits of Connecting Children with Nature:Why Naturalize Outdoor Learning Environments[EB/OL].[2017-01-02]. http://naturalstart.org/sites/default/files/benefits_of_connecting_children_with_nature_infosheet.pdf

可,否则就会引发相应的维生素缺乏症,导致严重的健康问题,阻碍儿童的成长发展。美国学者弗朗西斯·明郭(Frances Ming Kuo)认为,大自然也是一种独特的重要的维生素,叫作"维生素 G"(G 表示"绿色"),它是儿童健康生活所必不可少的一种营养剂;儿童"接触大自然和绿色环境,就像摄取维生素一样,需要常规的剂量"。[①] 可见,儿童不仅需要"维生素 G",而且还需要获得足够的含量,所以,儿童应该每天都和大自然在一起。但是,在现实生活中,有相当一部分儿童,坐在室内的时间较多,"花在看电视、玩电脑游戏上的时间,要远远多于户外体育活动的时间"[②]、"缺乏与大自然的接触,缺少自由探索当地的动植物群的机会"[③],与大自然形成了渐行渐远的关系,甚至出现了与大自然断裂隔绝的现象,患上了"自然缺失症"(nature-deficit disorder)的大病,严重地威胁着他们身心的健康发展。因此,美国儿童权益保护者理查德·洛夫(Richard Louv)大声疾呼,要"拯救"儿童,要拉近他们与自然的距离,重建他们与自然的联系,让他们在大自然中学习与成长。这一呐喊得到了许多幼教工作者的响应。

美国幼教专家指出,由于许多儿童"每天在园时间长达 8-10 个小时,因此,通过增加自然元素来绿化环境,对儿童身心健康发展来讲就显得特别重要"[④]。教师不仅要认识到在"童年早期就把儿童引进自然世界的重要性",而且还要"确保儿童拥有亲近自然的机会",并"帮助儿童以多种方式体验自然",使"所有儿童都能从接触大自然、探索大自然中获益"。[⑤] 一方面,教师要意识到儿童每天把时间花在户外自然环境中,对他们的发展具有积极的影响,"儿童在庭院里学习什么,是一个良好的开端。在这里,儿童能够近距离地、个体化地接触环境。这种学习就是在为儿童进入小学做准备,有助于他们今后深化对大自然的认识"[⑥]。教师还应努力为儿童"创建自然化的户外环境,使儿童能安全地、便利地进入绿色空间,融入大自然"[⑦]。另一方面,教师还要意识到"把大自然带进教室、让年幼儿童接触大自然的价值",还应"给儿童提供自然材料,让他们去研究和探索,为他们的终身学习铺路架桥"。[⑧]

---

① Natural Learning Initiative. Benefits of Connecting Children with Nature:Why Naturalize Outdoor Learning Environments[EB/OL].[2017-01-03]. http://naturalstart.org/sites/default/files/benefits_of_connecting_children_with_nature_infosheet.pdf

② Natural Learning Initiative. Benefits of Connecting Children with Nature:Why Naturalize Outdoor Learning Environments[EB/OL].[2017-01-07]. http://naturalstart.org/sites/default/files/benefits_of_connecting_children_with_nature_infosheet.pdf

③ Condie Ward. Connecting Young Children With Nature[J]. Teaching Young Children,2014,8(1):24.

④ Natural Learning Initiative. Benefits of Connecting Children with Nature:Why Naturalize Outdoor Learning Environments[EB/OL].[2017-01-08]. http://naturalstart.org/sites/default/files/benefits_of_connecting_children_with_nature_infosheet.pdf

⑤ Condie Ward. Connecting Young Children With Nature[J]. Teaching Young Children,2014,8(1):24-26.

⑥ Ibid.,26.

⑦ Natural Learning Initiative. Benefits of Connecting Children with Nature:Why Naturalize Outdoor Learning Environments[EB/OL].[2017-01-14]. http://naturalstart.org/sites/default/files/benefits_of_connecting_children_with_nature_infosheet.pdf

⑧ Jolie D. McHenry and Kathy J. Buerk. Infants and Toddlers Meet the Natural World [EB/OL].[2017-01-15]. http://www.naeyc.org/files/yc/file/200801/BTJNatureMcHenry.pdf

二、美国幼儿园亲近自然课程的环境构建

美国幼教专家提示教师:不论你的幼儿园位于何方(比如,在城市、郊区、农村)、设在何处(比如,在教会里、学校里)、建在何地(比如,在草地上、木屑地上、游戏场地上),"你都能使儿童置身于'大自然'(Mother Nature)和自然物品之中","既能把儿童从室内带到室外的大自然中去,也能把室外的大自然带进室内给儿童"①,以促进儿童更好地发展。

(一)亲近自然课程的室外教育环境构建

美国幼教专家指出,"自然元素有助于创建一个开放的、美丽的环境,为儿童提供感受多样性、趣味性、冒险和挑战的机会"②,而"最好的室外学习环境就是把树木、灌木、藤本植物、花、草、水果和蔬菜融入其中,使儿童能与大自然紧密联系,获得丰富的户外体验"③。在为儿童构建尊崇自然的室外教育环境时,教师比较注意以下几点。

1. 打造进出区:野趣与自由并立。一方面,教师很注意趣味性,以便使室内通往室外活动环境的过渡区,变得美丽诱人、温暖友好、趣味盎然,让儿童感到自己是很受欢迎的,能情不自禁地投入到大自然的怀抱中去。例如,为了激发儿童奔向大自然的热情,教师在入口处,用树枝和柳条搭建一个拱形的欢迎门廊,并用小花小草来装扮;在地面上,用小石子铺成一条弯曲的羊肠小道,并用不同的图案来镶嵌。另一方面,教师很注意自由性,以确保"每个儿童都能安全地进入室外活动环境中的各个区域,与大自然亲密接触"④,运用多种方式自由地探索大自然,并能根据自己的兴趣爱好,收集一些自然物品(比如,树枝、树叶、藤蔓、果实等),带进教室。

2. 优化运动区:安全与冒险并存。在美国幼教工作者看来,安全与冒险不是相互对立的,而是相互依存的。"儿童需要有机会去做一些激动人心的和冒险的事情,我们能在一个安全的环境中,为儿童创造一些冒险和挑战的时机。"⑤**(1)在运动场地上:**如果有粗矮大树,那么教师就指导儿童去攀爬,因为爬树不仅能"给儿童提供攀登、平衡和重心转移的机会",而且还能"给儿童提供冒一些预计的风险和得到更多的锻炼大肌肉的机

---

① Deb Curtis and Margie Carter. Designs for Living and Learning:Transforming Early Childhood Environments (2nd edition)[M]. St. Paul,MN:Redleaf Press,2015:129,128.
② Karin H. Spencer and Paul M. Wright. Quality Outdoor Play Spaces for Young Children[J]. Young Children,2014,69(11):30.
③ Natural Learning Initiative. Benefits of Connecting Children with Nature:Why Naturalize Outdoor Learning Environments[EB/OL]. [2017-01-18]. http://naturalstart.org/sites/default/files/benefits_of_connecting_children_with_nature_infosheet.pdf
④ Natural Learning Initiative. Benefits of Connecting Children with Nature:Why Naturalize Outdoor Learning Environments[EB/OL]. [2017-01-20]. http://naturalstart.org/sites/default/files/benefits_of_connecting_children_with_nature_infosheet.pdf
⑤ Karin H. Spencer and Paul M. Wright. Quality Outdoor Play Spaces for Young Children[J]. Young Children,2014,69(11):30.

会";①如果没有便于儿童纵向攀爬的大树,那么教师就把粗树干、大树枝摆在地上,使儿童能有机会获得横向爬行的经历和冒险的感觉;如果有参天大树,那么教师就引导儿童环绕大树,玩捉迷藏的游戏,使儿童产生神秘感;如果有大草坪,那么教师就鼓励儿童在上面奔跑、翻滚,使儿童感到其乐无穷;如果有小山丘、小土坡,那么教师就启发儿童跑上去,再滑下来,使儿童体验到兴奋和刺激。**(2)在运动材料上**:教师竭尽全力为儿童提供自然的开放性材料,因为"只有当游戏场地上的人造设备和自然材料有机组合时,儿童体育活动才能达到最高水平";"开放性材料(比如,原木、平衡木、树桩、石板路)能通过激励儿童挑战自己的极限、投入越来越复杂的活动,来发展儿童的体力、社会性和认知能力。"教师也"通过把这些自然的开放性材料,当成障碍物,设置在草地迷宫中或探险道路上,来营造出一种冒险的感觉"。② 例如,教师把小树桩组成梅花桩迷宫,鼓励儿童在树桩上跨越;把小石块铺成不同形状的小路,引导儿童在石块上跳跃。此外,教师还使"多条探险之路,在视觉上和结构上有所变化,这样就能激励儿童采用不同的方式,从一个地点移动到另一个地点"③,既能使儿童感受到不同的挑战,又能增强儿童的运动技能。

3. 巧设沙水区:探索与发现并进。沙和水是一对好伙伴,所以,沙区和水区往往都是毗邻而设的,以便于两个区之间的联动。**(1)玩沙区**。沙可以在沙池里玩,也可以在沙桌里玩。**① 在沙池里玩沙**。当儿童弯着腰,蹲在沙池里玩沙时,他们的躯干和四肢都得到了锻炼。"为了使玩沙区对儿童充满吸引力,就要使沙池的形状生动有趣,旁边有水源、铲锹。"④此外,沙池的面积还要大一些,因为"大沙池能为儿童提供足够的空间去探索和发现沙子的特性,与同伴进行互动"⑤,开展各种想象性游戏。**② 在沙桌里玩沙**。教师可以摆一张玩沙的小桌子,来提高儿童玩沙时的位置,这样,"儿童可以坐在或站在沙桌旁边玩沙","有特殊需要的儿童也能来玩沙"。⑥ 教师还可以在沙桌旁,陈列一个储物架,放置几个柳条筐,筐里分别装着各种各样的自然物品(比如,羽毛、小木片、小木块、小树枝、树皮、树叶、鹅卵石),启发儿童自由选用,鼓励儿童动手操作。**(2)玩水区**。由于儿童是在室外玩水,所以教师就"不太会担心水的溢出和凌乱,这样就更能激励儿童去探索水的特性"⑦。教师力争使儿童玩水的形式多样化,让儿童有机会去看水、听水、触水、戏水,既可以是永久的、固定的赏水活动(比如,观看庭院景观中的小喷泉、小瀑布,倾听水的飞溅声、流动声),使儿童能够静观其变,全面了解水流的特点;也可以是临时的、灵活的玩水活动(比如,用手在水桌里划水,用脚在浅水池里踩水,用软管往沙池里灌水,用

---

① Karin H. Spencer and Paul M. Wright. Quality Outdoor Play Spaces for Young Children[J]. Young Children,2014,69(11):32.
② Ibid.,29,30.
③ Ibid.,30.
④ Deb Curtis and Margie Carter. Designs for Living and Learning:Transforming Early Childhood Environments (2nd edition)[M]. St. Paul,MN:Redleaf Press,2015:136.
⑤ Karin H. Spencer and Paul M. Wright. Quality Outdoor Play Spaces for Young Children[J]. Young Children,2014,69(11):31.
⑥ Ibid.
⑦ Ibid.

喷头给花园浇水,用笔沾水在地上画画),使儿童能够通过自己的多种感官与水接触,深入了解水的各种特性(比如,水是无色、无味、透明的液体,具有浮力)。例如,当儿童用手划水玩时,教师启发儿童预测判断哪些物体会在水里漂浮,哪些物体会在水里下沉;指导儿童仔细观察哪些物体在流动的水面上,会漂移得更快(比如,是树叶还是树枝漂移得更快)。这样,儿童就能更好地理解水的特点、水与其他物体之间的关系。

4. 开辟建构区:双手与大脑并用。教师注重运用大自然的资源,引导儿童开展多种多样的建构游戏;给儿童提供丰富多彩的自然物品、天然材料(比如,松果、树桩、树枝、树皮、原木、石头),鼓励儿童循环利用,通过不同的方式探索材料,感知建构的特点,发展小肌肉动作技能;启发儿童大胆想象,一物多用,提高儿童的创造能力。例如,教师支持儿童开动脑筋,用树枝搭建房屋、桥梁、火车、宇宙飞船等不同的物体。

5. 开垦种植区:劳作与品尝并联。美国幼教工作者认为,"植物既能增加户外场地的美感,又能给儿童提供探索与发现各种食材及其气味的机会","如果儿童担负了种植蔬菜或水果的责任,那么他们就会爱吃这些新鲜的蔬菜和水果。"①因此,他们在户外场地上,为儿童开辟一块种植园地,作为花园或菜园,指导儿童学习播种,"和儿童谈论植物可能来自哪里,种子如何从一个地方被移植到另一个地方"②;和儿童一起种植香草、鲜花,指导儿童观看植物的生长情况以及被植物吸引来的各种昆虫,以帮助儿童感受植物的生命周期、植物与动物之间的关系;给儿童提供品尝自己种植的农产品的机会,分享劳动的成果。例如,教师和儿童一起种植西红柿,收获、清洗、制作以后,大家一起品尝。

图片 8-1-2　美国 CMCC 幼儿园种植区一角

---

① Karin H. Spencer and Paul M. Wright. Quality Outdoor Play Spaces for Young Children[J]. Young Children,2014,69(11):32.
② Martha Farrell Erickson. The Children & Nature Network:Ensuring That All Children Can Spend Quality Time Outdoors[EB/OL]. [2017-01-22]. http://www.naeyc.org/files/yc/file/200801/BTJNatureErickson.pdf

(二)亲近自然课程的室内教育环境构建

美国幼教专家指出,"收集和利用大自然的元素来创设环境、美化环境,是件既简单又便宜的事情"[①],教师要做有心人,随时随地把大自然引进室内,使儿童身临其境,受到大自然的滋润而全面成长。

1. 让设施洋溢大自然的气息。教师重视"让设施说话",注意发挥设施独特的软化功能。首先,教师注意发挥窗口独特的观景作用,使儿童站在或坐在低矮的、宽大的玻璃窗前,都能看到室外的自然景色。其次,教师注意见缝插针,"在教室的各个空间,呈现不同的树木和花草"[②],这样"既能降低室内的噪音,又能使室内变得更加美丽和舒适"[③]。最后,教师注意为儿童提供的设备,尽可能是由天然材料制成的(比如,木质滑梯、木头桌子、树桩板凳、竹编篮子、草编小筐);为儿童准备的材料,尽可能是来源于大自然的(比如,来自林地的苔藓、藤条、松果、树枝、树叶、树皮、废弃的蜂巢和鸟窝等;来自菜园的向日葵、豆荚等;来自海滩的海草、海藻、贝壳、岩石、海鸥的羽毛等;来自超市的玉米、葫芦、椰子),这样就能使儿童有更多的机会去感受大自然,理解人与自然之间的友好关系。

2. 让墙壁映射大自然的色彩。教师重视"让墙壁说话",注意发挥墙壁独特的屏幕功能。**(1)绿色墙。**在靠近前门的地方,教师会根据儿童的活动,张贴"让教室变绿"的图画,使儿童能随时观赏"小朋友和老师给室外草坪上的花车浇水""重复利用自然物品""节约用水"等情景,了解环保知识,懂得要绿色生活。**(2)季节墙。**在靠近窗口的地方,教师会根据季节的变化,选用一些自然材料来装饰,使这块墙壁成为特定季节的代言人,以不断吸引儿童的注意力,帮助儿童感受季节的更替及四季的特征。例如,在春天,教师会张贴郁郁葱葱的树木的图片,使绿色成为墙壁的主色调;在夏天,教师会张贴在大海中畅游的多种动物的图画,使蓝色成为墙壁的主色调;在秋天,教师会粘贴纷纷飘落的树叶的实物,使黄色成为墙壁的主色调;在冬天,教师会粘贴滑稽可笑的雪人的图案,使白色成为墙壁的主色调。**(3)自然墙。**在靠近后门的地方,教师会根据空间的大小,创建灵活的立体的自然墙,使儿童不仅有机会去观察,而且还有机会去操作。例如,教师和儿童一起用线绳把大树枝、长竹竿扎牢,制成一个网状的陈列架,倚墙摆放,把收集来的自然物品(比如,树叶、树皮、松果)、拍摄的自然风光照片悬挂在上面;每个儿童都可以来观看、触摸、摆弄,以深入了解各种自然材料的特点(如颜色、形状、大小、长短、粗细、软硬、厚薄)。

3. 让区角彰显大自然的魅力。教师重视"让区角说话",注意发挥区域独特的渗透

---

① Deb Curtis and Margie Carter. Designs for Living and Learning: Transforming Early Childhood Environments (2nd edition)[M]. St. Paul, MN: Redleaf Press, 2015: 130.
② Deb Curtis and Margie Carter. Reflecting Children's Lives: A Handbook for Planning Your Child-Centered Curriculum (2nd edition)[M]. St. Paul, MN: Redleaf Press, 2011: 39.
③ Deb Curtis and Margie Carter. Designs for Living and Learning: Transforming Early Childhood Environments (2nd edition)[M]. St. Paul, MN: Redleaf Press, 2015: 39.

功能,"每天都给各个学习区角提供自然物品"①,决不遗忘任何一个角落,以强化儿童对大自然的兴趣,提高儿童发散思维的能力。**(1) 植物观赏区**。在临窗的空旷地带,教师会耸立一棵废弃的大树或一根粗壮树枝,给儿童营造一种置身于丛林之中的感觉;在长条桌上,教师会陈列几袋不同的水果(比如,苹果、橙子)及相应的果汁(比如,苹果汁、橙汁),引导儿童进行观察、推理,了解果实与果汁之间的关系;在大圆桌上,教师会摆放几个盘子,分别堆着西兰花、红绿黄三种颜色的辣椒、芹菜、胡萝卜、番茄、黄瓜、完整的和切开的南瓜、剥皮的和没剥皮的玉米及相应的图片,鼓励儿童进行观察、比较,把感性知识和理性知识有机地结合起来。**(2) 动物饲养区**。在靠墙的低架上,教师会摆放鱼缸或鼠笼,这就给教室注入了鲜活的自然元素,能激发儿童的好奇心,培养儿童关爱小动物的意识和行为;在旁边的桌子上,教师会摆放一个大盆,把几袋鸟食(比如,玉米、豆子、瓜子)倒进去,指导儿童用眼看、用手摸,进一步了解动物与植物之间的关系。**(3) 美工创作区**。在美工桌上,教师除了会摆放几个笔筒、一叠画纸以外,还会陈列几个玻璃瓶,适时更换瓶里的植物(比如,鲜花、干花、毛草、小树枝),以吸引儿童走过来,看一看,闻一闻,画一画;在桌子上空,教师会悬挂几幅小鸟的图案,以激发儿童观察的兴趣,提高儿童的创作能力。此外,教师还会把儿童的艺术作品张贴在墙上,以强化儿童与大自然之间的联系。**(4) 科学发现区**。在科学桌上,教师除了会摆放几个放大镜、显微镜以外,还会放置许多自然物品(比如,羽毛、石头、花草、树根、树叶、树枝、树皮、松果、玉米、黄瓜、石榴),吸引儿童仔细观察,促使儿童意识到自然界中的物体有生物和非生物之分,能发现植物的一些特点。例如,教师把一个石榴切开,放在盘子里,指导儿童拿着放大镜观看;儿童就能知道石榴的外表像个球形,比较粗糙,果皮较厚,里面有许多果粒,且都聚在一起,果汁很多;此外,还有果衣。**(5) 建构操作区**。在储物架上,教师会摆放几个草编小筐,分别装着树枝、树叶、木块、松果、贝壳、石头等自然材料,引导儿童自由选用,搭建喜欢的物体;在操作台上,教师会放置一些木块、钉子、锤子、护目镜、线绳等材料和工具,指导儿童钉木块或绕线圈;在建构桌上,教师会摆放几张有趣的动植物图案及拼摆步骤示意图,启发儿童"按图索骥",拼摆图案,然后,再把儿童的作品悬挂出来,进行展览;在木头桌上,教师会摆着几个向日葵、几把小镊子、几个小盘子,引导儿童镊出葵花籽,放到盘子上;在树桩桌上,教师会摆放一些连着藤蔓的圣女果、几个小篮子,指导儿童摘下果实,放到篮子里。**(6) 图书阅读区**。在靠窗安静的地方,教师会摆放几个木头小树桩,给儿童当椅子坐;还会摆上几个草编小篮子,装着几本与大自然相联系的图画故事书,引导儿童自由挑选,静心阅读。

---

① Condie Ward. Connecting Young Children With Nature[J]. Teaching Young Children, 2014,8(1):26.

图片 8-1-3　美国 PCCDC 幼儿园大班植物观赏区　　图片 8-1-4　美国 PCCDC 幼儿园大班建构操作区

这样,美国幼儿园就为儿童营造了充满自然气息的室内外环境,使儿童时时处处都能与大自然亲密接触,在大自然的怀抱中茁壮成长。

三、美国幼儿园亲近自然课程的主要类型

美国幼教专家认为,"能激发儿童天生好奇心的学习就是最好的学习",而"大自然就是个好地方,它能使儿童按照自己的好奇心、想象力和兴趣去活动"。① 因此,他们呼吁教师要把大自然融入课程之中,通过普通的日常活动渗透和独特的园艺活动强化,来促进儿童的学习和发展。

(一) 亲近自然的日常活动课程

美国幼教专家指出,"儿童的生活不是被机械地分成数学、拼写和科学",所以,"大自然能够被有机地综合到课程的所有领域中去"。② 他们希望教师都能够做个有智慧的人,巧妙地把大自然全面渗进儿童的日常生活中去,使儿童的一日活动变得更加精彩纷呈,满足儿童对大自然的渴望。在拓宽儿童与大自然接触的广度时,教师重视开展以下几项活动。

1. 观察活动:天空云彩。 儿童喜欢变幻莫测的东西,而天空云彩就是变化多端的。因此,教师注意利用各种时机,引导儿童观察天上的云朵。在室内时,教师启发儿童位于不同的地方,"坐井观天";在户外时,教师鼓励儿童站在操场上,或躺在草地上,"昂首望天"。在指导儿童观赏云彩的过程中,教师还会适时地向儿童提出一些问题(比如,这块云彩看上去像什么动物? 这些云彩有什么不同?),以激励儿童去观察、比较、想象、描述。此外,教师还会给儿童朗读一些有关云彩的图画故事书,或和儿童一起通过互联网,来进一步了解云彩的特点,探究云彩的秘密。

---

① Martha Farrell Erickson. The Children & Nature Network:Ensuring That All Children Can Spend Quality Time Outdoors[EB/OL].[2017-01-23]. http://www.naeyc.org/files/yc/file/200801/BTJNatureErickson.pdf
② Martha Farrell Erickson. The Children & Nature Network:Ensuring That All Children Can Spend Quality Time Outdoors[EB/OL].[2017-01-25]. http://www.naeyc.org/files/yc/file/200801/BTJNatureErickson.pdf

2. 绘画活动：花草树木。 儿童喜欢五颜六色的东西，而花草树木就是五彩缤纷的。因此，教师注意把花草树木这些大自然中的基本元素，渗入到儿童的绘画活动中去；不仅重视室内的绘画活动，而且还注意把室内的绘画活动引向室外。不论绘画活动是在室内还是在室外，教师都注重给儿童提供许多动植物，鼓励儿童自由创作。例如，在室内时，儿童可以坐在桌子旁，观看教师摆放的小花小草，然后在纸上把它们画下来；在户外时，儿童可以坐在花坛边，观赏坛里的花花草草，然后在小画板上把它们画下来，也可以先用放大镜观看花草树木，再把它们画出来，还可以用照相机去拍摄这些花草，用来补充说明自己的绘画作品。

3. 散步活动：遇物则诲。 儿童天性好玩好动，而散步就是在游玩的动态中进行的。因此，教师重视组织儿童到大自然中去漫步、感知和探索。① **在散步前**：教师启发儿童思考和讨论，在路上可能会发现哪些动物和植物；提醒儿童带上纸袋，以便于在路上捡些自己喜欢的自然物品。② **在散步中**：教师引导儿童一边慢慢走路，一边欣赏自然美景。例如，看看树叶的颜色，数数树上的小鸟，学学鸟飞的样子；说说小花的颜色，数数小花的花瓣，夸夸小花的美丽；拣拾地上的松果、树叶、石子等，装进纸袋，带回教室。③ **在散步后**：教师和儿童一起创建自然博物馆，陈列所收集到的各种自然物品；启发儿童用放大镜来观看这些物品，发现它们之间的差异（比如，不同的树叶，形状、大小、色彩、质感也不相同）；指导儿童用双手来触摸这些物品，感知它们的不同特点（比如，树叶较柔软，而松果则较坚硬）；鼓励儿童用大脑来思考这些物品，充分发挥它们的价值（比如，把树叶加工创作成多种有趣的图案）。

图片 8-1-5　美国 FUMCC 幼儿园教师引导幼儿在社区公园散步

4. 餐点活动：品尝果蔬。 儿童喜欢吃吃喝喝，而餐点活动就是品尝美味佳肴的。因此，教师重视寓自然教育于整个餐点活动之中，引导儿童参与餐点前的一些准备工作，使品尝活动变得更加令人神往。例如，教师和儿童一起把在庭院里种植的小西瓜摘下来，加以清洗；教师用小刀把西瓜切成小块，放在果盘里；在点心时间，儿童都会迫不及待地想吃西瓜。再如，教师带领儿童参观附近的超市，指导儿童观看菜架上的蔬菜以后，买了一棵大白菜,带到班级;引导儿童仔细观察大白菜的形状,闻闻、摸摸、洗洗白菜;教师把大白菜煮熟以后,放在菜盆里;在午餐时间,儿童都会兴高采烈地来吃菜。

(二) 亲近自然的园艺活动课程

美国学前教育专家认为,"庭园是人们用来种植食物、服务于社会的一个自然空间","它能帮助儿童了解自然和社会的多样性","它在儿童学习的过程中,具有重要的作用",[①]而教师"教授园艺的最好方式就是到庭园里去!通过鼓励儿童参与规划、种植和收获,你就能丰富儿童的经验,促进儿童的成长!"[②]在增强儿童与大自然接触的深度时,教师比较注意以下几点。

1. 促使儿童了解植物的用途。 植物虽然是儿童生活的重要源泉,但是许多儿童并不了解植物的作用。因此,教师注意通过向儿童提出一些简单的问题(比如,为什么说我们的菜园很重要),来帮助儿童了解食物的作用和来源。

2. 促进儿童积累栽种的经验。 为了提高儿童栽种植物的出苗率和成活率,教师先和儿童一起在室内的花盆里进行试种,帮助儿童掌握初步的种植知识和技能,然后再带领儿童去户外更大的空间里去栽种。

3. 帮助儿童开辟种植的园地。 为了保证儿童园艺活动走向成功,教师十分重视种植园地的开发工作。① **选好地**。教师在室外为儿童选择一个比较偏僻的、阳光充足的好地方。② **做好床**。教师为每组儿童创建一块种植床,彼此分开。③ **留走道**。教师在种植区之间留有小路,以免儿童踩到植物。④ **供优土**。教师为儿童提供优质土壤,使栽种活动日后能有更好的收成。⑤ **建围栏**。教师和儿童一起把菜园用围栏围起来,以防兔子等动物进入。⑥ **备工具**。教师给儿童提供适宜的园艺工具(比如,小铁铲、小锄头、小耙子),而不是玩具。⑦ **装饰床**。教师鼓励儿童对种植床进行装饰,以便能迅速找到自己小组的种植床。⑧ **划分地**。教师"给每个儿童划出1平方英尺[③],作为个人园地"[④],引导儿童在旁边插上写有自己名字的小木牌,以表示个人的种植专区。⑨ **其他区**。如果地面没有足够大的空间可用作种植床,那么教师就和儿童一同把旧木桶、旧木箱等物品当作种植床,装满土壤,进行栽植。

4. 引导儿童决定种植的作物。 当种植园地开发好了以后,教师就和儿童一起讨论将栽培什么,再给儿童提供一些常见的、他们可能会很感兴趣的植物,鼓励儿童自己做出决定。如果某个儿童想以后能吃到自种的黄瓜,那么教师就鼓励他去选种黄瓜秧苗;如果几个儿童想以后能用自种的果蔬制作比萨,那么教师就指导他们去栽培番茄、洋葱、甜椒、牛至和罗勒等植物。

---

① John Nimmo and Beth Hallett. Childhood in the Garden: A Place to Encounter Natural and Social Diversity [EB/OL]. [2017-01-26]. http://www.naeyc.org/files/yc/file/200801/BTJNatureNimmo.pdf

② Kristie Sawicki. Dig, Plant, Grow! —A Guide to Planning Your Own Garden Curriculum[EB/OL]. [2017-01-31]. http://savingdollarsandsense.com/wp-content/uploads/2014/05/dig_plant_grow.pdf

③ 1平方英尺=0.093平方米。

④ Karen Phillips. Tips for Gardening with Young Children[EB/OL]. [2017-01-31]. http://www.naeyc.org/files/tyc/file/Gardening.pdf

5. 指导儿童照料植物的生长。当儿童决定种植什么以后,教师就给他们讲解简单的栽培方法,并和儿童一起进行实践探索。① 要正确播种。教师使儿童知道,不同的植物有不同的播种方法。例如,番茄是撒播的,马铃薯是条播的,黄瓜是点播的。② 要定期施肥。教师使儿童明白,植物的生长都需要定期施肥,可选用液体通用型肥料。③ 要适时浇水。教师使儿童领会,植物的生长都离不开水,要及时给植物浇水,保证植物得到适量的水分。④ 要及时除草。教师使儿童懂得,杂草会消耗土壤中的营养,因此,"每周至少给花园除 1 次草"[①]。如果儿童在锄草、拔草的过程中,不小心踩到植物、拔掉秧苗,教师要给予谅解宽容,而不能批评指责,以免使儿童失去种植的信心和热情。⑤ **搭建棚架**。教师使儿童了解,一些植物的生长需要棚架来支撑,然后和儿童一起收集建材(比如,线绳、树枝、树棍),鼓励儿童参与到搭棚工作中来。

6. 确保儿童采摘成熟的植物。教师每天和儿童一起来到种植园地,观察不同植物的生长情况,捕捉植物成熟的征兆。① **指导儿童观测比较植物**。教师启发儿童观察哪些植物长得较快,哪些植物长得较慢,看看它们的生长各有什么特点(比如,萝卜生长在土地下,西瓜生长在秧蔓上),以丰富儿童的植物知识。② **启发儿童观察寻找动物**。教师引导儿童在植物上面,仔细看看、找找,是否有小动物,有什么样的小动物(比如,小蝴蝶、小蜜蜂),以帮助儿童了解植物生长与动物之间的关系。③ **鼓励儿童发现成熟植物**。教师引导儿童把握各种植物成熟的兆头,启发儿童去寻找去辨别去发现,以提高儿童的判断推理能力。例如,教师告诉儿童:当西瓜表皮与地面接触的部分由白色变成黄色时,就表明西瓜已经成熟了,可以从藤蔓上轻轻地摘下来了。④ **引导儿童采收成熟植物**。教师启发儿童在植物成熟时,加以采摘,与同伴合作,收集运输劳动成果,以增强儿童的合作能力。例如,教师鼓励幼儿自己想办法,把大南瓜运到教室里去。⑤ **告诫儿童先清洗后品尝**。教师及时告诉儿童,在食用各种瓜果、蔬菜前,一定要把它们和自己的小手洗干净,以培养儿童良好的生活卫生习惯。

7. 鼓励儿童分享劳动的成果。儿童不仅喜欢种植活动的过程,而且也喜欢种植活动的结果。"最激动人心的时刻是什么时候?就是当儿童快要吃到他们期待已久的园地里的果实的时候。"[②]因此,教师注意使儿童自始至终都能参与到劳动中来,体验丰收的喜悦。例如,教师和儿童在户外的一个大容器中,种植了马铃薯,等到它们长大成熟时,就把它们刨出来,清洗干净,切成细条,炸熟以后,大家一起品尝。

这样,美国学前教育机构就通过日常课程的全面渗透和园艺课程的重点强化,来充分利用活动课程的主体性、经验性和综合性的特点,促进儿童与大自然的高度融合。

---

① Karen Phillips. Tips for Gardening with Young Children[EB/OL]. [2017-02-02]. http://www.naeyc.org/files/tyc/file/Gardening.pdf
② Karen Phillips. Tips for Gardening with Young Children[EB/OL]. [2017-02-05]. http://www.naeyc.org/files/tyc/file/Gardening.pdf

四、美国幼儿园亲近自然课程的教育伙伴

美国幼儿园重视与家庭建立合作伙伴关系,以形成教育合力,更好地利用大自然的资源,丰富课程的内容和形式,促进儿童健康快乐的成长。

(一)以幼儿园为桥梁,引发家长对孩子进行自然教育的积极性

美国幼教工作者重视打开园门班门,创造各种机会,把家长请进来,使家长能身临其境,耳闻目睹幼儿园的自然教育,焕发出要参与其中的积极性。这样,既能配合教师的班级工作,也能强化孩子与大自然的联系。教师侧重做好以下事项。

1. 点缀家长签名区域。在班级门口外边的家长签名桌上,教师除了会摆放一个签名簿之外,还会陈列一个插着鲜花或干花的花瓶。这样,家长每天来园送接孩子签名时,都能亲身感受到大自然的美丽。

2. 突显动物饲养区角。在教室门口里边显眼的柜子上,教师会安放一个小动物饲养笼或饲养缸。这样,儿童早晨进入班级时,就能先看到这个笼子或缸,就会邀请家长一起来观看里面的小动物,甚至会向家长询问一些问题。这样,家长参与自然教育的积极性就会通过孩子这个中间人而被激发出来。

3. 装扮家长信箱区域。在教室门外边墙壁上的家长信箱区里,教师会为每个儿童的家庭悬挂一个草编小包,当作家长信箱,用来存放儿童的各种作品、幼儿园通讯、班级简讯、教师便笺等资料。这样,家长每次走过路过时,既能及时提取自己的物品,也能随时体验到大自然的淳朴。

4. 了解家长种植喜好。在每学期刚开学时,教师会向每位儿童的家长发放 1 张问卷调查表,请家长协助填写,以便了解家长的兴趣需要,提高种植活动、烹饪活动、分享活动的有效性。在调查表上,常见的问题有以下几个:"(1)你在家里的院子里种了哪些植物?(2)你想看到幼儿园的庭院里种有哪些植物?(3)你想与大家分享一个你很喜欢的食谱吗?(4)你想参加我们的庭园劳作吗?"[①]这样,就能取得一箭双雕的效果,一方面,教师能通过回收整理调查表,更好地了解家长的种植喜好,在幼儿园的庭院里适当增加一些家长喜欢的植物,收集归纳许多新食谱(比如,制作南瓜饼的食谱),进一步分享家庭的餐饮文化;另一方面,家长的主人翁意识也能从中被焕发出来,他们对幼儿园的种植活动、餐饮活动就会抱有更大的参与热情。

5. 邀请家长指导种植。在整个学期里,教师都会经常邀请家长来园做志愿者,走进种植园地,指导教师和儿童种花种菜。这样,既能发挥家长的特长,促进家庭的参与,也能对家长起到示范效应,促使他们让孩子参与家庭的种植活动。

6. 欢迎家长来庆丰收。在收获季节里,教师会热情邀请儿童的家庭成员(比如,父母、兄弟姐妹)来园,参加欢庆丰收的活动,大家一起品尝劳动成果,分享劳动喜悦。这

---

① John Nimmo and Beth Hallett. Childhood in the Garden:A Place to Encounter Natural and Social Diversity [EB/OL]. [2017-02-10]. http://www.naeyc.org/files/yc/file/200801/BTJNatureNimmo.pdf

样,就能对家长起到积极的迁移作用,促使他们在家里也能让孩子参与餐点的准备和制作活动。

(二)以家庭为基地,调动家长对孩子进行自然教育的主动性

美国幼教工作者重视激励家长,主动运用家庭的各种资源对孩子进行热爱大自然的教育。这样,幼儿园亲近大自然的教育就能有效地延伸到家庭,使儿童获得更多的时间和空间与大自然和谐相处。教师着重做好以下事项。

1. 促使家长改善家庭的生活方式。 衣食住行是家庭生活方式的重要组成部分,但儿童的家庭生活在许多方面却都远离了大自然。"儿童在家吃得更多的是加工过的、高热量的食品。"[①]儿童玩得更多的是电子游戏,"几乎一半的家长每天都不带年幼的孩子到户外去游玩"[②]。这在一定程度上导致了儿童肥胖的流行,危害着儿童的身心健康。为此,教师注意通过多种方式,向家长宣传拥有健康的生活方式对孩子成长的重要性,引导家长努力改善家庭的饮食结构,多带孩子到户外去运动,享受大自然强身健体的奇特功效。

2. 鼓励家长善用每天的"砒霜时间"。 "砒霜时间"是父母下班来园接孩子回家后,晚上开饭前的这段时间,这是一天中非常忙碌、烦躁的时光,父母做饭要忙个不停,孩子又会在旁边吵闹不休。为此,教师建议家长,在这段时间里,可让孩子到庭院里去玩一会儿,以便起到一举两得的效果,既能减轻父母做饭的压力,又能缓解孩子等饭吃的焦虑。

3. 指导家长邀孩子参与烹饪活动。 教师提醒家长,可在每天的三餐之前,邀请孩子一起来清洗蔬菜和水果,参与制作餐点,学习使用炊具,协助摆放餐具,以便激发孩子对营养餐点的兴趣,丰富孩子对健康美食的体验,培养孩子良好的饮食习惯。

4. 引导家长让孩子参加种植活动。 教师提议家长,可在房前屋后的空地上,栽花种菜;邀请孩子参与到种植活动中来;指导孩子观察鲜花和蔬菜的生长情况以及前来造访的小动物,以便拓宽孩子对动植物的认识,加深孩子对动植物的理解。

(三)以社区为天地,发挥家长对孩子进行自然教育的创造性

美国幼教工作者重视鼓励家长打开家门,多带孩子走出去,到大自然中去探索,以不断促进孩子的发展。这样,幼儿园就能在自身与社区保持联系的基础上,还能促使家庭与社区建立联结,进而形成牢固的自然教育的金三角,实现课程的最优化。教师注重做好以下事项。

1. 使家长认识到大自然所具有的功效:奇特。 教师告知家长:大自然具有"神奇的"作用,"孩子在外面玩耍,更有利于他们的发展。如果家长能陪伴孩子,并教孩子认识他

---

① Natural Learning Initiative. Benefits of Connecting Children with Nature:Why Naturalize Outdoor Learning Environments[EB/OL].[2017-02-12]. http://naturalstart.org/sites/default/files/benefits_of_connecting_children_with_nature_infosheet.pdf

② Mary S. Rivkin with Deborah Schein. The Great Outdoors:Advocating for Natural Spaces for Young Children(revised edition). Washington,DC:National Association for the Education of Young Children,2014:13.

们所发现的植物、动物和自然材料,那么这种效果就会更加明显"①。大自然的这种独特功效主要表现在:能让孩子变得平静;能让孩子大声说唱,而不必保持安静;能让孩子有更大的空间去玩体育游戏;能让孩子的整理和清理工作变少;能让孩子自由使用各种材料;能让孩子回屋前,洗掉身上的泥土;能让孩子玩沙玩水,理解体积、因果关系,学会使用工具;能让孩子有空间去发现新世界;能让孩子学会喜爱户外活动;能让孩子学会爱护花草,变得有爱心;能让孩子学习人生经验,知道从出生到死亡。

2. 使家长认识到大自然所拥有的时空:无限。教师提示家长:"大自然无处不在,无时不有","无论你住在哪里,也无论什么季节"②,你都可以和孩子一起去探索大自然。① **在海滩上**:家长可以引导孩子观察沙子,辨别沙子的颜色;触摸沙子,感受沙子的硬度;挖掘沙子,寻找小动物(比如,小螃蟹);观看贝壳的大小,比较贝壳的形状。② **在沙漠里**:家长可以指导孩子寻找各种动物的足迹,观察雨后的花草,对干沙漠和湿沙漠进行比较。③ **在树林里**:家长可以鼓励孩子在大树上攀爬,在粗藤条上荡秋千;在树桩上,平放一根粗树枝,玩跷跷板;捡拾树枝,搭建城堡。④ **在雪地里**:家长应提醒孩子穿上适宜的衣服,到雪地里去堆雪人、造雪马、建雪堡、玩骑马的游戏。⑤ **在空地上**:家长可以激励孩子寻找杂草、种子、动物生命的证据。例如,动物的粪便、足迹或羽毛、动物啃过的木头(比如,树上有海狸的牙印)、树上的洞(比如,啄木鸟啄出来的洞)、地上的洞(比如,松鼠刨出来的洞)。⑥ **在池塘边**:家长可以启发孩子观看正在水里游荡的小鱼、跳跃的青蛙;提醒孩子把随身带来的一个小网,浸放在水里,看看会有哪些小动物来光临;和孩子一起讨论所看到的小动物(比如,这个小动物有没有腿)、所听到的动物叫声(比如,青蛙是怎么叫的)。

3. 使家长认识到大自然所容纳的事物:一切。教师告诉家长:"对孩子来说,大自然中的一切事物都是新奇的——即使最微小的东西也是有趣的、令人兴奋的"③,你都可以和孩子一起去探究大自然。① **发现宝物**。家长可引导孩子寻找具有某种特点的物体(比如,风一吹就会动的东西),找到后,就把它当作宝贝,收集起来。② **比较物体**。家长可指导孩子寻找某些物体(比如,有香味的东西),然后加以比较,并试着进行分类(比如,把有皮的东西归为一类)。③ **描述物体**。家长可鼓励孩子仔细观察物体,并用简单的语言加以描述。例如,说说小花是什么颜色的,有几片花瓣。④ **追寻蚂蚁**。家长可激励孩子寻找蚂蚁,观察蚂蚁的踪迹,再把一些食物放在旁边,看看会发生什么事情。⑤ **观察树木**。家长可指导孩子摸摸树皮,抱抱树干,看看树叶,找找树根;还可引导孩子在不同

---

① Julla Luckenbill. 11 Reasons to Take the Kids Outside[EB/OL]. [2017-02-18]. http://families.naeyc.org/content/11-reasons-take-kids-outside

② Donna Satterlee, Grace Cormons, and Matt Cormons. Where Can We Explore Nature? Everywhere![EB/OL]. [2017-02-19]. http://families.naeyc.org/learning-and-development/music-math-more/where-can-we-explore-nature-everywhere

③ Donna Satterlee, Grace Cormons, and Matt Cormons. Explore the Great Outdoors with Your Child[EB/OL]. [2017-02-25]. http://families.naeyc.org/learning-and-development/music-math-more/explore-great-outdoors-your-child

的季节里,对同一棵大树进行观察,看看这棵大树是否有变化,有什么样的变化(比如,树叶的颜色是否有变化,树上是否有小鸟来安家)。⑥ **观看周围**。家长可带领孩子到附近的人行道旁、台阶上、荒地里、草坪边去观察,寻找大自然的印迹。⑦ **选用花草**。家长可启发孩子寻找漂亮的落叶,拣拾、晾晒、压平,然后用来制作自己喜欢的各种工艺美术品。⑧ **玩水玩泥**。家长可指导孩子在土地上挖一个小洞,然后把水倒进去,看看会发生什么事情,想想水到哪里去了;还可鼓励孩子用手揉捏泥巴,光脚踩踏泥巴。⑨ **探寻种子**。家长可启发孩子寻找花草树木的种子,看看它们藏在哪里,是什么样子。⑩ **收藏物品**。家长可先和孩子进行讨论:有哪些物品值得收藏,如何收藏,收藏多长时间为宜;然后再和孩子一起收藏(比如,地上的松果可拾起来,装在家中的小篮子里,长时间存放;而河里的小鱼可放到小水桶里,带回家过一晚,第二天再把小鱼送回河里)。

4. 使家长认识到大自然被运用的策略:多种。教师提醒家长:"孩子是大自然的探险家","户外探索是孩子积极参与学习的一个重要机会"。[①] 在引导孩子研究大自然时,应注意:① **安全性**。家长要确保孩子平平安安地进行探险。在活动前,家长应提醒孩子穿上合适的衣服,要求孩子遵守基本的安全规则。在活动中,家长可应孩子之邀,加入到孩子的活动中去,和孩子同欢乐共观察;家长不必过多担忧孩子、限制孩子,而要相信孩子拥有自我保护的意识和能力。② **自主性**。家长要鼓励孩子自由自在地进行探索。家长要放手让孩子自己去探索;要注意观看孩子探索了什么,是怎样探索的,有了哪些收获。例如,孩子在地上挖土了吗?他用什么来挖土的?他是如何挖土的?他了解干土和湿土的区别了吗?③ **开放性**。家长要向孩子提出各种开放性的问题。当孩子在进行探索活动时,家长可以通过提问和讨论来参与其中,以便及时了解孩子的发现,促进孩子的学习。**首先**,家长向孩子提出的问题,要简单易懂,孩子思考后能够作答。例如,你发现了什么?它看起来像什么?它是如何移动的?**其次**,家长要鼓励孩子提出问题,而不必担心自己回答不了孩子的问题,因为家长不需要知道所有问题的答案。**再次**,家长要和孩子一起探讨所看到的自然现象(比如,土壤的颜色),以强化孩子的观察活动。孩子是通过观察发现来进行学习的,他观察到的东西越多,周围世界对他的意义就越大。④ **多样性**。家长要指导孩子用多种感官进行探究。孩子是通过各种感官来促进学习的,为了帮助孩子充分认识自然世界,家长就要引导孩子用眼睛去看,用耳朵去听,用鼻子去闻,用双手去摸。例如,家长可鼓励孩子用手轻轻触摸一下青蛙,这样孩子就能在瞬间看到青蛙的跳跃,更好地理解动物是如何运动的;家长还可鼓励孩子小心翼翼地把地上的木头移开,这样孩子就能清楚地看到木头下面的东西,知道不应打扰小动物的生活。⑤ **综合性**。家长要引导孩子对探寻结果进行总结。"当孩子自己得出结论时,最好的学习就

[①] Donna Satterlee, Grace Cormons, and Matt Cormons. Explore the Great Outdoors with Your Child [EB/OL].[2017-02-26]. http://families.naeyc.org/learning-and-development/music-math-more/explore-great-outdoors-your-child

发生了。"①家长利用自己的知识,代替孩子对观察结果进行总结(比如,现在是秋天,树叶是黄的;而在春天时,树叶则是绿的),固然是件很容易的事,但效果却不佳。因此,家长要取而代之,通过鼓励孩子回答问题、描述所见所闻(比如,你现在看到的树叶是什么颜色?你还记得上次我们在这里散步时,树叶是什么颜色吗?),来引导孩子自己对观察结果加以总结,得出探索结论,提高学习效率。

这样,美国幼儿园就通过与家庭合作,为儿童打造了尊崇自然的三维教育平台,促使儿童全面深入地与大自然融合,在大自然的滋润下健康愉快地成长。

五、美国幼儿园亲近自然课程的动态评价

美国幼教专家指出,"由于全美各地的地理位置、气候条件、动物植物的不同,因此,每个学前教育机构让儿童接触大自然的教育也就有所不同,但是,仍然应该具备一些基本的元素"②,遵循必要的评价准则,以提升幼儿园课程的质量。

(一)评价标准

1. 对物质环境的评价标准。 为了确保儿童的日常生活质量,优化儿童的学习经验,促进儿童的积极发展,美国学前教育研究会(National Association for the Education of Young Children,简称 NAEYC)从 1985 年开始,就致力于研究学前教育机构的评价标准,在 2016 年发布的《学前教育机构评价标准》(*NAEYC Early Learning Program Standards and Criteria*)中,明确指出,可通过"物质环境"(Physical Environment)等 10 条标准,来评估学前教育机构的质量。在"物质环境"这条标准中,共有 4 项指标,其中有 3 项指标涉及大自然:(1) 在"室内和室外设备、材料及器械"这项指标中,规定:要提供的"感官材料",应该包括"沙子、水"等。(2) 在"室外环境设计"这项指标中,规定:① 要"探索的自然环境,包括各种各样自然的和人造的地面,以及拥有无毒植物、灌木和树木等自然材料的区域";室外环境"如果只有草地,而没有树木、灌木或其他植物",那则未能达标,而"理想的室外学习环境至少应该包括儿童能与之互动的三种自然元素",例如,"草地、沙子、石头、植物(包括花园里的植物)和地面高度的变化等都是自然元素"。② "沙箱是设施的一部分","它要有排水系统","不用的时候,要把它盖起来","要定期清除里面的异物","为了确保沙子干净,要经常更换沙子",但"如果沙箱里面没有沙子,"那则未能达标。(3) 在"建筑和结构设计"这项指标中,规定:"儿童每天在园 2 小时以上的机构,至少在室内的某些地方要有自然光线。"换言之,"如果儿童在园 2 小时以上,那么他

---

① Donna Satterlee, Grace Cormons, and Matt Cormons. Explore the Great Outdoors with Your Child[EB/OL]. [2017-03-04]. http://families.naeyc.org/learning-and-development/music-math-more/explore-great-outdoors-your-child
② Deb Curtis and Margie Carter. Designs for Living and Learning: Transforming Early Childhood Environments (2nd edition)[M]. St. Paul, MN: Redleaf Press, 2015:130.

们在室内时,一定要能享受到自然光线"①。

2. 对自然区角的评价标准。 为了提高教育质量,保证儿童的健康和安全,促进儿童体力、社会性、情感和认知的发展,美国幼教专家早在1980年,就研发了《学前教育机构环境评价量表》(Early Childhood Environment Rating Scale),1998年发布了修订版,2015年又公布了第3版,明确指出,可从"学习活动"(Learning Activities)等6个标准来评定学前教育机构环境的质量。在"学习活动"这个标准中,含有11项指标,其中"自然/科学"这项指标就直接指向大自然:(1) "自然/科学材料",包括五种:① 生物:儿童能够仔细观察或照料的生物,例如,室内盆栽植物、宠物、室外花园;② 自然物品:例如,鸟巢、树叶、透明塑胶昆虫、岩石、贝壳、种子;③ 事实性图书/自然科学拼图游戏:至少有5本自然/科学图书;④ 工具:例如,放大镜、磁铁;⑤ 玩沙或玩水的玩具:例如,量杯、挖掘工具和容器。这些材料应该很容易让儿童看见,且要便于儿童使用。(2) 在一个"良好"的"自然/科学"学习活动区中,"至少要包括5类15种自然/科学材料","教师要使用并和儿童谈论自然/科学材料","教师要为儿童树立关心环境的榜样"。② 例如,为了节约能源,教师要提醒儿童及时关水龙头、关电灯。(3) 在一个"优异"的"自然/科学"学习活动区中,"教师要发起让儿童运用自然/科学材料进行测量、比较或分类的活动"。例如,教师向儿童呈现如何根据颜色、形状或大小,来给贝壳分类;如何按照从大到小的顺序,来对松果进行排列;如何预测各种自然物体的重量。此外,"教师向儿童呈现的一个或多个宠物/植物,要便于儿童观察、参与照料,并要和儿童进行讨论"③。例如,教师可在班级摆放金鱼缸、仓鼠笼等。

可见,这两个评价标准,主要是从室内外环境的构成上,来提出有关大自然的一些要求,以引导幼儿园课程朝着尊崇自然的方向前行。

(二)评价要求

1. 反思自然元素的融入情况。 美国幼教专家指出,"为了制定新的教育目标,不断发现促使儿童联结周围自然世界的新方法"④,教师每年都要重温反思以下几个问题:(1) 我们怎样才能更好地了解周围环境中的自然元素、更多地接触自然元素?(2) 我们可以把社区中的哪些自然材料带到幼儿园里来?(3) 社区中的哪些人能给我们提供有关食品资源、植物、绿化和动物的知识?(4) 我们怎样才能为室外游戏场地和室内环境收集自然的、可变的材料?(5) 我们拥有什么样的水源?我们怎样才能让儿童便利地、安全地使用这些水源?(6) 哪些传统和习俗有助于儿童更紧密地与大自然和生命周期

---

① National Association for the Education of Young Children. NAEYC Early Learning Program Standards and Criteria[EB/OL]. [2017-03-11]. http://www.naeyc.org/academy/files/academy/NAEYC%20Early%20Learning%20Standards%20and%20Criteria_10_2016.pdf

② Thelma Harms, Richard M. Clifford, Debby Cryer. Early Childhood Environment Rating Scale (3rd edition) [M]. NY:Teachers College Press,2015:57.

③ Thelma Harms, Richard M. Clifford, Debby Cryer. Early Childhood Environment Rating Scale (3rd edition) [M]. NY:Teachers College Press,2015:57.

④ Deb Curtis and Margie Carter. Designs for Living and Learning:Transforming Early Childhood Environments (2nd edition) [M]. St. Paul, MN: Redleaf Press,2015:129.

相联系?

2. 反思自然材料的使用情况。美国幼教专家指出,教师不仅要使环境展现出大自然的特点,而且还要"不断邀请儿童通过具体材料和活动与自然世界相联系"①。为此,教师要深入反思以下几个问题:(1)你是在加强还是在限制儿童运用自然材料进行学习的可能性?你在一段时间里,连续好几周都把同一材料放在感官桌上或盘子里,却没想到还要给儿童提供探索和设计的工具吗?(2)你给儿童提供的材料是现成的、固定的,还是需要他们去加工的、改造的?(3)你给儿童提供自然材料,让他们去建构、设计和进行艺术创作了吗?(4)你在班级通过美妙的形式来呈现各种自然材料吗?这些自然材料具有不同的质地、颜色、形状和大小吗?儿童能够研究、操作、安排、循环使用这些自然材料吗?

可见,美国幼教专家主要是从自然材料的拥有和利用上,来对教师提出反思要求的,以提高教师的诊断能力和调节能力。

总之,美国幼儿园课程崇尚自然的动态评价,主要体现在对环境创设的导向上、对教师作用的发挥上,这样,既能使对物的硬性规定与对人的弹性要求有机结合,也能使专家的外部评价与教师的自我评价有机结合,促进儿童的最佳发展。

六、美国幼儿园亲近自然课程给予的启示

美国幼儿园亲近自然的课程给了我们许多有益的启示,激励我们反思和加强我国儿童的自然教育。

(一)要增加儿童亲近自然的时间

儿童"自然缺失症"这种病态,不仅存在于美国,在我国也较为严重。随着工业化、城市化和现代化进程的日益加快以及液晶电视、平板电脑、智能手机、互联网络的迅速普及,我国儿童也越来越多地宅在钢筋水泥砌成的楼房里,看动画片、玩电动玩具、打电子游戏,而没有花费足够的时间到户外去,玩游戏、做运动、郊游、远足,与大自然的距离变得越来越远,威胁着儿童身心的健康成长。因此,我们也需要发出"救救孩子"的呼声,采取"拯救儿童"的行动;要认识到儿童是自然之子,既属于自然,也拥有自然;要促使儿童远离"电子保姆",向往大自然,回归大自然;要重视儿童的自然教育,保证儿童在园"户外活动时间(包括户外体育活动时间)每天不得少于 2 小时"②,同时还要引导家长从"圈养"走向"放养",多利用节假日,带领孩子走进大自然,充分感受在大自然中的乐趣,萌发保护环境的意识;要加强儿童与大自然之间的联结,帮助儿童平衡好虚拟世界和真实世界之间的关系,使儿童都能成为拥有自然属性的地球村的小村民,而不是过度依赖科技、与大自然隔绝的"宅童",失去应有的童真、童趣。

---

① Deb Curtis and Margie Carter. Designs for Living and Learning:Transforming Early Childhood Environments (2nd edition) [M]. St. Paul,MN:Redleaf Press,2015:142.
② 中华人民共和国教育部. 幼儿园工作规程[EB/OL]. [2017-03-18]. http://www.moe.gov.cn/srcsite/A02/s5911/moe_621/201602/t20160229_231184.html

（二）要拓宽儿童亲近自然的空间

美国幼教专家指出，不仅时时有自然，而且处处也有自然；儿童需要自然，儿童的灵性需要自然的滋养；教育就应该让儿童置身于大自然之中，享受着大自然的恩赐；既要把儿童从教室里解放出去，使他们都能投入大自然的怀抱，也要把大自然带进教室里来，使儿童始终都能与大自然亲密接触。这启发我们，在对儿童进行自然教育时，要处理好室内外、园内外之间的关系。**首先，要加固室内自然教育的空间。**幼儿园要使大自然成为教室里一道亮丽的风景线，不仅应使科学区喷涌出浓郁的大自然气息，而且还要使其他各个区也弥漫着大自然的芳香，以促进儿童心理的健康发展。**其次，要开拓室外自然教育的空间。**幼儿园除了"应当有与其规模相适应的户外活动场地"以外，还要"创造条件开辟沙地、水池、种植园地等，并根据幼儿活动的需要，绿化、美化园地"，[①]以增强儿童对环境的认识能力。**再次，要拓展园外自然教育的空间。**幼儿园要经常带领儿童走出园门，开展研学旅行活动，到附近的公园、花鸟市场、菜市场、果园菜地、农田农场、动物园、植物园去走走逛逛，边旅边学，以激发儿童对自然的热爱之情。这样，室内外无缝对接，园内外有机结合，就能增强儿童自然教育的成效，培养儿童尊重自然、顺应自然和保护自然的生态文明素养。

（三）要丰富儿童亲近自然的资源

美国学前教育研究会通过评价标准，来指引幼儿园在创设物质环境时，要广泛运用各种各样的自然资源；学前教育专家通过环境评定标准，来引领幼儿园在创设自然/科学区角环境时，要深入运用多种多样的自然资源；幼教工作者通过自我评价，来提升自己运用自然资源的能力。这启发我们，不仅要通过设定机构门槛、评优淘劣等机制，来激励幼儿园重视为儿童创设千姿百态的自然环境，增加自然元素的比重，加大自然元素的分量，充分利用各种天然物品和自然材料，促进儿童的和谐发展，而且还要通过给予教师进行自我反思的指导，来引导教师更好地挖掘和运用自然资源，提升专业成长的水平。

1992年，教育部在发布的《幼儿园玩教具配备目录》中，还没有对幼儿园提出有关自然物品和自然材料的要求。2001年，教育部在颁发的《幼儿园教育指导纲要（试行）》中，已明确要求幼儿园："亲近大自然，珍惜自然资源"；"帮助幼儿了解自然、环境与人类生活的关系。"2016年，教育部在颁布的《幼儿园工作规程》中，又进一步要求幼儿园："充分利用日光、空气、水等自然因素以及本地自然环境，有计划地锻炼幼儿肌体，增强身体的适应和抵抗能力。"2017年，国务院印发了《国家教育事业发展"十三五"规划》，指出要"建设绿色校园"，"使学校能最大限度地节约各类资源，保护环境并减少污染"；要"严格对学校土壤、水源、建筑和装修材料、教学仪器设备、体育设施器材、室内空气等的环保检测与管理，为师生提供安全、绿色、健康的教学和生活环境"。相信随着这些法规政策的实施，借着美国自然教育的东风，我国幼儿园定能迅速走出片面看重购买高大上的设施设备、

---

① 中华人民共和国教育部.幼儿园工作规程[EB/OL].[2017-03-25]. http://www.moe.gov.cn/srcsite/A02/s5911/moe_621/201602/t20160229_231184.html

过分青睐结实的钢铁塑胶的玩具教具的误区,更加注意发挥大自然得天独厚的资源优势,因地制宜,就地取材,提高儿童自然教育的质量,为"建设天蓝、地绿、水清的美丽中国"作出应有的贡献。

(四)要增强儿童亲近自然的活动

美国幼教工作者"注重促进儿童感知和享受大自然的美丽和奇特,而不是把自然世界'教给'儿童"[①];重视鼓励儿童参与各项活动,通过多种感官与大自然亲密接触,扩展儿童对大自然的认识,密切儿童与大自然的关系。这启发我们,在对儿童进行自然教育时,要解放儿童的双手和大脑。**首先,要把自然教育渗透到多种多样的活动中去。**为了使儿童能广泛地与大自然接触,教师不仅要注意开发科学活动、饲养活动、玩沙活动、玩水活动、餐饮活动、散步活动等活动中的显性的自然教育元素,而且还要重视挖掘晨检活动、图书活动、建构活动、美术活动、音乐活动、体育活动等活动中的隐性的自然教育元素,以丰富自然教育活动的内容和形式,使儿童能充分地感受大自然的美妙绝伦,了解自然、环境与人类生活的关系,学会关心周围的生态环境。**其次,要让儿童的多种感官参与到自然教育中去。**为了使儿童能真正地与大自然融合,既"投入自然",又"吸收自然",教师不仅要给儿童提供观看、倾听、闻嗅自然物品的机会,而且还要给儿童提供触摸、摆弄、操作自然材料的良机,使儿童能沉浸在大自然里,享受探究的过程,体验发现的乐趣,加强环保的意识和行为。**再次,要着重提高种植活动中的自然教育含金量。**为了使儿童能深入地与大自然相处,教师要注意提高种植活动的质量,使儿童在栽培植物的过程中,学会关爱生命。最近几年,我国许多幼儿园都很重视建设美丽校园,加强校园绿化和环境美化,开辟了种植园地,打造了空中菜园,但由于过多担忧儿童不会种植、照料蔬菜和水果,加之建造菜园的成本昂贵,所以,基本上都是请家长志愿者、农业科技员等成人全盘代劳的,等到果蔬成熟的时候,才把儿童带过来,参观、欣赏、采摘,使儿童失去了许多深入大自然的美好时机。因此,我们很有必要借鉴美国幼教同行的经验,更新观念,放下包袱,引导儿童全面参与种植活动,去尝试、探索、发现。只有这样,我们才能把绿色的种子播撒进儿童的心田,才能使儿童真正地理解植物的生长变化,学会珍惜劳动成果,养成爱吃果蔬的良好饮食行为习惯。

---

① Ruth Wilson. Nature and Young Childen: Encouraging Creative Play and Learning in Natural Environments[M]. Madison Ave, NY: Routledge, 2008:57.

第二节　英国幼儿园课程的主要特点及启示

图片 8-2-1　英国 LTCC 幼儿园户外游戏活动环境

一、英国幼儿园课程的含义及价值

（一）幼儿园课程的含义

什么是幼儿园课程？英国幼教工作者认为，儿童至少从一出生开始，就进行学习了：儿童生来就有学习的欲望，他们对周围世界感到好奇，他们想更多地了解自己、身边的人和周围的环境；儿童生来就有交流的欲望，他们既想与人分享自己的想法、情感和愿望，也想了解别人的感知和情绪。幼教工作者要帮助儿童去探索、发现和交流，要充分利用儿童天生的好奇心，确保他们有足够的机会去发展知识、态度和技能。幼教工作者为儿童提供的这些机会、经验和活动就是幼儿园的"课程"。①

（二）幼儿园课程的价值

幼儿园课程对儿童的发展具有什么样的价值？英国幼教工作者认为，它的价值主要表现在以下几个方面：**(1) 能确保儿童的学习权利**。尽管社会上还存在着一些歧视和偏见，但幼儿园通过给所有儿童（而不论其年龄、性别、身心发展状况、种族、文化、语言）提供同等的享用课程的机会，就能捍卫每个儿童拥有平等的学习和发展的权利。**(2) 能发挥儿童的学习潜能**。儿童早年的生活是非常重要的，这个时期也是他们学习的最佳期，他们形成了自己的态度，建立了最初的人际关系，积累了一定的知识经验，从而为以后的学习打下了坚实的基础。教师竭力支持儿童的学习，就能促进儿童的最佳发展。**(3) 能增强儿童的有效学习**。儿童从已有的知识和经验中开始学习；儿童在体验和活动中学得最好，体验和活动不仅能使儿童享受到学习的乐趣，而且还能促使儿童按照自己的步伐进行探索和研究，选择学习资源，设立学习目标，制订学习计划，设计完成策略。教师通

---

① Thomas Coram Centre. Thomas Coram Centre Parents and Carers Handbook 2017—2018，p. 9.［EB/OL］. http://www.thomascoram.camden.sch.uk/wp-content/uploads/2016/12/Thomas-Coram-Centre-Parent-and-carers-handbook-for-booklet-updated-Sept-2017.pdf. 2018-01-01.

过鼓励儿童参与感兴趣的活动,就能引导儿童走进"探索之路",运用自己的知识和技能,深入研究某个主题,从而促进儿童的有效学习和发展。(4) 能加强儿童的合作学习。儿童从他们与同伴的互动中学习。① 幼儿园通过把儿童组织起来,为儿童提供结对合作、小组合作和大组合作的机会,促使儿童相互学习,一起探索,共同游戏,发展认知能力,建立深厚友谊,增强合作能力。(5) 能提高儿童的创造能力。创造力对儿童的发展来说是至关重要的,它直接影响到儿童学习和生活的各个方面。教师通过鼓励儿童创造和想象,就能培养儿童探索和理解世界的能力,增强儿童的发散思维,提高儿童解决问题的能力。(6) 能为儿童未来学习奠基。各个阶段的教育具有连续性,幼儿园课程为儿童将来学习小学课程打下了良好的基础,能促进儿童的可持续发展。例如,幼儿园"了解世界"这个学习领域,有助于儿童今后在小学学习"历史和地理""科学和技术"等科目。

二、英国幼儿园课程的目的及目标

(一) 幼儿园课程的目的

幼儿园课程的目的是什么?英国幼教工作者认为,幼儿园课程的目的应该是:为儿童提供一个综合的、平衡的、广泛的、激励的、个别化的课程,以支持每个儿童的学习和发展;为儿童提供一个安全的学习环境,使每个儿童都能成为尊重自己和他人、快乐又自信、独立又善交际、富有同情心和爱心、宽容心和耐心、拥有好奇心和创造力、感恩心和欣赏力的人。

(二) 幼儿园课程的目标

幼儿园课程的目标是什么?英国幼教工作者认为,幼儿园课程的目标应该包括如下几个:(1) 为所有儿童提供一个身心安全的、激励的环境,尊重他们的种族、语言、性别、年龄、残疾、文化、阶层和宗教。(2) 重视每个儿童的个性,欣赏他们的独特性。(3) 把家长和照料者看作是儿童的主要教育者。(4) 对自己、对儿童抱有很高的期望。(5) 确保所有员工都受过适当的培训,拥有很强的实践能力。(6) 建立责任制,加强实践活动。(7) 通过艺术活动,发展儿童的创造力和想象力。(8) 通过广泛运用社区资源,增强课程的丰富性。(9) 把儿童看作是我们社区(如同伴群体、家庭和社会)的一部分。②

三、英国幼儿园课程的内容及关系

(一) 幼儿园课程的主要内容

幼儿园课程的内容是什么?英国幼教工作者认为,幼儿园课程的内容主要由以下几

---

① Thomas Coram Centre. Thomas Coram Centre Curriculum Statement: Our Approach To Learning, Development & Teaching (For Parents & Carers), June 2016, p. 6. [EB/OL]. http://www.thomascoram.camden.sch.uk/wp-content/uploads/2016/12/Thomas-Coram-Centre-Curriculum-Statement-June-2016.pdf. 2018-01-01.

② Thomas Coram Centre. Thomas Coram Centre Curriculum Statement: Our Approach To Learning, Development & Teaching (For Parents & Carers) June 2016, 2-3. [EB/OL]. http://www.thomascoram.camden.sch.uk/wp-content/uploads/2016/12/Thomas-Coram-Centre-Curriculum-Statement-June-2016.pdf. 2018-01-01.

个领域组成：(1) **沟通和语言**(communication and language)，包括专注和倾听、理解和表达等方面的内容：给儿童提供丰富的语言环境；增强儿童表现自己的信心和技能；使儿童学会在各种情境下说话和倾听。(2) **身体发展**(physical development)，包括运动和操作、健康和自我服务等方面的内容：给儿童提供积极的、互动的机会；发展儿童的协调性、控制力、运动能力；帮助儿童理解体育活动的重要性，选择有利于健康的食物。(3) **个性、社会性和情感的发展**(personal, social and emotional development)，包括自我意识和自信、人际关系、情绪和行为管理等方面的内容：培养儿童对自己、对别人的积极意识；帮助儿童建立与别人的积极关系，能尊重别人；发展儿童的社会技能，使儿童学会管理自己的情绪；帮助儿童理解群体中的适当行为；使儿童相信自己的能力。(4) **读写**(literacy)，包括阅读和写作等方面的内容：使儿童能把声音和字母联系起来，学习阅读和书写；给儿童提供广泛的阅读资料(如图书、诗歌和其他书面材料)，以激发他们的阅读兴趣。(5) **数学**(mathematics)，包括数字与形状、空间与测量等方面的内容：给儿童提供许多机会，培养他们的计数、理解、使用数字、进行简单的加减运算等方面的技能，增强他们描述形状、空间和度量等方面的技能。(6) **了解世界**(understanding the world)，包括人与社会、科技等方面的内容：给儿童提供探索、观察和了解周围的人、场所、科技和环境的机会，引导儿童认识物质世界及社区。(7) **表现艺术和创造**(expressive arts and design)，包括艺术表现和创造等方面的内容：鼓励儿童通过艺术、音乐、律动、舞蹈、角色扮演、设计和技术等一系列活动，探索和摆弄多种媒体和材料，分享彼此的想法和感受。①

(二) 幼儿园课程的领域关系

这几个领域之间存在什么样的关系？英国幼教工作者认为，这七个领域都很重要，他们相互联系、相互影响，为儿童的学习和发展搭建厚实的平台。相比而言，"沟通和语言""身体发展""个性、社会性和情感的发展"这三个领域，属于主要领域(prime areas)，重在激发儿童的好奇心和求知欲、发展儿童的社交能力，贯穿和支持其他四个领域的学习，是儿童成功学习的基础。而"读写""数学""了解世界""表现艺术和创造"这四个领域，则属于具体领域(specific areas)，重在培养儿童的基础知识和基本技能，通过其他三个领域的学习而得到增强，为儿童的学习与发展提供了重要场景。

四、英国幼儿园课程的原则及策略

(一) 幼儿园课程的实施原则

幼儿园课程的实施原则有哪些？英国幼教工作者认为，要达到幼儿园课程的目标，就需要遵循以下几条指导原则：(1) **独特性原则**。教师要认识到每个儿童都是独一无二的，他们从一出生开始，就在不断地学习，成长为有毅力、有能力、有信心、有个性的人。

---

① Department for Education. Statutory framework for the early years foundation stage Setting the standards for learning, development and care for children from birth to five. Published: 3 March 2017 Effective: 3 April 2017, p8.[EB/OL]. https://www.foundationyears.org.uk/files/2017/03/EYFS_STATUTORY_FRAMEWORK_2017.pdf. 2018-01-05.

(2) **积极性原则**。教师要意识到积极的人际关系、民主的师幼关系、友爱的同伴关系,有助于把儿童培养成为一个坚强的、独立的人。(3) **支持性原则**。儿童的学习与发展需要物力和人力的支撑,教师既要为儿童创设丰富多彩的物质环境,满足儿童的兴趣和需要,也要为儿童营造和谐的家园伙伴关系,形成教育儿童的强大合力。(4) **差异性原则**。儿童学习的方式不同、发展的速度也不同,教师要尊重每个儿童的个性特点和个体差异,培养儿童自主学习的能力和持续发展的动力。① 只有这样,才能促进每个儿童在幼儿园的健康成长,并为他们以后成功的学习和快乐的生活奠定基础。

(二) 幼儿园课程的实施策略

幼儿园课程的实施策略有哪些?英国幼教工作者认为,要确保幼儿园课程内容的有效实施,就需要采用以下几条策略:(1) **参与性策略**。教师要为儿童提供游戏和探索的机会,使儿童能积极参与其中,进行调查研究,愿意去尝试,勇于去发现。(2) **诱导性策略**。教师要启发引导儿童积极主动地学习,保持旺盛的精力,大胆尝试,不断探究,克服困难,取得成功。(3) **创想性策略**。教师要鼓励儿童形成自己的观点,扩展自己的思路,把各种想法加以比较分析,做出最佳行动方案。只有这样,才能进行有效的教学活动,巩固儿童的核心地位,促进儿童良好的学习品质的发展。

五、英国幼儿园课程的途径及架构

幼儿园课程的实施途径有哪些?英国幼教工作者认为,实施幼儿园课程的路径,主要有以下几条。

(一) 物质环境及创设

物质环境关系到幼儿园课程实施的空间,它是实施幼儿园课程的基本途径,应认真考虑如何科学地设计和布局儿童的空间。在为儿童和家庭创设良好的物质环境时,教师需要注意以下几点:**首先**,从氛围上讲,应当为儿童营造温馨的、美观的、愉悦的、整洁的环境。**其次**,从结构上讲,应当为不同年龄阶段的儿童设立不同的区域。**再次**,从组织上讲,应当使儿童既有场地去运动、发展兴趣、增强独立性,也有地方去进行小组活动和大组活动。**最后**,从资源上讲,应当使儿童能得到充足的室内外活动材料,能自由地到户外去活动,能有组织地到园外的图书馆和商店去参观游览。

(二) 一日活动及安排

一日活动关系到幼儿园课程实施的时间,它是实施幼儿园课程的重要途径,应仔细考虑如何合理地安排和组织儿童的时间。在为儿童和班级设定科学的一日活动时,教师需要注意以下几点:**首先,要重视衔接性**。给不同年龄班儿童安排的一日活动,既应有所不同,彰显出灵活性;也应有所相似,关注平稳过渡,使儿童顺利地进入到后一阶段的学习中去。**其次,要重视交替性**。既要给儿童提供动态活动的时间,也要给儿童提供静态

---

① Department for Education. Statutory framework for the early years foundation stage Setting the standards for learning, development and care for children from birth to five. Published: 3 March 2017 Effective: 3 April 2017, p6. [EB/OL]. https://www.foundationyears.uk/files/2017/03/EYFS_STATUTORY_FRAMEWORK_2017.pdf. 2018-01-05.

活动的时间,使儿童能动静交替,劳逸结合,身心得到健康的发展;既要给儿童安排室内活动的时间,也要给儿童安排室外活动的时间,使儿童能享受和煦自然的阳光,呼吸清新空气,焕发关爱自然的热情。**再次,要重视互补性**。既要给儿童提供独处的时机,也要给儿童提供小组活动和大组相聚的时机;既要给儿童提供与班组内同龄儿童相处的时光,也要给儿童提供与班组外不同龄儿童相处的时光,使儿童的个性和社会性都能得到发展。**最后,要重视针对性**。为同一年龄班儿童安排的一日活动,还应考虑到儿童及家庭的特殊需要,适时提前或后延,区别对待,使每个儿童都能得到更好的成长。

1. 2—3 岁儿童班的一日活动

为了实现幼儿园课程的目标,为 2—3 岁儿童班安排的一日活动见表 8-2-1。

表 8-2-1　2—3 岁儿童班一日活动安排表

8:30　扩展日(extended day)儿童入园,早班员工到园;保教人员迎接儿童,布置庭院。
8:40—9:00　儿童在室内吃早餐;保教人员给予照料。
9:10　早餐后,儿童在室内外游戏。
9:30—9:40　核心日(core day)儿童入园,晚班员工开始工作;儿童在室内外游戏;保教人员在室内或在庭院里迎接儿童。
9:45—9:55　班组活动。
10:00—11:45　由特定教师指导的班组在室内或室外活动。
10:30　吃间点。
11:00　盥洗和转换。
11:30　整理,午餐准备;重新布置下午的庭院环境。
11:45　洗手,讲故事。
12:00　吃午餐。
12:45　吃完午餐,开始休息或午睡。
14:00　儿童起床、盥洗、穿戴,在室内和庭院里玩"如果……怎么办"的游戏。
14:30　吃午点。
14:40　整理。
15:00　班组活动。
15:15　核心日儿童开始离园。
15:25　扩展日儿童在庭院或室内活动。
15:30　核心日儿童全部离园;员工开评议会;轮调员工照看扩展日儿童。
16:00　早班员工下班;儿童聚在一起喝茶。
16:45　室内或庭院活动;盥洗和转换。
17:15　儿童在室内整理;鼓励家长在 17:25 前来园,以确保获得儿童的反馈信息。
17:30　幼儿园关门。[①]

2. 3—5 岁儿童班的一日活动

为了实现幼儿园课程的目标,为 3—5 岁儿童班安排的一日活动见表 8-2-2。

表 8-2-2　3—5 岁儿童班一日活动安排表

8:30　扩展日儿童入园,早班员工到园;保教人员迎接儿童,布置庭院。
8:40—9:00　儿童在室内吃早餐;保教人员给予照料。
8:45　教师布置和完善室内外环境。
9:10　早餐后,儿童在室内外游戏。

[①] Thomas Coram Centre. Daily Routine: 2—3 Years. [EB/OL]. http://www.thomascoram.camden.sch.uk/parents-carers/key-groups-toddlers/. 2018-01-05.

9:30—9:40 核心日儿童入园,晚班员工开始工作;儿童在室内外游戏;保教人员迎接儿童。
9:45—9:55 班组活动。
10:00—11:40 由特定教师指导的班组在室内或室外活动。
10:30 吃间点。
11:40 整理,午餐准备;儿童摆好桌子,为下午做准备。
12:00 语言组活动。
12:15 洗手,和特定教师一起唱歌谣。
12:30 吃午餐。
13:15 盥洗和整理。
13:30—14:40 在室内和庭院里玩"如果……怎么办"的游戏。
14:30 吃午点。
14:30 或 14:40 整理。同时也鼓励儿童边游戏边整理。
15:00 班组活动。
15:15 核心日儿童开始离园。
15:25 扩展日儿童在室内活动,或到庭院里去活动。
15:30 核心日儿童全部离园;员工开评议会;轮调员工照看扩展日儿童。
16:00 早班员工下班;儿童聚在一起喝茶。
16:30 室内或庭院活动。
17:15 儿童在室内整理;鼓励家长在 17:25 前来园,以确保获得儿童的反馈信息。
17:30 幼儿园关门。[①]

由表 8-2-1、表 8-2-2 可知,不同年龄班儿童的一日活动,既有相同点(如促进儿童身心发展的室内外活动的时间),也有不同点(如年长儿童餐前有语言活动,午餐时间较晚,没有午休时间,餐后游戏时间较长);同一年龄班儿童的一日活动,还考虑到儿童及家庭的特殊需要,在离入园的时间和活动的安排上也有所区别(如扩展日儿童,不仅来园早,离园晚,而且还在园里吃早餐,喝晚茶)。

(三) 家园合作及增强

家园合作关系到幼儿园课程实施的力量,它是实施幼儿园课程的重要保障,应全面考虑如何更好地巩固和加强多边的协作。在与家庭成员紧密团结形成教育合力时,教师需要注意以下几点:**一方面,要认可家长的价值。**教师要认识到,家长和我们一样为儿童的成长提供了许多宝贵的经验和技能,推动着儿童的发展;家庭生活为儿童提供了许多独特的学习机会,而幼儿园的生活则是以此为基础。因此,只有尊重家长对儿童发展所做出的巨大贡献,真诚地与家长合作,才能构建平等的伙伴关系,形成和谐的保教团队,共同促进儿童的发展。**另一方面,还要鼓励家长的参与。**教师要重视发挥家长的作用,热情鼓励家长通过多种形式,积极参与到孩子的学习中去;既可以利用"父母申请访问""入园访问""家访""日常非正式联系""定期家长会谈""工作坊和课程"等时机,通过口头交流,直接了解、参与孩子的学习,提高观察孩子的能力;也可以利用"简讯""儿童

[①] Thomas Coram Centre. Daily Routine:3—5 Years.[EB/OL]. http://www.thomascoram.camden.sch.uk/parents-carers/key-groups-kinder-daily-routine/. 2018-01-10.

作品展现""家长观点调查""外借学习资源""幼儿园方案"等时机,通过书面交流,①间接了解、参与孩子的学习,提升评价孩子的能力。

六、英国幼儿园课程的评估及种类

(一)幼儿园课程评估的作用

为什么要对幼儿园课程进行评估?英国幼教工作者认为,对幼儿园课程进行评估,能精准了解儿童的进步,并根据儿童的需求,来设计适宜的活动,促进儿童的成长。为了充分发挥评估在幼儿园课程建设中的作用,就要聚焦于儿童,并注意以下事项:**(1)重视评估的连续性。**对儿童进行的评估,应该是持续的、不间断的,贯穿于儿童学习和发展的整个过程。**(2)重视评估的合作性。**对儿童进行的评估,应该与家长进行分享,使家长能及时获得孩子发展的各种信息,共同满足孩子的学习需要,促进孩子有效的学习。例如,教师要鼓励家长阅读和评论张贴在班级里的《每周活动计划》,要欢迎家长随时来园查看孩子的成长档案(如教师对儿童的观察记录、孩子自己的作品)。② **(3)重视评估的实效性。**对儿童进行的评估,应该"务实",重实际效能,而不应"务虚",搞"纸上谈兵",把过多的精力花费在文案上。只有当这些文档对促进儿童的学习和发展来讲是必不可少的时候,才予以进行。③

(二)幼儿园课程评估的过程

应如何对幼儿园的课程进行评估?英国幼教工作者认为,儿童参加的探索活动是基于教师对他们兴趣的观察、对他们需要的评估。④ 在对幼儿园课程进行评估时,要以儿童为核心,紧紧围绕儿童的发展来进行,这主要包括以下几个环节:**(1)开始环节:观察儿童。**观察儿童是评价儿童的前提条件。教师通过在日常生活中对儿童进行观察,就能看到儿童的行为、情绪,听到儿童的声音,记录儿童的信息,描述儿童的发展。**(2)中间环节:评价儿童。**评价儿童是提升儿童的必要条件。教师通过对儿童观察结果的诊断和分析,就能全面了解每个儿童的兴趣爱好、学习风格、成就水平,并为儿童未来的发展指

---

① Thomas Coram Centre, Curriculum Statement, Our Approach To Learning, Development & Teaching (For Parents & Carers) June 2016, p6. [EB/OL]. http://www.thomascoram.camden.sch.uk/wp-content/uploads/2016/12/Thomas-Coram-Centre-Curriculum-Statement-June-2016.pdf. 2018-01-10.

② Thomas Coram Centre, Thomas Coram Centre Parents and Carers Handbook 2017—2018, 10-11. [EB/OL]. http://www.thomascoram.camden.sch.uk/about-us/policies/. 2018-01-15.

③ Department for Education. Statutory framework for the early years foundation stage Setting the standards for learning, development and care for children from birth to five. Published: 3 March 2017, Effective: 3 April 2017, p. 13. [EB/OL]. https://www.gov.uk/government/uploads/system/uploads/attachment_data/file/596629/EYFS_STATUTORY_FRAMEWORK_2017.pdf. 2018-01-15.

④ Thomas Coram Centre, Thomas Coram Centre Parents and Carers Handbook 2017-2018, p. 10. [EB/OL]. http://www.thomascoram.camden.sch.uk/about-us/policies/

明方向,提出建议。(3) **末端环节:提升儿童。**① 提升儿童是评价儿童的主要目的。教师通过为儿童调整成长的方案,设计适当的活动,构建挑战的环境,提供丰富的资源,来支持儿童的学习,推动儿童的成长。

(三) 幼儿园课程评估的种类

对幼儿园课程进行评估的种类有哪些?应如何进行?英国幼教工作者认为,对幼儿园课程进行评估,应有助于提高教学活动质量,促进儿童的有效学习,为此,就需要以形成性评价(formative assessment)为主,以终结性评价(summative assessment)为辅。

在进行形成性评价时,着重注意以下几点:(1) **全面获取儿童的信息。**教师不仅要重视自己观察儿童在幼儿园的游戏、生活、活动中的表现,直接获取儿童发展的多种信息,而且还要注意向家长了解儿童在家庭里的各种活动,间接获得儿童成长的有关信息。**(2) 准确评估儿童的成就。**教师要根据已有的各种信息,客观判断每个儿童的知识容量、智能结构、学习方式、学习特点,准确推断每个儿童的学习能力和成就水平。**(3) 不断促进儿童的发展。**教师要通过多种途径和策略,来加强儿童各领域的学习,提高儿童的学习效率,推进儿童的成长发展。

在进行终结性评价时,着重注意以下几点:**(1) 对 2—3 岁儿童的评估报告,要简明扼要。**当儿童 2—3 岁时,教师要对他们的成长情况进行初步的评估,作出简短的书面小结:既要呈现每个儿童在几个主要学习领域里的长处和不足,又要说明每个儿童的发展水平及其需要,指出每个儿童进展良好的领域、需要更多支持的领域、必须特别关注的领域。② 此外,还要列举准备采取哪些策略,与家长合作,共同推进每个儿童的后续学习。**(2) 对 5 岁儿童的评估报告,要全面详细。**当儿童年满 5 岁时,教师要对他们的发展情况进行全面的评估,作出详细的书面总结:不仅要包括幼儿园对每个儿童的所有观察记录,而且还要含有每个儿童在知识经验、理解能力、预期进步、入学准备等方面的具体信息。此外,还要明确指出每个儿童是否表现出了他们那个年龄阶段的典型特征,或是否超前或延迟发展,具体说明每个儿童是否达到了预期的发展水平,或是否超过了或未达

---

① The British Association for Early Childhood Education. Development Matters in the Early Years Foundation Stage (EYFS), p3. [EB/OL]. https://www.foundationyears.org.uk/wp-content/uploads/2012/03/Development-Matters-FINAL-PRINT-AMENDED.pdf. 2018-01-15.

② Department for Education. Statutory framework for the early years foundation stage Setting the standards for learning, development and care for children from birth to five. Published: 3 March 2017, Effective: 3 April 2017, p.13. [EB/OL]. https://www.gov.uk/government/uploads/system/uploads/attachment_data/file/596629/EYFS_STATUTORY_FRAMEWORK_2017.pdf. 2018-01-20.

到预期的发展水平。① 另外,还要着重说明每个儿童的学习特征、学习方式和学习能力,与小学教师对接,共同促进每个儿童的未来学习。

英国幼教工作者强调,不论进行何种评价,都要注意让儿童参与设计、记录和评估这一循环系统的各种活动,以发展儿童的自评能力和设计能力。②

七、英国幼儿园课程给予的启示

英国幼儿园课程给我们带来了许多有益的思考和启示,我们可以"洋为中用""取其精华",改革和完善我国幼儿园的课程建设。

(一)要加强幼儿园课程的公平性

英国幼儿园奉行课程为所有儿童服务,而不论儿童来自什么样的家庭、什么样的阶层、什么样的地域、什么样的语言、什么样的文化,也不论儿童的性别如何、发展水平如何。这一经验值得我们学习借鉴。我们也应该公平地对待每一位儿童,捍卫他们平等地接受教育、展示自我的权利,使他们都能获得同样的机会,进入各个教学场域,享受优质教学资源,与优秀教师和"聪明"同伴亲密接触,健康快乐地成长发展。

(二)要提升幼儿园课程的互动性

英国幼儿园既重视儿童发起的学习,也强调教师引导的学习,并注意使这两者成为一个有机整体;既尊重儿童的个人学习,也给儿童提供与同龄、异龄儿童合作学习的机会,并注意使这两者处于一种平衡状态。这一经验值得我们学习参照。我们也应该把教学活动看作是师生的双边活动,教学过程是师生相互促进、共同提高的过程,重视拓展互动内容,丰富互动形式,打破原有的班级内活动的模式,增加年级间活动的频度,加强全园性活动的效度,促使儿童通过多向互动,增强社交能力,提高学习能力。

(三)要增强幼儿园课程的合作性

英国幼儿园不仅注意向家长宣传课程的目标和内容,而且还重视鼓励家长通过多种形式参与课程的实施及评价。这一经验值得我们学习仿效。我们也应该在课程建设的整个过程中,真正发挥家长的作用,维护家长的知情权、参与权、评价权,共同提升课程的质量,促进儿童的有效学习。

---

① Department for Education. Statutory framework for the early years foundation stage Setting the standards for learning, development and care for children from birth to five. Published:3 March 2017,Effective:3 April 2017,p. 14.[EB/OL]. https://www.gov.uk/government/uploads/system/uploads/attachment_data/file/596629/EYFS_STATUTORY_FRAMEWORK_2017.pdf. 2018-01-20.

② Thomas Coram Centre,Curriculum Statement,Our Approach To Learning, Development & Teaching (For Parents & Carers) June 2016,p6.[EB/OL]. http://www.thomascoram.camden.sch.uk/wp-content/uploads/2016/12/Thomas-Coram-Centre-Curriculum-Statement-June-2016.pdf. 2018-01-24.

本章小结

本章小结如下图。

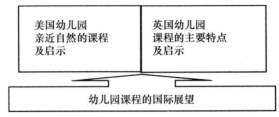

图 8-3-1　第八章幼儿园课程的国际展望

第一节小结如下图。

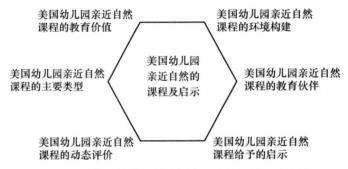

图 8-3-2　第一节美国幼儿园亲近自然的课程及启示

第二节小结如下图。

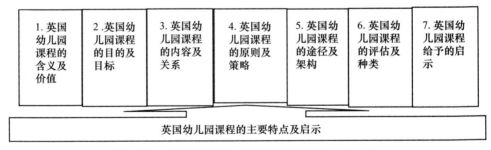

图 8-3-3　第二节英国幼儿园课程的主要特点及启示

 本章复习思考题

1. 你是如何看待美国幼儿园亲近自然的课程的？美国幼儿园亲近自然的课程引发了你哪些思考？

2. 你是如何看待英国幼儿园课程的特点的？英国幼儿园课程引发了你哪些思考？

3. 你认为中国与美国的幼儿园课程，有哪些异同点？影响因素有哪些？试加以比较分析。

4. 你认为中国与英国的幼儿园课程,有哪些异同点?影响因素有哪些?试加以比较分析。

本章课外浏览网站

1. 中国学前教育研究会 http://www.cnsece.com/
2. 美国学前教育研究会 https://www.naeyc.org/
3. 英国学前教育研究会 https://www.early-education.org.uk/
4. 加拿大学前教育研究会 https://www.cayc.ca/
5. 澳大利亚学前教育研究会 http://www.earlychildhoodaustralia.org.au/
6. 新西兰学前教育研究会 https://www.ecc.org.nz/

本章课外阅读书目

1. 李生兰.儿童的乐园:走进21世纪的美国学前教育[M].南京:南京师范大学出版社,2011.
2. 陈时见,何茜.幼儿园课程的国际比较[M].重庆:西南师范大学出版社,2011.
3. 李生兰.比较学前教育[M].第2版.上海:华东师范大学出版社,2013.
4. 〔美〕伊莱亚森,詹金斯.美国幼儿教育课程实践指南[M].第9版.李敏谊,等译.北京:机械工业出版社,2015.
5. 霍力岩,孙蔷蔷,等.西方经典学前教育课程模式及运用[M].北京:北京师范大学出版社,2016.
6. 刘华蓉.幼儿园:教什么?怎么教?——"耶鲁一期"美国研修手记[M].北京:教育科学出版社,2016.

附 录

1. 模拟试卷及参考答案

模拟试卷 A 及参考答案

模拟试卷 A

考试形式：开卷　　　　考试时间：120 分钟

一、论述题（1 题 20 分）

《幼儿园工作规程》对幼儿园课程建设的启示。

二、设计题（1 题 50 分）

围绕"春分"，设计一个综合教育活动方案。

三、说明题（1 题 30 分）

参观博物馆活动的注意事项。

A 卷参考答案

一、论述题（1 题 20 分）

《幼儿园工作规程》对幼儿园课程建设的启示。

（1）重视幼儿园课程的性质：基础性。

（2）重视幼儿园课程的内容：全面性。

（3）重视幼儿园课程的特点：游戏性。

（4）重视幼儿园课程的形式：多样性。

（5）重视幼儿园课程的资源：开放性。

（6）重视幼儿园课程的主体：引导性。

（7）重视幼儿园课程的客体：差异性。

二、设计题（1 题 50 分）

围绕"春分"，设计一个综合教育活动方案。

（1）活动名称：共 5 分。要创新。

（2）活动目标：共 10 分。要明确。

（3）活动准备：共 10 分。要充分。

（4）活动过程：共 20 分。要全面。

（5）活动延伸：共 5 分。要有序。

三、说明题(1题30分)

参观博物馆活动的注意事项。

(1) 参观活动前:共10分。教师要进行预参观,要邀请家长参与,要告诉幼儿参观事项。

(2) 参观活动中:共15分。教师要重视幼儿安全,要提醒幼儿遵守规章制度,要与家长密切合作,要与幼儿多互动。

(3) 参观活动后:共5分。教师要注意在班级、家庭、社区中加以延伸。

模拟试卷B及参考答案

模拟试卷B

考试形式:开卷　　考试时间:120分钟

一、论述题(1题20分)

《关于推进中小学生研学旅行的意见》对幼儿园课程建设的启示。

二、设计题(1题50分)

围绕"夏至",设计一个综合教育活动方案。

三、说明题(1题30分)

参观图书馆活动的注意事项。

B卷参考答案

一、论述题(1题20分)

《关于推进中小学生研学旅行的意见》对幼儿园课程建设的启示。

(1) 要认识到研学旅行的重要价值。

(2) 要把研学旅行植入幼儿园课程。

(3) 要拓宽幼儿社会实践活动场所。

(4) 要推动家长开展亲子游览活动。

二、设计题(1题50分)

围绕"夏至",设计一个综合教育活动方案。

(1) 活动名称:共5分。要创新。

(2) 活动目标:共10分。要明确。

(3) 活动准备:共10分。要充分。

(4) 活动过程:共20分。要全面。

(5) 活动延伸:共5分。要有序。

三、说明题(1题30分)

参观图书馆活动的注意事项。

(1) 参观活动前:共10分。教师要进行预参观,要邀请家长参与,要告诉幼儿参观事项。

(2) 参观活动中:共 15 分。教师要重视幼儿安全,要提醒幼儿遵守规章制度,要与家长密切合作,要与幼儿多互动。

(3) 参观活动后:共 5 分。教师要注意在班级、家庭、社区中加以延伸。

模拟试卷 C 及参考答案

模拟试卷 C

考试形式:开卷　　　　考试时间:120 分钟

一、论述题(1 题 20 分)

《中小学德育工作指南》对幼儿园课程建设的启示。

二、设计题(1 题 50 分)

围绕"秋分",设计一个综合教育活动方案。

三、说明题(1 题 30 分)

游览公园活动的注意事项。

C 卷参考答案

一、论述题(1 题 20 分)

《中小学德育工作指南》对幼儿园课程建设的启示。

(1) 要重视课程体系构建的针对性。

(2) 要重视课程设计原则的引导性。

(3) 要重视课程内容选择的指向性。

(4) 要重视课程实施途径的操作性。

二、设计题(1 题 50 分)

围绕"秋分",设计一个综合教育活动方案。

(1) 活动名称:共 5 分。要创新。

(2) 活动目标:共 10 分。要明确。

(3) 活动准备:共 10 分。要充分。

(4) 活动过程:共 20 分。要全面。

(5) 活动延伸:共 5 分。要有序。

三、说明题(1 题 30 分)

游览公园活动的注意事项。

(1) 游览活动前:共 10 分。教师要进行预参观,要邀请家长参与,要告诉幼儿参观事项。

(2) 游览活动中:共 15 分。教师要重视幼儿安全,要提醒幼儿遵守规章制度,要与家长密切合作,要与幼儿多互动。

(3) 游览活动后:共 5 分。教师要注意在班级、家庭、社区中加以延伸。

模拟试卷 D 及参考答案

模拟试卷 D

考试形式：开卷　　　考试时间：120 分钟

一、论述题(1 题 20 分)

《中小学综合实践活动课程指导纲要》对幼儿园课程建设的启示。

二、设计题(1 题 50 分)

围绕"冬至"，设计一个综合教育活动方案。

三、说明题(1 题 30 分)

游逛超市活动的注意事项。

D 卷参考答案

一、论述题(1 题 20 分)

《中小学综合实践活动课程指导纲要》对幼儿园课程建设的启示。

(1) 重视幼儿园综合实践活动课程的建设。

(2) 强化和扩展幼儿园的春游和秋游活动。

(3) 发挥家庭和社区在课程中的独特作用。

(4) 利用节日资源深化综合实践活动课程。

二、设计题(1 题 50 分)

围绕"冬至"，设计一个综合教育活动方案。

(1) 活动名称：共 5 分。要创新。

(2) 活动目标：共 10 分。要明确。

(3) 活动准备：共 10 分。要充分。

(4) 活动过程：共 20 分。要全面。

(5) 活动延伸：共 5 分。要有序。

三、说明题(1 题 30 分)

游逛超市活动的注意事项。

(1) 游逛活动前：共 10 分。教师要进行预参观，要邀请家长参与，要告诉幼儿参观事项。

(2) 游逛活动中：共 15 分。教师要重视幼儿安全，要提醒幼儿遵守规章制度，要与家长密切合作，要与幼儿多互动。

(3) 游逛活动后：共 5 分。教师要注意在班级、家庭、社区中加以延伸。

2. 论文答辩课件制作样例

```
论文题目  幼儿园家长开放日活动的研究
专　　业  ……
研究方向  ……
学生姓名  ＊＊＊
指导教师  &.&.& 教授
答辩日期  　年　月　日
```

1

各位老师：上午好！

　　感谢＊老师为我安排这场论文答辩会！

　　感谢＊老师为我主持这场论文答辩会！

　　感谢各位老师来参加我的论文答辩会！

2

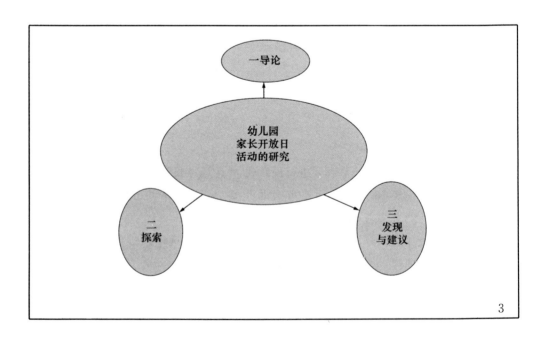

3

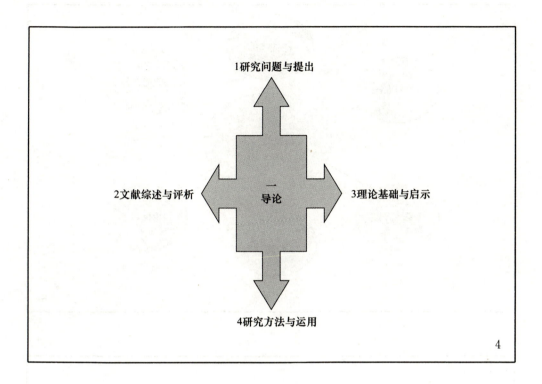

4

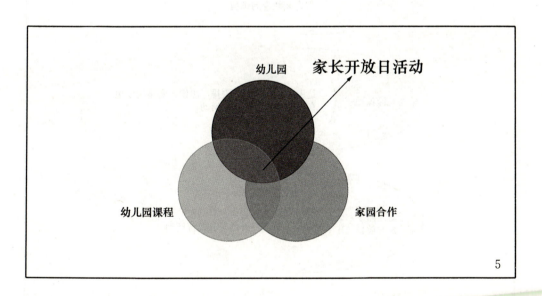

5

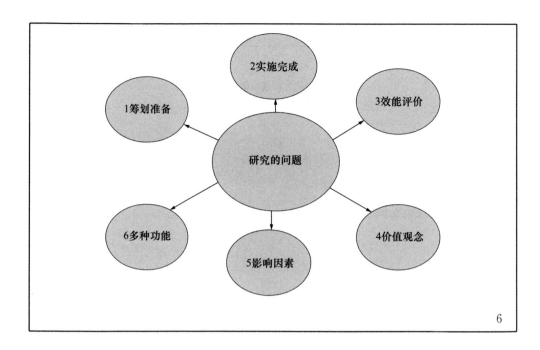

6

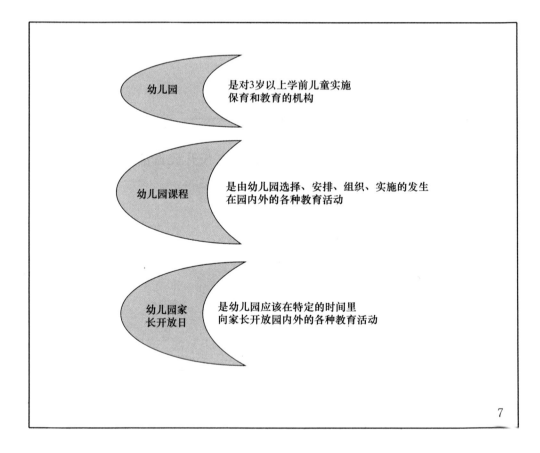

7

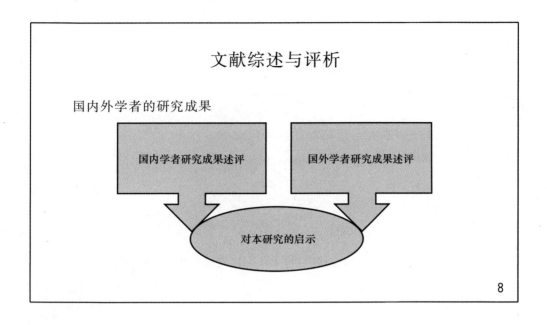

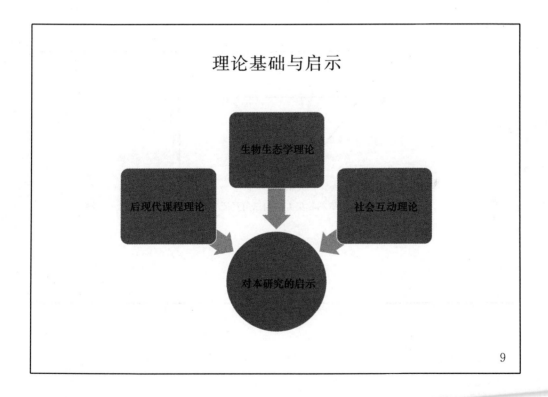

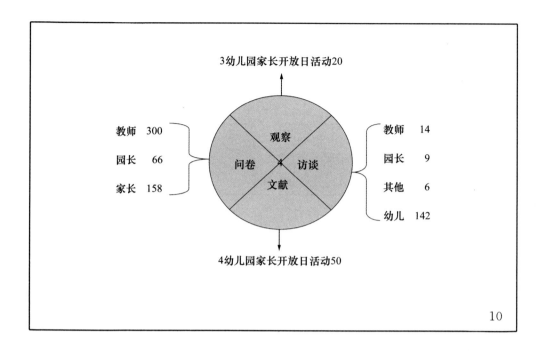

10

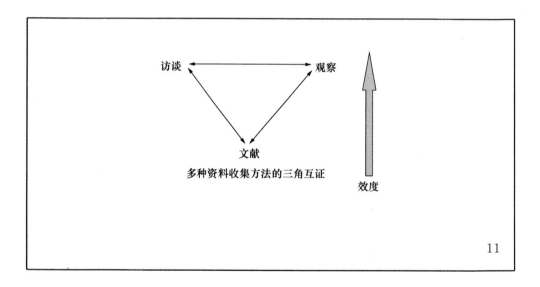

11

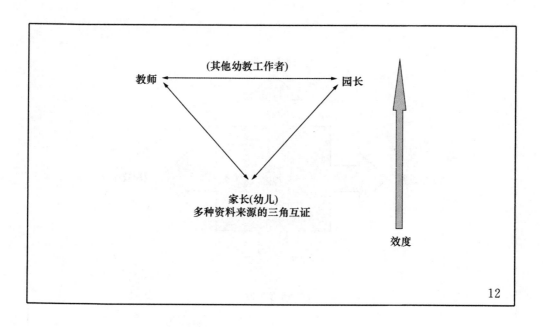

12

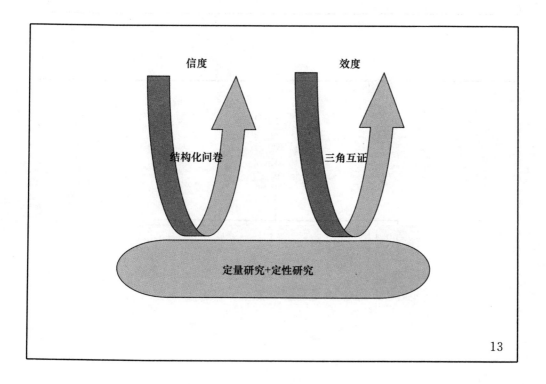

13

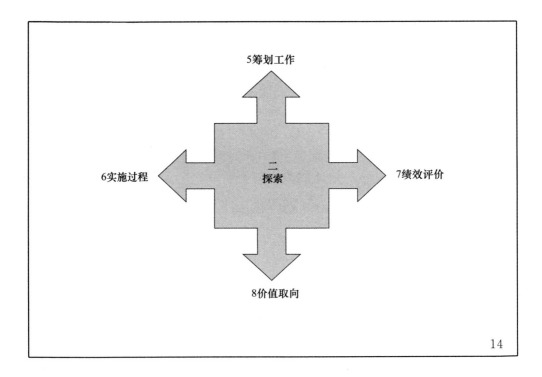

14

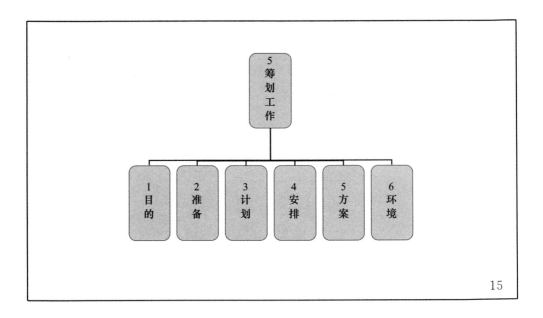

15

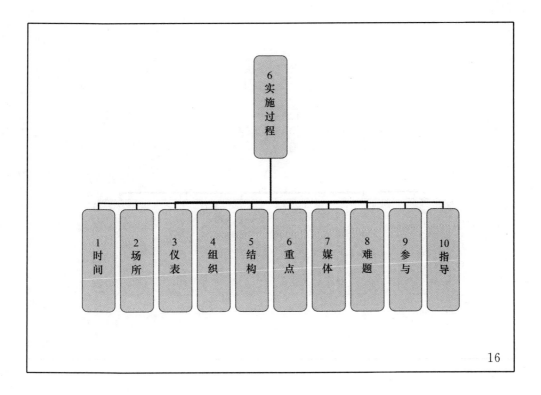

16

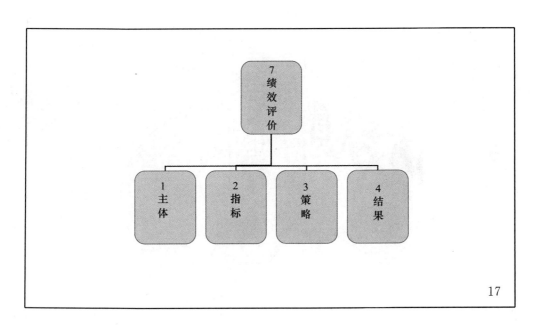

17

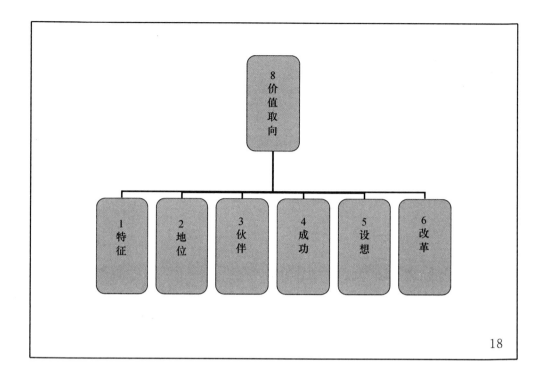

18

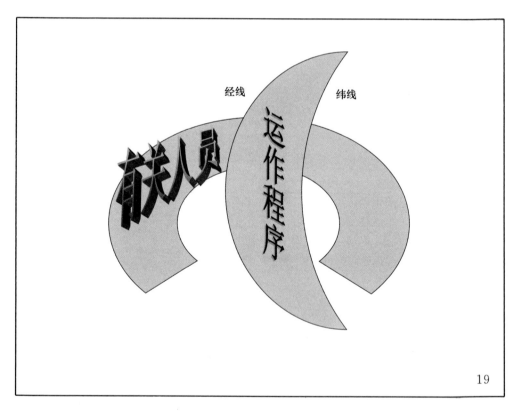

19

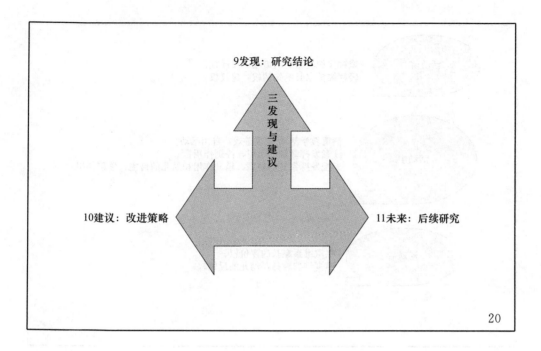

```
                9发现：研究结论
                      ↑
                      │三
                      │发
                      │现
                      │与
                      │建
                      │议
   ←───────────────────────────────────→
10建议：改进策略                    11未来：后续研究
```

20

9-1发现:取得的成效

- **筹划**:目的明确;准备充分;计划周密;安排适合幼儿;方案完整……
- **实施**:场所稳定;注意仪表;结构合理;重点明确;难题缓解;家长参与质量提高;园长指导加强……
- **评价**:主体多元;指标易行;策略多样;结果普遍赞誉……
- **价值取向**:关注活动的特殊性……

21

9-2发现:存在的问题

- **准备**:目的不全面;安排轻视家长;方案较片面;环境不丰富……
- **实施**:时间不适宜;场所较局限;组织较单调;结构自由度小;重点不恰当;媒体不充分;家长参与不均衡……
- **评价**:主体自评不足;指标较单一……
- **价值取向**:注重活动的表演性……

22

 活动前　重视保护教师的决策权、设计权，
轻视维护家长的知情权、建议权。

 活动中　侧重教学活动,忽视游戏、自由活动；
注意发挥教师的组织、控制作用，
无视发挥家长的协调、辅助作用和幼儿的自主、独创作用。

 活动后　注重维系家长的评价权，
漠视维护教师、幼儿的反馈权。

9-3 发现:影响因素

1. 导致我国幼教工作者与家长开放观念差异的因素

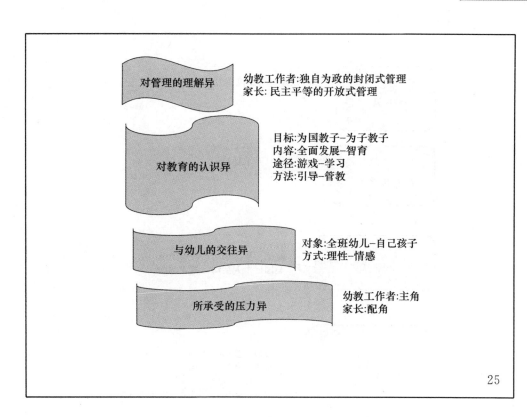

9-3 发现:影响因素

2. 导致中美两国幼儿园家长开放实践差异的因素

中国　　　　　　美国

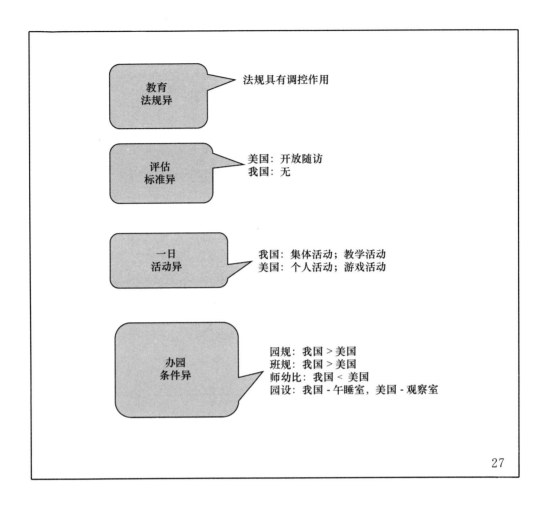

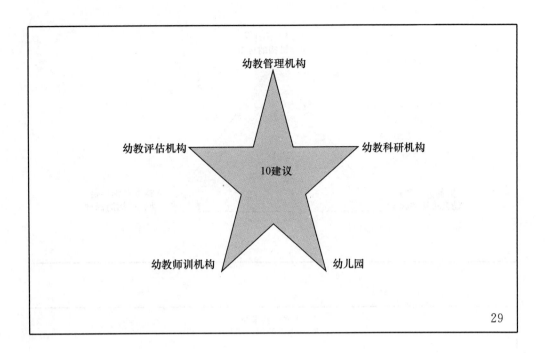

29

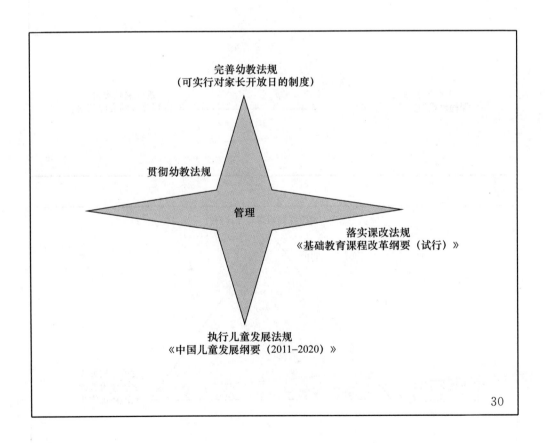

30

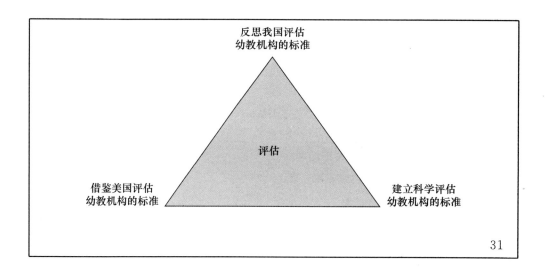

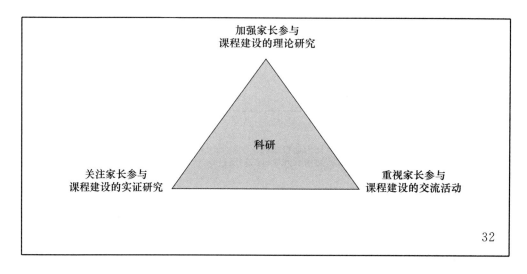

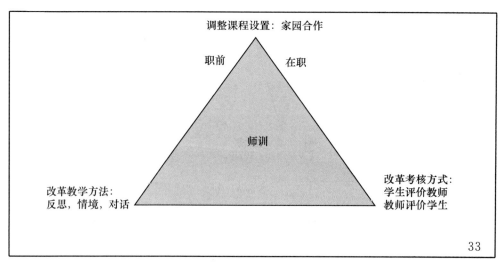

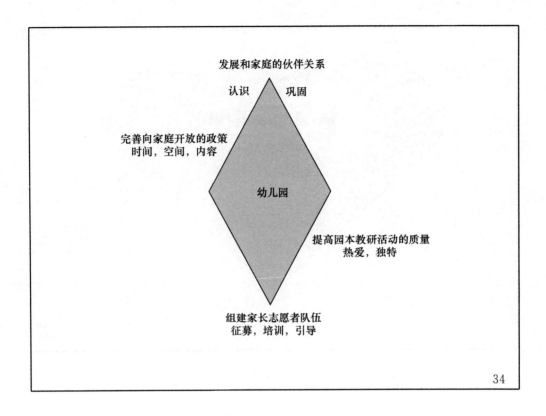

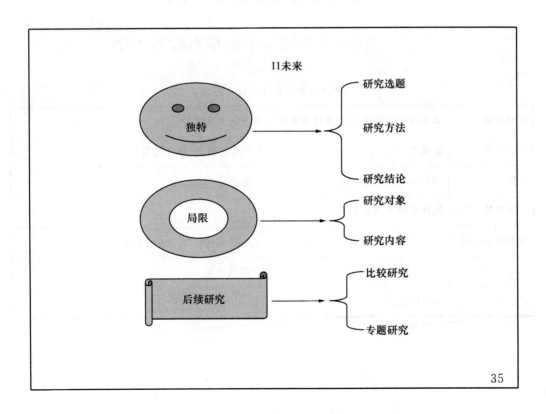

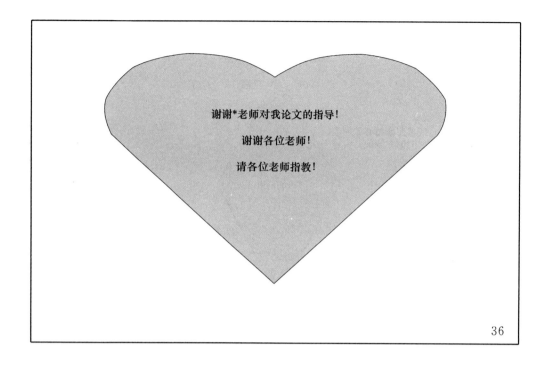

36

3. 研学旅行微型课程申报表

2017—2018学年第二学期华东师范大学

新开设通识选修课程申报表

课程名称	幼儿园和家庭带领儿童外出参观游览活动方案设计		
任课教师	李生兰	职称	教授、博士生导师
邮箱	slli@pie.ecnu.edu.cn	电话	
开课单位	教育学部学前教育系		
课程所属系列	(√)人文社会科学系列　(　)语言基础系列(　)自然科学系列		
学时/学分	1/1	限选人数	10
教室要求	多媒体教室		

(续表)

任课教师教学科研工作简历(教学经历、成果等)	

(一)开设课程

1. 为本科生开设的课程:"学前儿童家庭和社区教育"(专业必修课)、"学前教育专业入门"(新生研讨课)等。

2. 为研究生开设的课程:"学前儿童家庭和社区教育研究""家园社区合作共育研究""比较学前教育研究""学前教育法规政策研究"等。

(二)主要成果(著作、教材如下)

1. 李生兰,等.幼儿园与家庭、社区合作共育[M].北京:北京师范大学出版社,2016.
2. 李生兰.幼儿园与家庭、社区合作共育的研究[M].第 2 版.上海:华东师范大学出版社,2013.
3. 李生兰,等.学前儿童家庭与社区教育[M].北京:高等教育出版社,2015.
4. 李生兰.学前儿童家庭教育与活动指导[M].第 3 版.上海:华东师范大学出版社,2014.
5. 李生兰.幼儿园家长开放日活动的研究[M].上海:华东师范大学出版社,2008.
6. 李生兰.幼儿家庭教育[M].第 2 版.上海:上海教育出版社,2000.
7. 李生兰,等.学前教育概论[M].北京:北京大学出版社,2017.
8. 李生兰.学前教育学[M].第 3 版.上海:华东师范大学出版社,2014.
9. 李生兰,等.学前教育法规政策的理解与运用[M].南京:南京师范大学出版社,2012.
10. 李生兰.比较学前教育[M].第 2 版.上海:华东师范大学出版社,2013.
11. 李生兰.儿童的乐园:走进 21 世纪的美国学前教育[M].南京:南京师范大学出版社,2011.
12. 李生兰.幼儿园英语教育(系列教材 6 本).海口:海南出版社,2003.

课程简介(教学大纲请另附)

这门课程主要从理论和实践两个层面来说明幼儿园和家庭带领幼儿外出参观游览活动的必要性和有效性。

(一)幼儿园和家庭带领幼儿外出参观游览活动方案设计的主要理念

1. 幼儿园和家庭带领幼儿外出参观游览的原因:是依法执教的需要,是提高我国学前教育质量的需要,是与国际学前教育有效对接的需要。
2. 幼儿园和家庭带领幼儿外出参观游览的场所:不仅要到商业场馆、运输场馆去游览,而且还要到服务场馆、文化场馆去参观。
3. 幼儿园和家庭带领幼儿外出参观游览的策略:在参观游览前,要预设目标、做好准备;在参观游览中,要注意师生互动、亲子互动;在参观游览后,要注意经验总结、活动延伸。

(二)幼儿园和家庭带领幼儿外出参观游览活动方案设计的<u>基本结构</u>

1. 参观游览活动的目标
2. 参观游览活动的准备
3. 参观游览活动的过程
4. 参观游览活动的延伸

单位意见(对课程内容的审议意见、拟采取的课程质量的保障措施等)

学部(院系)盖章　　　　　　　　　　　　　　　教学分管领导签字:

　　　　　　　　　　　　　　　　　　　　　　　　　年　　月　　日

4. 研学旅行微型课程教学大纲

课程教学大纲

课程名称(中文):幼儿园和家庭带领儿童外出参观游览活动方案设计

课程名称(英文):Activity plans for kindergartens and families taking their children to travel in the community

课程性质:通识选修

学分:1

学时:18,其中理论学时:8;实践(实验)学时:10

授课对象:全校本科生

授课语言:汉语

开课院系:教育学部学前教育系

课程网址:无

撰写人:李生兰

审定人:

一、课程简介(中文)

这门课程主要从理论和实践两个层面来说明幼儿园和家庭带领儿童外出参观游览活动的必要性和有效性。

(一)幼儿园和家庭带领儿童外出参观游览活动方案设计的主要理念

1. 幼儿园和家庭带领儿童外出参观游览的原因:是依法执教的需要,是提高我国学前教育质量的需要,是与国际学前教育有效对接的需要。

2. 幼儿园和家庭带领儿童外出参观游览的场所:不仅要到商业场馆、运输场馆去游览,而且还要到服务场馆、文化场馆去参观。

3. 幼儿园和家庭带领儿童外出参观游览的策略:在参观游览前,要预设目标、做好准备;在参观游览中,要注意师生互动、亲子互动;在参观游览后,要注意经验总结、活动延伸。

(二)幼儿园和家庭带领儿童外出参观游览活动方案设计的基本结构

1. 参观游览活动的目标

2. 参观游览活动的准备

3. 参观游览活动的过程

4. 参观游览活动的延伸

课程简介(英文)

1. The main ideas of kindergartens and families taking field trips for children.

(1) Why do kindergartens and families take field trips for children?

(2) Where should kindergartens and families take their children to visit?

(3) How should kindergartens and families take their children to visit community agencies?

2. The basic structure of kindergartens and families taking field trips for children.

(1) The goals of field trips

(2) The preparation of field trips

(3) The process of field trips

(4) The extension of field trips

二、课程目标

这门课程的目标主要有以下几个方面。

1. 促使学生了解有关学前教育和家庭教育与社区教育的一些最新法规政策,培养学生知法懂法、依法执教的理念。

2. 促使学生了解幼儿园和家庭附近的重要社会场所及其工作人员,提高学生的观察能力和分析能力。

3. 促使学生了解幼儿园和家庭带领儿童外出参观游览活动的类型与结构,增强学生的设计能力和创新能力。

三、教学内容、学时分配和作业要求

(一)总论　　　　　　　　　　　　　　　　　　　　　　　　　　　学时:2

1. 教学内容简介

2. 教学方法简介

3. 教学安排简介

4. 考核方式简介

(二)带领儿童参观游览活动的法规政策基础　　　　　　　　　　学时:2

1. 主要内容

(1) 国务院《博物馆条例》(2015)及思考

(2) 教育部《幼儿园工作规程》(2016)及思考

(3) 教育部等11部门《关于推进中小学生研学旅行的意见》(2016)及思考

(4) 第十二届全国人民代表大会常务委员会第二十五次会议通过《中华人民共和国公共文化服务保障法》(2017)及思考

(5) 教育部《中小学德育工作指南》(2017)及思考

(6) 教育部《中小学综合实践活动课程指导纲要》(2017)及思考

(7) 第十二届全国人民代表大会常务委员会第三十次会议通过《中华人民共和国公共图书馆法》(2017)及思考

2. 教学要求

课前泛读上述法规政策,做读书笔记。

3. 重点、难点

(1) 重点

① 教育部《幼儿园工作规程》(2016)及思考

② 教育部等 11 部门《关于推进中小学生研学旅行的意见》(2016)及思考

③ 教育部《中小学综合实践活动课程指导纲要》(2017)及思考

(2) 难点

① 国务院《博物馆条例》(2015)及思考

② 第十二届全国人民代表大会常务委员会第三十次会议通过《中华人民共和国公共图书馆法》(2017)及思考

4. 其他教学环节

讲授与讨论相结合。

5. 作业要求

课后精读某项法规政策，写读后感。

(三) 带领儿童参观游览活动的现状与改革　　　　　　　　　　　　　　　　学时：2

1. 主要内容

（1）我国幼儿园和家庭带领儿童外出参观游览活动的现状与改革

（2）国外幼儿园和家庭带领儿童外出参观游览活动的现状与改革

2. 教学要求

回忆自己童年时代的经历，自愿呈现照片等。

3. 重点、难点

(1) 重点

我国幼儿园和家庭带领儿童外出参观游览活动的现状与改革

(2) 难点

国外幼儿园和家庭带领儿童外出参观游览活动的现状与改革

4. 其他教学环节

讲授与习题、讨论相结合。

5. 作业要求

对亲朋好友进行微调查。

(四) 带领儿童参观游览活动的国际发展趋势　　　　　　　　　　　　　　　　学时：2

1. 主要内容

（1）国际博物馆日的基本信息

（2）国外幼儿园和家庭组织儿童参观博物馆的经验及借鉴

（3）世界图书日、世界儿童图书日的基本信息

（4）国外幼儿园和家庭组织儿童参观图书馆的经验及借鉴

2. 教学要求

了解国际博物馆日、图书日,喜欢这些节日。

3. 重点、难点

(1) 重点

世界儿童图书日的基本信息。

(2) 难点

国外幼儿园和家庭组织儿童参观博物馆的经验及借鉴。

4. 其他教学环节

讲授与讨论、参观游览相结合。

5. 作业要求

参观游览一个博物馆或图书馆。

(五) 带领儿童参观游览活动的方案设计　　　　　　　　　　学时:10

1. 主要内容

(1) 参观游览活动方案的框架

① 活动目标

② 活动准备

③ 活动过程

④ 活动延伸

(2) 参观游览活动方案的样例

① 参观上海博物馆活动方案

② 参观上海消防博物馆活动方案

③ 参观上海公安博物馆活动方案

④ 参观上海图书馆活动方案

⑤ 参观鲁迅纪念馆活动方案

⑥ 游览长风公园活动方案

⑦ 游览中山公园活动方案

⑧ 游览鲁迅公园活动方案

⑨ 游览超市活动方案

⑩ 游览地铁站活动方案

2. 教学要求

了解参观游览活动方案的框架结构。

3. 重点、难点

(1) 重点

① 参观公园活动方案

② 参观超市活动方案

(2) 难点

① 参观博物馆活动方案

② 参观图书馆活动方案

4. 其他教学环节

讲授与讨论、参观游览相结合。

5．作业要求

参观游览一个自己喜欢的社会场所。

四、教材、参考书目或其他学习材料

(一) 教材

《幼儿园与家庭、社区合作共育》,李生兰等著,北京师范大学出版社,2016年,第1版,ISBN 978-7-303-17939-8.

(二) 参考书目

1.《幼儿园与家庭、社区合作共育的研究》,李生兰著,华东师范大学出版社,2013年,第2版,ISBN 978-7-5675-0127-0.

2.《学前儿童家庭与社区教育》,李生兰等著,高等教育出版社,2015年,第1版,ISBN 978-7-04-041999-3.

3.《学前儿童家庭教育与活动指导》,李生兰著,华东师范大学出版社,2014年,第3版,ISBN 978-7-5675-1615-1.

五、考核办法与评价结构比例

(一) 考核办法

1．开卷考查

交1份作业。

2．作业要求

设计一个参观游览活动方案;在下列两项中任选一项。

(1) 幼儿园组织儿童外出参观游览(某场馆)活动方案。

(2) 家长带领孩子外出参观游览(某场所)活动方案。

(二) 评价结构比例

课程成绩:出勤占20%,课堂发言占30%,期末作业占50%。